북한의 언어와 문학

북 한 학 총 서
북한의 새인식 6

북한의 언어와 문학

북한연구학회 편

景仁文化社

■ 발간사

통일연구원 선임연구위원

북한연구학회가 출범한 지도 벌써 10년이 지났다. 세월은 유수같이 빠르고, 10년이면 강산도 변한다는 데, 10여 년 전에는 40대 초반의 중년의 나이로 학계를 누볐던 학자들이 이제는 머리가 희끗희끗하고 중후한 50대 초반의 학자들로 변모하였다. 그래도 연구활동을 묵묵하게 하고 있는 모습을 보면, 여전한 연구열에 감탄하곤 한다.

10여 년의 세월이 흐르면서 북한학계는 눈부시게 발전하였다. 남북관계의 변화만큼 북한학계 또한 변화했고, 양적인 면이나 질적인 면에서 비교할 수 없을 만큼 장족의 발전을 이룩하였다. 우선 북한연구학회 회원만 해도 400여 명 가까이 증대하였고, 새로운 시각으로 쓰여진 학위논문과 학술논문, 단행본 등이 수백 편에 이르고 있다. 특히 사회문화, 여성, 무용, 가족, 과학, 체육 분야 등에서도 연구성과물이 나오면서 북한학 연구의 다양성이 확보되었다. 북한을 정치군사, 경제적 측면에서만 주로 분석·전망하는 한계를 벗어나 다양한 관점에서 분석·전망할 수 있는 터전이 마련된 셈이다. 앞으로도 더욱 다양한 분야에서 연구 성과물들이 쏟아져 나올 것으로 기대된다. 아울러 우수한 신진학자들이 많이 배출되어 북한학 연구의 저변이 확보됨으로써 북한학의 명맥을 유지할 수 있게 되었고, 통일에 대비한 인적 집단이 충분히 확보됨으로써 통일 이전이나 이후의 문제점, 특히 통일후유증을 최소화할 수 있게 되었다.

사실 1989년 을유문화사가 12권의 북한학 총서를 간행한 이후 이렇다할 북한연구 총서가 나오지 않아 일반인이나 전문가들의 아쉬움이 컸었다. 이러한 기대가 오늘날 『북한의 새인식』(전 10권)이라는 총서가 나오게 된 배경이 되었다. 솔직히 처음 시작할 때는 제대로 책이 나올까 하는 두려움도 없지 않았지만 훌륭한 동료, 후배들의 격려에 힘입어 끝까지 출판을 마무리할 수 있었다. 책이 나오게 된 지금에 와서 돌아보니, 『북한의 새인식』 총서 10권의 출판이 북한학의 역사에도 크게 기여하게 되리라는 자부심이 일을 끝까지 마무리할 수 있었던 큰 힘이 아니었나 생각된다.

이 자리를 빌어 모든 난관을 참고 견뎌준 편집책임자 정영철 박사를 비롯해 전영선·이무철·신효숙·고재홍 박사님들께 감사를 드린다. 그리고 출판계의 어려움에도 불구하고 별 이익도 없는 사업에 흔쾌히 출판을 맡아준 경인문화사 한정희 사장님께 감사드린다. 특히 출판의 타당성을 놓고 망설이고 있을 때 자신감을 불어 넣어준 유영구·정창현 선생에게 무한한 감사를 드린다. 아울러 많은 실무자들이 일을 할 수 있도록 물심양면으로 도와준 최준택 차장님, 정세현·박영규·라종억 박사님들께도 사의를 표한다. 아울러 총서 출간을 위해 지원을 마다하지 않은 미래에셋 최현만 사장님께도 감사드린다. 마지막으로 집필자 선정을 위해 시간을 아끼지 않으신 북한연구학회의 정규섭·고유환·김근식·이기동 박사님들께 감사드린다.

아쉬운 것은 수 천편의 책과 글 중에서 110여 편의 글과 110여 명의 필자들만이 선정되어 좋은 글과 필자들이 많이 빠졌다는 점이다. 여러 가지 이유로 여기에 실리지 못한 연구자들에 대해서는 죄송한 마음을 금할 길이 없다. 지면관계상 또는 필자별·분야별로 안배를 하다보니 많은 우수한 논문들과 필자들이 빠지게 되었다. 다음에 이러한 기회가 있을 때는 보다 정교한 선정작업이 이루어져 모든 글들이 실리기를 바란다. 다시 한번 총서가 나오기까지 물심양면으로 도와주신 수많은 선배·동료·후배님들에게 감사의 마음을 전하고, 이 총서가 수많은 초학자는 물론 기존 연구자들에게도 북한 연구의 좋은 길잡이가 되기를 바라면서 발간사를 가름한다.

2006년 11월
북한연구학회장 **전 현 준**

■ 추천사

동국대학교 교수

북한연구학회가 창립 10주년을 맞아 북한학 총서『북한의 새인식』(전 10권)을 출간하는 것은 대단히 뜻 깊은 일이다. 학회 창립의 산파역을 맡아 동분서주하던 일이 엊그제 같은 데, 벌써 10년의 세월이 흘렀다. 그 동안 학회는 장족의 발전 속에 북한, 남북관계 등의 영역에서 많은 연구 성과를 거뒀다. 총서 10권을 출간함으로써 이제 학회는 단단한 반석 위에 섰다 하겠다.

사실 북한학 총서는 지난 1989년 을유문화사에서『북한의 인식』(전 12권)으로 출간된 적이 있었다. 당시의 북한학 총서는 북한 연구의 척박한 현실을 반영하듯, 북한에 대한 각 분야의 소개에 그친 점이 없지 않다. 그럼에도 당시의『북한의 인식』은 연구자들에게 많은 영향을 미쳤고, 상당한 성과를 거두었다. 그로부터 약 17년의 시간이 흐른 뒤, 남북한은 물론 남북관계에도 많은 변화가 있었다. 가장 큰 변화는 2000년 정상회담과 '6·15 공동선언'의 발표라고 할 수 있다. 이로부터 약 6년의 시간동안 남북한은 과거의 대립과 갈등을 지양하고, 평화와 공존, 번영을 위한 여러 분야에서의 협력을 진척시켜왔다. 그 결과 이제 남북한간에는 무역액 10억 달러 이상, 연간 교류 인원 10만 명을 웃도는 관계 진전을 이루었다. 북한 연구도 이러한 시대적 조류에 맞게 많은 발전을 이룩하였다. 과거 정치와 경제, 군사부문에 한정되던 연구 주제들이 사회, 여성, 가족, 교육, 문화, 과학기술, 외교 등으로 확장되었고, 연구의 질도 심화되었다. 이러한 조건에서 북한학 총서의 발간은 북한학의 새로운 단계로의 발전을 위한 시의 적절한 기획이고, 앞으로의 발전을 위한 단단한 초석이라고 할 수 있겠다.

총 114편의 논문으로 구성된 이번의 총서는 북한의 정치·경제·사회·문화 등 모든 영역을 망라한 국내외 최초의 대규모 기획이다.

1권 '북한의 정치 1'에서 10권 '북한의 통일외교'에 이르기까지 북한 연구의 중요한 주제들을 모두 포괄하고 있다. 필진 역시 원로 학자에서부터 소장 학자에 이르기까지 국내 북한학 연구 인재들을 총망라하였다. 각각의 논문을 그 분야 전문 연구자가 집필함으로써 총서의 무게감을 더한 것도 큰 성과라 할 수 있다. 이러한 성과는 그동안 북한학 연구자들의 저변이 확대된 현실과 그 연구의 질적 심화의 과정을 그대로 보여주고 있는 고무적인 현상이다.

연구사적 차원에서도 총서 발간으로 이제 국내 북한 연구는 한 획을 그었다고 할 수 있다. 탈냉전 이후 북한 연구를 집대성한 최초이자 최대의 성과이기 때문이다. 이 성과를 바탕으로 학회 창립 20주년이 되는 2016년에는 북한학과 통일학을 망라한 총서 20권의 출간을 기대한다. 북한 연구의 지평을 넓힌 북한학 총서는 북한학 연구에 관심 있는 모든 연구자와 학생들에게 길잡이로서 손색이 없다. 관심 있는 모든 이들에게 일독을 권하는 바이다.

끝으로 총서 발간을 기획하고 출간을 가능케 한 전현준 회장과 출판을 위해 수고한 연구자들에게 감사를 표하는 바이다.

2006년 11월
북한연구학회 고문을 대표하여
강 성 윤

■ 추천사

통일부 장관

북한연구는 우리 사회의 북한에 대한 인식의 거울이라고 할 수 있습니다. 남북관계의 변화만큼이나 우리의 북한에 대한 이해의 방향과 깊이도 많이 변화되어 왔기 때문입니다.

냉전시기 북한에 대한 연구는 이데올로기적 가치판단에 따라 실증적·과학적 연구가 크게 제약되었고, 그 결과 학문성 자체까지도 의심을 받아온 것이 사실입니다.

그러나 이제 그 시대는 지나갔습니다. 1980년대 후반 한국 사회의 민주화와 세계냉전의 붕괴는 북한 연구에 있어서도 큰 영향을 미쳤습니다. 이데올로기적 편견의 탈피, 실사구시의 강조, 객관적 비교연구, 이런 것들이 북한 연구에서도 본격적으로 나타나기 시작했습니다.

북한연구학회의 창립도 이러한 시대적 흐름과 궤를 같이 하고 있다고 봅니다.

북한연구학회는 지난 1996년 출범한 이래 객관적·실증적이고 학제적인 북한 연구를 통해 북한에 대한 새로운 시각을 제시하는데 앞장서 왔습니다.

이러한 노력의 연장선상에서 북한연구학회 창립 10주년을 맞아 발간한 『북한의 새인식』(전 10권)은 그간의 북한 연구의 결정체이자 국내 북한 연구자들의 땀과 노력이 빚어낸 값진 쾌거입니다.

북한 연구는 다른 연구와 달리 3중고에 시달리고 있습니다. 이분법적 이념의 편견이 여전히 남아 있고, 공신력있는 1차 자료를 획득하는 것이 불가능한 경우가 많고, 경험적이고 실증적인 현장연구가 상당히 제약되어 있다는 것입니다.

『북한의 새인식』은 이러한 3중고 속에서도 북한의 실체에 최대한 가까이 접근하고자 한 학자적 소신과 열정이 녹아 있습니다.

이 10권의 총서는 이러한 어려움 속에서도 북한의 정치·경제·사회문화 등 제반 분야의 과거와 현재, 나아가 미래까지를 아우르고 있다는 점에서 북한 연구에 있어 매우 귀중한 자산이 될 것으로 평가합니다.

북한을 이해한다는 것은 우리 자신을 보다 잘 이해하는 것입니다. 60년간 잊고 있었던 우리의 반쪽을 알아가는 과정입니다.

북한을 정확히 아는 것은 진정한 통일을 위한 첫걸음이기도 합니다. 남북이 하나의 공동체로 나아가기 위해서는 서로에 대해 있는 그대로 인식하는 것이 무엇보다 중요하며, 그러한 바탕 위에서 남북간에 차이를 좁히고 동질감을 확산시키는 부단한 노력이 이루어져야 할 것입니다.

그동안 이 총서가 발간되기까지 많은 수고를 아끼지 않으신 전현준 북한연구학회장을 비롯한 출판 관계자 여러분의 열정과 노고를 높이 평가하며 경의를 표합니다.

이 총서가 북한과 통일에 대해 연구하는 내외의 학자들에게는 소중한 나침반이 되고, 대북정책을 추진하고 있는 정부의 실무자에게는 정책을 수립하고 집행하는 데 있어 유용한 참고서가 될 것입니다.

그리고 일반인에게는 편견없이 북한을 바라볼 수 있는 진솔한 설명서가 될 것으로 기대합니다.

2006년 11월
통일부 장관
이 종 석

■ 추천사

전 통일부 장관

1989년에 국내 한 출판사가 『북한의 인식』(을 유문화사)이라는 북한학 총서 12권을 출간한 이후, 17년 만에 북한연구학회가 『북한의 새인식』총서 10권을 출간하게 되었다. 북한연구학회 회원인 114명의 학자들이 집필한 대작大作이다. 북한에 관한 한 다루지 않은 문제가 거의 없는 것 같다. 먼저 이러한 방대한 연구사업을 기획하고 추진해 온 전현준全賢俊 회장을 비롯한 북한연구학회 임원진의 추진력과 노고에 대해 경의를 표한다.

1989년을 전후해서 북한은 매우 어려운 상황에 처해 있었다. 남북간 체제경쟁은 사실상 오래전에 결판이 났고, 중국의 개혁·개방과 소련의 페레스트로이카·글라스노스트가 속도를 내면서 국제정세가 탈냉전 방향으로 발전하는 동시에 사회주의권은 붕괴되는 상황이었다. 체제생존이 위협받는 상황에서 북한 나름의 자구自救를 위한 노력이 시작되었다. 북한의 모습과 실체가 작은 변화나마 시작했었다는 점에서 1989년에 국내 출판사가 출간한 『북한의 인식』이라는 총서는 북한에 대한 지식과 정보의 갈증을 느끼던 사람들에게 매우 유익한 길잡이 역할을 했다고 본다.

그로부터 17년이라는 시간이 흐르는 동안 국제정세도 변했지만, 남북관계는 가히 '극적인 변화'라고 할 수 있을 정도로 변했다. 남북 정상회담 이후 남북관계가 빠른 속도로 개선되면서 북한도 다른 사회주의국가들처럼 개방·개혁을 시작했고, 북한주민들의 대남인식과 북한사회의 변화도 감지되고 있다. 북한을 제대로 알아야 한반도 평화와 남북관계 개선을 위한 올바른 인식과 정책대안이 나올 수 있다는 점에서 17년 전의 북한학 총서를 수정·보완할 필요는 충분히 있다. 그때의 총서가 당시로서는 훌륭한 역할을 했지만, 최근의 변화 상황까지 설명할 수는 없기 때문이다.

　21세기를 맞이하여 북한도 새로운 시각과 관점에서 살 길을 찾고 있다. 변하고 있는 북한을 분석하고 평가하는 데도 새로운 시각과 관점이 필요하게 되었다. 그런데 매사에 지속(continuity)과 변화(change)가 공존하기 때문에 변화의 요소를 보면서도 지속의 요소를 놓쳐서는 안 된다.

　이번에 북한연구학회의 북한학총서를 집필한 학자들 중 상당수는 1990년대에 박사학위를 받고 대학과 연구기관에서 가르치고 연구해온 신진학자들이다. 그러나 집필진에는 원로학자도 있고 중진학자도 적지 않다. 신진학자들과 원로·중진이 함께 토의하고 분야를 나누어 집필하여 하나의 총서로 꾸몄으니, 집필진 구성면에서 노老·장壯·청靑 3결합이 조화롭게 이루어진 셈이다. 북한연구학회가 출간하는 총서 『북한의 새인식』은 변화된 상황에 맞게 적시에 출간되기 때문에 의미가 크지만, 북한에 대해서 가질 수 있는 편견을 극복하고 북한 실체에 더 가까이 다가갈 수 있도록 집필진이 구성되었다는 점에서도 주목을 받을만하다고 본다.

　다시 한 번 북한연구학회의 『북한의 새인식』 총서 출간을 축하하면서, 북한문제에 관심 있는 분들, 특히 통일 후계세대들에게 이 책을 추천하고자 한다.

2006년 11월

북한연구학회 명예고문을 대표하여

丁 世 鉉

< 차 례 >

서문:
남북한 언어와 문학의 연구 성과와
앞으로의 과제

유 임 하

냉전의 시대를 거쳐 온 남북한이 서로 다른 체제와 서로 다른 이념에 기초한 제도를 구축하며 이질성을 극대화해온지도 벌써 반세기를 넘겼다. 그리고 이제 21세기를 맞았다.

일제의 오랜 지배를 헤쳐 나온 다음 맞이한 해방의 현실에도 불구하고 그토록 염원했던 민족의 근대국가 수립은 우리 손에 주어지지 않았다. 국제 냉전 구도가 관철되면서 미소 강대국에 의해 한반도는 양분되었고 신탁통치를 받게 되었다. 신탁통치를 둘러싸고 좌우 정파로 나누어져 벌인 민족 내부의 정치 헤게모니 투쟁도 이 시기부터 격화되었다. 그 결과 남북한은 서로 다른 체제를 출범시켰다. 남북한 체제는 그 출범에서부터 분단국가라는 태생적인 한계를 벗어날 수 없었던 셈이다. 남북 체제의 성립 시기부터 조성된 정치적 군사적 긴장은 전쟁을 거치면서 더욱 강고한 분단체제로 자리잡게 되었으며 그 여진은 지금도 지속되고 있다.

이 불행하고도 오랜 반목과 갈등의 역사는 냉전의 시대에 반성되지 못한 채 남북한 사회의 언어와 문학 또한 더욱 이질화되어 갔다. 냉전시대 내내 남북한은 서로를 이해하기보다는 정치적인 자장 안에서 서로에게 유리한 방식으로 해석하는 데 급급했다. 지난 시대에 조성된 남북한의 상호 왜곡된 인식이 남루한 까닭도 여기에 있다. 냉전의 기억 속에서 남한사회는 북한을 '왕조 국가', '동토의 왕국'으로 호명했고, 북한사회는 남한사회를 '미국의 주구세력이 지배하는 탄압과 감시의 지옥', '판자집으로 가득한 서울'로 자동화된 연상을 강요했다. 남북한이 서로의 체제를 두고 구성한 공간지리는 서로에게 가로놓인 인식의 격차만큼이나 컸던 게 냉전 시대의 본래 얼굴이었던 셈이다.

다행스럽게도 남한사회에서는 '북한 바로 알기 운동'이 열풍처럼 불었다. 이 움직임은 민주화와 맞물려 냉전의 시대에 구축된 북한사회에 대한 편견과 숱한 오해를 불식시키는 데 크게 일조했다. 그러나 동구의 잇따른 몰락과 소비에트 연방 해체에 따라 현실사회주의에 대한 열망이 사그러들고 탈이념화의 경향으로 전환되면서 그 열풍은 소멸하고 말았다. 그러나 지금의 시점에서 보면 북한사회에 대한 관심은 사회주의적 개혁에 대한 전망과 은밀하게 유통되어온 북한의 정치, 철학이 공론의 장에 부상한 그 이상도 그 이하도 아니었다. 이 시기에 발간된 북한 관련 도서는 이제 시장에서 자취를 감추었으나, 시대적 분위기에 세례를 받은 북한 관련 연구자들이 냉전시대의 금기와 억압에서 풀려나와 공개된 자료를 열람하며 학문적 성취를 이어가는 분기점이 되었던 것은 분명하다.

1980년대 후반 '북한 바로 알기'의 열풍은 통일문제에 대한 관심이 확산되고 북한학에 대한 학문적 논의를 가능하게 만든 조건을 부여했다. 북한 관련도서는 판매금지 조치와 거의 동시에 판매를 촉진하는 후광 효과를 누렸던 것도 매우 인상적인 기억이다. 그런 절차를 거쳐 북한 관련도서는 원전의 영인본에서부터 새롭게 편집 제본된 인쇄본의 형태로 시장에 등장했고, 더러는 총서의 형태로 남한 연구자들의 관심을 해소할 수 있게 해주었다. 다양한 방식의 북한 관련도서는 북한 태생에서부터 남한의 자생적인 태생으로 확산되면서 다양한 층위를 형성하기 시작한 것도 이 시기부터라고 할 수 있다.

『꽃 파는 처녀』, 『피바다』(『혈해』로 간행됨), 『한 자위단원의 운명』 등과 같은 혁명 삼부작, 연애소설로 알려진 『청춘송가』가 대학 인근의 서점가에서 유통된 사실에서 알 수 있듯이, 문학 작품만이 아니라 북한의 문학이론서, 사전과 같은 공구서, 조선통사와 같은 역사, 주체 철학 관련 서적에 이르는 다양한 분야로 확대되어 갔다. 북한 관련 서적의 유통은 1970년대 초반 국책사업의 일환으로 제한적으로만 연구되었던 북한 문학 연구들의 한계를 벗어나 시장의 관심 속에 냉전의 시대에 조성된 여러 제약들을 벗어나 학술적인 논의가 비로소 힘을 얻게 되었던 것이다. 여기에서 군사독재에 환멸하면서 막연한 동경으로 접근했던 태도를 벗어나 개방적인 시각에서 해석의 심도를 확장시킨 1990년대 중반 이후 활발하게 전개되었던 김재용, 김성수 등의 실증적인 북한문학 연구가 1980년대 후반에 일어난 <북한 바로 알기 운동>을 기반으로 삼아 이룩한 가시적인 성과임을 부인하기 어렵다.

그러나 이들의 연구는 북한의 자료를 1차적으로 정리하며 구성해낸 것이기는 하지만 근래에 일어나고 있는 남북관계의 변화를 반영시키지 못한 한계를 갖는다. 그간 북한사회는 현실사회주의의 몰락 이후 연이은 자연 재난과 그로 인한 경제난, 물자난으로 인해 1990년대 중반 '고난의 행군 시기'를 거쳤으며 김일성 주석이 사망했고 김정일 체제가 등장하는 등 많은 곡절과 파행을 겪었기 때문이다. 거기에다 국민의 정부 시절 개최된 남북 정상회담 이후 급진전된 남북 관계 또한 현저하게 개선되는 본질적인 변화를 겪고 있다.

북한의 이러한 현실을 감안할 때, 이번에 기획된 이 책(북한의 새 인식 총서 제6권『북한의 언어와 문학』)은 1980년대 후반 이후, 변화한 남북관계와 '고난의 행군'을 거친 북한사회의 변화와 궤적을 연구 성과에 담아내기 위한 노력의 산물이다. 이 책의 의도는 무엇보다도 탈냉전 이후의 시대 상황과 변화된 남북 관계에 따라 북한의 언어와 문학에 대한 보다 확장된 학술적 논의들을 담아내는 데 주력했다. 최근 국립국어연구원과 북한 사회과학원이 공동으로 합의하고 상당한 진척을 보이고 있는 '남북 겨레말 큰사전 사업'이나 '남북한 작가모임 결성'과 기관지 발간이 논의되는 현실에서도 실감할 수 있듯이 남북관계의 진전은 그 대세를 거스르기 어려울 정도이다.

그러나 이질화된 남북한의 언어와 문학은 통일을 염원하는 우리의 바램과는 크게 다른 양태를 보여주는 엄연한 현실이다. 이러한 문화적 간극은 남북한의 정책과 문화의 다양한 차이를 확인함으로써 대안적 현실을 구축할 수 있다는 점도 부인해서는 안 된다. 그런 까닭에, 이 책에 수록한 북한의 언어와 문학에 관한 논의는 무엇보다 소중한 결실이다.

북한의 언어 이론과 언어 정책을 찬찬히 짚어본 최용기 박사의 작업, 문화어 화술을 분석한 전미영 박사의 논의, 새터민과의 상담을 통해서 이질화된 남북언어의 격차를 확인하고 이를 체계적으로 정리해낸 김석향 교수의 연구는 북한의 언어에 대한 다양한 시각과 학문적 성과를 거둔 가장 최근의 사례들이다.

북한의 문학 분야도 '고난의 행군 이후'의 문학 동향을 조감한 김재용 교수의 노력, 통일문학의 관점에서 북한문학의 문학사적 접근방식을 검토한 김성수 교수의 논의, 선군혁명문학론을 되짚어본 노귀남 박사의 작업 등은 근자에 이루어진 북한문학에 대한 심화된 성과임에 틀림없다. 또한 북한의 고전소설을 다룬 전영선 박사와 구비문학을 논의한 한정미 박사의 연구, 서정시가 가진 민족적 특성을 살핀 이상숙 박사의 작업은 그간 북한문학 연구에서 활발하게 자기 학문 영역을 개척해온 소기의 성과이다. 거기에다 수령형상문학을 거론한 김은정 박사, 북한의 역사소설을 논의한 임옥규 박사는 북한문학 관련 박사학위자인 신예들로서 북한문학에 대한 이들의 열정과 노력은 앞으로 성과를 기대하게 만든다. 총서의 한 권으로 간행된 만큼 북한의 언어와 문학에 대한 연구자들의 성과를 망라하지는 못했으나 1990년대 이후 변화된 북한의 언어와 문학의 면모를 일별하는 데는 매우 요긴한 참조물임이 틀림없다.

모쪼록 이 책이 필자들의 학문적 열정과 노고를 확산시키는 계기가 되고 관련 연구자들에게는 신선한 자극을 주기를 기대하며, 필자들을 대신하여 삼가는 마음으로 서문을 갈무리한다.

제1부
북한의 언어

북한의 언어 정책 연구

최 용 기

1. 머리말

남북이 분단된 지 60여 년이 지났다. 남북은 그동안 정치, 경제, 사회, 문화, 교육 등 여러 분야에서 서로 다른 정책을 수립하여 이를 실행에 옮겼다. 그러면서도 언젠가는 통일이 되어 같은 정책을 펴게 되리라는 희망을 안고 살아가고 있다. 그중에는 남북의 언어 정책도 포함되어 있다. 남북도 그동안 언어 정책에 대한 계획이 없었던 것은 아니었지만 본격적인 언어 정책을 수립하여 실천에 옮긴 것은 1945년 8·15 광복 이후일 것이다.

1945년 8·15 광복은 우리 민족에게 독자적인 언어 정책의 수립과 실천의 계기를 마련해 주었다는 점에서 중요한 역사적 의의를 갖는다. 이미 대한제국 시대에 학부의 국문연구소를 중심으로 언어 정책과 관련된 문제가 다루어진 바가 있지만 국권 상실로 말미암아 큰 성과를 거둘 수가 없었다. 광복 후에도 한 3년 동안은 남북의 언어 정책에 큰 변화가 없었다.

남북의 언어 정책이 달라진 것은 1947년 북한이 조선어문연구회를 강화하면서 비롯된다. 조선어문연구회는 1946년 북한 인민위원회의 후원을 얻어 광복 후의 어지러운 어문을 정리하고 지도할 목적으로 민간 단체로 발족한 것인데 1947년 북한 인민위원회의 결정에 따라 김일성 대학에 그 본부를 둠으로써 활동이 더욱 강화되었다. 1948년 북한 정부가 정식으로 수립된 뒤에는 이 기구를 교육성으로 옮겨 이극로 위원장을 중심으로 기관지 『조선어 연구』를 간행하면서 문법과 사전 편찬을 추진하였다.

북한 언어 정책의 기본적인 흐름은 마르크스 · 레닌주의에 입각한 언어 정책의 수립과 실천이었다. 그들이 조선어학회의 맞춤법 결함을 극복하여 새로운 철자법을 제정하고 한자 폐지와 함께 새 문자를 창안하고 가로 풀어쓰기를 시험한 것도 언어를 혁명과 발전의 도구로 보고 언어의 사회적 특성을 중시하는 변증법적 유물론의 영향을 받았기 때문이었다. 그들이 처음부터 주시경의 생애와 업적을 더듬고 유업 계승을 다짐한 것도, 마르(Marr)의 언어 이론을 비롯한 소련 언어학 논저를 번역한 것도 언어 정책 이론을 뒷받침하기 위한 조처였다. 그들은 1954년부터 1963년 사이에 걸쳐 철자법을 고치고 문법과 사전을 큰 규모로 저술하였다. 이러한 사업 역시 초기에 설정된 언어 정책의 기본적인 틀을 그대로 지키고 있었다.

북한의 언어 정책은 1966년의 김일성 교시를 계기로 하여 새로운 모습을 띤다. 김일성은 1964년 1월 3일 이미 언어학자들과의 간담회에서 '조선어를 발전시키기 위한 몇 가지 문제'라는 담화문을 발표한 바가 있다. 그는 이 자리에서 일찍이 김두봉에 의해 추진되던 문자 개혁을 비판하고 한자어와 외래어의 정리를 통하여 우리말을 발전시키는 방안을 제시하였다. 그 후 1966년 5월 14일 언어학자들과의 간담회에서 "조선어의 민족적 특성을 옳게 살려나갈데 대하여"라는 교시를 또 발표하였다. 이 교시에서 언어 발전의 터를 그들의 수도인 평양으로 결정하고 평양말을 중심으로 다듬어진 북한의 공통어를 문화어로 부를 것을 주장하였다. 또 이 자리에서 '조선말규범집'을 공포할 것을 지시하였다. 1970년대부터는 북한의 언어 정책 이론이 이른바 주체의 언어 이론이란 이름으로 주체 사상의 한 갈래로 자리를 잡는다. 이 글은 북한 언어 정책의 변천사와 언어 정책 기관을 중심으로 살펴보고자 한다.

2. 북한 언어 정책의 역사

북한의 언어 정책은 맞춤법, 표준말 등의 언어 규범에 관련되는 문제를 중심으로 언어 정책이 수행되었다. 북한 언어 정책의 역사를 언어 규범의 변화를 중심으로 다섯 단계로 나누어 살펴보고자 한다.

제1기(1945 ~ 1954): 한글 맞춤법 통일안의 준용
광복 직후 조선어학회가 주축이 되어 국어 교과서를 편찬하고 국어 교사를 양성하여 국어와 국문의 보급에 공헌하였다는 사실은 이미 앞에서도 밝힌 바 있지만 이는 우리나라 전체를 대상으로 한 것이다.
북한에 소련군이 들어오고 김일성이 1948년 북한 정권을 수립하기 전까지 조선어학회의 '한글 맞춤법 통일안'이 그대로 사용되었다. 그러다가 1948년에 '조선어 신철자법'을 공포하였다. 그 특징은 다음과 같다.

(1) 가. 한자어 표기에서 어두에 'ㄴ, ㄹ'을 쓴다.
　　　 나. 합성어의 표기에서 사이표를 사용한다.

다. 형태론적 어음 교체에 사용되는 새 여섯 자모를 설정한다.

이 세 가지만 제외하고는 형태 음소적 원칙을 따르고 있다는 점에서 조선어학회의 맞춤법 통일안과 아무런 차이가 없다. 이 원칙은 1954년까지 존속되는데, 이것은 북한 어학자들이 조선어학회의 중진 회원이었고 주시경의 수제자인 김두봉이 북한 권력의 내부에 깊이 관련이 있었기 때문이다.

북한의 언어 연구는 1946년에 창설된 김일성 종합 대학의 어문학 강좌에서 시작된다. 이것은 서울대학교 국어국문학과가 남한의 어문 연구에 있어 중심이 된 것과 병행한다. 1947년에는 '조선어문연구회'가 김일성 대학 안에 설립되어 조선어와 조선 문자에 대한 연구가 본격화되었다. 이곳에서는 조선어의 규범화와 정화 방안, 한자 폐지 방안, 과학적 철자법 개정 등을 주요 연구 과제로 삼았다. 첫 번째 결실이 바로 '조선어 신철자법'이다. 1949년에 기관지『조선어 연구』를 창간하였는데 조선어학자들의 논문과 소련의 언어 이론을 소개하는 것을 내용으로 하고 있다.

북한의 언어 연구는 1950년대 중반부터 본격화된다. 북한의 언어학 연구에 큰 영향을 미친 것은 소련의 언어학 대토론이었다. 그 후 1952년 조선민주주의인민공화국 과학원이 창설됨에 따라 '조선어문연구회'는 '조선어 및 조선문학연구소'로 개편되었다. 남한이 국어와 국문학 연구를 대학 국어국문학과에, 국어와 국문의 보급은 한글학회에 분담한 것과는 매우 대조적이다. 남한의 교수들은 실천적인 어문 연구에는 별 관심을 두지 않았다.

김일성은 1946년 대중을 향한 연설에서 언어와 문자 생활에서 일제 침략자의 잔재를 떨어버리는 일이 중요하다면서 다음과 같이 역설하였다.

(2) 문화인들은 우선 언어 행동에서 일본 제국주의의 냄새를 뽑아버려야 하며 또한, 자기들의 작품에서 일제사상 잔재를 청산하도록 하여야 하겠습니다.

일본어의 요소를 뽑아낸다는 것은 쉬운 우리의 말과 글을 구사한다는 것을 뜻하며 이는 필연적으로 문맹 퇴치 운동을 전제로 하고 있다. 북한은 1948년에 230만 명의 문맹자를 퇴치했다고 보고하였다. 이는 전체 문맹자의 1/4에 이르는 숫자이다. 북한은 1948년 인민공화국 수립 후 학제를 개편했는데 국어가 중심 교과목의 지위를 차지하고 있다. 그리고 1949년에는 한자를 전폐하여 많은 간행물이 한글로 나왔다.

한글 전용과 함께 북한은 말다듬기에 대해서도 끊임없는 노력을 기울였다. 이것은 1960년대 후반부터 '문화어 운동'으로 발전되는데 한자어와 일본어는 물론, 문체를 대상으로 이해하기 쉬운 말로 바꾸는 작업을 의미한다. 남한의 '국어 순화 운동'과 맥을 같이한다. 다만, 남한은 이 운동이 민간단체에 의하여 주도되었음에 대하여, 북한은 김일성의 지시나 공산당의 지시로 강력하게 추진되었다는 점이 다르다.

제2기(1954 ~ 1966): 조선어 철자법의 공포

남북의 언어 규범은 1954년부터 본격적으로 달라진다. 조선민주주의인민공화국 과학원 조선어 및 조선문학연구소는 그동안 써오던 '조선어 신철자법'을 버리고 이해 9월 '조선어 철자법'을 제정하여 공포하였다. '조선어 철자법'의 총칙은 다음과 같다.

(3) 가. 조선어 철자법은 단어에서 일정한 의미를 가지는 매개의 부분을 언제나 동일한 형태로 표기하는 형태주의 원칙을 그 기본으로 삼는다.

　　 나. 조선어철자법은 그 표기에 있어 일반 어음학적 원리에 의거하되 조선어에 고유한 발음상의 제 규칙을 존중한다.

총칙은 모두 5개항으로 구성되어 있는데 위의 '가, 나'는 처음 1, 2항만 옮겨 적은 것이다. 3항은 띄어쓰기 규정이고 4항은 표준말 규정이며 5항은 가로쓰기 규정이다. 조선어학회의 '한글 맞춤법 통일안'과 비교할 때 표준어 규정이 약간 바뀌고 가로쓰기 규정이 추가되었을 뿐, 그 외에는 큰 차이가 없다. 형태 음소적 원리를 고수하고 있다는 점에서는 통일안과 차이가 없으나 뒷받침되는 문법 체계는 성격을 달리한다. 통일안에 나타나는 체언과 동사의 어간을 모두 '어간'으로 통합하고 조사와 어미는 '토' 가운데 넣되 단어로 인정하지 않았다.

북한 과학원의 두 번째 큰 업적은 1956년 1월에 펴낸『조선어 외래어 표기법』이다. 여기에 '외래어 표기법' 이외에 '외국 자모에 의한 조선어 표기법'과 '조선어의 어음 전사법'이 들어 있다. 부록으로『조선어 외래어 어휘집』이 마련되어 있다.

북한은 '조선어 철자법'과 '조선어 외래어 표기법'의 제정을 계기로 하여 어문 정책을 지속적이고 일관성 있게 추진하였다. 1956년에는 과학원의 조선어 및 조선문학연구소가 언어문학연구소로 바뀌고, 문자개혁위원회가 조직되어 가로 풀어쓰기 등 문자 개혁 문제를 연구하고 담당하였으나 이를 제안한 김두봉이 1958년 숙청됨에 따라 언어문학연구소에 다시 통합되고 말았다. 또한, 1958년에는 계몽적 성격을 띤 학술지『말과 글』이 창간되었고, 1961년에 어학 전문지『조선어학』이 창간되었다.

'조선어 철자법' 시대의 가장 큰 업적은 규범 문법과 사전 편찬이라고 할 수 있다. 규범 문법은 '조선어 문법'이란 이름으로 '어음론'과 '형태론'을 다룬 첫째 권이 1960년에, '문장론'을 다룬 둘째 권이 1963년에 나왔다. 이 무렵에 남한은 1963년 학교 문법의 품사 체계와 용어만 통일해 놓았으나 반대 세력의 강한 반발에 부딪혀 있었다. '조선어 문법'의 품사 체계는 '명사, 수사, 대명사, 동사, 형용사, 관형사, 부사, 감동사'

등 8품사 체계를 택하였다. 주목할 만한 것은 용언의 어미와 체언의 조사를 '토'라고 하여 단어로 인정하지 않았다.

북한 과학원은 규범 문법 편찬과 함께 사전 편찬도 시도하였다. 1956년에 광복 10주년을 기념하여 『조선어 소사전』을 편찬하였다. 이후 본격적인 사전 편찬에 착수하여 『조선말 사전』 첫째 권은 광복 15주년을 기념하여 1960년에 발행하였고, 나머지는 과학원 창립 10주년을 맞아 1962년에 완간하였다. 모두 여섯 권으로 총 18만 7,137개의 어휘가 수록되어 있다. 이 『조선말 사전』은 마르크스 · 레닌주의의 언어 이론에 기초한 것으로 규범적 성격과 백과사전의 성격을 구비하고 있다.

북한은 조선민주주의인민공화국 창건 15주년을 기념하는 뜻으로 1963년 『새 옥편』을 간행했다. 민족 문화유산을 발굴하고 정리하여 국어 어휘에 대한 지식을 넓혀 나가는 데 있어서는 한자에 대한 지식이 필요하다고 보았다. 1만 7,345 올림자가 실려 있는 가장 풍부한 옥편으로서 활발한 고전 연구와 전면적 문화 혁명에 이바지함을 목적으로 삼고 있다. 북한은 한글 전용 정책을 추진해 나가면서도 한자에 대한 지식이 필요함을 깨닫고 시대적 요구에 맞는 한자 사전을 편찬한 것이다.

북한 언어 연구의 전반적 특징은 현대어의 연구와 이의 규범화였다. 당시 남한의 어학계가 중세 국어를 중심으로 한 국어사 연구에 관심이 쏠려 있던 것과는 매우 대조적이다. 그러나 북한 어학계도 국어의 역사와 방언에 대하여 그렇게 무관심하지 않았다. 홍기문의 『향가 해석』, 『리두 연구』, 김병제의 『조선방언학개요』(상, 중) 등이 대표적 업적이다.

북한의 어학자들은 국어사 및 방언 연구와 함께 국어학사적 안목에도 끊임없는 주의를 기울였다. 우리의 고유 문자인 훈민정음에 대한 문자론적 접근을 비롯하여 창제 과정에 관한 업적을 내었으며, '훈민정음 해례'의 음운 이론을 현대적 관점에서 분석하고 이를 통하여 15세기 국어의 음운 체계를 규명하기도 하였다. 또한, 북한은 훈민정음이 창제된

세종 25년 12월을 1447년 1월로 양력 환산하여 기념 강연회를 갖거나 특집호를 내는 일이 많았다.

북한은 국어학의 비조鼻祖인 주시경 연구에 일찍부터 눈을 떴다. 주시경 탄생 80주년을 맞아 과학원 언어문화연구소는 1956년『주시경 유고집』을 간행하였다.『국어문전음학』(1908),『국어 문법』(1910)을 다시 조판을 하고,『말의 소리』(1914)는 영인을 하였다. 주시경을 추모하고 평가하는 행사는 그 뒤에도 계속되었다. 그들은 주시경을 조선 인민이 낳은 열렬한 애국자이며 탁월한 언어학자라고 평가하였다.

1960년대에 들어와서 언어 연구를 더욱 조직적으로 추진하였다. 1964년 2월 17일 <내각 결정 제11호>에 기대어 과학원 기구를 개편하였다. 과학원 산하 사회과학위원회를 분리하여 사회과학원으로 개편하고 '언어문학연구소'를 '언어학연구소'와 '문학연구소'로 분리하였다. 이와 함께 북한의 언어학자들은 '조선언어학회'를 결성하였다. 사회과학원 언어학연구소 소장인 김병제가 중심이 되었다. 회장에는 김병제, 부회장에는 최정후, 상무위원에는 김병제, 최정후, 홍기문, 리극로, 정렬모, 류렬, 김수경 등 13명이 선임되었다.

제3기(1966 ~ 1976): 조선말 규범집의 공포

북한의 언어 규범은 1966년에 전환의 고비를 맞는다. 조선민주주의인민공화국 내각 직속 국어사정위원회는 이해 6월『조선말 규범집』을 간행하여 공포하였다. 이에 따라 1954년에 공포된 '조선어 철자법'은 자동적으로 폐기되었다.

『조선말 규범집』은 '맞춤법, 띄여쓰기, 문장 부호법, 표준 발음법'의 4부로 구성되어 있다. '조선어 철자법'은 '철자법'이란 이름 아래 '철자법, 띄여쓰기, 표준말, 표준 발음법, 문장 부호'를 포괄하고 있는데 이곳에서는 '표준말'을 제외한 나머지 부분을 따로 내세우고 부문별로 총칙을 먼저 제시한 다음 세부 규정을 설명하고 있다. '철자법'을 '맞춤법'으로 고친 것은 1933년의 '한글 맞춤법 통일안'의 '맞춤법'과 차이가 없다는 점을 드러내고 있다. 『조선말 규범집』은 '조선어 철자법'에 비하여 체계가 정비되었고 내용이 자세하다. 특히 띄어쓰기와 표준 발음법은 매우 잘 정비되었다. 『조선말 규범집』에 나온 맞춤법의 총칙은 다음과 같다.

> (4) 맞춤법은 단어에서 뜻을 가지는 매개의 부분을 언제나 같게 적는 원칙을 기본으로 한다.

총칙에는 가로쓰기 규정도 들어 있으나 '조선어 철자법'과 차이가 없다. 김일성은 1964년 1월 3일 언어학자들과의 간담회 자리에서 '조선어를 발전시키기 위한 몇 가지 문제'라는 제목의 교시를 행한 바 있다. 김일성은 전부터 표방해 오던 조선어 어휘 발달의 방향을 제시하고 문자 개혁, 언어문화 운동의 추진, 한자 교육의 부활 문제 등을 들었다. 문자 개혁이란 김두봉 등이 주장하던 가로 풀어쓰기를 가리키는데 남북한이 공통된 언어와 문자를 쓰는 현실을 무시하고 문자를 개혁하면 의사소통에 지장이 있고 자칫하면 민족이 갈라지는 위험에 빠지기 때문에 조국이 통일될 때까지 보류한다는 것이다. 또한, 남한이 한자를 쓰고 있는 한, 어느 시기까지는 한자를 가르쳐야 한다는 것이다. 그들은 초·중학교에서 기술학교까지는 2000자, 대학에서는 1000자 모두 3000자를 교육용 한자로 지정하였다.

『조선말 규범집』의 공포를 계기로 하여 북한에는 '문화어 운동'이란 어학 혁명이 전개된다. 김일성은 1966년 5월 14일 언어학자들과의 간담회 자리에서 '조선어의 민족적 특성을 옳게 살려나갈데 대하여'라는 교시를 행한 바 있다. 그는 이곳에서 혁명의 참모부가 있고 정치, 경제, 사회, 문화, 군사의 모든 방면에 걸쳐 혁명의 전략이 세워지는 수도 평양말을 중심으로 언어의 민족적 특성을 보존하고 발전시켜 나가야 한다고 역설하였다. 또 그는 우리말을 발전시키는 데는 다른 나라 말을 본받아도 안 되며, 영어나 일본말이 섞여든 서울말을 표준으로 삼을 수도 없고 고유어를 중심으로 사회주의를 건설하고 있는 북한 인민들만이 조선말을 발전시킬 수 있다고 하였다. 이렇게 조선인민공화국의 수도인 평양말을 중심으로 다듬어 낸 북한의 표준어를 '문화어'라고 하였다.

문화어의 개별 분야는 발음, 억양, 문법, 어휘, 문체에 걸치는데 특히 어휘는 우리의 고유 어근을 중심으로 발전되어야 한다고 주장하였다. 이런 방식으로 우리말을 정리하고 발전시키는 국어 순화 이론이 이른바 '주체의 언어 이론'이다. 그들은 주체의 언어 이론이 김일성에 의해 창시되었으며 김일성이 민족어를 지켜 내고 발전시키는 과정에서 집대성한 이론이라고 주장하고 있다. 주체의 언어 이론은 사람이 모든 것의 주인이며 모든 것을 결정한다는 주체의 철학적 원리를 사상적·이론적 기초로 삼고 있다.

문화어 운동이 본격화한 것은 1968년 계간지 『문화어 학습』이 창간되면서부터이다. 『문화어 학습』의 창간을 계기로 하여 어느 정도 전문성을 띠고 있던 어학 계통의 잡지가 자취를 감추었다. 1961년에 창간된 『조선어학』은 1965년으로 종간되었고, 1966년부터 계간으로 나오던 『어문 연구』도 1967년까지만 간행되고 그 이후로는 『문화어 학습』으로 이어진 것이다.

'문화어 학습'은 호마다 첫머리에 김일성 주체 언어 이론과 관련된 글이 나오고, 문화어 지식, 생활과 언어, 물음과 대답 등의 내용이 담겨 있다. 대중들에게 알려야 할 다듬어진 어휘를 '어휘 수첩'이란 이름 아래 소개하였다.

북한은 『조선말 규범집』의 공포를 계기로 하여 전체 인민을 대상으로 문화어 운동을 전개하는 한편, 이를 뒷받침하기 위하여 규범집에 따른 사전과 문법을 다시 편찬하였다. 1969년에 『현대 조선말사전』을 내고 1973년에는 이를 보충하는 『조선문화어사전』을 내었다.

제4기(1976 ~ 1987): 문화어 운동의 정착

'조선말 규범집'에 따른 어학 혁명의 기반 구축이 이루어진 뒤에 문화어 운동이 정착되는 시기라고 할 수 있다. 우선 1976년은 김일성의 문화어 운동 교시가 발표된 지 10주년이 되는 해로서 기념 논문집이 발간되었다. 1977년 이후의 『문화어 학습』의 논조가 문화어 운동이 전환기에 처해 있음을 보여 준다. '당의 영도 아래 꽃피어 나는 문화어', '은혜로운 태양아래 꽃핀 문화어'란 제목에서 그런 점을 알 수 있다. 이 문화어 운동에 힘입어 특수 분야의 용어가 다듬어지고 학교에서도 지도 및 보급에 힘을 기울였다.

문법 분야에서는 1972년에 완성된 『문화어문법규범』이 수정을 거쳐 1976년에 정식으로 간행되었다. 1979년에 비슷한 체제의 『조선문화어 문법』을 내었다. 근로자, 문필가, 어학 전문가, 학생들에게 문화어 문법 규범을 보급할 목적으로 만들어진 것이다.

1978년에는 『조선민족어발전력사연구』를 펴내 민족어의 발전 과정을 인민의 역사와 관련시켜 설명하기도 하였다. 언어 사실의 변화 양상을 중심으로 서술했다고 볼 수 있는 홍기문의 『조선어력사문법』(1966)과는 성격을 달리하고 있다. 문화어 운동이 이 시기에 자리를 잡았다는 또 하나의 근거는 최정후의 『조선어학개론』(1983)에서 잘 드러난다. 개론 서적에서 문화어 운동을 다룰 수 있을 정도로 대중 속에 뿌리를 박고 있다고 할 수 있다.

이 시기에는 전문성을 띤 업적과 개인 저서들이 많이 나타난다. 『우리 당의 언어 정책』(1976), 『언어학 론문집』(1979), 『주체의 언어리론 연구』(김정휘·정순기, 1982) 등은 사상성과 관련된 책들이다. 또 국어

사정위원회의 『외국말적기법(Ⅰ)』, 최정후의 『조선어학개론』, 한영순의 『어음 및 글자론』, 권종성의 『문자학개요』 등은 언어 사실에 관련되는 업적이다.

사전으로는 『현대 조선말 사전』 제2판(1981)이 나왔다. 김일성의 탄생 70돌을 맞은 기념 출판이다. 이와 관련된 업적으로는 『다듬은 말 묶음』(1977), 박용순의 『우리말 어휘 및 표현』, 김병제의 『방언사전』(1980), 『조선속담』(1984), 정순기·리기원의 『사전편찬리론연구』(1984), 박상훈·리근영·고신숙의 『우리나라에서의 어휘정리』(1986)가 있다.

제5기(1987 ~): 조선말 규범집의 수정

이 시기의 가장 큰 특징은 『조선말 규범집』의 수정이다. 1966년의 '조선말 규범집'과는 상당한 차이가 있다. 총칙의 내용은 다음과 같다.

(5) 조선말맞춤법은 단어에서 뜻을 가지는 매개 부분을 언제나 같게 적는 원칙을 기본으로 하면서 일부 경우 소리나는 대로 적거나 관습을 따르는 것을 허용한다.

즉 형태주의 원칙을 고수하면서 표음주의 원칙을 일부 허용하고 있는 부분이다. '조선말 규범집'의 맞춤법은 본문 7장 28항으로 되어 있는데 주요 개정 내용은 다음과 같다.

(6) 가. 자모의 명칭에서 'ㅇ'의 명칭이 '(으)'에서 '(응)'으로 바뀐다.
　　나. 소리가 같은 말인 고유어들은 혼동을 피하기 위하여 다음과 같이 적는다.
　　　　예: 샛별-새 별(새로운 별), 빗바람(비가 오면서 부는 바람)-비바람(비와 바람)
　　다. 파생어에서 빠진 소리는 빠진대로 적는다.(예 : 가으내, 겨우내, 무질, 바느질)
　　라. 사이표 특수 용례 규정(제18항)을 삭제한다.

　마. 형용사를 동사로 만드는 뒤붙이(제20항)에 '이'를 삭제한다.

　바. 말뿌리에 직접 '하다'를 붙일 수 없으나 '히'로만 소리나는 것은 '히'로 적으며, 말뿌리에 직접 '하다'를 붙일 수 있으나 '이'로만 소리나는 것은 '이'로 적는다.

　　(예: 거연히, 도저히, 자연히, 작히, 큼직이, 뚜렷이)

　남한에서도 1988년에 '한글 맞춤법'이 개정되었다. 부분적으로 남북한이 차이를 보이고 있으나 언어 이질화를 극복하려는 방향으로 조금씩 양보를 한다면 큰 어려움은 없을 것으로 생각한다.

　북한은 이 시기에 김일성 탄생 80돌에 즈음하여 『조선말 대사전』을 출간한다. 이 사전은 두 권, 모두 4,150쪽, 33만 개에 이르는 올림말을 수록한 사전이다. 그 특징은 다음과 같다.

(7) 가. 우선 규모 면에서 방대하고 다양한 어휘 유형들이 균형있게 배치되고 뜻풀이의 심도도 최대한 보장되고 있다.

　나. 그 구성 체계 면에서도 우리 식대로 참신하게 세웠다. 특기할 것은 올림말의 사용 빈도수를 측정하여 밝히고 있다.

　다. 철저히 주체의 원칙에 기초하여 편찬되었다. 우리말의 민족적 특성을 높이 발양시키는 원칙을 확고히 견지하여 고유어들을 풍부히 수록하고 어휘 정리의 산물인 '다듬은 말'을 여러 형식으로 적극 반영하고 있다.

　라. 그 외에도 모든 면에서 과학성과 체계성을 보장할 뿐만 아니라 평양말 문화어를 기준으로 낡은 한자말이나 비규범적인 말은 해당하는 표시를 하여 규범적인 말로 안내하는 등의 어휘 규범과 발음 표시나 소리바꿈현상에 대한 사회적 규범과 맞춤법과 띄여쓰기 등 표기 규범에 대해서도 언어 규범성을 보장하고 있다.

　마. 『다듬은 말』(1986)에서 단어화하지 못하였거나 설명식으로 풀이되어 사전의 표제어로 선택하기 어려운 것들을 제외하고 거의 모두가 기존의 사전에 수록되어 있다.

　바. 이 사전에서는 『현대조선말사전』(1981)에 수록된 일부의 다듬은 말 중에서 다듬은 말은 버리고 원래말만 수록하거나 고쳐서 수록하였다.

예: 두성꽃 → 양성화, 살가죽밑주사 → 피하주사, 더운물물고기
→ 온수어족 → 온수어류
사. 이 사전에서는 본래말과 다듬은 말을 다같이 수록하면서 다듬은
말을 쓰도록 이끌어 주었다.

이 시기에 중요한 사건 중의 하나는 언어 정책을 주도적으로 이끌어
오던 김일성이 1994년에 사망한 일이다. 김일성이 사망한 이후에 언어
정책에는 큰 변화가 없었다. 다만, 2000년도에 띄어쓰기 규정을 개정하
였다. 1987년에 국어사정위원회의 이름으로 공포한 띄어쓰기 규정을 개
정하였는데, 과거에 22개 조항을 9개 조항으로 대폭 손질하였다.

(8) 가. 토가 있는 자립적인 동사와 형용사가 다른 자립적인 동사나 형
용사와 어울린 것은 띄여 쓴다.
나. 품사가 서로 다른 단어는 띄여 써야 한다.
다. 두개이상의 말마디가 결합되여 하나의 뜻을 나타내는 것은 붙여
쓴다.
라. 불완전명사는 앞의 단어에 토가 있어도 붙여 쓴다.

그 외에도 고유 명사, 수사, 학술 용어, 특수 어휘에 관한 띄어쓰기를
예시와 함께 자세하게 다루고 있다.

3. 북한의 언어 정책 기관

북한의 언어 정책은 유물론적 도구적 언어관을 바탕으로 하고 있다.
즉 마르크스나 레닌에 의해 표명된 바와 같이 언어는 인간을 위해 존재
하며 인간 사이의 접촉에 따라 발생한 인간 교제의 수단이라고 보고 있
다. 따라서 언어는 민족을 통일시키는 무기이고 민족적 형식을 특징짓

는 표현이라고 본다. 이러한 언어관에서 출발한 북한의 언어 정책 기관과 연구 기관은 어떠한 것이 있는지 언어 정책의 역사를 중심으로 살펴보고자 한다.

1) 조선어문연구회

북한에서 최초로 생긴 언어 연구 단체로 조선 어문의 통일과 발전을 위한 연구 사업을 추진한다는 명목으로 1947년 2월에 「북조선 임시 인민위원회 결정 제175호」에 의하여 김일성 종합 대학 내에 설치되었다. 그 후 1948년 10월에 내각 제4차 회의에서 결정 제10호를 통해 어문 연구를 더욱 강화하여 발전시키기 위하여 위의 결정을 폐지하고 새로 교육성에 이설하여 설치하였다.

이 연구회의 임무는 조선 어문의 연구를 강화하는 것으로 노동당의 지도 아래에 새로운 조선어 문법의 제정과 사전 편찬 등의 업무를 수행하였다. 기관지로 『조선어 연구』를 월간으로 발행하였으며 『조선어신철자법』(1949), 『조선문법』(1949) 등의 서적을 간행한 후 1952년 과학원의 설립과 함께 해산되었다.

2) 학술용어사정위원회

1949년 2월 내각 결정 제7호에 의하여 "혼란에 빠진 학술 용어를 통일하여 최소한도의 실용 한자로 사정하여 과학 및 기술 발전의 기초를 확립하기 위하여" 북한은 교육성 직속으로 학술용어사정위원회를 설치하였다. 이 위원회는 어문학 용어, 수학 용어, 물리학 용어 등 모두 18개의 학술 용어 사정 분과위원회와 실용 한자 사정 분과 위원회를 두고 있었다.

이 위원회가 설치되었던 시기는 광복 직후의 한글 보급 운동의 영향으로 대대적인 문맹 퇴치 운동이 전개되던 시기였다. 이 시기는 일제 식민지 통치의 영향으로 많은 일본어의 잔재와 한자어의 영향 등이 남아 있었을 것인데, 북한은 이를 민족의 순수성을 흐리게 하는 언어의 혼란 시기로 여겼다. 이러한 상황에서 이 위원회가 설치된 것이니 이 위원회는 언어 정책의 역사에서 구체적인 임무를 부여받은 최초의 기관이다.

내각 결정은 이 위원회의 권한을 강화하기 위하여 "학술용어사정위원회에서 공포한 학술 용어 및 실용 한자는 각종 교육 기관 및 출판 기관에서 의무적으로 사용할 것이다."라는 강제 규정을 두고 있다. 이 규정은 북한의 언어 정책에 있어 최초로 국가가 제시한 강제적 실시 규정으로서의 의미가 있다. 이 위원회의 구체적 업적은 1959년에 간행된 '학술용어' 교육편으로 나타났다. 이 위원회는 내각 직속 국어사정위원회의 설치와 함께 해체되었다.

3) 과학원 어문학연구소

과학원은 1962년 10월 「내각 결정 제183호」에 따라 설치된 북한의 과학 기술 연구의 대표적 기관이다. 자연 · 사회 · 인문 과학 등 모든 연구 기관을 산하에 두고 있었으나 1964년 '사회과학원'의 신설에 따라 사회 및 인문 과학의 연구 분야를 넘겨 주고 현재는 물리 · 수학연구소, 생물학연구소, 원자력연구소, 유색금속연구소 등 12개 연구소와 천문기상대, 종합 공장 등을 두고 있다.

이 과학원의 어문학연구소는 '조선어 및 조선문학연구소'에서 '언어문학연구소'로 다시 '어문학연구소'로 개칭되었고 그 하부에 '사전연구실, 언어문화연구실' 등의 부서가 있다. 이 어문학연구소는 학술용어사정위원회가 주로 단어 위주의 활동을 펼친 것에 비해 언어 전반에 대한 정리 및 통제 기관으로 활동하였다.

김일성은 이 연구소의 기능에 대하여 1964년 1월 언어학자들과의 대화에서 "어문학연구소가 우리말을 정리하여 새 말을 만들어 내는 것을 통제하는 기관으로 되어야 합니다. 동무들은 그전의 말을 잘 다듬는 데에 그치지 말고 좋은 말을 많이 만들어 내야 합니다."라고 강조하면서 <말다듬기 운동>을 펼칠 것을 지시하였다.

이 말다듬기 운동은 한자어와 일어 및 문체를 주 대상으로 하여 가능한 한글로 바꾸자는 운동으로 주로 학술용어사정위원회가 중심이 되어 실시되었다.

4) 사회과학원 언어학연구소

북한은 언어 정리를 더욱 강화하기 위하여 1964년 2월 내각 결정 제11호에 따라 과학원의 사회·인문 분야를 분리하여 사회과학원을 신설하였다. 이 기관은 당의 정책을 합리화하고 세뇌 교육에 필요한 자료를 만들어 내며 공산주의 이론에 입각하여 사회 과학 전반에 걸친 소위 창조적 발전을 도와주는 것이 주된 임무이다.

사회과학원 산하에는 경제, 법학, 역사, 철학, 언어학, 문학, 고고학 및 민속학·고전 등의 연구소가 있다. 이곳의 언어학연구소와 문학연구소는 종래의 어문학연구소가 분리하여 독립한 것으로 김일성의 1964년 담화 이후 북한에서 일어난 우리말 정리 운동을 본격적으로 추진하기 위해 언어학연구소가 설립된 것이다.

이 연구소는 정책 기관의 지휘·감독 아래에 있는 연구 기관으로서 주어진 연구 과제를 수행해 나아가는 것이 임무이다. 그래서 그 성과는 각종 기관지 혹은 단행본으로 발표되었다. 이 연구소의 기관지는 그 명

칭이 수시로 바뀌어 왔는데『조선어문』,『조선어학』,『말과 글』,『문화
어학습』등이 있고, 단행본은『현대조선말사전』(1968),『조선말규범집
해설』(1971),『조선문화어사전』(1973) 등이 있다.

이 연구소에는 '의약학, 금속, 생물학, 농학, 자연과학' 용어 분과 위
원회 등 모두 18개의 전문 용어 분과 위원회가 설치되어 있다. 이들 분
과 위원회는 내각 직속의 국어사정위원회와 공동으로 말다듬기와 문화
어 정리에 노력을 기울이고 있다.

5) 국어사정위원회

1964년과 1966년 두 차례에 걸쳐 김일성이 언어학자들과 나눈 담화
이후 북한에서는 언어의 정리와 보급에 더욱 힘을 기울이게 되었다. 특
히, 1966년은 북한의 언어 정책사에 있어 제3기인 규범집 시대가 시작
되는 시기로 북한은 새로 공포한 '조선말 규범집'에 따라 종래의 다소
급진적이던 표기법을 바꾸어 실용성을 위주로 한 방향으로 개편하고 고
유어를 찾아 쓰자는 <문화어 운동>을 적극적으로 전개하는 시기이다.
이 시기에 행정부에 설치된 언어 정책 기관이 내각 직속의 '국어사정위
원회'이다. 이 위원회의 설치 근거 및 설치 시기는 분명하게 알 수 없다.
그러나 김일성의 1964년 1월 담화에서 '어문학연구소'가 언급되었고,
1966년 3월의 담화에서 '국어사정위원회'가 언급된 것으로 보아 아마도
그 사이에 설치된 것으로 알 수 있다.

특히, 종래의 다른 정책 기관이 교육성이나 과학성 등에 부설되어 있
었는데 반하여 언어 정책 기관을 '내각 직속'으로 격상한 점은 북한이
언어 정책에 대해서 대단한 관심을 보이고 있음을 알 수 있다. 이에 따
라 이 위원회는 북한 언어 정책의 중추 기관으로 자리 잡게 되었고, 언
어의 연구와 선전·선동 사업에 힘을 쏟으며 지금까지 활발하게 활동하

고 있다.

이 위원회는 전술한 학술용어사정위원회의 기능을 이어받아 수행하고 있는 것으로 여겨지는데 그 자체에 언어 연구의 기능을 갖고 있지는 않다. 따라서 이 위원회에서 벌이는 주요 사업인 말다듬기 연구 토론이 사회과학원 국어사정지도처와 언어학연구소의 18개 전문 용어 분과 위원회와 공동으로 진행되고 있다. 즉, 이 위원회는 국어 연구 기관이 아닌 언어 정책 수립 기관으로 활동하고 있다. 이 위원회의 토론 결과는 ≪로동신문≫과 ≪민주조선≫ 등의 신문 지상에 게재되었고, 그 결과물로 『조선말규정집』(1966년)을 발간하였다.

4. 마무리

지금까지 북한의 언어 정책과 언어 정책 기관을 변천 역사를 중심으로 살펴보았다. 북한의 언어 정책의 변화를 언어 규범의 역사를 중심으로 다섯으로 나누어 보았고, 언어 정책 기관도 변천 역사를 중심으로 살펴보았다. 이런 시대 구분이 반드시 옳은 것은 아니라고 할지라도 그래도 북한의 언어 정책을 이해하는 데는 어느 정도 도움이 될 것이다.

북한의 언어 정책 역사를 한글 맞춤법 통일안의 준용, 조선어 철자법의 공포, 조선말 규범집의 공포, 문화어 운동의 정착, 조선말 규범집의 수정으로 나누어 살펴보았다. 이러한 북한의 언어 정책을 한마디로 요약하기는 어렵지만 정리를 한다면 민족어 교육의 강화, 근로자의 문맹 퇴치, 한자 폐지, 민족어의 주체적 발전과 어휘 정리, 언어생활의 기풍 확립, 말과 글의 규범 정립, 문자 개혁, 남한의 언어 문제에 대한 대책 수립 등을 주요 골자로 하고 있다. 이것은 북한 노동당의 언어 정책과 같은 것이며 언어가 혁명과 건설의 힘 있는 무기라는 유물론적 언어관에 근거하여 설정된 것이다. 여기에 김일성의 주체 언어 이론이 추가된 것이다.

다음은 북한의 언어 정책 기관을 변천 역사를 중심으로 조선어문연구회, 학술용어사정위원회, 과학원 어문학연구소, 사회과학원 언어학연구소, 국어사정위원회 등 5개 기관을 살펴보았다. 물론, 이들이 북한 언어 정책 기관의 전부는 아니지만 언어 정책을 결정하는데 상당한 영향력을 미치고 있는 것은 사실이다. 북한의 언어 정책은 그들의 권력 핵심이며 모든 정책 기관의 실질적 중추인 조선노동당 비서국을 통해 지도 감독을 받고 있으며 실질적인 정책 시행은 내각 직속의 국어사정위원회가 맡고 있다. 연구 기관으로 1947년에 설립된 조선어문연구회가 최초로 언어 연구를 담당하였고, 그 후 교육성에 설치된 학술용어사정위원회와 과학원의 어문학연구소를 거쳐 사회과학원의 언어학연구소가 그 기능을 담당하고 있다. 이 연구소는 기관지인 『문화어학습』을 통하여 언어 정리와 그 전파에 힘쓰고 있고 여러 종류의 사전과 맞춤법 해설서 등을 편찬하고 발간하면서 그 연구 사업을 진행하고 있다.

그 밖에 북한의 언어 정책과 관련하여 교육 기관과 언론 기관의 활동을 간과할 수 없다. 특히, 모든 교육 기관이 언어 교육에 커다란 비중을 두고 있으며 말다듬기 운동과 문화어 사용의 계몽 활동에 매우 적극적인 것도 강조되고 있다. 그뿐만 아니라 신문과 출판물을 통한 문화어 홍보, 용어 설명, 방송 화술 등을 적극적으로 전파하고 있다.

북한의 언어 정책을 남한의 언어 정책과 비교하면 상당히 다른 점이 많이 있다. 정책의 수립이나 시행 과정에서 북한은 국가 권력을 배경으로 하여 강제성을 띠는 데 대하여 남한은 지금까지 민간 자율에 맡기는 정책을 펼쳐왔다. 최근에 들어서 남한도 국가 기관을 세우고 국가 정책으로 채택하고 있지만 북한의 언어 정책 역사와 비교하면 큰 차이가 있다. 언어 정책은 장기간의 계획에 따라 신중한 태도로 시행되어야 하는

데 북한은 그 사이 여러 번의 어문 규범을 바꾸고 실천 과정에서도 혁명적인 방법을 사용하였다. 그러나 남한의 언어 정책은 장기 계획을 세워 시행한 적도 없으며, 어문 규정도 1988년에 한글 맞춤법과 표준어 규정을 개정하였지만 매우 불안정하고 지금도 제대로 정착되지 못하고 있다.

언어 정책 기관도 남한의 국립국어원은 북한의 언어학연구소와 비교하면 커다란 차이가 있다. 북한의 언어학연구소가 50여 년의 역사와 100여 명의 인원이 있는 데 비하여 남한의 국립국어원은 15년의 역사와 30명의 인원밖에 되지 않는다. 북한이 남한보다 언어 정책에 큰 비중을 두고 있음을 알 수 있다. 이제 남한도 북한에 못지않게 언어 정책에 관심을 두어야 할 때가 되었다. 제 나라 말과 글을 사랑하는 민족일수록 언어 정책에 더 많은 연구 인력을 배치하고 국가 예산을 투자하고 있음을 우리는 알아야 할 것이다.

※ 이 글은 "남북한 어문 정책 변천 연구"
(『국어 연구의 이론과 실제』, 태학사)에 수록되었던 것이다.

〈참고문헌〉

남한문헌

고영근, 『북한의 말과 글』(서울: 을유문화사, 1989).

고영근, 『통일시대의 어문문제』(서울: 도서출판 길벗, 1994).

고영근, 북한의 언어문화』(서울: 서울대학교 출판부, 1999).

국립국어연구원, 『북한의 언어 정책』(서울: (주)정문사문화, 1992).

국립국어연구원, 『국립국어연구원 요람』(서울: 경미기획, 2000).

국립국어연구원, 『21세기의 언어 정책』학술 발표 요지(2000).

국립국어연구원, 『새국어생활』(서울: 계문사, 2001).

국어학회, 『세계의 언어 정책』(서울: 태학사, 1993).

김민수, 『국어정책론』(서울: 탑출판사, 1984).

김민수, 『북한의 국어 연구』(서울: 일조각, 1989).

김민수, 『북한의 어학 혁명』(서울: 도서출판 백의, 1989).

김민수, 『북한의 조선어 연구사』(서울: 도서출판 녹진, 1991).

김민수, 『김정일 시대의 북한 언어』(서울: 태학사, 1997).

남성우, 『북한의 언어생활』(서울: 고려원, 1990).

문화체육부, 『국어정책자료집』(서울: 영진문화인쇄, 1998).

문화관광부, 『남북 언어 통일 방안 연구』연구 보고서(1998).

민현식, 『국어 정서법 연구』(서울: 태학사, 1999).

최용기, "한글과 언어 정책," 『국어문화학교 교재』(서울: 국립국어연구원, 1995).

최용기, "국어 순화," 『바른 국어 생활』(서울: 국립국어연구원, 2001).

최용기, "남북한 국어 정책 변천사 연구," 단국대박사학위논문(2001).

최용기, 『남북한 국어 정책 변천사 연구』(서울: 도서출판 박이정, 2003).

최호철, 『21세기의 언어 정책』국립국어연구원 학술 발표 요지(2000).

한글학회, 『한글학회 50년사』(서울: 선일인쇄사, 1971).

허만길, "한국 현대 국어 정책 연구," 홍익대 박사 학위 논문(1993).

북한 '문화어' 화술의
수사학적 특성

전 미 영

1. 들어가는 말

분단의 역사는 남북한의 사회문화 영역에 많은 이질성을 초래했으며 그 결과, 언어사용에서도 많은 차이를 보이고 있다. 물론 여전히 남북은 한글을 사용하고 고유의 우리말을 공유하고 있다. 남북이 서로를 한 민족으로 인식하고 통일을 지향하고 있는 그 의식의 근저에는 바로 남북이 공유한 역사, 문화와 함께 동일한 언어가 있기 때문이기도 하다. 그러나 동질성의 기반으로서의 언어가 분단 과정을 거치면서 각기 다른 체제, 사회에 걸맞게 분화해 오는 과정에 형성된 이질성이 남북한 민족통합과정에서 상호간의 소통을 방해하는 걸림돌로 작용하고 있다.

남북한 사회에서 사용되고 있는 어휘의 의미수준의 차이뿐만 아니라 그 발언의 화법의 차이로 인해, 남북의 주민들은 의사소통 과정에서의 어려움과 언어적 접촉과정에서 심리적 거부감을 경험하게 된다. 북한이탈주민들이 남한적응 과정에서 겪는 어려움 중에서 언어문제가 늘 수위로 거론되는 것도 이러한 이유 때문이다. '한글'과 '조선어', '표준어'와 '문화어'로 그 명칭부터 상이한 남북한의 언어는 언어관, 문법체계, 맞춤법, 어휘 등 하위분야에서 다양한 이질성을 나타내고 있다. 그러나 특히 남북화해와 교류협력이 시작되는 현 시점에서 남북 주민들 간의 의사소통 과정에서 주로 직면하게 되는 문제는 언어의 문법적 차이에서보다는 화법의 차이에서 이다.

우리에게 낯설게 다가오는 북한주민들의 '화술', 즉 말하기 방식은 어디에서 연유한 것일까. '언어는 혁명의 무기'라는 혁명적 언어관에 입각하여 체계화된 북한의 언어학은 혁명적 사유를 구성하는 수단으로서, 혁명을 위해 대중을 설득하는 도구로서의 언어의 중요성에 입각하여 언어정책을 추진하여 왔다. 따라서 효과적으로 대중을 설득하기 위해 '언어를 어떻게 구사 하는가'의 문제, 즉 화술적 측면이 강조되어 왔으며 북한식의 독특한 혁명적 '화술'을 발전시켜왔다.

지금까지 북한 언어의 수사학에 대한 관심은 단순히 선전·선동술과 동일시되어 학문적 관심 영역에서 소외되어 왔다. 물론 북한의 언어가 선전선동을 위해 복무해온 것이 사실이며 선전선동 또한 효과적인 설득의 한 방법이기도 하다. 여기서 북한언어의 수사학적 특성을 규명해 보고자 하는 것은 수사학이라는 보편적이고 가치중립적인 개념을 통해 북한의 사회 문화적 특징을 귀납적으로 규명해보고자 하는 노력의 일환이기도 하다.

고대 아테네를 토양으로 하여 탄생한 수사학은 한때 소피스트의 궤변과 동일시되는 등 부정적인 평가를 받아왔다. 그러나 효과적인 설득을 위한 언어의 기술을 의미하는 수사학은 그 자체만으로는 가치중립적이다. 그것이 좋은 것에 이바지하느냐 나쁜 것에 이바지하느냐는 전적으로 그것을 사용하는 사람의 의도에 달려 있을 뿐이다. 논증과 표현의 구성, 실연방식 등을 포함하는 '수사학'이란, 말을 통해 상대방을 지배하는 효과적인 설득의 양식이다. 따라서 정치적 지배에 있어서 정치가의 수사학은 통치의 방식으로 행사된다. '말을 통한 지배'가 그 효력을 발생하기 위해서는 자신의 권력을 합리화하고 지배의 방식을 정당화하기 위한 효과적인 정치적 수사가 뒷받침되어야 하는 것이다.

북한사회의 수사학에는 언어적 측면과 정치적 측면이 중첩적으로 교직되어 있다. 물론, 모든 언어가 그 사회의 지배 이데올로기에서 자유로울 수 없는 것이기는 하지만, 북한의 경우에는, 주체의 언어이론에 입각하여 '문화어'라는 북한식의 혁명언어를 구성해오는 과정에서 국가권력에 의한 언어의 지배가 철저히 구현됨으로써 정치언어와 일상언어의 구별이 무의미할 정도로 언어전반이 정치화되어 있다. 따라서 북한 언어의 수사학적 특성 또한 통치수사학의 전형을 띠고 있음을 부인할 수 없다. 이러한 문제의식에 따라 이 연구는 북한 문화어 화술의 수사학적 특성에 주목하고자 한다. 특히 이 논문에서는 담화의 화술, 웅변화술, 방송화술을 중심으로 그 수사학적 특성을 살펴보고자 한다. 사상교양을 위한 담화문, 선전선동을 위한 웅변, 그리고 방송은 북한당국과 주민들을 연결 짓는 언어적 매개체로써 대중설득이 구현되는 직접적 기제이다. 따라서 이 논문은 대중설득을 위해 구사되는 북한문화어의 통치 수사학적 특성을 살펴보고 그것이 북한사회에서 차지하는 사회문화적 함의를 규명해보고자 한다.

2. 설득의 수사학

1) 통치술로서의 수사학

'말은 강력한 지배자다' 이것은 고르기아스의 말이다. 사람을 지배하는 강력한 힘으로써의 '말', 말의 강력한 힘은 어디에서 비롯하며 이 강력한 힘의 성격은 무엇인가? 고르기아스는 말의 힘을 설득이라고 보았다.[1] 말의 힘이 갖는 설득의 의미는 아리스토텔레스에 의해 구체화되는데, 아리스토텔레스에 따르면 수사학의 목표는 형식도 깔끔한 연설의 작성에 있는 것이 아니라 설득하는데 있다.

수사학은 원래 설득시키고 확신시키는 재주로 여겨졌다. 설득수단을 아리스토텔레스는 크게 기술적인 것과 기술적이지 않은 것으로 나눈다. 기술적이지 않은 설득수단은 연설가의 수중에 있을 수도 있지 않을 수도 있는 수단이요, 연설가가 그냥 적용하기만 하면 되는 수단이다. 법률, 증언, 계약 등이 그렇다. 그에 반하여 기술적인 설득수단은 구체적인 사안에서 연설자 자신이 강구해야 하는 수단이요 연설을 매개로 만들어지는 수단이다. 아리스토텔레스는 기술적인 설득수단으로 수사학적 논증(logos), 감정자극(pathos), 성품연출(ethos)을 꼽는다.[2] 디아스 테레라가 지적하듯 아리스토텔레스 수사학의 목표는 설득에 있지 않고 어떤 논증에라도 적합한 설득의 수단을 제공하는데 있다. 수사학은 매 사건에 대한 설득의 수단을 찾아내는 방향으로 향한다. 이 수단들은 통신의 세 가지 요소들의 각각 하나에 따르게 된다. 그것은 웅변가의 에토스, 청중의 파토스, 그리고 담론이다.[3]

아리스토텔레스는 수사학 2편에서 심리발현술 이론을 전개하는데, 여기서 변론가의 덕성인 '에토스'와 청중들의 감정의 총체인 '파토스'가 나타난다. 이 부분에서 인간본성의 총체적인 고려와 설득의 정확한 이해를 바탕으로 한 주관적 설득의 수단들에 대해서 언급하고 있다. 심리적 특성과 감정적 반응에 바탕을 두고 있는 이런 주관적 증명은 특히 정치적 장르에서 중요한 역할을 한다. 정치적 장르에서 변론가의 신뢰감은 신중함, 덕성, 호의라는 세 자질을 따르게 되며 이 외에도 변론가는 청중들을 사로잡고 쉽게 설득시키기 위해서 감정들 하나하나를 잘 파악하여야 한다.

이렇게 보면 수사학은 정치학의 목표달성에 이바지하는 하나의 수단으로 작용할 수 있다.4) 따라서 설득의 기법으로서의 수사학은 정치적 도구로 사용되어 왔다. 모든 유형의 지배체제는 강제(coercion)와 설득(persuasion)의 기제에 의해 작동된다. 그러나 "아무리 강한 자라고 할지라도 자신의 힘을 권리로, 복종을 의무로 변화시키지 않는다면 언제까지나 지배자가 될 수 있을 정도로 강할 수는 결코 없다"5)는 루소의 말에서 의미하듯이 설득의 요소가 결여된 강제력은 지속적인 효과를 내기가 어렵다. 왜냐하면 강제와 위협이 모든 저항을 제어하는 데는 도움을 주지만 더 효과적인 전술은 사람들로 하여금 지지하거나 최소한 침묵하도록 하는 일이기 때문이다. 따라서 체제의 권력당국자들은 어떤 결정을 내리고 집행하든 그것이 폭력과 강제의 공포로 인한 것이기 보다는 도덕적으로 옳고 적절한 것이라는 신념을 끌어낼 수 있어야 한다.6)

대중적 지지를 지배의 정당성의 근거로 삼고 있는 현대의 정치체제는 정도의 차이는 있겠으나 그 유형을 불문하고 모두 이러한 대중설득을 통한 정당화 작업에 주력하게 된다. 어떤 권력도 민중의 저항과 반대를 장기간 억제할 만큼 할한 힘을 유지할 수 없기 때문이다.7) 이러한 이유로 권력을 장악한 지도자는 말을 통한 정당화 작업을 시도하며 담론의 정치가 행해진다. 즉 정치담론은 권력이 기본적으로 함축하고 있는 것을 철저히 숨기면서, 동의나 요청에 의한 합리적으로 방식으로 권력을 정당화한다. 그리고 이 과정에서 보다 효과적인 설득을 위한 정치수사학을 활용하는 것이다.

물론 여기서 설득과 강제의 의미규정에는 미묘한 관계가 설정된다. 즉 설득이라는 심리적 과정 속에 내재된 은폐된 강제성이다. 이는 고르기아스의 주장에서도 제기된 바인데, "말은 영혼을 설득하면서 말해진 것에 따르고 행해진 것에 동의하도록 강제하기 때문"이라는 것이다. 이는 다시 말해 영혼이 설득 당한다는 것은 말해진 것에 강제된다는 것이다. 물론 이러한 설득에 내재된 강제성의 문제는 설득을 물리적 강제와 동일시하는 발상은 아니며 단지 말의 힘을 실정적 수준에서 파악하려고 한 것이었다고 볼 수 있다.8)

그러나 이러한 문제제기는 정치수사학적 입장에서 볼 때, 상징조작과 선전선동에 의한 설득을 과연 설득으로 볼 수 있는가에 대한 본질적 의문을 끌어낸다. 즉 설득의 과정이 온전한 자기의식의 자발적인 결정인가, 유도되거나 조정된 결정인가의 질적 차이가 존재한다는 것이다. 그러나 이때 설득과정에서의 자발적 설득이냐, 유도된 설득이냐의 양자를 선명히 구분 짓기는 쉽지 않은 것으로써 이는 상당히 정교한 심리학적 분석을 요구하는 문제이기도 하다. 여기서 우리가 정치수사학을 말할 때의 설득의 개념은 이러한 양자를 포괄하는 의미로서의 설득으로 이해할 수 있을 것이다.

청중을 설득할 수 있는 힘을 제공하는 기법으로서의 수사학은 따라서 정치담론의 장에서 가장 필수적인 설득수단으로 이용되어 왔다. 그러나 수사학의 정치적 이용은 그것이 초래하는 파급성으로 인해 과거 철학자들의 비판의 대상이 되어 온 것도 사실이다. 소크라테스는 수사학이 공공의 담론에서 흉한 것을 보기 좋게 만들고, 악을 선으로 화장하며 죄인을 무죄로 방면하면서 사실을 왜곡한다고 비난한 바 있다. 즉 수사학은 아첨만을 일삼으며 대중의 여론을 사로잡는 데만 관심이 있으며 공동체의 참선과 구성원의 행복보다는 레토릭을 실천하는 개인의 이익과 권력에만 관심이 있다고 비난한 바 있다.[9] 물론 이러한 비난은 수사학의 윤리성의 문제이며 설득력 그 자체에 관한 문제제기는 아니었다. 따라서 레토릭을 실천하는 사람이 사실을 왜곡하면 나쁜 것이지 레토릭 그 자체는 가치중립적인 것이라는 고르기아스의 주장은 일면 타당하다고 본다.

실제로 대중들의 지지에 지배의 정당성의 기초를 두고 있는 현대의 대중정치 체제에서 권력행사에 대한 국민들의 지지를 확보하고 정책들을 실현해 나가는 데 있어서 통치의 행사방식, 정책방향, 의제설정 등을 국민들에게 설득시키고 동의를 얻어내는 작업은 정치리더십의 성패를 좌우하는 핵심적인 능력인 것이다. 물론 여기서 정치리더의 수사학이란 단지 언변의 기교만을 말하는 것이 아니며, 지도자의 철학, 성품, 윤리성이 내재된 총체적인 '통치의 언어'를 의미하는 것이기도 하다.

2) 북한의 '문화어'와 혁명의 화술

'문화어'란 북한의 표준어를 칭하는 용어이다. 북한에서 '문화어'라는 용어가 처음 사용된 것은 1966년 김일성의 교시를 통해서였다.[10] 당시 김일성은 '혁명의 수도'인 평양을 중심으로 하고 평양말을 기준으로 하여 언어를 발전시켜가야 할 필요가 있다고 언급하였다. 그런데 이때 평양말을 북한의 표준어라고 하면 마치 서울말을 표준으로 하는 것으로 오해될 수 있다고 하여 이미 서울말로 상징되는 표준어라는 용어 대신에 '문화어'라는 명칭으로 사용할 것을 제안하였다. 이후 북한당국은 '문화어운동'이라는 군중운동을 벌여 평양말을 중심으로 하여 북한의 언어의 규범들을 정리하였다. 즉 남한의 한글규칙들이 '표준어'를 중심으로 정리된 것이라면 현재 쓰여 지는 북한의 언어규칙들은 '문화어'를 중심으로 정리된 것이다.

표준어는 자연발생적으로 성립되는 경우도 있지만 대체로 인공적으로 제정되며 이런 경우, 수도나 문화중심지의 언어가 표준어의 기반이 되는 경우가 일반적이다. 해방 후 남북에 각기 다른 정권이 들어설 당시에도 한반도의 유일한 수도는 서울이었다. 6·25 직후 북한군이 서울에 진주했을 당시, ≪로동신문≫은 "우리조국의 수도 서울", "우리조국의 민족적 및 국가적 문화의 중심지 서울"11)의 입성에 중요한 의미를 부여하는 등 서울을 한반도의 유일한 수도로 인정하고 있었다. 그러나 그들이 의도했던 적화통일이 실패로 돌아가고 휴전협정이 체결되는 시점을 기해서야 북한당국은 "우리조국의 민주수도 평양"12)을 주장하기 시작했던 것이다. 따라서 1966년 북한당국이 평양말을 중심으로 북한의 표준어, '문화어'를 공식화했다는 것은 북한의 수도를 중심으로 한 독자적인 언어규범의 기틀을 마련하는 것이자 남북한 언어의 분화가 공고화되어가는 것을 의미하는 것이기도 했다.13)

북한에서 문화어는 김일성이 항일혁명투쟁시기 민족어를 고수하고 발전시키기 위한 투쟁 속에서 이룩된 혁명전통에서 그 기원을 찾고 있다. 따라서 북한에서 문화어는 단지 북한의 수도 '평양의 말'만을 의미하는 것이 아니다. 북한에서의 문화어는 '언어는 혁명의 무기'라는 사회주의적 언어관이 구현된 혁명의 언어이자 민족성이 구현된 '사회주의적 민족어'로서의 가치가 부여된다.

> 사회주의적 민족어의 전형인 문화어는 사회주의를 건설하고 있는 근로인민대중이 자기들이 늘 쓰는 말에 토대하여 목적의식적으로 건설한 언어이며 혁명의 수도 평양을 중심지로 하고 평양 말을 기준으로 발전시킨 언어이다. 문화어는 혁명적으로 세련되고 문화적으로 다듬어진 우리 민족어의 최고의 형태이다.14)

먼저 문화어는 언어형성의 사회적 조건으로서 사회주의, 공산주의 건설시기 언어발전의 합법칙성에 맞게 발전된 언어라고 평가한다. 즉 봉건사회, 자본주의사회와는 구별되는 '계급적 착취와 민족적 억압에서 벗어난' 새로운 사회형태인 사회주의사회는 '사회주의적 민족'을 구성하게 되며 사회주의적 민족이 요구하는 새로운 언어를 필요로 한다는 것이다.

> 자본주의적 착취와 억압에서 해방된 민족들은 자체를 근로적인 사회주의적 민족으로 만들어야 할 뿐 만아니라 자체의 최대한의 자유로운 발전과 전면적 개화를 이룩하기 위한 매우 발전된 자립적 민족경제를 건설하여야 합니다. 이렇게 하여야만 온갖 민족적 불평등을 없애고 모든 민족들은 사회주의를 성과적으로 건설할 수 있으며 점차 공산주의에로 넘어갈 수 있습니다.[15]

북한 사회에서 문화어는 자연발생적으로 형성된 것이 아니라 사회주의 사회라는 조건 아래에서 '언어발전의 합법칙성에 맞게 근로인민대중이 목적의식적으로 건설한' 언어로 평가된다. 따라서 문화어의 기능과 역할은 사회주의, 공산주의를 성과적으로 건설하기 위하여 사람들의 사상개조에 적극 이바지하는 데 있으며[16] 공산주의적 언어기능에 충실히 복무한다.

이러한 원칙에 입각하여 문화어는 새로이 구성되기에 이르는데, 먼저 어휘에 있어서는 김일성의 혁명사상과 혁명 활동을 나타내는 새로운 어휘들을 포함하여 북한이 이룩한 사회경제제도의 성과를 나타내는 어휘들을 비롯하여, 공산주의적 풍모를 나타내는 어휘 등 혁명적이고 전투적인 어휘들을 새로이 만들어 내는 한편, 구시대의 사상, 제도, 풍속과 관련된 어휘들은 제외시켰다. 또한 단어와 문장의 발음이 노동자, 농민의 말에 기초하여 새로 다듬어졌고 발음규범에서 인민성이 보장되었으며 말소리는 노동계급 속에 널리 쓰이고 그들 속에서 발전한 표현양식들을 받아들였다. 그리하여 문화어는 화술영역에서도 '노동 계급적 선이 뚜렷하고 혁명하는 인민들의 사상 감정을 가장 잘 반영한' 혁명적인 화술로 규범화되었다.

3. '문화어'의 선전 · 선동 화술 분석

1) 사상교양, 담화의 화술

북한당국이 가장 중요하게 다루는 정책이 당원과 근로자들에 대한 사상교양이다. 즉 '모든 사람들을 당의 두리에 묶어세워 온 사회에 당의 유일사상체계가 들어차게 하는 것'이 당 사업에서 첫째가는 업무로써 이는 북한정권 수립이후 일관된 방침이기도 하다. 북한에서 말하는 '담화'란 사상교양을 위해 이루어지는 대화를 통한 설득의 한 방법이다.

사상교양 차원에서 이루어지는 북한의 담화는 그 대상과 내용에 따라, '당원과 근로자들로 하여금 당의 유일사상체계를 튼튼히 세우며 혁명의식과 계급의식을 높이도록 교양하는 담화', '정치사상적으로 뒤떨어진 사람들을 일깨워 선진분자로 끌어올려 세우는 담화', '과오를 범한 사람에게 자기의 과오를 뉘우치고 혁명적 실천을 통하여 개조하도록 도와주는 담화', '복잡한 계층을 우리 당 두리에 묶어세우기 위한 담화' 등으로 구별된다. 그러나 이모든 경우에 있어서 그 목적은 "수령의 혁명사상으로 무장하고 혁명위업에 성실히 참가하도록 하는데" 그 목적이 있다.

이때 담화의 효과성을 높이기 위해서는 다음의 조건이 요구된다.17)

첫째, 담화자의 올바른 입장과 관점이 담화의 효과성을 높이는 결정적 담보라고 보고 있다. 즉, 북한에서 담화의 목적이란 대상으로 하여금,

혁명적 열의를 불러일으키도록 하는 것에 일차적 목적이 있는 것인 만큼, 담화자 자신의 혁명정신이 투철하여야만 그 효과성을 높일 수 있다는 것이다. 따라서 담화자가 당의 유일사상으로 철저히 무장되고 혁명적 군중관점이 바로 서야 할 것이 요구된다.

이와 관련하여 김정일은 당 선전선동일꾼들이 사업에서 "정치적 대"를 철저히 세워야 할 것을 지시한 바 있다.

> 정치적 대란 당의 로선과 방침에 기초한 확고한 주견과 원칙적 입장입니다. (중략) 선전일군들이 사업에서 정치적 대를 세우지 못하면 당 사상사업이 기본선에서 탈선될 수 있으며 당안에 주체사상과 어긋나는 잡사상이 끼여들어 혁명과 건설에 엄중한 후과를 미칠 수 있습니다.[18]

둘째, 대상을 미리 파악하는 것이 담화의 효과성을 높이는 전제조건의 하나로 제기된다. 담화는 예술작품이나 소설을 보여주는 것과는 달리 대상의 준비정도에 따라 능동적으로 조절할 수 있는 가능성을 가진다. 따라서 대상의 정치의식과 문화수준을 파악하여 대상에 맞게 말하여야 한다. 또한 대상의 심리적 환경을 파악하는 것이 담화의 화술적 형상에 큰 도움이 된다. 따라서 담화대상의 의식수준에 따라 해설·설복의 형태도 바뀌어져야 한다. 정치의식수준이 높은 대상의 경우에는 의지에 호소하는 형태로, 정치의식수준이 낮고 혁명적 단련이 적은 대상에게는 감정에 호소하는 형태가 적용되어야 한다.

이러한 원칙은 대상의 수준과 요구에 맞게 글을 써야만 "인민대중의 심금을 세차게 울리며 인민대중을 혁명과 건설에로 더욱 힘차게 불러일으킬 수 있다"는 혁명적 언어 구사의 기본지침이기도 하다.[19]

셋째, 담화는 소박하고 통속적인 입말 형태로 해야 한다는 원칙이다. 통속적인 입말은 다정하고 친근감을 주며 특히, 자기 사상 감정을 꾸밈

없이 솔직하게 나타내는 것이기 때문에 상대방에게 소박성과 진실성을 안겨준다. 인민대중이 알아듣고 깨닫지 못하는 말과 글은 대중에게 혁명의 진리를 알려줄 수 없고 대중을 교양 하여 혁명과 건설을 밀고 나가기 위한 투쟁에로 조직 동원할 수도 없다는 것이다.[20] 그 구체적인 방법으로 '문법적으로 다듬거나 수식하지 말 것', '일부러 틀에 맞추어 말을 짜내거나 고상한 말을 찾으려고 애쓰지 말 것'을 권고한다.[21] 이러한 방법은 대중의 지적 이해의 수준을 고려한 측면에서는 선전선동에 보다 효과적으로 작용했다고 볼 수 있다.

넷째, 담화에서는 고상한 공산주의적 도덕품성을 보여줘야 한다. 담화자의 입장과 태도가 성실치 못해 보일 때 인격적으로 존경받지 못하게 되며 대상에 대한 설득력은 떨어질 수밖에 없다는 것이다. 반대로 담화자의 입장과 태도가 성실하였을 때 담화는 짧은 시간에 설득의 효과를 올릴 수 있다.

또한 언어사용에서 담화자가 견지해야 할 태도 중 하나가 '공산주의적 언어예절'인데, 이 '공산주의적 언어예절'은 인민대중 간에 공산주의 도덕교양을 강화함으로써 대중들로 하여금 공산주의적 도덕품성을 갖추도록 함으로써 혁명적 단결을 강화할 수 있다고 보고 있다. 논리적으로 아무리 합리적인 것이라고 하더라도 감정적으로 합리적이 못될 때에는 상대방을 설득시키는 것이 어려울 수밖에 없는 것이다.[22] 이에 대한 구체적인 방법으로 상대방의 심리를 파악하고 너그럽고 상냥하게 말할 것, "해라", "하시오" 등 '시킴말'을 쓰지 말고 "합시다", 또는 "하는 것이 어떻습니까?" 등 '추킴말' 또는 '물음말'을 쓸 것을 권고하고 있다.[23]

2) 선동연설, 웅변의 화술

북한사회에서 선전선동은 '사상사업의 주공전선'이라고 칭해지고 있을 정도로 사상사업의 주요한 수단으로 행사되어 왔다. 이때 선전이란 "일정한 사상, 이론, 정책 등을 대중에게 논리적이며 체계적으로 해설해 줌으로써 이론적으로 파악하고, 인식하게 하는 사상사업의 한 형식"[24] 이며 '선동'이란 "혁명 사업을 잘 수행하도록 대중에 호소하며 그들의 혁명적 기세를 돋구어주며 당정책 관철에로 직접 불러일으키는 정치사 상사업의 한 형태"[25]로 정의되어 있다. 즉 선전이 논리적인 설득작업이 라면 선동은 대중의 감성에 호소하는 감정적 설득방법이라고 할 수 있다.

북한에서 선전선동사업은 구두 선전선동, 직관물선전, 예술활동, 출 판보도활동 등 다양한 형식으로 진행되고 있다. 이중에서 구두 선전선 동은 매우 힘 있는 수단으로 평가되며 구두선전선동의 기원 또한 수령 의 항일투쟁시기로 설정되어 있다. 구두 선전선동은 그 형식과 방법에 따라 선동연설, 웅변, 경제선동 등 다양하게 진행됐는데 구두선전선동의 질을 높이는데서 중요한 것은 대중을 흥분시키고 감동시키는 선전선동 화술을 소유하는 것이다.[26] 이를 위해 다음과 같은 어휘 문법적 표현수 법이 요구된다.

(1) 선동연설, 웅변은 누구나 알아듣게끔 쉬운 말로 표현해야 한다

그 원칙으로 첫째, 문장의 짜임새가 글말이 되지 말고 늘 하는 말과 같은 '입말투', 즉 구어체가 되어야 한다는 것이다, '입말투'의 사용은 설득력을 높이기 위한 문화어 화술의 특징 중 하나로써 일상 언어뿐만 아니라 선동연설에서도 중요한 원칙이 된다. 북한의 언어관에 따르면 구어체 표현이 문어체 표현보다 인민대중에게 친숙하고 그들에게 아주 쉽게 이해되기 때문이라고 한다.[27] 둘째로 어렵고 까다로운 한자말이나 외래어를 쓰지 말고 생활에서 늘 쓰는 고유한 우리말을 써야 하며, 셋째 로 필요 없는 수식을 많이 붙여 문장을 길게 만들어 기본사상을 알 수 없게 하지 말고 문장을 간결하게 짜야 하며, 넷째로 본질적인 것과 비본

질적인 것, 기본적인 것과 부차적인 것을 명확히 가려낼 수 있게 체계가
환해야 한다는 것이다.28)

(2) 문장에서 설득력과 호소성 높은 표현수법을 써야 한다

설득력과 호소성은 선동성의 두 측면을 담당하는 통일적인 알맹이로
서 이것이 없으면 대중이 수령의 교시와 당 정책의 본질적 요구를 심장
으로 체득하지 못하며, 결국 대중을 조직, 동원하는데 성공할 수 없다는
것이다. 그러나 여기서 선동성은 말 형식 즉 화술형상에만 있는 것은
아니며 내용과 화술형상의 통일적 일치에서 찾을 수 있다.29) 설득력과
호소성을 높이기 위한 방안으로 ①되풀이수법으로 선동성을 나타낼 것,
②반문, 질문의 수법으로 설득력과 호소성을 높일 것 등이 강조된다.

> 빨치산들에게는 사람들의 각오 밖에 아무런 통제수단도 없었습니
> 다. 그들에게는 감옥도 없고 류치장도 없었습니다. 그러므로 여기에서
> 는 해설과 교양사업이 가지는 의의가 비할 바 없이 컸습니다. 밥 먹을
> 때도 교양이요, 행군할 때도 교양이요, 전투할 때도 교양이었습니다.30)
> 선전원과 선동원의 목적이 무엇이입니까? 남이 알아듣고 깨닫게 하
> 자는 것이 아니겠습니까? 남이 알아듣지 못할 말을 해서는 아무 소용
> 이 없습니다.31)

(3) 선동연설, 웅변에서 형상적 수법을 알맞게 써야 한다

수령의 교시와 당 정책을 대중에게 침투시키는 방법은 경제선동, 선
동연설, 웅변과 같이 힘찬 목소리로 선동하는 방식이 있는가 하면 선전
과 선동을 밀접히 배합한 강연, 강의도 있다. 그리고 여기서 그 설득력
을 높이기 위한 형상적 수법으로써 성구와 속담, 비유법 등을 적절히
씀으로써 선전선동의 효과를 높일 수 있음을 강조하고 있다.

북한의 언어이론에 따르면 속담이란 그 발생 발전의 계기와 그 구성
적 특징으로 하여 대중이 이해하기 쉬운 언어적 수단이라고 한다.32) 즉

설득력을 높이기 위한 선동연설에 있어서 속담, 은유, 비유적 표현은 말을 생동감 있게 하는데 효과적인 역할을 한다.[33] 즉 혁명적 화술로서 선동연설의 언어 행위에서 사상 감정의 축적이 없다면 표현이나 전달의 논리적 과정도 있을 수 없고 사상과 지식, 감정의 축적이 없이는 상대방을 공감시킬 수 없다고 보았던 것이다. 왜냐하면 한마디로 "말이란 곧 사상과 감정의 언어적 표현일 뿐이며 언어는 무엇보다 사유 및 그 결과를 물질적 음성적으로 형식화하여 주는 하나의 수단"이기 때문이다.[34]

따라서 경제선동 연설이나, 정치선동 연설에서 다음과 같은 속담과 성구들이 빈번히 구사되고 있다.[35]

오늘 우리 공업은 만 톤급 대형선박을 만드는 것쯤은 식은 죽 먹기입니다.
옛날부터 좋은 농군에게는 나쁜 땅이 없다고 하는데 붙여보지도 않고 땅타발이나 해서야 되겠습니까?
열 번 찍어 안 넘어가는 나무가 없다고 했는데 교양사업을 직심 있게 드리 대면 락후한 사람들도 다 선진분자로 만듭니다.

또한 선동의 효과를 높이기 위해서 비유의 수법들도 선동연설에서 적극적으로 활용된다.

당위원장과 행정일군과의 관계는 비유해서 말하자면 배에서 키 잡는 사람과 노 젓는 사람과의 관계와 같습니다. 행정일군은 앞에서 노를 젓고 당위원장은 뒤에 앉아서 키를 잡고 좌로 우로 하고 지시하면서 방향을 옳게 잡아주어야 배를 곧바로 몰고 갈 수 있습니다. 이렇게 하지 않고 둘이 다 앞에 나가서 노만 젓다보니 빨리 가는 것 같지만 곧바로 가지 못하고 꼬불꼬불 가기 때문에 결국은 더디게 갈 수밖에 없습니다.[36]

3) 방송 화술

북한 사회에서 방송은 당의 정책을 선전하며 인민들을 계몽하고 교양함으로써 '사상 선전자적 및 교양자적 기능'을 수행한다. 이러한 원칙은 김일성의 다음과 같은 교시에 입각한 것이기도 하다.

> 우리의 출판물, 라지오, 문예작품을 비롯한 모든 교양수단이 당의 사상으로 대중을 교양 개조하는 사업에 더 적극적으로 발동되어야 하며 모든 사업 단위들에서 사람을 교양 개조하는 것을 제1차적인 사업으로 진행해야 하겠습니다.37)

북한 사회에서의 방송이 갖는 '사상 선전자적', '교양자적' 역할은 근로자들의 사상의식을 개조하여 사상혁명을 강화함으로써 공산주의 사회를 건설한다는 3대 혁명론에 입각한 것이기도 하다. 따라서 북한의 방송에서 "한곡의 음악을 소개하거나 한건의 소식을 전함에 있어서도 이 숭고한 목적을 떠날 수 없다"는 원칙이 가장 중요하게 제기되며 방송의 기본 전달수단인 방송화술의 중요성은 이러한 원칙이 철저히 요구되고 있다. 특히 방송 편집물들에서 무엇보다도 수령의 '노작'들을 비롯한 수령의 혁명사상을 내외에 선전하기 위한 노력이 우선되어야 한다는 원칙이 주어진다.

> 텔레비죤 방송에서는 혁명과 건설을 승리의 한길로 현명하게 령도하고 계시는 경애하는 수령님의 정력적인 활동에 대해 편집물들을 최대의 정중성을 가지고 최상의 수준에서 내보내야 하며 수령님의 위대성을 여러 가지 형식과 방법으로 폭넓고 깊이 있게 소개 선전하여야 합니다.38)

방송화술의 경우, 방송의 광범위한 파급효과와 영향력으로 인해 '화술 형상'에 대한 중요성이 더욱 요구된다. 그리고 이때 가장 중요하게 취급되는 영역은 '수령의 노작과 교시를 전달할 때', '수령의 영도의 현명성과 덕성을 선전할 때', '당의 혁명전통을 선전할 때', 화술 형상자의 사상적 관점이 얼마나 충분히 반영되어, 수령의 위대성을 효과적으로 전달하는가의 기법들이 중요하게 제기된다.

이러한 원칙은 북한에서 방송의 중요한 기능이 수령의 절대화를 위한 수단으로 기능한다는데 기인한다.

> 방송은 위대한 수령님의 로작들과 교시들, 어버이 수령님의 영광 찬란한 혁명역사를 체계적으로 전면적으로 깊이 있게 깊이 있게 해설 선전하는 사업을 첫째가는 과업으로 내세우고 여기에 온갖 수단과 방법을 다 동원하고 있다.[39)]

따라서 방송화술에서는 특히 '수령에 대한 인민의 끝없는 존경과 흠모의 감정이 철저히 반영되어야 한다'고 규정되어 있으며 수령에 대한 존경과 흠모의 정을 나타내는 어휘와 표현들이 규범화되어 있다.

물론 수령에 대한 존경을 나타내기 위한 화술이 방송화술의 특정한 한 양식으로 활용되는 것에 그치는 것이 아니다. 북한에서 수령에 대한 특정한 화술양식은 북한 문화어 문법의 규범으로 까지 명시되어 있다. 김일성종합대학교의 문법 교재에는 다음과 같이 언급되어 있다.

> 위대한 수령 김일성동지를 끝없이 존경하고 따르며 충성으로 높이 우러러 모시고 있는 우리 인민은 어버이 수령님과 관련되는 모든 표현에서 자기의 티없이 맑고 깨끗한 충성심을 똑바로 표현하는 것을 더 없는 영예로, 신성한 의무로 여기고 있다.[40)]

또한 북한의 방송화술에서는 수령의 교시를 전달하는 화술에 중요한 의미가 부여된다. 북한에서 김일성의 교시는 북한사회의 정책 지침이자 지도원칙으로서 그 의미는 과히 절대적이라고 할 수 있다.[41] 따라서 이러한 교시문에 주의를 집중시키기 위한 화술이 구체적으로 규정되어 있다.

<표 1> 수령에 대한 존경과 흠모의 정을 나타내기 위한 어휘사용 원칙[42]

어휘사용 원칙	예시문
주격토 '가, 이' 대신 '께서'를 써야한다	"그들은 최고사령관동지께서 들려주신 노래의 구절구절을 마음속으로 외웠다"
여격토 '에게' 대신 '께'를 써야한다	"영숙이는 아버지원수님께로 발걸음을 옮기더니 그이의 품에 와락 안기였다"
존경토 '시'를 붙여야 한다	"경애하는 수령 김일성동지께서는 전원회의 마지막 날에 중요한 결론의 말씀을 하시였다"

예를 들자면, 수령의 교시에 주의를 집중시키기 위한 기법으로 교시 인용문 앞뒤에 긴 끊기를 한다든가, 교시문에서는 이전과 다른 말투, 다른 음색을 사용함으로써 교시문을 강조한다. 또한 수령의 노작 전문을 방송에서 낭독하는 경우, 정중성과 진실성을 보장하기 위해 목소리를 조절해야 한다. 이때 그 소리는 높은 소리와 낮은 소리를 자유자재로 낼 수 있는 중간소리를 기본으로 한다. 특히 당보의 사설을 방송하는 경우에는 설복적 선동과 동원적 선동이 유기적으로 잘 배합되도록 해야 하며 강한 논리성으로 문제의 본질을 논증해야 한다.[43]

4. 북한 '문화어' 화술의 수사학적 특성

1) 수사학의 전형성 창조

북한의 문화어는 특정한 양식의 수사학적 원칙을 견지하고 있으며 그러한 원칙들은 '수령의 문풍'[44]이라는 북한사회에서 완결된 수사학적 모델에 근거하고 있다. 북한사회의 표준어인 '문화어'라는 것이 북한사회의 '영원한 지도자' 김일성의 항일혁명 활동기에 그 연원을 두고 김일성의 사회주의 국가건설의 한 과정 속에서 목적의식적으로 만들어졌듯이 그 문화어를 어떻게 구사하는 것이 바람직한 것인가의 문제 또한 김일성의 '말하는 방식', 즉 수령의 문풍에 근거하고 있다는 것은 어느 면에서는 당연한 것인지도 모른다.

북한 사회에서는 수령이 창시한 혁명적 문풍으로 언어생활 전반을 개조하는 것이 언어분야에 나선 가장 중대하고 근본적인 문제로 설정되어 있다.

> 조선 문화어 화술을 완성해 나가는 것은 본질에 있어서 혁명의 수도 평양말을 기준으로 하여 민족어화술을 발전시킴으로써 위대한 수령 김일성동지의 주체적 언어사상을 유일한 지도적 지침으로 삼고 화술 전반을 위대한 수령님께서 창시하신 혁명적 문풍으로 통일시켜나가기 위한 투쟁이다.45)

그러면 북한사회에서 하나의 수사학적 전형으로 평가되고 있는 수령의 문풍은 어떤 과정을 통해 형성되었으며, 또한 어떤 내용으로 구성되어 있는가.

북한당국은 수령의 문풍이 항일혁명투쟁 시기에 그 역사적 뿌리를 두고 있다고 주장하고 있다. 항일혁명투쟁 시기 혁명적이며 인민적인 말을 쓰도록 하는 것은 조선혁명의 무기로서의 조선말을 지켜내고 언어의 사회적 기능을 높이기 위하여 나서는 절실한 문제였으며 김일성은 노동자, 농민이 알아들을 수 있는 말을 하며 글을 쓰도록 가르치는 실천적 모범을 창조하였다는 것이다. 또한 이는 철저하게 혁명적 군중노선에 기초한 것이기도 했다고 평가한다.46)

실제로 김일성은 언어사용을 사상 개조의 과정으로 보았으며47) "언어사용의 중요한 방도의 하나는 무엇보다 먼저 모든 사람들이 사상적으로 동원되도록 하는 것"이라고 생각했다. 따라서 "철저하게 인민대중을 사상적으로 동원함으로써 그들의 적극성을 발양"시키는 일을 언어사용의 일차적 목적으로 삼고 있다.

언어 사용에서 수령의 문풍을 지침으로 삼아야 한다는 것은 다음과 같은 의미를 갖는다. 먼저, '말을 하고 글을 쓰는 방식과 방법을 수령의 문풍에 기초하여 통일시켜 나가는 것은 당의 유일사상체계를 확고히 세우는 중요한 요구이기 때문이다. 즉 북한의 언어이론에 따르면 수령의 문풍을 배우는 것은 "사회의 모든 성원들을 주체사상으로 튼튼히 무장시키는 사업을 더욱더 심화하는 것"이며 이는 "모든 당원과 근로자들이 수령을 충성으로 우러러 모시고 수령의 교시를 무조건 집행하는 혁명투사를 양성하는 사업"48)이라는 것이다.

이것은 결국 인민대중들로 하여금 "김일성의 혁명사상으로 온 사회를 일색화하며 수령이 개척한 혁명 위업을 빛나게 완수하는데" 중요한 의미를 갖는다는 것이다.49) 즉 "온 사회의 언어생활이 수령의 문풍으로 통일될 때", 이것은 근로자들의 사상 의식 개조에 적극 이바지함으로써 "온 사회를 김일성의 혁명사상으로 일색화하며 모든 사람들을 수령에게 충직한 참다운 혁명전사로 키울 수 있다"50)는 것이다. 따라서 북한에서는 사상교양의 상당 부분이 수령의 문풍을 익히는 부분에 치중되고 있다.

다음으로는, 수령의 문풍이 갖는 수사학적 완결성이다. 먼저 수령의 문풍은 내용적으로 볼 때, 북한당국의 혁명사상과 사회주의 건설의 요구가 구현되어 있다는 것이다.

위대한 수령 김일성동지께서 창시하신 주체적 언어사상과 혁명적인 문풍에는 언어발전에 대한 우리 당과 인민의 념원과 지향, 민족어 건설에 대한 우리 혁명과 사회주의, 공산주의 건설의 요구가 가장 전면적으로 반영되어 있다.51)

또한 그 형식적인 측면에서도 수령의 문풍은 수사학적 전형성을 갖는다고 평가한다. 즉, 북한사회에서의 모든 언어생활은 김일성의 노작들과 교시들에서 사용된 어휘, 문법, 문체, 맞춤법들, 그리고 그가 연설, 담화에서 한 '혁명적이며 인민적인 언어표현' 등 언어와 언어사용의 모범을 유일한 본보기로 하고 있다. 또한 북한 사회에서의 모든 출판물들과 학교, 방송, 예술 부문들에서 쓰이는 언어 또한 김일성 노작의 언어를 유일한 본보기로 삼고 있다.[52]

수령님의 혁명적 문풍에는 생신하고 참신한 모든 어휘와 표현, 문장과 수법들이 집대성되어있으며 가장 세련되고 문화적인 그리고 표현력 높은 어휘와 표현, 문장과 수법들이 풍부하고 다양하게 구현되어있다. 수령님께서는 혁명적 문풍에서 언어의 표현성을 높이고 참신하게 하기 위한 모든 방법과 묘리를 밝혀주시었으며 가장 귀중한 실천적 본보기들을 마련해 주시였다.[53]

고대 그리스의 아테네에서부터 현대에 이르기까지 통치가들은 그들의 통치의 한 수단으로써 수사학적 기법을 발전시켜왔으며 또 이에 의존해 왔다. '말은 지배하는 힘'이라는 경구가 의미하듯, 지배를 정당화하고 추종자들의 지지를 이끌어 낼 수 있는 설득력을 갖춘 말은 모든 통치가들에게는 소망사항이기도 했다.

그러나 북한의 경우 통치가의 통치수사학은 그것이 주민들의 일상언어의 전형으로 격상됨으로써 지도자와 대중 간의 의식의 일체화를 만들어 내는 역할로 전환된다. 즉 통치가의 말하는 입장과 관점, 방법을 그대로 본받아 언어생활을 구현하기를 종용한다는 것은, 얼마나 설득적으로 말하느냐의 문제를 넘어서서 지도자와 대중이 같은 방식으로 말하기'와 같은 방식으로 사고하기'라는 일체화의 경지를 기대하는 것이다. 결국 모든 사람을 "수령의 사상과 의지대로 숨 쉬고 행동하는" 철저한 김일성주의자로 되도록 하는 것을 의미한다. 이는 수사학적 설득의 측면에서 보았을 때, 언어를 매개로 화자와 청자의 의식이 일체화 된다는 것은 결국 설득의 완전성을 의미하는 것이기도 하다.

2) 설득의 에토스

혁명과 건설의 대중동원을 위해 구사되는 북한의 문화어는 대중을 설득하기 위한 수사적 특성을 발달시켜 왔다. 따라서 북한 문화어의 수사학에 있어서도 설득을 위한 요소들 중 화자의 에토스(ethos)가 중요하게 요구된다. 화자의 에토스는 인물의 신뢰성, 도덕성, 호의적인 태도로서 청중들로 하여금 의견을 형성하거나 판단을 내리는데 영향을 준다.54)

북한 문화어 화술에서 화자가 견지하여야 할 성품표현(에토스) 중 중요하게 강조되는 것으로 당성, 계급성, 인민성을 들 수 있다. 문화어 화술 구사에서 화자의 에토스로 작용하는 당성, 계급성, 인민성은 북한의 혁명수행을 위해 갖추어야 할 공산주의적 인간의 기본 덕목이기도 하다.

북한에서 말하는 '당성' 이란 "당에 대한 끝없는 충실성"이자 "당과 혁명을 보위하며 당 정책을 관철하기 위해 투쟁하는 백절불굴의 혁명정신" 으로서 당의 유일사상인 김일성의 혁명사상을 자기 활동의 확고한 지침으로 삼는 것을 말한다.

> 우리나라 로동계급의 당성은 무엇보다도 먼저 위대한 수령 김일성동지께 충실하는 데서 표현되어야 한다. (중략) 수령을 철저히 옹호보위하며 그이의 교시를 무조건 접수하고 끝까지 관철하며 그이의 높은 권위와 위신을 백방으로 보장하기 위하여 투쟁하는 것은 당성의 최고 표현이다.55)

또한 계급성이란 계급적 입장을 견지하는가의 문제인데, 이 계급적 입장은 기본적으로 적아의 구분을 전제로 출발하여 계급의 적에 대한 비타협적인 무자비한 투쟁정신으로 일관되어 있어야 한다. 북한에서는 계급성을 견지하는 것을 사회주의, 공산주의 건설을 이루기 위한 기본 원칙으로 보고 있다. 이것은 또한 "계급적 원수들을 반대하여 견결히 싸우며 사회를 개조해 나가기 위한 과정"[56]에서 중요하게 제기되는 기본 문제이기도 하다.

마지막으로 인민성은 "인민대중을 위하여 모든 것을 다 바쳐 투쟁하는 인민에 대한 헌신적 복무의 정신 또는 품성"[57]으로 정의되며 인민의 힘을 믿고 그들의 지혜와 창조력에 의거하는 원칙을 의미한다.[58]

문화어 화술에서는 이러한 세 원칙이 화자의 에토스로 작용하며 이 세 요소는 화자가 갖추어야 할 덕목인 동시에 소통되는 담화의 내용과 형식을 규정하는 기본 요소이다. 문화어 화술에서 당성, 계급성, 인민성이 화자의 에토스로 요구되는 것은 북한의 문화어가 사회주의 혁명을 위한 '혁명의 언어'라는 이유와 무관하지 않다. 문화어의 발생은 그 의미가 '혁명과 건설을 성과적으로 추진시키는 힘 있는 무기'로 성립된 것으로써 이는 "로동계급의 혁명적 지향과 요구에 맞게 혁명적으로 다듬어지고 풍부화 됨으로써 언어표현에서의 혁명성과 전투성이 그 어느 때 보다도 높이 발양된 언어"[59]로서의 위상을 부여받는다.

문화어 실천과정에서 혁명적인 언어생활기풍을 세워나가는 것은 사람들의 사상의식을 혁명적으로 개조해나가는 사상설득 과정으로 보고 있다. 따라서 언어실천과정에서 가장 중요시 되는 것은 수령과 당의 혁명사상을 대중들에게 효과적으로 전파하고 설득시킬 수 있는가의 문제가 중요하게 제기된다.

> 우리 당의 모든 출판물들과 방송들은 경애하는 수령님의 위대한 혁명사상, 주체사상과 그 구현인 우리 당 정책을 근로자들 속에 해설 선전하여 온 사회를 경애하는 수령 김일성동지의 혁명사상으로 일색화 하는데 이바지하는 수단이다. 따라서 알기 쉬운 말과 글로 위대한 혁명사상과 당 정책의 본질 및 진수를 똑똑히 알고 실천 활동에 철저히 구현할 수 있다.[60]

당성, 계급성, 인민성이 사회주의체제의 보편적인 공산주의적 인간의 에토스라면 북한 문화어에서 특히 강조하고 있는 또 하나의 에토스는 민족성이라고 할 수 있다.

북한 사회주의체제의 사회경제적 환경에 맞게 인위적으로 형성된 북한의 '문화어'는 '사회주의적 민족어'로 스스로를 규정하고 있다. 이미 사회주의 혁명초기 제기되었던 언어이론으로서의 '국제어 합류설'이 사실상 폐기된 뒤 모든 사회주의 국가가 고유의 민족어를 중심으로 언어정책을 추진해온 마당에 굳이 '사회주의 민족어'라는 것을 강조하고 그 민족성을 주장하는 데는 언어사용에서 주체를 확립한다는 문제와 밀접히 연관되어 있다. 김일성이 언어정책을 주도하게 되면서 북한사회에서 언어문제는 민족문제와 밀접히 결부되어 논의되어 왔다.61) 특히 북한의 문화어의 중요한 가치 중 하나는 "언어학에서 주체를 세워 우리말을 체계적으로 발전시키며 사람들이 그것을 쓰는데서 민족적 자부심과 긍지를 가지도록 하는" 문제가 중요하게 요구된다.62)

> 언어학에서도 주체를 세워 우리말을 체계적으로 발전시키며 사람들이 그것을 쓰는데서 민족적 자부심과 긍지를 가지도록 하여야 하겠습니다. 온 사회가 공산주의로 되기까지는 사람들이 민족별로 갈라져 살기 마련이며 조선 사람은 조선 땅에서 살게 될 것이므로 조선말을 계속 쓰게 될 것입니다. 그러므로 우리는 어떻게 해서든지 우리말을 잘 살리고 발전시켜야 합니다.63)

주체의 언어이론에 따르면, 언어는 문화의 '민족적 형식'을 특징짓는 중요한 표징으로써 사회주의적 민족문화를 형성해 나가는 과정에서 가장 중요한 역할을 담당하게 된다고 설명한다.64)

언어사용에서 민족성의 견지는 그 구체적인 실천으로서는 우리말의 사용으로 표현된다. 북한의 주체의 언어이론에 따르면 과거 한자어와 외래어의 사용은 우리말의 주체성 있는 발전에 질곡으로 작용했으며 이것은 결과적으로 주체적인 의식작용을 방해해온 요소였다는 것이다. 따라서 우리 고유 말을 기본으로 하여 한자어와 외래어 사용을 타파함으로써 민족어의 보호와 주체성의 확립을 추구하고자 했다.[65]

따라서 북한의 문화어는 민족성이 구현된 '사회주의적 민족어'의 전형으로써 그 의미가 평가된다. 특히 민족어의 사용은 문화어 화술의 기본원칙으로 제시되고 있는 인민들이 알아듣기 쉬운 통속적인 말, 반복적 강조수법, 은유·비유·속담의 활용법 등을 통해 설득력을 증대시키는 데 일조한다.

> 성구, 속담은 사상을 표현하고 전달하는 언어수단 가운데서도 인민의 역사와 더 밀접히 관련되어 있으며 거기에는 민족의 정서와 슬기를 비롯한 우리 인민들의 생활감정이 풍부하게 반영되어 있다. 그러므로 성구, 속담을 알맞게 쓴 말과 글은 표현적 효과가 높기 때문에 실감 있고 구수하며 사람들에게 깊은 인상을 안겨준다.[66]

북한사회의 특성상 문화어 화술의 화자는 소수의 정치가, 또는 선동가에 국한되지 않는다. 공산주의 완전승리 시기까지 계속 혁명을 선언한 혁명체제인 북한사회에서 북한의 전 주민은 혁명가이자 선전자의 역할을 수행하며 바로 이들은 문화어 화술의 청자인 동시에 화자의 역할을 각각 수행한다. 따라서 당성, 계급성, 인민성, 민족성 등 북한 사회의 혁명적 에토스는 주민들 개개인이 갖추어야 할 덕성인 동시에 문화어 수사법이 견지해야할 기본적 설득 수단이 된다.

3) 설득의 파토스

일반적으로 수사학적 행위에 있어서 화자의 성품과 함께 중요한 설득수단은 청중들로 하여금 어떤 기분이 들도록 만드는 것, 즉 파토스(pathos), 감정유발의 수단이다.[67] 북한 문화어의 화술에 있어서 이러한 감정유발을 위한 기법들은 매우 중요하게 다루어진다. 특히 북한의 화술에서 감정유발을 위한 전략들은 선전선동의 한 기술로서 그 중요성이 강조된다.

문화어의 수사학적 특성으로 선전·선동성을 높이기 위한 기법들이 발달되어 있는 점은 북한이 문화어가 북한식 공산주의 혁명을 완수하기 위해 만들어진 언어라는 데서 그 의미를 찾을 수 있다. 북한의 문화어는 그 태생 자체가 이미 혁명과 건설을 위한 도구라는 정치적 목적성에 의거하여 만들어진 언어이다. 따라서 대중을 사상적으로 설득하고 동원하기 위한 선동의 전략들이 문화어 화술에서 중요하게 다루어진다.

화술의 본질적 요구는 언어생활에서 나타나고 있는 인민들의 사상, 감정, 정서를 가장 세련되게 다듬어 형상창조에 복무하게 하는 것이라고 한다. 여기서 화술은 인민들의 사상, 감정, 정서 등을 재현하는 하나의 창조적인 작업으로 평가된다. 문화어 화술은 화자가 갖추어야 할 혁명가, 공산주의자의 감정과 정서를 규정하고 있는데, 그 핵심은 '정치적 생명'을 안겨준 수령에 대한 '다함없는 존경과 신뢰, 끝없는 흠모의 감정'이다. 이어 혁명적 동지애, 집단주의감정, 계급의식 등이 강조된다.

> 오늘 우리나라 사회주의 제도 하에서 사람들의 감정은 위대한 수령님에 대한 끝없는 존경과 흠모의 감정, 그이를 수령으로 모시고 사는 무한한 영예감과 행복감, 혁명적 동지애, 집단주의감정, 혁명 사업에 참가하고 있는 긍지감과 자부심, 계급적 원수들에 대한 증오감과 같은 혁명적이며 공산주의적인 것으로 일관되어있다.[68]

그리고 이러한 사상·감정은 언어와 행동에서 구체적으로 나타나야 하는 가장 본질적인 것으로 규정된다. 따라서 모든 구두 선전활동과 '화술창조 사업'은 이러한 사상·감정을 구현해야 한다. 즉 '사회주의 대 건설장에서 노동계급에게 경제선동을 할 때'나 '천리마기수들의 소행을 이야기할 때', 주인공들의 감정, 정서를 파악하지 못한다면 그들의 혁명적 열정을 북돋아 주는 화술을 창조할 수 없게 된다.

문화어의 선전·선동화술에서는 모든 정력을 감정을 조직하는 '형상활동'에 돌려야 할 것이 강조된다. 대중 앞에서의 구두선전 활동에서의 감정 형상화를 직종별 특성에 따라 다음과 같이 규정하고 있다.

<표 2> 직종별 형상창조 주의 비율[69]

직종별	글씨보는 주의	암송 및 기억하는 주의	내용형상의 주의	대상과 교감하는 주의	표정, 행동에 대한 주의
라지오 방송원	20%	-	60%	20%	-
텔레비죤 방송원	20%	-	40%	30%	10%
대중강연	20%	20%	30%	20%	10%
무대배우	-	10%	30%	30%	30%
영화 및 텔레비죤배우	-	10%	30%	20%	40%
라지오배우	15%	-	60%	30%	-

도표에서 보듯이 방송원, 강사들은 80%를 형상에 집중시키며 배우들은 90%를 형상창조에 집중시키는 등 대중적 설득을 목적으로 하는 화술 구현 과정에서 청자의 감정을 유발하는 전략이 가장 중요하게 다루어진다.

한편 감정 정서의 형상화에서 견지해야 할 기본 원칙은 계급적 관점에 철저히 의존되어 있다. 담화의 대상, 주제에서 갖는 계급적 관점에 따라 감정 정서를 적합하게 형상화해야 한다. 예를 들자면, "인민들에게 반가운 소식을 전할 때는 기쁜 목소리로 하고 남조선의 비통한 소식을 전할 때는 자신이 진실로 격분에 못 이기여 원수를 단죄하는 장렬한 감정을 담아야 한다"는 것이다. 문화어의 감정 형상화의 방식은 각각의 주제성격에 따라 그 표현방식에 있어서 다음과 같이 구체적으로 규정되어 있다.

<표 3> 감정의 형상기교[70]

	말의 음색, 속도 및 표현특성	감정 표현
수령에 대한 존경	느린편이나 시낭송과 혼돈되지 않도록 빠르고 느림을 조절 맺음토에 약간의 여운을 둔다. 높낮이가 미미하나 소리빛갈이 높이 마루를 대신 한다.	약간 미소를 담고 숭엄한 표정으로 하면 말소리도 밝아진다.
사회주의 제도에 대한 만족과 긍지	맑은 소리가 기본. 자랑하는 대목은 격조를 높이고 문장에 따라서는 속도를 내여 줄기차게 내리 엮을 수도 있다.	만족의 미소로 가득 찬 표정을 지으면서 말하면 감정표현도 어울리게 된다.
계급적 원수들에 대한 적개심, 증오	맑고 탄력이 있는 소리 빛깔이다. 말소리의 높낮이는 비교적 굴곡이 심하고 일반적으로 기준음정이 높다. 한마다, 한마디 조리 있게 힘을 주어 따지는 식의 말투로 하는 것이 전형이며 때에 따라 속도를 내요 줄기차게 엮을 수도 있다.	모든 발음을 힘을 주며 증오를 나타낼 때는 입을 크게 벌리지 않는 상태에서 이를 가는 모양으로 씹듯이 발음 한다
슬픔과 비분의 감정	슬픔을 나타내는 목소리는 어둡고 들뜬 빛깔이 전형이다. 비분을 나타낼 때는 목소리가 굵고 낮으며 웅심 깊다	입술에는 설음이 어려 맥이 풀리고 탄력이 약하다. 끊기와 긴사이가 많고 매 토막마다 첫소리에 힘을 준다. 말소리 흐름이 끊길 듯 말듯 인상을 준다.

말의 속도 또한 청자를 설득하는데서 중요한 기능을 담당한다. 조선말화술은 군중이 알아듣기 쉬운 속도를 유지할 것을 요구하고 있다. 조선말화술은 문화어 화술의 기준속도를 다음과 같이 규정하였다.

<표 4> 문화어 화술의 기준 속도[71]

종 류	단위시간	글읽기	말하기
전달하는 글, 말	1분	250~260자	260~270자
설명하는 글, 말	1분	240~250자	250~260자
선동하는 글, 말	1분	230~240자	240~250자
예술적산문의 글, 말	1분	220~230자	230~240자
신문독보	1분	240~250자	
운문읽기	1분	150~170자	
보고, 연설	1분	250~260자	

　선동성을 높이기 위한 어휘의 선택, 억양, 높낮이, 속도, 강조의 기법을 비롯하여 몸짓, 표정 등이 요구된다. 북한의 방송 매체 등을 통해 확인되는 북한식 화술의 과장된 발성법, 극적인 높낮이 등 음색의 강조, 남한당국과 미국 등을 지칭할 때의 과격한 어휘선택 등은 대중들의 적개심을 고취 시키고 선동성을 높이기 위한 의도된 화법인 것이다.

5. 맺음말

　북한에서 언어는 '혁명의 무기'이자 '사상개조의 수단'으로 그 기능이 명시되어 있으며, 이러한 원칙에 따라 언어정책이 수행되어 왔다. 북한에서 언어를 혁명의 무기로 삼는다는 것은 말과 글을 "사회주의, 공산주의 건설에서 근로대중에게 목적의식성을 부여하며 그들의 높은 혁명적 열의와 창조적 적극성을 불러일으키는 중요한 수단"으로 인식하고 있기 때문이다. 즉 북한사회에서 말을 하고 글을 쓸 때, 그 누구도 "언어실천은 반드시 혁명위업에 복종시켜야 한다"는 원칙에서 벗어날 수가 없는 것이다. 따라서 북한에서는 이러한 목적을 실현하기 위한 특정한 양식의 수사법이 발달되어 왔다.

특히 북한 당국에 의해 정책적으로 만들어진 북한의 '문화어'는 북한식 혁명수행을 위한 실천적 무기로서 그 역할을 담당해 왔으며 주민들을 설득하기 위한 수사법을 발전시켜 왔다. 혁명적 수단으로서의 북한의 언어관에서 출발한 문화어 수사법은 공식담론을 선전하고 대중들을 사상적으로 동원하기 위한 통치수사학의 특성을 공유하고 있다. 그것은 먼저 북한사회에서는 언어가 '혁명의 무기'라는 말에서 의미하듯 정치적 목적에 따라 수단화되어 있기 때문이기도 하지만 또 하나의 이유는 북한 문화어의 수사법이 북한의 지도자 김일성의 화술을 그 전형으로 삼고 있다는 데 있다.

지도자의 무오류성에 근거하여, 완결성을 갖춘 수사법으로서의 수령의 '문풍'을 모범으로 삼는 다는 것은 지도자 절대화작업을 위한 사회문화적 장치인 동시에 '수령의 생각대로 사고하기'를 통한 설득의 극대화를 의도하는 것이기도 했다. 즉 북한의 통치수사학은 그것이 주민들의 일상 언어의 전형으로 격상됨으로써 지도자와 대중 간의 의식의 일체화를 만들어 내는 역할로 전환된다.

북한 문화어 화술에서 요구하고 있는 화자의 혁명가적 에토스와 청자의 감정유발을 위한 파토스적 기법들 또한 당의 방침을 따르고 수령에 충실한 주체형의 공산주의적 인간개조라는 정치적 목적에 부합되게 적용된 것이었다. 북한의 언어이론은 '언어작풍은 사람들의 사상의식의 반영이며 사업방법과 사업작풍은 그들의 언어를 통해 나타난다.'고 보고 있으며 따라서 '당이 요구하는 방식으로 말하기'는 그 누구에게도 예외성을 둘 수없는 언어사용의 한 규범으로 작용하고 있다. 한 사회를 규범화된 화술로 획일화시키고 요구된 방식으로 말을 하고, 글을 쓰고, 사고하도록 종용되는 북한의 언어실천과정이 실제로 지도자와 대중간의 일체화, 순응적 정치문화를 만들어 내는데 일조했음은 의문의 여지가 없을 것이다.

그러나 수사학적 측면에서 보았을 때 북한의 문화어 화술은 두 측면에서 상반된 평가를 내릴 수 있을 것이다. 먼저, 북한 문화어 화술의 설득기법으로 활용되고 있는 방법들, 즉 인민대중이 쉽게 이해하기 위한 '인민적'이며 '통속적'인 언어구사 방법들과 호소력을 강화하기 위한 제반 기법들은 설득력을 높일 수 있는 효과적인 통치수사학적 기법이라고 할 수 있다.

'말은 지배하는 힘'이라는 경구가 의미하듯, 지배를 정당화하고 추종자들의 지지를 이끌어 낼 수 있는 설득력을 갖춘 말은 통치력을 좌우할 정도로 중요한 역할을 해왔으며, 따라서 고대 그리스의 아테네에서부터 현대에 이르기까지 많은 통치가들이 효과적인 수사학에 관심을 기울여 왔던 점이기도 했다. 대중이 쉽게 이해하고 공감할 수 있는 방식으로 구성된 북한 문화어의 수사학적 기법들은 대중에 대한 설득력의 측면에서 볼 때 설득력을 높일 수 있는 수사법으로써 평가를 내릴 수 있을 것이다.

그러나 또한 북한 문화어 화술은 철저히 '유도된 설득'으로서의 의식조작이라는 파시즘적 언어수사의 전형을 보이고 있다. 문화어 화술의 설득과정은 자발적 설득이 라기 보다는 유도된 설득에 가깝다고 볼 수 있다. 물론 이 양자를 선명하게 구분하기가 쉽지 않은 것도 사실이다. 그러나 언어를 통한 '사상개조'를 목적으로 하고 있는 북한의 수사법은 개개인의 주민들로 하여금 합리적 판단과 자유로운 의식의 작용을 마비케 함으로써 독재정치의 도구로 전락하였다. 특히 문화어 화술이 수령에 충성하는 인간형 창조의 한 수단으로 기능함에 이르러서는 소크라테스가 비판한바 있듯이 '악을 선으로 화장하며, 사실을 왜곡하고 개인의 이익과 권력에만 관심이 있는' 가장 부정적인 통치수사학의 전형을 보여주고 있다.

※ 이 글은 "북한 문화어 화술의 수사학적 특성 연구," 『현대북한연구』 9권 2호 (2006년)에 수록된 논문을 수정, 보완한 것이다.

주註

1) 김남두, "말의 힘에 대한 고르기아스의 생각", 『한국수사학회 학술발표논문집』 (2005, 가을), 1쪽.
2) 한석환, "아리스토텔레스와 수사적 논증", 『한국수사학회 학술발표논문집』 (2005, 가을), 18쪽.
3) Jose Antonio Hernandez Guerrero, Historia Breve de la Retorica, 강필운 역, 『수사학의 역사』 (서울: 문학과 지성사, 2001), 37쪽.
4) 한석환, "아리스토텔레스와 수사적 논증", 17쪽.
5) J.J 루소, 박옥줄 역, 『사회계약론』 (서울: 박영사, 1978), 50쪽.
6) 전미영, 『김일성의 말, 그 대중설득의 전략』 (서울: 책세상, 2001), 17~18쪽.
7) C. E. Merriam, Political Power (New York: Collier Books, 1964)
8) 김남두, "말의 힘에 대한 고르기아스의 생각", 15쪽.
9) 이상철, "<파이드로스>와 <고르기아스>에 나타난 플라톤의 레토릭관", 『한국수사학회 학술발표논문집』 2004년 가을, 64쪽.
10) 김일성, "조선어의 민족적 특성을 옳게 살려나갈 데 대하여", 『김일성저작집』 20권(평양: 조선로동당출판사, 1982), 342쪽.
11) ≪로동신문≫ 1950년 7월 9일.
12) ≪로동신문≫ 지면을 통해 수도평양에 관한 언급은 1954년 말경부터 나타나고 있다. ≪로동신문≫ 1954년12월 26일, 1954년 12월 31일 참조.
13) 1964년에 간행된 북한의 『화술통론』은 인민적 화술의 요건의 하나로서 '표준말'의 사용을 언급하고 있다. 즉 이시기까지만 해도 북한사회가 1933년 조선어학회에서 규정한 표준어에 입각하여 언어를 구사했다는 것을 알 수 있다.
14) 최정후, 『조선어학개론』 (평양: 과학백과사전출판사, 1983), 118쪽.
15) 김일성, 『사회과학의 임무에 관하여』 (평양: 조선로동당출판사, 1969), 443쪽.
16) 사회과학원 언어학연구소편, 『우리당의 언어정책』 (평양: 사회과학출판사, 1976). 40쪽.
17) 리상벽, 『조선말화술』 (평양: 사회과학출판사, 1975), 274~284쪽.
18) 김정일, "선전일군들은 정치적 대를 세우고 일을 실속 있게 하여야 한다", 『김정일선집』 9권(평양: 조선로동당출판사, 1997), 99쪽.
19) 사회과학원 언어학연구소 편, 『위대한 수령 김일성동지의 혁명적 문풍』 (평양: 사회과학출판사, 1971), 41쪽.
20) 사회과학원 언어학연구소 편, 『혁명의 위대한 수령 김일성동지의 주체적 언어사상』 (평양: 사회과학출판사, 1971), 129쪽.
21) 리상벽, 앞의 책, 280쪽.
22) 김동수, 『조선말례절집』 (과학·백과사전출판사, 1983), 7~15쪽.
23) 리상벽, 앞의 책, 284쪽.

24) 『조선말대사전』(조선과학백과사전출판사, 1992), 1743쪽.

25) 앞의 책, 1738쪽.

26) 리상벽, 앞의 책, 226쪽.

27) 언어학연구소, 『위대한 수령 김일성동지의 혁명적 문풍』(평양: 사회과학출판사, 1976), 380쪽.

28) 리상벽, 앞의 책, 228쪽.

29) 리상벽, 앞의 책, 232~235쪽.

30) 김일성, 『김일성저작선집 2』(평양: 조선로동당출판사, 1968), 341쪽.

31) 김일성, 『김일성저작선집 2』(평양: 조선로동당출판사, 1968), 269~270쪽.

32) 언어학연구소편, 앞의 책, 80쪽.

33) 사회과학연구소 언어학연구소편, 『조선로동당의 지도 밑에 발달한 우리 민족어』(평양: 사회과학출판사, 1962), 126쪽.

34) 『철학사전』(평양: 사회과학출판사, 1985), 648~649쪽.

35) 리상벽, 앞의 책, 236쪽.

36) 『김일성저작선집 2』(평양: 조선로동당출판사, 1968), 339쪽.

37) 김일성, 『김일성저작선집 3』(평양: 조선로동당출판사, 1968), 184쪽.

38) 김정일, 『김정일선집 2권』(평양: 조선로동당출판사, 1993), 422쪽.

39) 리상벽, 앞의 책, 356쪽.

40) 김일성종합대학 출판사 편, 『조선문화어 문법규범』(평양: 김일성종합대학출판사, 1976), 324쪽.

41) 북한에서 김일성의 교시는 정책의 지침이자 가장 정통한 이론으로 평가된다. 북한의 모든 문헌은 김일성의 교시문을 근거로 작성되도록 규범화되어 있다. 사전을 포함하여 이론서적 조차도 김일성 교시문을 인용구로 제시하고 그에 대한 해설로 구성되어 있다.

42) 리상벽, 앞의 책, 357~358쪽.

43) 리상벽, 위의 책, 359~375쪽 참조.

44) 북한에서는 한자어 폐지를 추진해 1949년에 이르러서는 한자어의 사용을 전면적으로 금지 하였다. 따라서 북한에서 '수령의 문풍'이란 한글로만 언급되고 있으나, 그 의미는 '文風'을 뜻한다. 북한에서는 한자어 폐지를 언어정책의 위대한 성과로 자랑하고 있으나, 한자어를 한글로 표현한다 뿐이지 실제로는 많은 한자어들을 한글 음으로 하여 사용하고 있는 경우가 허다하다. 특히 정치적으로 중요한 의미를 부여하는 어휘가 그러한데, 예를 들자면, '선군정치', '인덕정치', '이신작칙' 등이 그것이다.

45) 리상벽, 앞의 책, 8쪽.

46) 리상벽, 위의 책, 10쪽.

47) 사회과학원 언어학연구소 편, 『우리당의 언어정책』(평양: 사회과학출판사, 1976), 43쪽.

48) 언어학연구소, 『위대한 수령 김일성동지의 혁명적 문풍』, 8쪽.

49) 언어학연구소, 앞의 책, 40쪽.

50) 언어학연구소, 앞의 책, 41쪽.

51) 리상벽, 앞의 책, 8쪽.

52) 리상벽, 위의 책, 9쪽.

53) 박용순, "위대한 수령님의 혁명적문풍을 따라 배울데 대한 당의 방침과 원칙적 요구", 『사회과학』 1980년 1호, 48쪽.

54) Gert Ueding, Klassische Rehtorik, 박성철 역, 『고전수사학』 (서울: 동문선, 1996), 43쪽.

55) 『정치사전』 (평양: 사회과학출판사, 1973), 225쪽.

56) 앞의 책, 174쪽.

57) 『조선말 대사전』 (평양: 과학백과사전출판사, 1992), 1700쪽.

58) 리상벽, 앞의 책, 334쪽.

59) 리상벽, 위의 책, 329쪽.

60) 사회과학원 언어학연구소편, 『우리당의 언어정책』, 48쪽.

61) 1964년 언어학자들을 대상으로 한 최초의 김일성의 교시는 1966년 두 번째 교시와 함께 주체의 언어이론의 이론적 기초가 되었다. 여기서 김일성은 김두봉을 중심으로 한 초기 언어학자들의 문자개혁론 등을 준열히 비판하면서 민족어 발전을 기본으로 한 언어발전의 필요성을 역설하였다. 김일성, "조선어를 발전시키기 위한 몇 가지 문제", 『김일성저작집 18』 (평양: 조선로동당출판사, 1982), 14~27쪽 참조.

62) 사회과학출판사 편, 『문화어학습참고서』 (평양: 사회과학출판사, 1973), 7쪽.

63) 김일성, "조선어의 민족적 특성을 살려나갈 데 대하여", 『김일성저작집 20』, 347쪽.

64) 김정휘, "위대한 수령 김일성동지께서 밝혀주신 민족어발전의 방향", 『사회과학』 1981년 3호, 57쪽.

65) 사회과학출판사편, 『문화어 학습참고서』 (평양: 사회과학출판사, 1973), 51~86쪽.

66) 리상벽, 앞의 책, 16~17쪽.

67) Gert Ueding, 43~44쪽.

68) 리상벽, 앞의 책, 143쪽.

69) 리상벽, 위의 책, 158쪽.

70) 리상벽, 위의 책, 163~166쪽.

71) 리상벽, 위의 책, 132쪽.

<참고문헌>

1. 북한문헌

『김일성저작선집 2』 (평양: 조선로동당출판사, 1968).

『김일성저작선집 3』 (평양: 조선로동당출판사, 1968).

『김일성저작집 18』 (평양: 조선로동당출판사, 1982).

『김일성저작집 20』 (평양: 조선로동당출판사, 1982).

『김정일선집 2』 (평양: 조선로동당출판사, 1993).

『김정일선집 9』 (평양: 조선로동당출판사, 1997).

『정치사전』 (평양: 사회과학출판사, 1973).

『조선말대사전』 (평양: 과학백과사전출판사, 1992).

『철학사전』 (평양: 사회과학출판사, 1985).

김동수, 『조선말례절집』 (평양: 과학백과사전출판사, 1983).

김일성, 『사회과학의 임무에 관하여』 (평양: 조선로동당출판, 1969).

김일성종합대학 출판사편, 『조선문화어 문법규범』 (평양: 김일성종합대학출판사, 1976).

김정휘, "위대한 수령 김일성동지께서 밝혀주신 민족어발전의 방향", 『사회과학』 3호 (1981).

김정휘·정순기, 『주체의 언어리론 연구』 (평양: 과학백과사전출판사, 1982).

리상벽, 『화술통론』 (평양: 조선문학 예술총동맹 출판사, 1964).

리상벽, 『조선말화술』 (평양: 사회과학출판사, 1975).

박용순, "위대한 수령님의 혁명적 문풍을 따라 배울 데 대한 당의 방침과 원칙적 요구", 『사회과학』 1호 (1980).

사회과학원 언어학연구소 편, 『조선로동당의 지도 밑에 개화발달한 우리 민족어』 (평양: 과학원출판사, 1962).

사회과학원 언어학연구소 편, 『혁명의 위대한 수령 김일성동지의 주체적 언어사상』 (평양: 사회과학출판사, 1971).

사회과학원 언어학연구소편, 『우리당의 언어정책』 (평양: 사회과학출판사, 1976).

사회과학출판사 편, 『문화어학습참고서』 (평양: 사회과학출판사, 1973).

언어학연구소, 『위대한 수령 김일성동지의 혁명적 문풍』 (평양: 사회과학출판사, 1976).

최정후, 『조선어학개론』 (평양: 과학백과사전출판사, 1983).

2. 남한문헌

김남두, "말의 힘에 대한 고르기아스의 생각," 『한국수사학회 학술발표논문집』
　　(2005, 가을).

김종영, 『파시즘 언어』(서울: 한국문화사, 2003).

양태종, 『화술의 법칙』(서울: 유로, 2005).

이상철, "<파이드로스>와 <고르기아스>에 나타난 플라톤의 레토릭관," 『한국수
　　사학회 학술발표논문집』(2004, 가을).

전미영, 『김일성의 말, 그 대중설득의 전략』(서울: 책세상, 2001).

한석환, "아리스토텔레스와 수사적 논증," 『한국수사학회 학술발표논문집』(2005,
　　가을).

3. 외국문헌

C. E. Merriam, *Political Power* (New York: Collier Books, 1964).

Jose Antonio Hernandez Guerrero, *Historia Breve de la Retorica*, 강필운 역, 『수사학의
　　역사』(서울: 문학과 지성사, 2001).

Gert Ueding, *Klassische Rehtorik*, 박성철 역, 『고전수사학』(서울: 동문선, 1996).

새터민의 언어 문제의 본질과 그 해결 방안

김 석 향

1. 시작하는 말

분단 이후 60년이 지난 오늘날, 많은 사람들이 남북한의 언어는 심각할 정도로 이질화된 상태라는 '믿음'에 사로잡혀 있다. 이런 '믿음'은 국내 주요 언론 매체에 등장하는 기고문이나 기사는 물론이고 학자들의 논문과 아울러[1] 이미 우리 사회에 광범위하게 퍼진 상식의 틀 속에 확고한 자리를 구축해 두고 있는 것 같다.[2]

이런 '믿음'이 얼마나 사실에 가까운지 사회 과학적으로 분석하는 일은 이 글의 범위를 벗어나는 일이다. 다만 새터민(북한 이탈 주민)[3] 스스로 이런 '믿음'을 받아들여 자신이 탈북 이후 국내에 입국한 뒤 정착하는 과정에서 어려움을 겪는 이유를 찾아야 할 때 남북한의 언어 이질화 문제를 가장 설득력이 강한 근거로 삼는다는 점은 분명한 사실로 판단된다.

필자의 경험을 돌이켜 보면 그동안 새터민과 면담을 하면서 국내 정착 과정에서 무엇이 제일 힘드냐고 질문하면 곧바로 '남북한의 언어 이질화 문제'를 언급한다는 점에서 예외를 찾기 어려웠다.[4] 한 걸음 더 나아가 새터민들은 자신이 정착 과정에서 얼마나 부당한 피해를 입고 있는지, 어느 정도 어려움을 겪는지 하소연할 때 모든 문제가 남북한 언어 이질화에서 비롯되는 것으로 설명하는 경우가 많았다. 남쪽 사람들이 영어나 외래어를 너무 많이 써서, 말을 알아듣기 어렵고, "모르는 단어가 나올까 봐", "말하는 것을 듣고 자신이 어디서 왔는지 남들이 알게 될까 봐 두려워서" 아예 입을 닫고 살다 보니, 취업도 어렵고 일단 취업을 해도 오래 다니기 어려워, 이 사회에 정착하는 것이 힘들다고 했다. 심지어 행주를 사러 나갔는데 남쪽에서는 이것도 아마 외래어로 뭐라고 할 것 같아서 망설이다가 결국 사지 못하고 그냥 집에 돌아왔다는 경험담을 털어놓는 새터민도 있었다. 결국 새터민들이 하는 말을 요약해 보면 자신이 살다 온 북쪽에서는 '순수한 우리말'을 썼는데 이곳 남쪽에 왔더니 "쓰는 말이 온통 국적도 불분명한 외래어 투성이라서" 무슨 뜻인지 알아듣기 어렵고 그로 인해 온갖 종류의 어려움을 겪고 있다는 내용이다.

이 글은 새터민이 국내에 입국한 이후 경험하게 되는 언어 문제의 본질이 무엇인가 하는 점에서 출발한다. 새터민의 의견을 들으면 남쪽 사람들이 외래어와 영어를 너무 많이 사용한다는 점이 문제의 원인이라고 지적한다. 과연 그러한가? 만약 남쪽 사람이 사용하는 말에서 외래어와 영어를 완전히 삭제한다면 오늘날 새터민이 경험하는 언어 문제를 해결할 수 있는가? 그렇다면 새터민의 언어 문제를 해결하는 방안은 남쪽 사람이 사용하는 외래어를 없애는 방안으로 접근해야 할 것이다. 그러나 만약 그렇게 문제가 간단하지 않다면 어떻게 할 것인가? 새터민의 언어 문제를 초래하는 원인이 남쪽의 외래어에 기인하는 것이 아니라면 도대체 문제의 원인을 어디에서 찾아야 하는가?

새터민이 경험하는 언어 문제의 원인을 정확하게 찾고 그 상황의 본질을 제대로 이해하는 것은 적합한 해결 방안을 찾기 위해 반드시 필요한 작업이기 때문에 중요한 의미를 지닌다. 이 글은 먼저 새터민과 면담하는 과정을 통해 이들이 경험하는 언어 문제의 본질을 파악하는 시도를 해 보고 그 내용을 토대로 새터민 언어 문제를 해결하는 방안을 모색해 보고자 한다.

2. 문제의 본질은 무엇인가?

이 글을 작성하기 전에 필자는 평소에 친분을 유지해 온 새터민 세 사람과 집단 면담을 시행하였다. 면담을 실시한 일자는 2006년 1월 16일과 1월 26일로 1회 면담 시행 시간은 각각 3∼4시간에 이른다. 면담에 참석한 새터민은 모두 여성이었는데 이들의 연령은 30대 중반이 1명이었고 다른 두 사람은 40대 중반이었다. 30대 여성은 북쪽에서 고등중학교를 졸업한 뒤 탄광에서 일하다가 결혼 이후 소규모 장사를 했었고 40대 여성 두 사람은 대학을 졸업하고 결혼을 했으며 각각 전문직에서 일한 경력을 지니고 있었다.

세 사람은 국내에 입국한 새터민 중에서 지역적으로 가장 많은 인원을 배출한 함경북도의 같은 군 출신이라서 이미 북쪽에서부터 잘 알고 지내던 관계였으며 또한 면담을 진행한 필자와 평소에 친분이 있었기 때문에 이야기를 나누는 과정에서 자신의 의견을 숨기려 하는 모습이 전혀 없었다. 오히려 자신들이 공유하고 있는 고향 사람에 대한 기억과 그곳에서 일어났던 사건의 배경을 이야기하면서 서로 즐거워하는 것으로 보였다.

필자가 이번 면담에서 세 사람에게 주로 질문한 항목은 다음과 같다. 첫째, 남북한의 언어 이질화가 문제라고 하는데 세 사람이 각각 국내에 입국한 뒤 언어생활에서 가장 문제가 되는 사안이 무엇인가? 둘째, 새터민이 경험하는 언어 문제를 해결하기 위해서 남쪽 사람들은 무엇을 어떻게 도와주어야 하는가? 셋째, 새터민 스스로 문제 해결을 위해 노력해야 하는 사안은 무엇이 있는가?

이번 면담은 비구조화 된 심층 면접 방식을 따라 진행하였다. 면담을 시작하는 단계에서 앞서 제시한 세 가지 항목을 위주로 자신의 의견을 말해 달라고 부탁한 뒤 필자는 새터민 세 사람이 서로 주고받는 이야기를 청취하는 역할을 수행하였을 뿐이다. 이번 면담은 학술적으로 검증 가능한 결론을 도출하려 했던 것이 아니라 새터민과 대화하는 과정을 통해 이들이 스스로 생각하고 느끼는 언어 문제의 본질이 무엇인지 그 단초를 파악하려는 의도에서 시행했기 때문에 필자는 진행자로서 맡은 역할을 최소화하려고 노력했다. 따라서 새터민들의 의견이 다른 방향으로 흐르거나 잠시 이야기를 멈출 때 대화의 흐름을 이어가는 데 유용한 질문을 하는 것 이외에 가능하면 관여하지 않는 방식을 선택하였다.

이 부분에서는 면담 내용을 참고하여 이들이 생각하는 남북한 언어 이질화 현상의 원인이 무엇인지, 나름대로 해결 방안을 생각해 본 일이 있는지 분석해 보고자 한다. 면담 내용을 소개할 때 새터민 세 사람의 신상 정보를 암시하는 부분을 제외한 나머지는 되도록 그대로 정리하였다.5)

첫째, 면담을 시작하는 단계에서 새터민 세 사람은 이구동성으로 남쪽 사람들의 외래어 사용이야말로 자신들이 경험하는 언어 문제의 원인이라고 지적했다. 무엇이 문제인지 질문하자 곧 "북쪽에서 듣지 못한 말"이 무슨 뜻인지 몰라서 어렵다고 대답하였다. 그리고 자신들이 알아듣지 못하는 말이 많은 이유는 결국 "외래어가 많으니까" 그런 것이라고 지적하였다. 면담 대상자 세 사람은 각각 자신들을 곤란하게 만들었던 용어의 사례로 스킨십·A4용지·신토불이·인터뷰·텔레뱅킹·인터넷뱅킹·애니메이션·셀프·이동갈비 등을 차례로 언급하였다. 외래어만 없으면 문제가 해결될 것 같으냐고 질문하자 모두 그렇다고 대답했다. 그런데 면담을 시작할 때 외래어가 문제라고 지적을 하면서도 막상 자신들의 경험담을 이야기하다 보면 외래어보다 오히려 이른바 상식으로 규정할 수 있는 문화적 체험의 차이에서 유래한 것으로 보이는 사례가 등장한다. 다만 면담을 진행했던 필자가 일부러 지적할 때까지 이들은 외래어로 인한 차이와 문화적 체험의 차이로 인한 결과를 군이 구분하지 않은 채 외래어가 문제라는 개념으로 자신들이 경험하는 어려움의 원인을 뭉뚱그려 표현하는 방식에 익숙해져 있는 것 같았다.

진 행 자: 남한에 와서 제일 어려운 게 언어 문제라고 하는데 무엇이 문제인지, 남쪽 사람들이 어떻게 도와주면 좋겠는지 말씀해 주세요.

새터민 1: 북한에서 듣지 못한 말, 그런 것이 힘들었어요. 지금은 적응해서 알지만 처음에 테레비에서 스킨십이라고 하는데 무슨 뜻인지 몰랐어요. 처음에는 알아듣지 못하는 어려운 말이 있더라구요.

새터민 2: 외래어가 많으니까…

새터민 1: 처음에 왔을 때에는 A4용지도 북한에서는 쓰지 않는 말이거든요. 북한에서는 규격지, 16절지라고 하는데…. 신토불이도 처음에는 몰랐어요. 인터뷰도 그렇고 텔레뱅킹, 인터넷뱅킹…. 은행 갔더니 직원이 "텔레뱅킹, 인터넷뱅킹 신청하세요" 그래서, 그게 무슨 말인지 물어봤어요.

새터민 3: 평상시에 쓰는 말에 외래어가 많아요. 애니메이션…. 애니메이션이 만화지? '셀프'란 말도 몰랐어요.

진 행 자: 그럼 외래어만 없으면 문제가 해결될 것 같은가요?

모두: 그렇지요.

새터민 1: (웃으며) 이동갈비가 이동하는 갈비인가? 생일날 오빠랑 식당에 갔는데 이동갈비가 뭔가 했더니 그게 이동하는 갈비라고

해서 한참 웃었어요. 여기서는 양념갈비를 이동갈비라고 한
다는데…. 그게 이동하는 갈비라고 해서 얼마나 웃었는지….
진 행 자: 이동갈비는 이동이라는 동네의 특산물이에요. 평양냉면이나
함흥냉면이 그 고장의 특산물로 잘 알려진 것처럼….
새터민 1: 그런 걸 어찌 알겠어요?
진 행 자: 그런 건 외래어 때문에 생기는 문제는 아니잖아요?
모두: 그렇지요.

둘째, 면담에 응해 준 새터민 세 사람은 외래어가 문제라고 지적을
하면서도 막상 하나원에서 외래어 교육을 실시하는 것의 유용성에 대해
서는 의문을 제기하고 있었다. 하나원에서는 많은 것을 가르쳐 주려고
애쓰지만 막상 새터민들은 두고 온 가족에 대한 걱정이나 미래에 대한
불안감, 두려움 때문에 교육 효과가 높지 않을 것이라고 했다.

진 행 자: 하나원에서 외래어 교육은 하잖아요?
새터민 1: 하긴 하지만 그게 머리에 안 들어와요. 앞으로 나가서 살 일,
북에 두고 온 가족, 그런 것이 더 걱정이죠.
새터민 2: 난 하나원에서 배운 외래어 딱 하나 있다. 치킨이 닭고기라는
거….(웃음)

셋째, 이렇게 외래어가 어렵다면 이 문제를 해결하기 위해 자신은 어
떻게 대응하고 있는지 물어보자 면담 대상자에 따라 대답하는 양상이
다르게 나타났다. 먼저 '새터민 1'과 '새터민 2'는 북한 땅에서도 자신들
이 살던 고장과 평양의 말이 달랐는데 남쪽 사람들이 쓰는 말이 다르다
는 것은 당연하다고 인정한 상태에서 나름대로 직접적인 체험을 통해
그 다름을 극복하는 방법을 찾아서 실천한다고 했다. 반면 '새터민 3'은
'이방인'이라는 느낌을 지닌 채 자신이 경험하는 '차별'에 대해 민감한
반응을 보였다.

진 행 자: 언어 때문에 힘들다면 어떻게 해결하면 좋을까요?

새터민 1: 북쪽에서도 장사하는 사람은 환경을 빨리 받아들여요. 그래 선지 나는 적응이 빨랐어요. 어차피 언어 차이 있는 건 당연하고 돈 있어야 잘살 수 있겠구나 생각했어요. 같은 북한 땅에서도 우리 동네 사람들이 쓰는 말을 평양 사람이 모르는 것 있었어요. 나는 처음에 남한 와서 언어가 다르다는 것을 알고 배우려고 노력했어요.

진 행 자: 어떻게 노력했나요?

새터민 1: 식당 간판을 보면 실제로 들어가 보기도 하고…. 다 들어가 보지는 않았지만…. 일본 식당은 우리 입에 안 맞아서 들어가지 않았지만 차이나라고 써 있으면 한번 들어가 보고 그랬어요. 아무튼 언어는 남한이 발전한 곳이니까 내가 배워야 한다고 받아들였어요.

새터민 2: 북한에 있을 때 평양에 살다가 지방으로 갔더니 거기서 언어 때문에 놀림을 당했어요. (평양에서 온) 양치라고 아이들이 놀렸어요. 어차피 고장을 옮기면 언어가 다른 것은 당연하단 말입니다. 하물며 남의 나라에서 왔는데 언어 때문에 고통을 겪는 건 당연하다고 생각해요.

새터민 3: 저는 이방인이라는 생각이 들어요. 중국보다 더 먼 나라에서 온 것처럼…. 조선족은 편하게 쓰면서 북한 사람은 차별해요. 사람을 쓸 때도 가만 보면 조선족은 쓰면서 북한 사람은 안 쓰더라구요.

넷째, 새터민 3은 심지어 면담 시간이 어느 정도 경과하자 "외래어는 별 문제가 아니라"고 단언하기도 하였다. 외래어보다 오히려 '두려움'이나 '차별, 노골적인 무시'와 같이 언어 이외의 현상에서 자신이 경험하는 어려움의 원인을 찾는 것으로 나타난다. 이 사람의 발언 내용을 살펴보면 결국 "내가 남한 사람 같으면" 그런 대접을 받지 않았을 것 같은데 북쪽에서 왔다는 이유로 억울한 일을 당한다는 느낌이 강하게 배어 나온다.

새터민 3: 북쪽에 있을 때 남편 덕에 편하게 살았어요. 장사는 했어도 그리 크게는 안 했단 말입니다. 그런데 남한 와서 당황한 것이 국가가 돈 주니까 …. 그것도 큰돈 받으니까 솔직히 무섭고 …. 일단 100원이나 1,000원 하는 돈 단위가 다르니까 …. 무서웠어요.6) 난 모르는 말이 나오면 아예 말을 안 했어요. 가만있다가 집에 와서 애들한테 물어봤는데 솔직히 쪽팔렸어요. 이 땅에서 살려면 모든 것을 감수해야 하나 봐요. 우리 북한 사람들 자존심 강합니다. 북한에서 자랄 때는 오빠들이 힘깨나 써서 누가 나를 함부로 놀리지는 않았는데 여기 오니까 조선족한테는 훈시를 안 하면서도 북한 사람에게는 훈시를 한단 말입니다.

진 행 자: 뭐라고 훈시하나요?

새터민 3: 뻔히 아는 일도 다 훈시해요. 솔직히 남한 사람은 다 좋은 사람이라고 생각했는데 별의별 사람 다 있더라구요. 아무 데 가도 다 우리 무시해요. 식당, 주유소, 회사, 병원에서 겪었어요. 특히 병원에서 그런 체험 많이 했어요. 우리 애 백혈병으로 입원했을 때 같은 병실 환자들이 우리 애 테레비 못 보게 하더라구요. (한숨쉬며) 못사는 나라에서 왔다고 무시한단 말이에요. 그때 스트레스 엄청 받았어요. 근데 내가 살려면 어쩔 수 없다고 생각하고 참아요.

새터민 1: 한국 사람, 나쁜 사람도 많아요. 다단계 하라고….

새터민 3: 저도 많이 당했어요. 언니처럼 좋은 사람 만났으면 나도 다단계에 안 들어갔어요. 그런데 …. 5,000만원 떼이고도 가만히 있는 사람 주변에 많아요. (목소리 높이며) 솔직히 외래어는 별문제 아니에요. 외래어는 솔직히 그래도 뭐 눈치 있으면 다 알 수 있어요. 언어가 문제는 아니에요. 초보적으로 두려움이에요. 일상적으로 나를 짓밟는 게 너무 많아요. 그게 문제예요. 우리 언니가 지금 서울에 왔는데…. 한번은 밤 11시에 울면서 전화했어요. 저는 그 전화 받고 한숨도 못 잤어요. 진짜 차별 너무 심하다는 거예요.

진 행 자: 무슨 일이 있었나요?

새터민 3: 지방에서 기계 다루는 일을 했는데 처음에는 모르고 그냥 감사하면서 했대요. 근데 나중에 보니까 제일 위험한 거 골라 시키고…. 많이 데기도 하고 그랬대요.

진 행 자: 그럼 언어가 문제가 아니라 차별이 문제인가요?

새터민 3: 노골적으로 무시하는 게 문제예요. 보름 동안 주유소에서 일
한 거 있는데 십 몇 만 원인가? 그 돈 안 주고 떼먹었어요. 거
기 갔더니 하나님 말씀이라고 떡 써 붙여 놨더라구요. 사람들
이 고소하라고 하는데 에이, 그냥 잘 먹고 잘살아라 하고 그
만뒀어요. 내가 남한 사람 같으면 그렇게 했겠어요?

다섯째, 새터민의 언어 문제를 해결하기 위해 남쪽 사람들은 어떻게
도와주면 좋겠는지 질문하자 면담 대상자들은 언어의 문제보다 오히려
'사람다운 대접'을 받는 것이 더 중요한 일이라고 대답하였다. 이들은
자신이 차별받는다고 느낄 때 분노하는 반면 '사람을 귀하게 여기는'
장면을 경험할 때 크게 감동을 하면서 희망을 찾게 되는 것 같았다.

새터민 3: 인간은 다 같은 인간인데 …. 솔직히 내가 북한에서 태어나고
싶어 태어났나? 안 그래요? 자매결연을 한다고 해도 진짜 해
주는 사람 별로 없어요. 사람들이 북한 사람 노골적으로 무시
해요. 우리가 대접받자고 온 건 아니지만 통일될 때 우리가 할
일 많지 않겠어요?
새터민 2: 벼룩시장 신문 보고 갔는데 일률적으로 월급 주더라구요.
<충격 먹었던 거는>밤 작업 하다가 사고 종종 나는데 생산
직 남자 두 명이 기계 보는 사람 있었는데 작업 시작할 때마
다 "기계 고장 나면 고치지만 사람은 고치기 힘들다. 사람 몸
은 고치기 힘들다."라고 그러는 거예요. 북에서는 자본주의
세상은 자본가가 노동자들을 되게 부려 먹는다고 교육받았었
는데 전혀 그런 것도 없고 일한 것만큼 받아 가고 남한에 와
서 보니 손 다친 분 보험금을 얼마 받았다느니 그래서 회사
가 손해라느니 그런 얘기 하더란 말입니다. 북에서는 사람 목
숨을 파리 목숨처럼 여기고 오직 사상인데 여기서는 그게 아
니고 일체 보상해 주더란 말입니다. 그걸 생각할 때 자본주의
매력이라 좀 충격 받았어요.
진 행 자: 사람을 잘 만나면 문제가 해결될 수도 있겠네요?
새터민 3: 사실 어디 가서 제일 마음이 좋았는가 하면…. 기독교 단체에
갔을 때, 거기 노숙자도 오고 우크라이나 사람도 왔어요. 근

데 뭐라고 했느냐 하면 "이 사람들 참 진주같이 귀한 사람이
다. 지금은 못살지만 힘내라." 하더란 말입니다. 저 정말 감동
받았습니다.

마지막으로 이번 면담을 통해 사소하면서도 중요한 문제 한 가지를
발견할 수 있었다. 이번 면담에 호응해 준 여성 새터민 세 사람이 모두
상대방의 성별이 남자인 경우, 그 사람에게 도움을 받는 것을 정서적으
로 힘들어하는 것으로 나타났다는 점에 주목해야 한다. 실제로 필자의
경험을 돌이켜 보면 이번 면담에서 관찰할 수 있는 것처럼 새터민들은
전반적으로 상대방의 성별과 연령에 대해 상당히 민감하게 반응하는 것
으로 나타난다. 따라서 새터민의 언어 문제 해결을 위한 방안을 마련하
려 할 때에는 연령과 성별에 따른 배려가 있어야 할 것으로 판단된다.

진 행 자: 어려운 문제가 생기면 누구에게 의논하세요?
새터민 3: 솔직히 담당 형사는 남자니까 어려움이 있어도 말하기 싫어요.
새터민 1: 정말 남자가 전화하면 짜증나지 않아?
새터민 2: 맞아, 그런 건 있어.
새터민 3: 근데 전 자매결연하면서 좋은 언니 만났어요. 자매결연해도
      이 사람이 진심인가 하는 생각을 하게 되는데…. 진짜 해 주
      는 사람 별로 없거든요. 북한 사람이라고 노골적으로 무시하
      고…. 그런데 이 언니는 진짜 나도 똑같은 사람으로 대접해
      줘요.

3. 문제를 어떻게 해결할 것인가?

이번 면담의 결과를 통해 새터민의 언어 문제의 본질을 사회 과학적
으로 증명한다는 것은 처음부터 불가능한 일이었다. 면담 대상자가 세
사람에 불과했고 모두 비슷한 연령대의 여성이라는 점도 그렇거니와 그

이외의 다른 요건도 과학적 방법론을 충족시킬 수 있는 상황이 아니었기 때문이다. 그럼에도 불구하고 이번 면담은 새터민 스스로 자신들이 경험하는 언어 문제의 본질이 단순히 '외래어' 사용의 차이가 아니라고 인정하는 현상을 직접 관찰할 수 있었다는 점에서 의미를 지니고 있다고 생각한다.

면담 결과를 감안하여 새터민의 언어 문제를 해결하는 방안을 모색한다면 다음과 같은 점에 유의해야 할 것이다.

첫째, 새터민 스스로 '남쪽의 외래어'가 문제의 원인이라고 지적했을 때 이들이 사용하는 '외래어'라는 단어의 의미 구조를 중층적이고 복합적인 내용으로 받아들여 좀 더 세밀하게 분석하려는 자세가 필요하다. 면담에서 관찰할 수 있었던 것처럼 이들은 이야기를 시작할 때 모든 문제는 외래어 때문이라고 말하지만 조금 시간이 지나면 문화적 경험에 따른 차이도 언급하고 두려움이나 차별, 무시와 같은 사회 심리적 요인을 지적하는 것으로 나타난다. 따라서 외래어를 단순히 단어나 언어 사용의 습관에 따른 차이로 파악한다면 새터민의 언어 문제는 그 본질에 제대로 접근하지 못하는 결과를 낳을 것으로 판단된다.

둘째, 면담 내용을 관찰해 보면 새터민의 언어 문제는 이들이 북한에 두고 온 가족을 염려하는 마음이나 그동안 익숙하게 살아왔던 고향을 떠나 낯선 남쪽 사회에 적응해야 하는 데 따르는 두려움, 주변 사람들이 자신을 무시하거나 차별하는 것 같다는 민감함 등 개인의 사회적·심리적 특성과 동떨어진 상태에서 언어학적 접근으로 해결할 수 없는 것 같다. 따라서 새터민의 언어 문제를 해결하고자 한다면 반드시 이들이 생활인으로서 어떤 특성을 지니고 있는지 먼저 관찰한 뒤 관련 사항을 반영하는 방안을 모색해야 할 것이다.

셋째, 모르는 단어의 사용이나 낯선 환경은 새터민의 언어 문제에서 어려움을 야기하는 중요한 원인이지만 그것보다는 '사람다운 대접'을 하는 것이 더 큰 의미를 지니는 것으로 보인다. 이들의 경험담을 들으면 각종 외래어로 인해 낯설다는 경험을 하지만 그로 인해 좌절하거나 절망에 빠지는 것 같지는 않다. 그러나 북쪽에서 온 사람이라는 이유로 차별을 받거나 무시당한다고 생각할 때, 언어 차이로 인한 어려움보다 훨씬 더 마음의 상처를 받는 것으로 보인다. 따라서 어떻게 하면 새터민 스스로 '사람다운 대접'을 받는다고 느끼게 할 것인지 연구하는 과정이 언어 문제 해결의 한 요소로 반드시 포함되어야 한다.

넷째, 그런 의미에서 새터민의 언어 문제 해결 방안을 모색한다는 것은 복잡하고도 어려운 일이 될 것이다. 따라서 무엇을 먼저 해결할 것인지 우선순위를 정해 단계적으로 접근하는 시도를 해 볼 필요가 있다고 하겠다. 우선순위를 정할 때 기준은 여러 가지 있겠으나 면담 결과를 고려할 때 새터민이 한 사람의 인격체로서 절망감에 빠지거나 좌절하지 않도록 심리적 안전장치를 만드는 것이 잘 모르는 단어의 차이로 낯설다는 감정을 느끼지 않게 배려하는 일보다 더 중요한 사안으로 판단된다.

다섯째, 사소하면서도 중요한 결과를 초래하는 문제에 대해 배려해야 한다. 예를 들어 새터민은 일반적으로 상대방의 성별이나 연령에 대해 민감하게 반응하므로 이들의 언어 문제 해결을 위해 노력하는 사람은 이 부분에 대해 배려하는 마음의 준비를 갖추도록 해야 할 것이다.

주註

1) 남북한 언어 이질화의 심각성을 주장하는 언론 매체의 글은 "언론재단 국감서 남북 언어 이질화 심각성 지적"(≪동아일보≫ 2002년 10월 2일), "남북 간 다른 전문 용어 명사 2천400개"(≪연합뉴스≫ 2003년 1월 12일), "北 교과서 번역해야 이해할 정도"(≪문화일보≫ 2003년 9월 15일), "물참봉이 된→물에 흠뻑 젖은: 통역이 필요한 南北 언어"(≪중앙일보≫ 2003년 9월 16일), "통일과 정보 통신 용어 표준화"(≪전자신문≫ 2004년 10월 12일) 등이 있고 학자들의 논문으로는 노명희, "북한어 다듬은 말의 단어 구조와 의미 관계," 『한국어학』 제26권(2005), 119~155쪽 ; 이옥련, "남북의 언어문화," 『국어교육』 제102집(2000), 279~332쪽 ; 최용기, "남북의 말과 글," 『영주어문』 제9집(2005), 5~20쪽 등이 있다.

2) 필자가 감히 이 글에서 남북한 언어 이질화가 심각하다는 의견이 우리 사회에 보편화된 '믿음'이라고 주장하는 근거는 다양한 대면 강의 기회를 활용하여 청중들의 의견을 듣고 정리한 경험에서 비롯된 것이다. 1997년 이후 필자는 통일교육원과 이화여자대학교에 재직하면서 다양한 성인 교육 기관과 아울러 대학과 연구소에서 강의하는 기회가 주어질 때마다 남북한 언어 이질화가 심각한지, 북한은 이른바 순수한 우리말을 쓰는데 남한은 외래어를 많이 쓴다고 생각하는지 등 앞서 언급한 '믿음'의 실체를 확인하는 질문을 했었다. 이런 질문에 대한 청중들의 답변을 정리해 본 결과, 필자는 우리 사회 구성원 대다수가 남북한 언어 이질화는 심각하며 그 원인은 남쪽의 외래어 사용에서 찾아야 한다고 생각하는 '믿음'이 보편화되어 있다는 의견을 갖게 되었다. 물론 이와 같은 필자의 의견은 앞으로 사회 과학적 방법을 통해 실증해야 할 필요가 있다고 하겠다.

3) 통일부에서는 2004년도 하반기에 많은 사람들이 거부감을 느낀다고 하는 '탈북자'라는 용어를 친근하면서도 뜻 깊은 표현으로 바꾸기 위해 전자 공청회를 실시하는 등 다양한 경로를 통해 의견을 수렴하여, 순수한 우리말 단어인 '새터민'이라는 용어로 대치할 것을 결정하였다. 그 이후 통일부가 공식적으로 사용하는 문서에서는 탈북자라는 용어를 새터민으로 대치하여 사용해 왔다. 그러나 법률 용어인 '북한 이탈 주민'을 변경한 것은 아니다. 따라서 통일부는 2005년 이후 '북한 이탈 주민'과 '새터민'이라는 용어를 함께 사용한다는 방침을 따르고 있다.

4) 실제로 지금까지 새터민의 국내 적응 현황을 연구해 온 학자들이 모두 비슷한 경험을 하고 있다는 점은 김석향, 『북한 이탈 주민의 언어생활에 나타나는 북한 언어 정책의 영향』(서울: 통일교육원, 2003) ; 민성길·전우택·윤덕룡, 『탈북자와 통일 준비: 남북한 사람들의 정신 사회학적 갈등 구조 및 그 해소 방안』

(서울: 연세대학교 출판부, 2002) ; 박종철 · 김영윤 · 이우영,『북한 이탈 주민의 사회 적응에 관한 연구: 실태 조사 및 개선 방안』(서울: 민족통일연구원, 1996) ; 윤여상, "귀순 북한 동포의 남한 사회 적응에 관한 연구: 귀순자 수기의 내용 분석을 중심으로,"(영남대학교 정치외교학과 석사 논문, 1994); 이금순 외,『북한 이탈 주민 적응 실태 연구』(서울: 통일연구원, 2003) ; 전우택,『사람의 통일을 위하여』(서울: 오름, 2000) ; 전우택 · 윤덕룡,『북한 이탈 주민 사회 적응 실태 조사』(서울: 통일부, 2001) 등을 통해 나타난다.

5) 이 글에서는 면담 대상자인 새터민들이 발언한 내용을 옮길 때 그들이 사용한 언어 표현을 우리말 맞춤법에 맞추어 고치지 않은 채 그대로 표기하였다.

6) 북한 당국은 2002년 7월 1일, 이른바 '7·1 경제관리개선조치'를 발표하면서 북한 돈의 공식 환율을 조정하고 생활비로 부르는 근로자의 월급과 아울러 생 필품의 가격을 대폭 인상하였다. 예전에는 공식 환율을 기준으로 북한 돈 1원 에 대해 미국 돈 2.16 달러를 적용했으나 '7·1 경제관리개선조치' 이후에는 154달러로 급등하였다. 근로자의 월급은 '7·1 경제관리개선조치' 이전에 40~150원 수준에서 그 이후에 2,000~3,000원 정도로 올랐다. 반면 국정 공급 품목의 가격도 치솟아 쌀 1킬로그램의 경우 '7·1 경제관리개선조치' 이전에는 북한 돈 8전이었으나 그 이후는 40~44원으로 바뀌어 무려 550배가량 인상이 되었다. 이런 상황을 감안하면 면담 대상자가 처음에 정착금을 목돈으로 받았 을 때 두렵다고 하는 심정도 그렇고 돈 100원이나 1,000원의 단위가 다르다고 하는 의미를 짐작할 수 있을 것이다.

<참고문헌>

남한문헌

김석향, 『북한 이탈 주민의 언어생활에 나타나는 북한 언어 정책의 영향』(서울:
　　통일교육원, 2003).
노명희, "북한어 다듬은 말의 단어 구조와 의미 관계" 『한국어학』 제26권 (2005).
민성길 · 전우택 · 윤덕룡, 『탈북자와 통일 준비: 남북한 사람들의 정신 사회학적
　　갈등구조 및 그 해소 방안』(서울: 연세대학교 출판부, 2002).
박종철 · 김영윤 · 이우영, 『북한 이탈 주민의 사회 적응에 관한 연구: 실태 조사
　　및 개선방안』(서울: 민족통일연구원, 1996).
윤여상, "귀순 북한 동포의 남한 사회 적응에 관한 연구: 귀순자 수기의 내용 분석
　　을 중심으로,"(영남대학교 정치외교학과 석사 논문, 1994).
이금순 외, 『북한 이탈 주민 적응 실태 연구』(서울: 통일연구원, 2003).
이옥련, "남북의 언어문화," 『국어교육』 제102집 (2000).
전우택, 『사람의 통일을 위하여』(서울: 오름, 2000).
전우택 · 윤덕룡, 『북한 이탈 주민 사회 적응 실태 조사』(서울: 통일부, 2001).
최용기, "남북의 말과 글," 『영주어문』 제9집 (2005).
≪동아일보≫ 2002년 10월 2일. "언론재단 국감서 남북 언어 이질화 심각성 지적".
≪연합뉴스≫ 2003년 1월 12일. "남북 간 다른 전문 용어 명사 2천400개".
≪문화일보≫ 2003년 9월 15일. "北 교과서 번역해야 이해할 정도".
≪중앙일보≫ 2003년 9월 16일. "물참봉이 된→ 물에 흠뻑 젖은: 통역이 필요한
　　南北 언어".
≪전자신문≫ 2004년 10월 12일. "통일과 정보 통신 용어 표준화".

제2부
북한의 문학

이북문학의 흐름:
혁명적 낭만주의와 리얼리즘의 긴장

■ ■ ■ ■ ■ ■ ■

김 재 용

1. 감격, 열정 그리고 모색(1945~1948)

해방 직후 북한의 문학은 매우 자유로운 분위기 위에서 출발하였다. 일제 말 초국가주의 파시즘의 강압 하에서 노예언어로 자기를 표현하였던 데에서 벗어났다는 점에서도 그러하고 또한 냉전적 분단구조가 정착하는 1948년 이후 경직된 상황으로부터 어느 정도 벗어날 수 있었다는 점에서도 그러하였다. 과거 카프 문학을 했던 작가든 혹은 그와 무관하게 활동했던 작가든 구별 없이 이 시기의 작가들은 민족문학의 지향 위에서 독자적인 문학세계를 펼쳤다.

8·15 직후 북한의 문학이 가장 많이 다룬 것은 무엇보다도 해방 후 급속하게 변한 당대 현실이다. 격동하는 현실의 한 가운데 서 있는 시인들은 자신의 노래를 마음껏 부를 수 있게 되었는데 특히 어두웠던 과거

와 밝은 현재 사이의 대조를 통한 해방 이후의 현실에 대한 격정에 찬 찬가는 가장 두드러진 경향이었다. 문학인들은 농촌에 살고 있든 도시에 살고 있든 관계없이 과거와 현재의 교차를 시로 노래하였다. 농민들은 앞으로 자유롭게 무언가를 할 수 있다는 기대감으로 설레였는데 김순석의 <산향>, 정문향의 <푸른 벌로 간다>, 민병균의 <재령강반에서>, 이호남의 <지경돌> 등은 일제하의 숨이 막힐 듯한 폐쇄적 분위기와 해방 후의 자유로운 공기를 대조시키면서 변화한 농촌의 현실을 다루고 있는 작품이다. 이러한 것은 비단 농촌에서만 그치는 것은 아니고 공장지대를 비롯한 노동현장에서도 그대로 드러났다. 과거 일제 하에서 일본인들은 고급 기술을 요하는 자리는 자신들이 차지하고 대부분의 조선인 노동자들은 단순한 손노동에 종사하게 만들었다. 게다가 일제 말의 파시즘이 강화되면서 생산력을 증강하기 위한 장시간의 노동과 비인간적인 착취로 인하여 대부분의 조선인 노동자들은 심한 고통을 감내하여야만 했다. 그런 상태에서 해방을 맞이하였기 때문에 시인들은 매우 고양된 어조로 새로운 현실의 해방감을 노래하였다. 안용만의 <축제의 날도 가까워>는 바로 이러한 경향의 대표적인 작품이다. 김조규의 <기차>는 여러 지방의 방언들이 거침없이 쏟아지는 기차 안의 풍경을 통하여 해방이 일반 민중들에게 어떤 의미를 갖는가 하는 점을 아주 감동적으로 보여주고 있다.

해방 직후 당대의 북한 현실을 반영한 문학 중에서 가장 중요한 영역을 차지하고 있는 것은 제도의 개혁으로 인한 삶의 변화이다. 특히 농촌에서의 토지개혁은 민중들의 일상적 삶에 지대한 영향을 미쳤던 터라 시인들은 이를 자신의 시적 대상으로 삼았다. 김광섭의 <감자 현물세>는 자신들에게 땅을 주어 이렇게 살게 해준 국가에 대해 감사하는 마음을 읊은 것으로 당시 농민들의 생활감정을 잘 표현해 주고 있다. 김우철의 <농촌위원회의 밤> 역시 토지개혁을 다룬 것으로 토지개혁 과정에

서 농민들이 어떻게 삶의 주인으로 되는가 하는 것을 잘 보여주는 작품
이다. 김조규의 <쇠콜령 고개>는 토지개혁을 다룬 이 시기의 작품 중
에서 시적 계기의 포착과 전개에 있어 매우 개성적인 접근을 취하고 있
는 작품이다. 이기영의 <개벽>, 최명익의 <맥령>, 그리고 이태준의
<농토> 등의 소설은 토지개혁을 다룬 이 시기의 대표적인 작품이다.
이러한 삶의 제반 변화는 비단 농촌에서만 이루어지는 것이 아니었다.
8시간 노동제가 발표되면서 이전과는 다른 양상으로 변화한 노동현실에
대해서도 시인들은 시선을 떼지 않았다. 과거에는 어쩔 수 없이 먹고살
기 위해 노동을 해야 한다고 생각했지만 이제 자신과 사회를 위해서 노
동을 한다는 보람과 열정에 차 있었다. 이러한 변화된 삶을 잘 보여준
작품으로 김상오의 <기사>를 비롯하여 이정구의 <노동법령송>, 김
북원의 <용광로 앞에서>, 그리고 정문향의 <대의원이 나서는 구내>
등을 들 수 있다. <기사>에서는 일제하에서의 기사가 아니라 스스로
공장의 주인이 된 기사의 모습이 어떠한가를 잘 보여주고 있고, <대의
원이 나서는 구내>는 노동자들이 어엿한 사회의 한 영역을 지키는 주
인으로서의 자신의 성장과 책임을 느끼는 모습을 잘 노래하였다. 노동
자가 대의원 후보로 당당하게 나서는 과정을 시적 계기로 포착한 이 시
의 발상은 변화한 노동자의 모습을 한층 실감나게 해주고 있다.

　해방 직후 북한의 문학에서 간과할 수 없는 하나의 흐름으로 자리잡
은 것은 소련과의 친선 그리고 국제주의의 문제이다. 이 주제와 관련하
여 쓰여진 많은 작품들이 1949년에 발간된 『영원한 친선』이란 시집에
모아져 있다. 박세영의 <소련군대는 오는가>, 강승한의 <여사에서>,
이정구의 영원한 악수>, 백인준의 <니꼴라이 붉은 군대에게 드리는 노
래>, 김상오의 <첫눈> 등이 있다. 일제의 긴 압제에서 풀려나게 하는
데 미국과 더불어 한 몫을 했던 소련의 존재에 대한 인식과 선진적 근대
로서의 소련에 대한 인식이었다. 이 시기 소련과 북한의 관계를 다룬

작품 중에서 가장 문제성을 가졌던 작품은 한설야의 단편소설 <모자>
이다. 이 작품에 등장하는 소련군의 형상에 대해 소군정이 항의를 했을
정도로 이 작품은 선진적 근대를 일방적으로 추종하는 그러한 것과는
기본적 큰 차이를 갖고 있어 이채를 발한다. 소련에 대한 일방적 찬미가
주를 이루던 당시의 문학적 현실을 감안하면 한설야의 이 작품은 매우
의미있는 작품이라 할 수 있다.

2. 냉전적 대립, 전쟁 그리고
고상한 리얼리즘의 긴장(1948~1953)

   1948년을 전후하여 이북의 문학계에는 이전과는 다른 새로운 양상이
나타났다. 첫째는 소재주의적 경향이었다. 일제 말 극단적인 파시즘의
탄압 하에서 자기의 내면세계에 침잠하였던 문학이 해방을 맞이하여 격
동하는 외적 현실의 다양한 영역을 다루게 되면서 시에서 의 추상적 감
탄이나 소설에서의 사건의 보도 적 나열에 그치는 작품들이 속출하기
시작하였다. 격변하는 현실의 변화 속에서 어느 정도는 불가피한 대목
이 없는 것은 아니지만 반복되고 고정화되면서 심각한 문제점을 야기
시켰다. 둘째는 이 시기에 이르러 세계적으로 형성되기 시작한 냉전체
제는 한반도에 강한 영향을 미쳤기에 이북에서는 냉전적 반제국주의란
것이 강한 기류를 형성하였다. 그리하여 '반미구국'의 구호가 널리 선전
되기 시작하고 이를 알림에 있어 문학이 주된 역할을 담당하도록 요구
받기 시작하였다. 이러한 과정 속에서 해방 직후에 보여주었던 다양한
경향이 점점 사라져 가기 시작하였으며 고정된 창작방법이 휩쓸기 시작
하였다. 이 시기에 회자되었던 고상한 리얼리즘은, 논자에 따른 편차에

도 불구하고, 이러한 경향을 조장하는 듯한 인상을 강하게 풍겼다. 긍정적 모범의 감화 교양이라는 것이 문학의 주된 기능으로 널리 인정받게 되고 작품 속에서 구현되었다.

이 무렵에 나온 이기영의 <땅>은 그러한 변화의 양상을 가장 잘 보여주는 작품이라 할 수 있다. 그가 해방 직후에 쓴 <개벽>은 토지개혁 시기의 농촌을 그린 것이기는 하지만 긍정적 모범 인물을 통한 감화 교양과는 일정하게 거리가 있었다. 그렇지만 <땅>에 와서는 긍정적 모범에 의한 감화 교양이 작품 전반을 지배하는 듯한 느낌을 강하게 주었다. 이러한 경향은 비단 이기영에게만 나타나는 것이 아니고 다른 작가들에게도 공통적으로 나타나는 것이었다. 이러한 경향은 전쟁시기에 이르러 한층 강화되었다. 미국과 이를 따르는 세력에 대한 비판이 급선무라고 생각하였고 모든 문학은 이러한 요구를 외면해서는 안된다는 분위기 속에서 다른 문학의 가능성을 모색한다는 것은 결코 쉬운 일이 아니었다.

하지만 이러한 경향이 당시 북한의 문학계를 완전히 압도한 것으로 보는 것도 당대 이북의 문학계를 제대로 보는 것은 아닐 것이다. 긍정적 모범의 감화교양이란 주도적 창작방법이 갖는 의도하지 않은 획일성에 어느 정도 거리를 두면서 창작을 한 경우도 많이 있었다. 그 중 가장 대표적인 예는 김사량이다. 그는 <칠현금>이란 작품을 1949년에 발표하게 되는데 이 작품은 당시 주류적 작품과는 상당한 차이를 갖고 있었다. 이 작품에 등장하는 인물은 당시의 여타 작품에서 나타나는 그러한 영웅적이고 긍정적인 인물이 되지 못한다. 또한 타의 모범이 될 만큼 강한 인상을 주는 인물도 아니다. 그런 인물을 등장시키면서도 작가는 일제하의 억압과 해방된 후의 자유로움을 적절하게 대비시키는데 성공하고 있다. 이러한 것을 고려할 때 이 시기는 긍정적 모범의 감화 교양을 원칙으로 내세우고 있는 고상한 리얼리즘이 주류를 형성하고 있지만 이것이 이 시대의 모든 문학을 지배하는 데까지는 미치지 못하고 있음을 확인할 수 있다. 이 점은 남북 대립의 극점이었던 전쟁 시기에서도 마찬가지이다. 특히 전쟁이 소강상태에 들어간 1951년 중반 이후에는 그 동안 의문의 여지가 없었던 긍정적 모범에 의한 감화교양과는 일정한 거리가 있는 작품들이 간헐적으로 나오기 시작하였다.

3. 전쟁 상처의 극복과 새로운 나라 만들기(1953~1958)

전쟁이 끝난 후 이북문학에는 현저한 변화가 일어나기 시작하였다. 해방 이후 진행되어 온 이북의 국가 건설과 사회 변혁이 전쟁을 계기로 방향을 수정하지 않을 수 없는 사정이 가장 큰 요인으로 작용하였다. '민주기지론'에 입각한 국가 주도의 인민 동원이 벽에 부닥치면서 다른 방식의 변화가 불가피하게 되었다. 또한 사회주의의 모델이 되었던 소련 내부에서 불기 시작한 개혁적 노력도 이북 사회의 진로를 둘러싸고 새로운 모색을 불가피하게 만들었다. 이러한 내외적 요인으로 말미암아 이북의 문학은 이전과는 다른 방향의 탐구에 나서게 되었다. 이러한 변화의 가장 두드러진 경향은 이전의 문학에서는 좀처럼 찾아보기 어려웠던 강한 비판성이다. 해방 직후 일정한 시점부터 문학의 동원성이 강조되면서 비판성이 점점 상실되어 갔다. 그리하여 문학이 당의 정책이나 국가의 시책을 잘 선전하는 기능을 도맡게 되면서 문학 본연의 비판성이 사라지는 조짐이 나타나기 시작하였다. 이러한 경향이 문학의 활력을 저하시킨다는 반성의 기운이 감돌기 시작하면서 문학의 동원성에 대한 반성과 비판성의 강화가 이루어지기 시작하였다.

전후 이북 문학의 비판성 강화는 관료주의에 대한 비판으로 나타나기 시작하였다. 전쟁말기부터 조짐을 보이기 시작한 이 경향은 전후에 이르러 한층 강화되었다. 조벽암·김우철·박석정 등에 의해 관료주의에 대한 비판이 거세게 일어나기 시작하는데 이는 이전에는 생각하기 힘든 것이었다. 조벽암의 <거울 하나씩을 걸라>는 이러한 경향의 포문을 연 작품으로 당시 북한 사회에 존재하는 관료주의자들에 대한 강한 비판을 담고 있는 작품이다. 과거에는 인민을 위한답시고 나서서 일했지만 지위가 올라가면서 인민들은 안중에 없고 오히려 그들 위에 타고 앉아 자기의 이익만을 챙기려고 한다. 당시 북한 사회가 하나의 체제로 굳어져 가면서 관료와 인민 사이에는 이러한 틈이 생기기 시작했는데 조벽암은 바로 이러한 점을 비판하고 있는 것이다. 전재경의 단편소설 <나비> 역시 당시의 관료주의를 잘 비판하고 있다는 점에서 궤를 같이한다.

전후 시기 이북문학의 비판성 강화는 비단 관료주의에 그치는 것이 아니다. 그 동안 억눌려 왔던 개인의 감정이나 욕망의 문제를 건드리는 방식으로도 비판성은 드러났다. 대표적인 작품으로는 김순석의 <마지막 오솔길>을 비롯하여 한명천의 <그 여자의 봄> 등을 들 수 있다. 김순석의 <마지막 오솔길>은 농촌에 트랙터가 들어오고 이를 위해 길이 넓어지면서 자기가 예전에 다녔던 오솔길이 이제 사라지는 것에 대한 소회를 적고 있는 작품이다. 이 작품은 당시 북한의 들끓는 현실, 즉 농촌의 기계화라는 새로운 현실의 변화를 격정적으로 받아들이는 지배적 분위기와는 현저하게 다른 것으로, 농촌의 변화라는 이 사태를 자기의 과거 기억과 결부 지어 보여주었다. 그 점에서 이 시는 당시 대부분의 농촌을 다룬 시들과 현저하게 차이가 날 뿐 아니라 개인의 감정을 결코 억압하지 않고 정직하게 보여주었다는 점에서 이전의 시와는 현저하게 차이가 나는 작품이다. 이러한 점에서 한명천의 <그 여자의 봄>

도 마찬가지의 의미를 갖고 있다. 전후 전쟁 미망인들의 내적 욕망과 갈등을 보여주고 있는 박효주의 장편소설 <전야에 봄이 온다> 역시 그러한 점에서 문제적이다.

전후 이북의 문학에서 비판성의 강화와 일정하게 연관되어 나온 경향 중의 하나로 '민주기지론'에서 벗어나 분단현실을 새롭게 다루고 있는 작품들을 들 수 있다. 해방 후부터 이북의 문학은 분단현실에 대해 남다른 관심을 기울여 왔기에 그러한 문제 자체를 다룬다는 것은 결코 새로운 것이 아니다. 문제는 그것을 어떤 관점에서 다루는가 하는 것이다. 이전의 분단현실을 다룬 작품들이 주로 '민주기지론'에 입각하여 쓰여진 작품이고 이는 냉전체제가 가속화되면서 한층 강화되었다. 그리하여 이들 작품들은 '민주적으로 발전한 북한'을 기지로 하여 아직 민주화되지 못한 남한을 구해야 한다는 의식에서 출발하고 있기 때문에 민족의 통일과 같은 문제가 체제간의 문제로 축소되어 버린다. 따라서 이러한 작품들은 남한의 문제점들을 들추어내는 것에 급급했던 것이다. 그러나 전후에 들어 이전의 이러한 '민주기지론'적 입장에서 벗어나는 작품이 나오기 시작하였다. 조벽암·정서촌 등이 이러한 작품을 썼는데 이것들은 분단 그 자체를 문제삼는 것이다. 남북이 갈라져 있는 데서 비롯되는 문제를 부각시키기 때문에 남북의 체제간 차이에서 오는 우열의 문제 같은 것은 아예 스며들 틈이 없는 것이다. 이러한 것은 조벽암의 시에서 가장 잘 드러난다. 조벽암의 <서운한 종점>은 남북으로 달리던 기차가 더 이상 다니지 못하게 된 데에 대한 감회를 통하여 분단의 고통이 얼마나 큰 것인가를 보여주고 있다. 그의 다른 시 <삼각산이 보인다> 역시 남쪽의 북한산을 북쪽에서 바라볼 때의 심회를 통하여 분단의 아픔을 이야기하고 있다. 조벽암의 이들 시에서 '선진적 북'이 '후진적 남'을 구해야 한다는 소명의식 같은 것은 어디에서도 찾아 볼 수 없다. 단지 분단 그 자체는 체제의 문제를 떠나 우리 민족 전체 구성원이 고통을 받고 있는 일이라는 점을 강조하고 있는 것이다. 이러한 점은 이 시기 다른 시인인 정서촌의 작품에서도 부분적으로 드러난다. 분단현실을 다룬 그의 시 중에는 부분적으로 과거의 민주기지론적 입장에 입각하여 쓴 작품도 있고 거기에서 탈피한 작품도 있는데 이 둘이 한 시인 내에서 혼재되어 있다. 전자의 것으로는 <밤이여>를 들 수 있고 후자로는 <나루터>를 들 수 있다. 이러한 현상은 기존의 '민주기지론'적 입장에서 벗어난다는 것이 얼마나 힘든 일인가를 잘 보여주는 사례라 할 수 있을 것이며, 또한 그러한 입장에서 떠난 시가 갖는 중요성을 역설적으로 잘 말해주고 있는 것이라 할 수 있다.

4. 동원과 자발성의 교차점(1959~1967)

1959년 이후부터 북한의 문학은 크게 두 가지 양상을 드러냈었다. 하나는 현실을 매우 다양하게 그려내기 시작하였다는 점이다. 전후에 시작된 비판성의 강화는 이 시기에 이르러 현실을 한층 깊이있게 그려내는 것으로 이어졌고 문학을 풍부하게 만드는데 큰 기여를 하였다. 천리마 기수들의 형상부터 청춘 남녀의 애정에 이르기까지 그 이전의 이북의 문학이 감당하지 못하였던 다채로운 문학세계가 펼쳐진다. 다른 하나는 혁명전통의 강조이다. 소련과 중국 사이의 갈등으로 인해 빚어진 사회주의권의 분열 속에서 이북이 자신의 진로를 추구하는 하나의 방편으로 일제하 항일혁명운동을 강조하기 시작하였는데 이러한 노력은 문학에서 과거 특히 항일운동을 재현하는 방식으로 이어졌다.

천리마 시기의 이북 인민들의 내면을 드러내기 시작한 작품들은 농촌과 공장 등 생활현실에서 배경으로 다채로운 경향을 보여주었다. 천리마 기수들이 생활 현장에서 벌이는 일들과 그 모습을 큰 소리로 담은 것이 있는가 하면 전변하는 현실의 내부 변화를 작은 목소리에 담은 작품들이다. 전자의 대표적인 작품으로 정서촌의 <하늘의 별들이 다 아는 처녀>와 오영재의 <조국이 사랑하는 처녀>를 들 수 있다. 열 아홉의 처녀가 한 밤중에 들에 나가 쓰지 못하는 땅을 일구는 모습을 통해 농촌의 젊은 사람들이 자신의 고향을 사랑하며 자신의 이익과 관계없이 집단주의의 정신으로 일하는 풍토를 보여준 작품이다. 과업을 받은 것도 아니고 노력수첩에 점수를 더 받는 것도 아니고 오로지 땅을 더 넓힌다는 일념으로 일하는 태도이다. 오영재의 <조국이 사랑하는 처녀>는 모내기철에 혼자서 이만평을 꽂아낼 정도로 희생적으로 일을 하면서도 자기가 받은 분배를 마치 나라에서 주는 것이라고 생각하는 한 처녀 농사꾼의 모습을 통하여 변화된 농촌 사회에서 이제 농민들이 스스로 주인으로 일하는 것을 제시하고 있다. 지금은 손노동으로 하지만 곧 모든 것을 기계노동으로 하여 이 고운 손의 수고로움을 들어주는 일에 조국이 앞장설 것을 예견하면서 미래의 농촌 사회에 대한 희망도 아울러 보여주고 있다. 이 시는 마치 모든 농촌의 노동이 기계화된 것처럼 부풀려 과장하는 이 시기 다른 시들과 다르긴 하지만 사회보다는 국가를 앞장세운다는 점에서 국가를 우선하는 사고를 벗어나지 못하고 있다. 후자의 대표적 작품으로는 김병두의 <발자국>과 김조규의 시초 <마을의 서정>을 들 수 있다. 김병두의 <발자국>은 농촌 마을에서 들로 나가는 길에 놓여 있는 시냇물 위에 걸쳐 있는 다리가 징검돌에서 나무다리로, 나무다리에서 콘크리트 다리로 바뀌어 나가는 과정을 통하여 농촌의 삶이 어떻게 변하고 있는가 하는 것을 제시한 작품으로 당대 북한 농촌 사회의 변화를 아주 조그마한 세부를 통하여 잘 보여주고 있다. 결코 큰 목소리로 말하는 것은 아니지만 그것이 우리 앞에 던져주고 있는 것은 결코 작지 않은 것이다.

이들 작품 외에도 이 시기에는 매우 다채로운 개성의 작품들이 나왔는데 김조규의 시초 <마을의 서정>도 이채를 발하는 작품이다. 이 시초 중 <물새>는 예전에는 사람들이 찾아오지 않던 삼수갑산 마을에 물이 들어오고 이에 따라 산새뿐만 아니라 물새까지도 찾아드는 광경을 통하여 변화하는 농촌의 삶을 역시 조용하지만 아주 강렬하게 제시하고 있다. 또한 이 시초의 한 작품인 <눈과 눈>은 이러한 농촌에서 젊은 남녀들이 어떻게 자신이 맡은 일을 하면서 명랑하게 서로 애정을 나누고 있는가를 하루 일을 마치고 느티나무 밑에서 재회하면서 서로 뜻을 나누는 젊은 남녀의 모습을 통하여 아주 인상적으로 보여주고 있다. 이외에도 노승모의 <농장의 휴식일>, 오영환의 <쾌청한 날> 등을 들 수 있다.

이 시기 이북의 작품들 중 당대 현실을 다룬 것 중에는 노동현장에서의 민중들의 모습 이외에 생활의 폭넓은 영역을 다룬 작품들이 많이 있다. 일상생활의 장에서 만나는 다양한 사건과 인물들 그리고 느낌들은 과거에는 시적 대상으로서 중요하게 취급받지 못하였지만 이 시점에 이르러서는 주목을 받았다. 젊은 청년 남녀들의 애정생활을 비롯하여 다양한 인간의 삶과 인정세태가 바로 시적 대상으로 들어오게 되었다. 이러한 작품들은 그 어떤 작품들보다도 더욱 지적이고 철학적인 관점이 필요하였는데 그것은 이들 시가 다루는 대상이 일상의 생활인만큼 이를 바라보고 형상화하는 눈의 깊이가 보장되지 않으면 무맥하게 끝나버리기 십상이기 때문이다. 이를 잘 보여주는 작품이 김응하의 <먼 곳에서>이다. 이 작품은 새삼스럽게 어머니의 따뜻한 정을 느끼는 시적 화자의 감회를 담은 것인데 만약 이것 만이라면 이 시는 평범한 시로 끝났을 것이다. 이 시에서는 어머니가 떠오른 것 자체가 중요한 것이 아니라 왜 갑자기 그 동안 떠오르지 않았던 어머니가 주목되는가 하는 점이다. 그 동안 들끓는 노동과 전쟁 등으로 인하여 생활이 대단히 바빴고 또한 그러한 큰일들에 매달리다 보니 어머니를 생각하는 것과 같은 것은 '작은 감정'에 지나지 않았다. 이러한 작은 감정에 자기를 맡기기에는 자신의 일이 너무나 중대하고 크다고 생각해 왔기 때문이다. 그러나 되돌아보면 다른 것은 사소하다고 지나쳐도 무방하다고 생각되지만 어른이 되어서도 자기의 마음 깊이 다가오는 어머니에 대한 간절한 정은 결코 작은 것도 사소한 것도 아닌 중요한 것으로 다가오는 것이다. 바로 이러한 감정이 진실하게 잘 드러나 있어 이 시는 이채를 발하고 있으며 또한이 시는 이 시기 이북문학의 새로운 경향의 일단을 잘 보여주는 것으로 평가할 수 있다. 이 점에 있어서 황승명의 <부모 된 마음>도 마찬가지이다. 갓 태어난 자식을 보면서 그들에게는 그늘을 넘겨줄 수 없다고 다짐하는 부모의 애틋한 감정을 노래한 작품이다. 이 세상의 부모들이 다 가지는 그러한 감정에 그쳐서는 이 시가 매력을 가지기 어려웠을 터인데 다음 세대 전체에게 떳떳하게 설 수 있는 세대가 되고자 하는 희망이 곁들여져 있어 이채롭다.

이 시기 문학에서 '혁명전통'을 재현한 작품이 많이 나왔지만 이것이 갖는 역사적 의미가 가장 뚜렷하게 드러난 경우는 역시 한설야로 대표되는 혁명전통 논쟁이다. 당시 이북의 주류는 일제시대 중국 동북지역에서의 항일빨치산운동을 혁명전통으로 평가하고 있었는데 여기에는 일반적인 항일운동의 혁명전통과 문학계에서의 혁명전통과의 긴장이 일어났다. 한설야를 대표로 하는 문학계 내에서는 항일빨치산 운동을 혁명전통으로 인정하지만 그렇다고 해서 문학계 내에서의 혁명전통도 항일빨친산문학이 되어야 한다고 보지는 않았다. 문학적 혁명전통은 어디까지나 일제하 국내에서 이루어진 카프문학이라고 보았던 것이다. 이러한 입장은 항일빨친산 운동뿐만 아니라 그곳에서 생산된 문학까지 혁명적 전통으로 보려고 하는 입장과 상충될 수밖에 없었다. 이러한 긴장은 결국 카프 문학을 '전통'이 아니고 '문학유산'으로 보는 것으로 귀결되었기 때문에 미완의 과제로 남겨졌다.

5. 주체시대의 개인(1967~1980)

1967년 이후 주체문학이 전면화되면서 문학 분야에서 가장 두드러지게 드러나는 경향은 이른바 수령형상창조론에 바탕을 둔 혁명전통 재현이다. 1930년대 김일성 주석을 중심으로 한 항일운동을 오늘날 북한 역사의 원류로 보고 그것과의 연관 위에서 과거를 해석하고 현재를 바라보는 이러한 태도는 절대적 과거 속에서 현재를 이해하는 방식이다. 이는 김일성 주석을 중심으로 한 항일운동 세력만을 유일한 과거로 해석함으로써 전일성을 드러낸다.

수령형상창조 다루는 이 시기 북한의 작품은 다양하게 드러나는데 가장 우선된 것은 역시 1930년대의 항일운동을 역사의 원류로 해석하는 작품들이다. 이용악의 <우리 당의 행군로>가 그 대표적인 작품인데 과거 항일 투사들이 걷던 길이야말로 바로 북한 역사의 시작이라고 보고 있다. 이일복의 <혁명주권의 요람>, 이호일의 <동지들 이 총을 받아주>도 마찬가지 경향의 시이다. 혁명전통을 다룬 작품 중에서 또 다른 경향의 작품은 과거 운동의 흔적이 남아있는 사적지를 소재로 삼아 시적 전개를 펼친 작품들이다. 이의 대표적인 작품이 구희철의 <불멸의 자욱 어린 영광의 땅이여>이다. 이 작품은 백두산 근처 혁명사적지를 답사하면서 곳곳에서 느낀 감회를 옮긴 작품이다. 시 치곤 아주 긴 32연의 이 작품에서는 전적지가 거의 망라되어 있을 정도이다. 이러한 경향의 작품으로는 이정술의 <무포의 밤>, 차승수의 <영광의 땅>, 김재윤의 <사랑의 사적비>, 박세옥의 <보천보전투 승리기념탑> 등이 있다. 사적지를 답사하는 과정에서 당시 투사들의 심정을 자기화한 작품으로 계훈의 <백두산상의 밤> 등을 들 수 있다. 장편소설에서도 수령론에 입각한 항일혁명투쟁을 그린 작품이 많아 나왔다. 석윤기의 <무성

하는 해바라기>를 비롯하여 '불멸의 력사 총서'가 그 대표적인 작품이다. 북한 문학에서 김일성의 형상이 직접 나오는 것도 이 무렵부터이다. '불멸의 력사 총서'는 이 무렵만 해도 광복전 시기를 재현하는 것에 그쳤다면, 이후 광복후 시기에까지 이르러 현재까지 계속하여 나오고 있다. 또한 이것은 김정일 국방위원장을 그리는 '불멸의 향도'로 이어져 현재에 이르고 있다. 수령형상창조는 비단 과거의 역사적 현실에 그치지 않고 현재의 삶을 배경으로 한 작품에까지 이어졌다.

하지만 이 시대의 문학을 수령형상문학으로만 이해하려고 하는 것도 역사적 실상과 어긋난다. 이 시기의 문학에서 빠뜨릴 수 없는 것이 3대혁명소조운동에 관한 것이다. 이것이 북한 사회에서 갖는 의미는 크게 두 가지이다. 첫째는 이전과는 비교가 되지 않을 정도로 급속하게 바뀌어 가는 과학기술을 재빨리 현장에서 받아들여야 할 필요성이다. 생산력을 높이기 위해서는 물론이고 또한 노동자들의 복지를 위해서도 매우 중요한 문제인 이것은 외국의 과학기술을 받아들이는 것과 밀접하게 관련되어 있다. 그렇기 때문에 이 시기의 문학에서 첨단 과학기술을 둘러싼 여러 가지 문제들이 문학의 주제가 되었다. 둘째는 세대 문제이다. 과학기술혁명을 통하여 생산력을 높이고 힘든 노동으로부터 해방되기 위해서는 새로운 기술을 빨리 받아들이고 현장에서 이를 활용해야 함에도 불구하고 실제로 공장과 농촌에서 결정권을 가지고 있는 지배인들이나 위원장들이 과거의 방식에 집착하여 새로운 것을 받아들이는 것을 애써 피하려고 했던 것이다. 그렇기 때문에 새로운 세대를 생산 현장에 투입하여 그들로 하여금 생산혁신을 주도해야 하는 문제가 제기된다. 그렇기 때문에 이 시기의 이북의 문학에서 세대의 문제가 나오게 된다.

과학기술의 문제는 공장과 농촌 가릴 것 없이 대두되지만 특히 공장에서는 자동화의 문제가 절실한 과제가 되었다. 이 문제를 다룬 시들은 최호진의 <철의 물결이 파도쳐간다>, 장건식의 <좋은 날에>, 김희종의 <사랑의 화면>, 차승수의 <사랑의 흐름선> 등이 여기에 속한다. 김희종의 <사랑의 화면>은 그 대표적인 작품이다. 이 작품의 부제 '산업텔레비죤 앞에서'에서 잘 드러나고 있는 것처럼 용해 공장의 지령실에 있는 산업텔레비젼을 통하여 기계들을 작동시킴으로써 과거에 불 가까이에서 땀을 흘리면서 일하던 시절과는 현저하게 차이가 나는 것이다. 생산의 증산도 물론이지만 노동자들을 힘든 손노동으로부터 해방시켜주는 역할을 하기 때문에 삶이 몰라보게 달라지는 것이다. 특히 이 시의 제목이 '사랑의 화면'이라고 되어 있는 데서 잘 드러나고 있는 것처럼 이러한 변화가 결국 노동자들 삶의 새로운 양상을 보여준다는 점에서 한층 큰 의미로 받아들이는 것이다. 바로 시인은 이러한 현실 변화가 서서히 일어나는 것에 주목하면서 미래의 희망을 읽는다. 이러한 과학기술의 문제는 비단 공장에서만 일어나는 것이 아니고 농촌에서도 일어났다. 윤두근의 <기계손으로 농사짓는 벌에서>, 조빈의 <소조원 처녀>, 최병원의 <농장의 출근길> 등의 시가 이러한 경향의 작품인데, 최병원의 <농장의 출근길>은 이 경향의 문제적 작품이다. 이 시기 농촌에서의 과학기술의 문제는 공장의 자동화와는 달리 종합적 기계화로 상징된다. 트랙터는 과거의 것이기 때문에 이 시기에 들어 특별히 농촌에서 문제가 될 수 없기에 영농작업의 방식에서 이전과는 다른 새로운 방식으로 생산을 높이는 일에 그칠 수밖에 없다. 따라서 농촌에서의 이 과학기술의 문제는 공장과 달리 현재의 절실한 과제이기보다는 미래의 일이기도 한 것이다. 바로 이러한 점을 잘 보여준 것이 최병원의 <농장의 출근길>이다. 이 시에서는 현재의 농촌보다는 미래의 한층 기계화된 농촌을 기대하는 사람들의 희망을 읊고 있다.

이러한 과학기술의 문제는 세대의 문제를 동반할 수밖에 없다. 이전의 방식에 익숙해 있는 세대들은 이전에 해오던 방식대로 하려고만 하고 새로운 과학기술의 도입에는 항상 유보적이고 보수적일 수밖에 없다. 그러나 이대로 가면 새로운 과학기술의 도입은 불가능하기 때문에 결국 새로운 과학기술을 배운 새 세대들의 역할이 중요하게 대두되는 것이고 이 시기에 벌어진 3대혁명소조운동도 이런 맥락에서 나온 것이다. 이러한 점을 다룬 것으로 오대석의 <로장의 말>, 변홍영의 <혁명 전위에 대한 생각>, 동기춘의 <우리 모두 다 쟁취하리라, 3대혁명 붉은 기를>, 김희종의 <소조원과 함께> 등이다. 동기춘의 시는 이 새로운 운동이 해방 직후의 사상총동원운동, 전후의 천리마 운동에 나섰던 세대들과는 전혀 다른 새로운 세대들이 그 주역을 떠맡을 수밖에 없음을 말한다. 그 과정에서 구세대와 새 세대들 사이에 갈등이 생기게 되고 다양한 형태의 사회적 문제가 생긴다. 바로 그러한 우려와 더불어 희망을 말한 시가 오대석의 <로장의 말>이다. 이 시는 바로 현장에서 과학기술의 도입과정에서 세대들의 갈등이 어떤 식으로 드러날 수 있는가와 그것이 어떤 식으로 풀려나가야 할 것인가를 보여주고 있다. 구세대인 노장이 결국 젊은 소조원들의 선택을 받아들이는 것으로 마무리되고 있지만 당시 북한 사회에서 과학기술의 문제와 세대간의 문제가 그렇게 간단한 문제가 아니었음을 또한 알 수 있다.

6. 숨은 영웅과 과거의 반성(1980~1989)

1980년대 이북의 문학에서 가장 중요한 변화는 영웅성에 대한 비판과 생활의 재발견이다. 특히 숨은 영웅을 강조하는 것은 보통의 일상에서 살아가는 사람들의 내면을 재현하기 시작한다는 점에서 이전의 문학 경향과는 현저한 차이를 가져다주었으며 이는 문학으로부터 떨어졌던 독자들을 다시 되돌려주는 역할을 하였다. 숨은 영웅의 삶과 현실을 노래한 것, 생활의 일상사에서 느끼는 문제들을 다룬 것, 남녀간의 애정을 다룬 것 그리고 북한 사회의 관료주의를 다룬 것 등 여러 가지가 있다.

이 시기 이북 사회와 문학 전체에서 큰 파장을 일으킨 숨은 영웅의 문제를 다룬 작품부터 보자. 숨은 영웅이란 자기가 처한 장소에서 묵묵히 자기의 일을 하면서 이 사회에 이바지하는 인물들을 가리킨다. 거대한 사건이나 위훈의 한복판에 서 있는 영웅적인 인물이 아니라 거의 눈에 띄지 않는 곳에서 자기 일을 성실히 수행하는 인물들이다. 과거에는 이러한 인물들이 거의 사람들의 주목을 끌지 못하여 무시당해 왔지만 이 시기에 숨은 영웅에 대한 새로운 평가와 더불어 사회적으로 큰 관심거리로 되었다.

김상오의 <땅 우의 별들>은 바로 이러한 시대적 분위기 속에서의 새로운 영웅관을 잘 보여주는 작품이다. 한철 아름답게 피었다가 하루 아침에 스러지는 화려한 종류의 꽃이 아니라 소박하고 겸허한 들국화와 같은 존재로 숨은 영웅을 그린 이 작품은 그 동안 화려함에 골몰하여 이 소박함의 가치를 잃어버린 것에 대한 강한 반성을 담고 있다. 이 숱한 땅 위의 별들이야말로 바로 이 사회를 떠받쳐 주고 있는 것임을 깨닫는 것이다. 김우협의 <숨은 영웅들에 대한 생각> 역시 이 새로운 영웅관을 잘 보여주고 있다. 과거에는 영웅하면 전쟁에서 수훈을 쌓은 사람이거나 혹은 전후 복구건설장에서 큰 건축물을 세운 사람들만 생각했는데 이제는 사람들의 이목이 집중되지 않는 곳에서 자기의 일을 성실히 해나가는 소박한 사람들을 영웅으로 보는 것이다. 이 시를 통하여 우리는 이 시기 북한 사회에서 이전의 영웅과는 다른 새로운 영웅관을 확연하게 인식할 수 있다.

영웅관에 있어 이러한 변화는 화려한 삶의 무대보다는 소박한 일상의 삶에 더 큰 의미를 부여하게 되었고 자연스럽게 시인들은 그 동안 시의 대상에서 제외되었던 대상들에 대해 시선을 주기 시작하였다. 그리하여 삶의 일상에서 제기되는 여러 가지 문제에 대한 시인의 사상과 감정을 읊은 시들이 많이 나오기 시작하였다. 이러한 작품들로 전병구의 <생일상>, 문선건의 <긍지>, 이광선의 <선생님>, 서진명의 <세월과 인생> 등을 들 수 있다. 문선건의 <긍지>는 바로 이러한 숨은 영웅에 대한 사고의 전환이 실제 삶 속에서 어떻게 드러날 수 있는가를 잘 보여주는 작품이다. 철을 녹이는 일을 하는 용해공은 그 일이 중요한 만큼 세상사람들이 평가해 주지만 주형을 만드는 사람인 조괴공은 대부분의 사람들이 그런 직업이 있는지조차도 모른다. 그렇기 때문에 조괴공인 시적 화자는 항상 자신의 일이 세상의 조명을 받지 못했어도 이것에 구애치 않고 묵묵히 자기 일만을 한다. 이 조괴공 없이 용해공만 있으면 아무 것도 만들 수 없음을 알기 때문에 긍지를 가지고 산다. 전병구의 <생일상>은 아들의 생일날 잔치에서 얻은 작은 생각에서 착상을 얻은 것이다. 자기가 아버지가 되어 아들의 생일상을 차려주면서 생각하니 과거에 자기의 생일날 어머니가 달걀 한 알을 밥상에 놓아주던 일이 떠오른다. 현재와 과거를 이렇게 대조하여 보니 그 동안의 역사가 주마등처럼 흐르면서 남다른 감회에 사로잡히는 것이다. 북한 시에서 과거와 현재를 대비시키면서 현재에 대한 변호는 아주 상투적인 착상 중의 하나이다. 그럼에도 불구하고 이 시가 특이한 것은 그것을 관념적 언어로 나열한 것이 아니라 자기의 아들 생일상을 차려주는 일상의 생활 속에서 자연스럽게 끄집어냈다는 점이다. 아무리 성장을 하여 큰 인물이 되어도 결국 존경하게 되는 것은 어릴 적 자신을 가르친 선생님이라는 아주 평범하지만 중요한 사실을 흥미롭게 이끌어간 이광선의 <선생님>, 세월을 값있게 보낸 사람보다 그렇지 못한 사람이 더 많음을 일깨워주는 서진명의 <세월과 인생> 등도 이러한 경향의 작품들이다.

생활의 일상을 예리하고 지적인 눈으로 관찰한 가운데서 나온 문학 중에서 빠뜨릴 수 없는 것이 바로 애정시이다. 이 시기에는 여러 시인들이 대 건설 현실을 바탕으로 하여 창조적 노동 속에서 맺어진 청년 남녀

들의 아름다운 사랑을 노래한 것들이 많이 나오는데 최정용의 <금골처
녀>, 한기운의 <내 너밖에 몰라>, 김형준의 <청춘과 사랑과 대동
강>·<탄부와 고향처녀>, 김송남의 <두 불빛>, 황성하의 <기다린
봄> 안정기의 <사랑의 조건>·<사랑은 어데 있는가>, 안순희의 <나
를 부르는 기적소리> 등이 있다. 김기호의 <아직은 말 못해>, 동기춘
의 <그대 나의 푸른 숲>, 염우봉의 <한 처녀에게>는 남녀의 애정을
다룬 애정시이지만 그 접근방법에 있어 위의 시들과는 다른 면모를 보
여주고 있다. 김기호의 <아직은 말 못해>에는 어머니가 도시에 사는
총각에게 선을 보러 가라고 종용하지만 그것에 아랑곳하지 않고 탄 캐
는 동무를 사랑하는 처녀의 마음이 그려져 있다. 이 작품은 노동하는
청춘 남녀의 사랑을 다루고 있지만 그 설정의 특이함 때문에 다른 시들
과는 다른 흥미로움을 준다. 염우봉의 <한 처녀에게>는 출근길에서 자
주 만나는 처녀가 시계바늘처럼 시간을 지켜가면서 성실하게 일하는 모
습을 보고 그 처녀에게 갖는 호감을 색다르게 표현한 작품이다. 만약
총각이라면 다른 뜻을 가졌을 텐데 쌍둥이 아버지가 된 처지라 어떻게
할 수가 없어 다른 총각을 소개하고 싶다는 말미에서 이러한 소박한 사
람들에 대한 시인의 애정을 읽을 수 있다. 동기춘의 <그대 나의 푸른
숲> 역시 이채를 발한다. 이 시는 청춘 남녀의 사랑이 아니라 이미 결
혼 생활을 오래 한 한 부부의 이야기이다. 남편은 그 동안 같이 살면서
항상 아내를 편히 쉴 수 있는 숲으로 여기면서 살았지만 한 번도 그
숲에 한 그루의 나무를 심어 주지 못한 것을 반성한다. 청춘 남녀의 애
정시와는 다른 깊은 맛을 안겨준다. 남대현의 <청춘송가>도 이러한 주
제를 다룬 장편소설이다.

  생활에서 우러나오는 이 시기의 문학 중에서 마지막으로 언급해야
할 것은 북한 사회에 강력하게 남아 있는 관료주의에 대한 비판을 담고
있는 작품이다. 관료주의에 대한 비판은 전쟁 말기부터 나왔지만 이 시

기에 이르러 가장 첨예하게 드러나고 있어 이전과는 일정한 차이가 있
다. 윤병규의 <그대 곁에 우리 곁에>는 북한 사회의 관료주의자들에
대한 강한 비판을 하고 있는 작품이다. 과거에는 사무실에서 찾기 어려
울 정도로 현장에 나가 일을 하던 사람이 높은 자리에 올라간 다음부터
는 현장과는 거리가 먼 채 푹신한 사무실 소파에서 전화만 받으면서 윗
사람에게는 아첨을 아래 사람에게는 탓만 한다. 과거에 열심히 일하는
것조차 자신이 더 높은 지위에 오르기 위한 방편에 지나지 않은 것이었
다. 바로 북한 사회에서 현재 강하게 존재하고 있는 이러한 관료주의자
에 대해 시인은 강하게 비판하고 있는 것이다. 오영재의 <비도덕인을
데려가는 집>은 공장 현장에서 3년간 연구하다가 풀리지 않은 과제를
모교의 교수 덕분으로 해결하자 언론과 사회의 초점이 되었고 그 공을
자기의 것만으로 가로챘던 인물에 대한 강한 비판을 하고 있다. 이 인물
이 간 곳으로 되어 있는 '비도덕인의 집'에 와 있는 다른 여러 사람들,
뇌물을 바치고 받은 사람, 공명주의자, 웃사람에게 대들고 여성을 모욕
한 젊은이들, 식당의 뒷방만 출입하는 사람들인데 이들은 시인이 현재
북한 사회에서 부도덕하다고 비판하는 사람들의 목록이다. 관료주의를
비판하고 있는 소설 작품 중에서 가장 중요한 것은 변희근의 <뜨거운
심장>과 백남룡의 <벗>이다. 이혼문제를 소재로 하고 있는 백남룡의
<벗>은 관료주의와는 거리가 먼 인민판사 정진우를 통하여 현재 이북
에 존재하고 있는 반인민적인 관료주의자를 비판하고 있다.

　조국에 대한 사랑을 주제로 한 문학은 이북의 문학사에서 오랜 전통
을 가지고 있는 것 중의 하나이다. 특히 1960년대부터 시작된 이 계열의
작품들은 강한 탈식민화의 분위기 위에서 지속적으로 이루어져 왔다.
1980년대에 이르러서도 이러한 지향은 끊어지지 않고 이어지는데 특히
이 시기에는 한동안 나오지 않던 자연을 대상으로 한 작품을 비롯하여
여러 색채의 시들이 등장하였다. 이 주제의 문학 중에서 이 시기의 특징

을 가장 잘 보여주는 것으로는 일상적인 생활에서 조국애를 느끼는 것
을 노래한 작품이다. 강창영의 <흰파도>와 김석주의 <떠나서는 못살
아>, 서진명의 <고향집 뒤뜰의 소나무는>가 그 대표적인 작품이다.
강창영의 <흰파도>는 흰갈기를 날리며 절벽 기슭으로 달려드는 파도
에서 조국에 대한 마음을 읽은 것으로 일상의 체험에서 조국에 대한 뜨
거운 사랑을 확인한 작품이다. 서진명의 <고향집 뒤뜰의 소나무는>은
고향집에 들렀을 때 뒤뜰에 항상 있는 소나무를 보면서 고향과 조국에
대한 변하지 않는 애정을 환기시키는 작품이다. 김석주의 <떠나선 못살
아> 역시 조국을 떠나 이국땅에서 사는 사람이 느끼는 조국에 대한 그
리움을 통하여 인생의 길에서 한때 벗어났더라도 다시 돌아올 수밖에
없는 사람들의 인정을 그리고 있다. 1980년대의 문학은 그 이전과 이후
와 비교할 때 가장 다채로운 경향을 가졌다고 평가할 수 있다.

7. 고난의 행군과 새로운 모색(1990~1997)

국가 사회주의 붕괴 이후 북의 문학은 당성을 강조하면서 문학의 동
원적 기능을 강화하는 방향으로 나아가기도 했지만, 기본적으로는 1980
년대 이후의 문학적 흐름이 이어졌다고 볼 수 있다. 하지만 국가 사회주
의 붕괴로 인하여 북의 경제가 어려운 환경으로 빠지게 되면서 예전과
는 다른 양상을 드러내었다. 특히 '고난의 행군'이라고 불리워지는 1990
년대 중반을 전후한 시기에는 문학 작품 자체가 현저하게 줄어들게 되
는 상태를 맞이하게 되었다.

이 시기의 북의 문학에서 중요한 것은 국가사회주의 붕괴 이후의 북
의 사회에 대한 새로운 접근이다. 국가사회주의의 붕괴가 관료주의의
부패로부터 시작되었기에 이에 대한 북 내부의 비판은 이전과는 다른

양상을 보일 수밖에 없었다. 이 점에서 볼 때 1992년에 문학계 내부의 논쟁을 초래하게 했던 김봉철의 장편소설 <환희>는 이 시기의 문제적인 작품이라 할 수 있다. 이 작품이 이전과 다른 점은 관료주의에 대한 비판이 연합기업소의 당 책임비서까지 올라가고 있다는 점이다. 중앙기관에서 국장으로 일하다가 기업소 지배인으로 내려온 이충현이 겪는 것은 기업소 간부 일군들의 타성에 젖은 생활과 노동자들의 창발성을 억압하는 관료주의적 행태이다. 기사장에 국한되는 것이 아니고 책임비서에까지 이러한 비판이 이어진다. 과거 북의 소설에서 관료주의에 젖은 인물로 형상화되는 것은 주로 기업소 내 지배인이나 기사장이고 이를 뜯어고치는 역할을 하는 인물은 당 책임비서였다. 하지만 작가 김봉철은 이러한 틀을 깨고 지배인이 당 책임비서를 일깨우는 것으로 그리고 있다. 처음에는 지배인 이충현이 기득권을 유지하려고 하는 이들에 의해 오히려 관료주의자로 내몰리는 것을 볼 때 북의 기득권 세력이 얼마나 강한가 하는 것을 이 작품은 잘 보여주고 있다.

북의 문학은 '고난의 행군'이라는 미증유의 시련을 겪지 않았다고 하면 김봉철이 보여준 이러한 문학적 방향이 더욱 가속화되는 쪽으로 나아갔을 것이다. 그 과정에서 북의 문학은 1980년대 중반 이후에 보여주었던 역동성을 이어받으면서도 그와는 다른 새로운 가능성을 타개할 수 있었을 것으로 보였다. 하지만 '고난의 행군' 시작되면서 이러한 가능성을 퍽 위축될 수밖에 없었다. 그리하여 이 시기의 작품에서 새로운 경향을 발견하기는 어려웠다. 오히려 이 시기에 북의 인민들이 겪어야 했던 고통과 이에 따른 새로운 세계 해석은 '고난의 행군'이 마무리된 이후에 이르러 나오기 시작하였다.

8. 지구화 시대의 선택(1998~현재)

최근 북의 문학은 아연 활기를 띠고 있다. 1980년대 중반을 전후하여 활발하게 전개되기 시작하였던 북의 문학이 국가 사회주의권의 전반적인 붕괴 이후 급속하게 저락하였다가 최근에 이르러 예전의 활기를 되찾아 가고 있다는 인상을 주고 있다. 특히 고난의 행군이 종료되고 북의 사회가 조금씩 회복되면서 문학 분야에서도 역동적인 움직임을 보여주고 있어 참으로 다행스럽다. 특히 필자가 주목하는 것은 1990년대에 들어 북의 사회가 겪고 있는 이 어려움에 대해 북의 작가들은 어떻게 보고 있는가 하는 점이다. 현실 속의 인간의 삶을 다루고 있는 것이 문학이기 때문에 그들이 이러한 극심한 어려움의 현실을 어떻게 보고 있는가 하는 것이다. 많은 사람들이 예상하듯이, 미국을 비롯한 제국주의 세력의 봉쇄 때문에 이러한 일이 벌어지고 있는 것으로 보고 있는가. 그리하여 그들을 규탄하거나 혹은 그들로 인하여 사회가 받는 타격을 묘사하고만 있는 것인가. 아니면 다른 어떤 요인들을 발견하고 이것에 대해 깊이 고민을 하고 있는가 하는 것이다.

김문창의 <열망>(1999)은 흔히 '라남의 봉화'라고 일컬어지는 나남 지역 탄광지대의 생산 혁신이 이루어진 지역을 배경으로 하고 있는 이 작품은 1990년대의 북쪽 사회가 그 고난 속에서도 그냥 보내지 않았음을 알게 해준다. 관료주의와 관행주의에 대한 작가의 이러한 비판은 1990년대 북의 사회가 겪고 있는 어려움의 원인을 찾고 이의 극복을 갈망하는 작가의 강한 열망에 이어져 있다. 그런데 작가의 이러한 열망이 성찰을 얻게 되는 것은 앞서 보았던 관료주의와 관행주의에 대한 비판에 있는 것이 아니다. 오히려 더 근본적인 성찰을 하는 점에 있다. 바로 그것이 자력갱생에 대한 새로운 해석이다. 자력갱생은 북의 사회

가 견지해온 중요한 원칙 중의 하나이다. 이것은 북의 사회 속에서 너무
나 오랫동안 확고하게 정립되어 온 것이기 때문에 여기에 대해 다른 의
견을 내놓는다는 것은 결코 쉬운 일이 아니다. 자력갱생하면 자기 공장
의 울타리 안에서만 생각하는 사고의 관행, 혹은 자력갱생하면 국가적
인 울타리 속에서만 생각하는 사고의 관행에 대해 작가는 강하게 비판
하는 것이다. 이제 자력갱생은 국가적인 범위를 벗어나 세계적인 수준
에서 생각해야만 한다는 것을 작가는 강하게 요구하는 것이다. 오히려
그렇게 해야만 제대로 된 자력갱생을 보장할 수 있는 것이다. 자력갱생
에 대한 이러한 새로운 해석은 해방 이후 북의 역사를 고려할 때 참으로
획기적인 것이라 할 수 있다. 이러한 새로운 전환은 새로운 사고의 준비
없이는 불가능하다. 그것은 바로 기업을 원가와 이윤을 고려하여 실리
추구의 측면에서 관리하여야 한다는 것이다. 국가에 이익을 줄 것인가
손해를 줄 것인가를 우선적으로 놓고 공장과 기업소의 일군들이 일을
해야 한다는 이러한 지상명제는 2002년도 7.1경제관리개선 조치가 결
코 갑작스러운 것이 아님을 말해준다.

강선규의 <교정의 윤리>(2000)는 대학 사회에서 벌어지는 형식주의
를 비판하고 있어 이채를 발하는 작품이다. 서한평 교수와 류춘 교수에
대한 평가는 대학 교수 사회와 학생들 사이에 큰 차이를 낳게 된다. 서
한평 교수는 규정에 맞게 생활을 준비하기 때문에 국가로부터의 검열에
서 항상 모범적인 인물로 평가받는다. 예를 들어 학생들의 외국어 실력
향상에 대한 지도에 있어서도 누가 보더라도 감탄할 만큼 자세하게 기
록을 남길 정도이다. 학생들 개개인의 외국어 실력을 세밀하게 구분하
여 수치로 표현하기 때문에 이 문서만 보게 되면 그가 그 동안 얼마나
공들여 학생들을 지도했는가 하는 것을 단적으로 알 수 있다. 이에 반해
류춘 교수의 경우 정반대이다. 국가의 검열관이 나왔을 때 한심하다는
비판을 받을 정도로 준비가 되어 있지 않다. 그가 내미는 문서장들에는

학생들에 대한 지도를 확인할 수 있는 그 어떤 증거도 찾기 어렵다. 그렇기 때문에 서한평 교수는 학교의 위신을 높이는 교원으로 추앙받는 반면, 류춘 교수는 학교의 위상을 떨어뜨리는 못난 교수로 낙인 찍혀 있다. 그런데 학생들 사이의 평가는 이와 전혀 다르다. 학생들은 서한평 교수의 수업을 들으려 하지 않고 그 대신에 류춘 교수의 강의를 듣고자 한다. 학생들이 서한평 교수의 수업을 듣지 않으려고 하는 데에는 5년 동안 강의가 토 하나 틀리지 않고 반복하여 진행되는 것에 대한 강한 불만이 놓여 있는 것이다. 중앙의 검열을 비롯하여 대학 내의 온갖 활동에 있어서 형식적 요건을 갖추는 데는 탁월하고 이를 근거로 행세하지만 실제로 연구와 교육에 있어서는 '건달'에 지나지 않는 것이다. 이러한 형식주의에 젖어 있는 서한평 교수의 경우 안팎이 현저하게 다른 것이다. 이에 반해 류춘 선생의 경우 주위 동료로부터 눈치가 없다고 빈축을 사지만 연구와 교육에 있어서 남다른 소신을 갖고 임한다. 자기가 행한 것을 인정받기 위하여 근거 자료를 만들지는 않지만 실제적인 지도가 이루어질 수 있도록 나름대로 열심히 노력한다. 학생의 현재 상태를 파악하여 거기에 맞게 지도함으로써 모든 학생들로부터 열렬한 환영을 받는다. 이 작품에서 서한평 교수와 류춘 교수 사이의 이러한 대비는 여러 각도에서 이루어지고 있어 현재 북쪽 대학의 실상을 잘 보여줄 뿐만 아니라 향후 북의 대학 사회가 어떤 방향으로 나아가야 할 것인가를 암시해준다. 그런데 이 정도로 이 작품이 마무리되었다면 소재의 폭을 확장함으로써 독자들의 흥미를 돋우는 또 하나의 작품을 읽은 것으로 끝날 수 있을 것이다. 과거 북의 작품 중에서 이것과는 다르지만 사회 내에서 이루어지는 이러한 형식주의에 대한 비판은 존재하였던 것이다. 이 작품이 돋보이는 것은 이러한 형식주의가 초래하는 사회적 폐해에 대한 날카로운 지적이다. 서한평 교수가 학생 아버지의 사회적 지위를 고려하여 성적을 조작하여 졸업시킨 학생이 사회에 나가서 낭패를 보게 되고 이는 곧바로 사회적 손실로 이어지고 있다는 점이다.

이 두 작품 모두 내부의 문제점에 대해 시선을 던지고 있다. 현재 북의 사회가 봉착하고 있는 어려움에는 북의 사회 구성원들 내부에서의 제반 문제점들이 중요한 요인이었음을 두 작품은 공통적으로 이야기 하고 있다. 김문창은 관료주의의 고질적 병폐와 부패 그리고 관행에 젖어 창조력이 소진한 무기력에 대한 극복 없이는 북의 사회가 제대로 나아갈 수 없다고 보고 있는 것이다. 미국을 비롯한 자본주의 국가의 봉쇄와는 다른 차원에서 이 문제는 심각한 것이라고 보고 있는 것이다. 강선규는 형식만을 따지고 실제적 내용은 안중에도 없는 건달이 판을 치는 사회를 넘어서기 전에는 현재 당면하고 있는 어려움을 결정적으로 극복하기 어렵다고 보고 있는 것이다. 그런 점에서 이 두 작품은 현재 겪고 있는 어려움의 중요한 원인을 북의 사회 내부에서 찾고 있는 것이다. 물론 두 작품에서 미국을 비롯한 제국주의의 봉쇄에 대한 비판이 전혀 없는 것은 아니지만 기본적으로는 북의 사회 내부를 향하고 있는 것이다. 북의 문학이 갖는 이러한 지향이 결코 우연한 것이 아님을 보여주고 있는 것으로 홍석중의 <황진이>(2002)를 들 수 있다. 이 작품은 북의 사회 내부에 대해서 말하는 것에 그치지 않고 인간의 섹슈엘러티와 같은 내면적인 문제에까지 북의 문학이 육박하고 있음을 보여준다. 조선시대의 황진이를 통하여 인간의 본능과 이를 인위적으로 억압하는 온갖 금욕주의적 허위의식에 대해 날카롭게 비판하고 있는 것이다. 이 때의 허위의식이란 단순히 사회적 현상에 대한 허위의식만이 아니라 인간의 내면에 도사리고 있는 허위의식에까지 미친다. 이러한 흐름에 젊은 세대의 작가들의 발언도 한 몫을 하고 있다. 최근에 발표된 단편소설 <영근이삭>(『조선문학』, 2004년 1월)이 그 대표적인 작품이다. 7.1신경제관리체제 이후 변화하고 있는 북의 농촌 현실을 다룬 이 작품은 고난의 행군 이후 새롭게 전변하고 있는 북한의 현실과 지향을 흥미롭게 보여주

고 있어 이 시기의 문학적 향방을 가늠하는 데 아주 좋은 자료가 되고
있다.

　하지만 현재 북에서 가장 많이 분량을 차지하고 있는 것은 비전향
장기수를 소재로 한 문학이다. 63명의 작가가 63명의 비전향장기수들을
한명씩 맡아 장편소설로 형상화하고 있는 이 작업은 2000년대 전반기
북의 문학에서 가장 비중을 차지하고 있는 것들이다. 전통적인 '반미구
국투쟁'의 요소가 옅어지고 남쪽을 더 이상 '괴뢰국가'라고 보지 않는
등의 변화가 있어 전통적인 '조국통일주제의 소설'과는 일정한 거리가
있기는 하지만 기본적으로 냉전 시대의 흔적을 강하게 담고 있어 체제
유지의 동원적 역할을 넘어선다고 보기 힘든 것이다.

　　※ 이 글은 "이북문학의 흐름: 혁명적 낭만주의와 리얼리즘의 긴장,"
　　『북한 문화, 둘이면서 하나인 문화』(서울: 한울아카데미, 2006)에
　　　　　　　　　　　　　　　　　수록된 것을 정리한 것이다.

북한 서정시에 나타난 민족적 특성

이 상 숙

1. 북한문학과 민족적 특성론

'민족 형식과 민족적 특성론'은 1950~60년대 북한 사회의 고민과 선택을 대변하는 명제이다. 국제주의와 민족주의가 대립구도로 재편되는 당시의 국제 정치적 상황에서 '사회주의적 내용에 민족적 형식'을 담는 방법으로서 민족적 특성론이 제기되었다.

물론, 이 명제는 북한 자체의 명제가 아니라 소련에서 1925년에 제기된 "사회주의적 내용에 민족적 형식"[1]이라는 사회주의 제반 분야에 적용되는 사회과학적 명제에서 파생된 것이다. 그 발생 배경은 19세기 러시아 문학비평의 슬라브주의와 서구주의까지 거슬러 올라간다. 슬라브주의와 서구주의는 명칭에서부터 일견 대립구도를 보이는 듯하지만 그 공통의 지향점은 러시아적인 것에 대한 탐구, 즉 '러시아의 정체성 찾기'였다. '정체성 찾기'의 명제는 1925년에는 '사회주의 원칙들이 각 민족의 특성에 맞게 서로 다른 형식으로 현실화 된다'는 "사회주의적 내용에 민족적 형식"으로 재해석된 것이라 할 수 있다. 여러 민족의 연합이던 소련은 1953년 스탈린 사망 후 격변의 시기를 겪는다. 흐루시초프에 의해 스탈린 개인숭배가 비판되고, 소련내부의 권력투쟁의 와중에 공산권에서의 소련의 영향력은 약화되고 중국이 부상하며 '중소분쟁', '헝가리 사건'이 일어나는 등 공산권의 국제정세는 급변하였다. 1956년 20차 당대회와 '모스크바 선언' 등에서 소련 중심의 공산권 내부적 구심력이 각 민족, 각 국가의 자주성을 강조하는 쪽으로 옮겨갔다. 흐루시쵸프가 20차 당대회에서 행한 비밀연설의 주 내용은 스탈린 비판이었다. 스탈린이 개인독재를 했다는 것과 더불어 스탈린의 '민족정책'이 레닌주의적 기본 원칙을 위반했다는 것이 핵심사항이었다.[2] 이 연설 내용은 공식적인 당대회 보고서에는 '소 연방 민족들의 평등이라는 전제 조건'으로 반영되었다. 스탈린이 위반하였다고 비판받은 레닌주의적 기본 원칙이란, 사회주의 연방 내부의 제국주의를 경계하는 것과 러시아 비러시아를 구분하지 않고 각 민족의 긍정적인 특성을 인정하고 우호적으로 대하는 것이다.[3] 흐루시초프에 의해 환기된 이러한 원칙은 사회주의 연맹의 판도에 변화를 일으키기에 충분했다. 이 대회는 김일성에게, 국내 정치를 재편하고 장악할 중요한 명분을 제공한 셈이 된다. 귀국한 후 김일성은 '주체'와 '자주'의 기치를 내걸었고, 이에 관한 일련의 교시 이후 해석과 창작의 과정에 따라 문학에서는 민족적 특성론에 몰두하게 된다. 이러한 저간의 사정을 살펴보면, 민족적 특성론은 정치적 구도 아래에서 선택적으로 장려된 것이라 할 수 있다. 민족적 특성론을 추진시킨 동력이 문학 내부의 독자적이고 자발적인 요구가 아니고 정치와 권력 주체의 의도와 기획이라는 것은 중대한 한계이다. 하지만, 논의 전개 과정은 우리 문학의 고유한 특성과 정체성에 대한 실제적 성과를 함유하고 있었다.

민족적 특성론은 북한 사회의 역사적 시기에 몇 차례 부각되었다. 해방 직후 새로운 민족국가 수립을 주장할 때, 전후 복구와 사회주의 건설의 기치를 높이던 1953년 무렵, 그리고 소련에서 민족적 특성이 강조되던 1957년 이후 1958년 무렵이다. 해방 후의 안함광이 주도한 민족문학론은 식민지를 거친 우리 민족의 특수성에서 볼 때 자연스러운 것이었고, 전후 북한 내부의 정치적 역학관계에 따라 다시 민족적 특성이 강조되었다.4) 북한에서 공식적으로 문학예술의 민족적 특성이 강조된 시점은, 1947년 북조선 로동당 중앙위원회 상무위원회 제 29차 회의의 결정서에서 공식 문화노선을 민족문화로 결정한 때이고, 민족적 특성의 예술적 형상화에 대해 집중적으로 논의된 것은 1958년 이후이다. 1957년 보차로브의 「문학의 민족적 특성에 관한 문제에 대하여」5)로 시작된 소련학계의 논의 이후 북한에서도 이에 대한 논의가 시작된 것이다. 1950년대 중반의 북한의 권력투쟁, 소련 개입의 실패, 스탈린 사후의 사회주의 진영 분열 등으로 이른바 북한의 자주적 외교 노선의 토대가 마련되었고6) 그 표면적 시작으로, 진위 논란이 있지만7) 1955년 12월 김일성의 "사상사업에서 교조주의와 형식주의를 퇴치하고 주체를 세울 것에 대하여"가 발표되면서 소련을 염두엔 둔 사대주의와 교조주의를 비판하는 정치적 맥락이 존재한다. 사회주의 분열의 시기에 강조된 민족 '자주'와 민족 '주체'는 북한문학에서 '민족' 과 '민족적 특성'이 집중 탐구되는 토대였다. 이러한 배경 아래 민족적 특성과 그 문학적 형상화에 대한 논의는 촉발되었다. '우리의 민족적 특성은 무엇인가?', '문학의 민족적 특성은 내용인가, 형식인가', '민족적 특성이 문학적으로 어떻게 드러나야 하는가?' 하는 몇 가지 질문에 답을 찾는 방식으로 진행되었고, 그 시작은 과거의 문학작품을 연구하고 현대에 맞게 계승하는 방식으로 진행되었다. '민족의 고전 문학에서 고유하면서도 특징적인 항목을 발견하고 이것을 현대에 맞게 계승하여 재창조하는 것'이 그것이다.

민족적 특성론에 대한 남한학자들의 연구 성과로는, 논의의 전개과정과 쟁점을 소개하는 몇 몇 소논문8)을 들 수 있는 정도이다. 아직 전면적이고도 정밀하게 논의된 바 없는 부분이지만 필자 나름대로 민족적 특성론을 개관한 결과를 정리하면 다음과 같다.

민족적 특성론의 논의 초기에는 민족적 정서와 기질, 심리, 성격에 대해 집중적으로 논의되었는데 이것을 '민족적 성격'이라 칭하였다. 고전문학 작품과 당시 북한에서 문학전통이라고 추앙하던 카프와 항일혁명문학의 주인공들의 긍정적인 성격과 기질을 우리 민족의 민족적 특성으로서 강조하는 것이다. 인물의 성격을 강조하는 민족적 성격론은 당시의 북한 사회에서 요구하는 '인민'의 전형으로서 제시된다. 항일혁명영웅의 애국주의와 용감, 불굴의 정신, 또 천리마 시대의 노동영웅이 갖춘 근면과 투철한 사상성 등이 그것이다. 체제 순응적인 인물을 민족적 전통, 민족적 특성으로 내세우고 그것을 현재에 계승하자고 주장한 것이다. 이러한 민족적 특성론은 문학적 독자성을 상실한 정치적 수단으로 전락한 '유사 전통'이라고 할 수도 있다. 그러나, 민족적 성격론은 갈등론, 전형론, 형상화론 등, 다양하게 논의되었고 점차 문학적 형식론으로 확대되었다. 운율, 수사법, 묘사, 표현, 구성 등 민족어의 운용에 대한 논의는 민족 문학의 함의를 풍부하게 하였다. 이 시기에 제기된 갈등론, 전형론, 혁명적 낭만론 등의 문예이론들은 이후 주체시대의 문예이론으로 고스란히 전이되며 심화되는데, 이러한 측면에서도 민족적 특성론은 의의를 가진다. 뚜렷한 구심점 없이 개별 작품의 개별 사안으로 언급되던 문예이론들이 민족적 특성론으로 수렴되고 그것이 주체시대의 문예 이론으로 발산되고 심화된 것이다. 여기에 민족적 특성론 연구의 의의가 있다.

본문에서 논증될 것이지만, 1950~60년대의 민족적 특성론이 민족의 미덕과 고유한 품성을 주장하며 동원체제에 활용되는 등 사회주의 혁명을 위해 이용되었다면 주체시대에는 전제 군주와도 같은 김일성 1인을 위한 정치적 수단으로 이용되었기 때문이다. 또, 민족 의식과 애국주의를 강조하는 것은, 타 민족 혹은 다른 이념 노선을 가진 민족에 대한 적개심을 강조하는 배타적인 전략이다. 정부, 당이 주도하는 배타 전략은 국가를 전제화시키고, 이는 국가 전제 권력을 넘어서 1인 전제 군주의 형상화에 몰두하는 주체문예이론의 예비적 과정으로 판단된다. 최근 북한의 '우리민족제일주의'를 필두로하는 '우리', '우리식' 강조의 연원은 주체문예이론을 거쳐 1950～60년대의 민족적 특성론까지 거슬러 올라갈 수 있다.

이 논문은 민족적 특성론이 가지는 넓은 파장과 깊은 연원의 중요성을 인식하고 서정시에 드러난 양상을 『청춘송가』와 『천리마 나라』라는 구체적 텍스트의 분석을 통해 살펴볼 것이다.

2. 서정적 주인공과 공산주의 전형

민족적 성격이 민족적 특성의 핵심으로 논의되었을 때 그 대상이 되는 작품은 거의 서사문학[9]이었다. 그러나 민족적 특성을 드러내는 중요한 수단으로서 민족적 성격은 시문학에도 적용된다. 북한에서는 서정시의 화자나 전달자로서 '서정적 주인공'이라는 개념이 쓰이는데, 남한에서 쓰는 '서정적 자아'와 비슷한 의미를 가지고 있다.[10] 하지만, "진보적인 서정시에서 서정적 주인공의 사상감정은 그 시대의 선진적인 인간들의 사상감정을 대변"하며, "사회주의적 사실주의 서정시문학에서 서정적 주인공의 사상과 지향, 감정은 로동계급의 혁명적 사상과 시대정신을 체현하"는 서정적 주인공이 좀더 적극적인 사상, 감정의 전달자로서 기능한다. 주인공이란 서사구조의 핵심 인물로서 '주인공'의 형상화 과정에서 전형, 성격, 인물형, 인민성 등이 드러난다. 즉, 북한에서는 서정시에서도 '주인공'으로서의 인물형, 성격, 전형이 중요시되고 있으며, 로동계급성, 혁명성을 갖추어야한다는 점에서 소설의 인물이나, 서사시의 주인공과 다를 바가 없다. 때문에 민족적 성격의 시화詩化에 대한 논의가 가능해진다.

민족적 성격은 인물 묘사, 전형의 형상화, 인민성, 당성, 계급성의 구현 문제와 밀접한 연관관계가 있다. 인물형이나 인민성 등의 형상화는 주로 소설이나 서사시 등 서사구조의 작품을 대상으로 논할 수 있는 것이다. 소설에 대한 논의는 한설야의 <형제>를 중심으로 당시에 매우 구체적으로 진행되었고, 서사시의 경우 '서사 구조'와 '인물'에 대한 분석이라는 측면에서 소설 분석과 같은 양상을 보일 것이다.

이 논문은 민족적 특성 논쟁이 일단락 된 후 발간된 서정시집 『청춘송가』11)와 『천리마 나라』12)를 대상으로 그 구체적 반영을 확인하려 한다. 당 문예 정책을 관철하는 것을 자신들의 사명으로 인식하는 북한 문인과 작가 예술가들을 관리 지도하는 행정력으로서의 문학예술 운영 체계의 특성상 1960년 초의 시집에는 시대적 사명과 문학적 형상화의 요구가 반영되었으리라 판단한 것이다.

북한에서 서정시의 위상과 미학적 원칙을 해명한 박태상13)은 북한 서정시 이론의 두 가지 한계를 지적하기도 한다. 하나는 서정시가 개인의 감정, 정서에 바탕하는 데 비해 북한의 사회주의적 리얼리즘이론은 집단의식에 바탕하고 있다는 점과 서정시의 본령은 개인정서의 자유로운 표출인데 비해 북한에서의 서정시이론은 결국 혁명적 수령관의 표현으로 이어져 창작의 제한성이 이루어진다는 점이다.14)

남한에서는 대표적인 서정시인인 김소월에 대한 평가에서도 그 관점의 차이는 뚜렷하다. 남한 문학사에서 대표작으로 언급하고 있는 <진달

래꽃>이나 <산유화> 보다는 <밭고랑 위에서>와 <초혼>이 노동의 신성성과 애국주의적 경향의 차원에서 높이 평가된다.15)

"시에서 사상은 정서를 통해서 흘러나와야 한다. 시 형상의 힘은 사람들을 정서적으로 공감시키는 것"이라는 김정일의 교시뿐 아니라 "우리의 서정시 문학은 우리 인민들의 전투적이고 혁명적인 사상감정과 시대정신을 민감하고 감명깊게 반영하는 기동적이고 전투적인 문학형식의 하나로 힘있게 발전하였다"16)는 『문학예술사전』의 설명을 통해 북한 시문학의 혁명지향성을 알 수 있다.

박종식은 「서정시와 현대성 – 제3차 당 대회 이후 시기 작품을 중심으로」17)에서 '멋'이나 '은근과 끈기' 등을 주장한 남한 학자들을 염두에 두고 '부르죠아 복고주의자'라는 표현을 쓴다. 서정시에서 드러나는 민족적 특성의 요건을 다음과 같이 제시한다.

> 또 서정시에서 민족적 특성은 부르죠아 복고주의자들이 그러한 것처럼 서정시에서 어떤 민족 고유한 '멋'을 창조하는 것도 아니다. 서정시에서 민족적 특성은 바로 시인이 조선 인민의 참다운 아들의 안광과 심정을 가지고 현대를 재현하며 주체성의 립장에서 오늘을 노래한다는 것을 의미한다.(114쪽)

'조선 인민의 참다운 아들의 안광과 심정' 그리고 '현재의 주체적 립장'이다. 조선 인민의 참다운 아들의 안광과 심정이란 인민성을 지적하는 말로, 안광은 사상의 관점으로 심정은 혁명의 열정이란 뜻으로 치환하는 것이 가능하다. 또 사상과 혁명을 갖춘 인격화된 성격이라는 뜻으로 해석할 수도 있다. 즉 민족적 성격을 지칭하는 것으로 이해할 수 있다. 현대의 주체성이란, 1950년대 후반 당시 자주, 독자, 주체를 강조하기 시작하던 북한의 정치적 입장을 반영하여 마르크스-레닌주의를 창조적으로 적용하여 주체적인 입장을 확보하는 현실 감각을 가리키는 것이다.

아래에 분석할 시집 『청춘송가』와 『천리마나라』는 민족적 성격과 당대의 현실이 요구하는 공산주의 전형을 서정적 주인공의 형상을 통해 잘 보여주는 대표적인 시집이다.

3. 『청춘송가』와 『천리마 나라』의 영웅현상

『청춘송가』는 민주 청년 동맹 제 5차 대회에 즈음하여 발간된 시집 답게 조국의 전후 복구와 사회주의 건설을 위해 기꺼이 청춘을 바치는 젊은 영웅들의 형상으로 가득하다. 영웅이란 가장 모범적인 인간형으로서 애국주의와 혁명사상을 체현하는 전형적인 인물이다. 이들이 가진 품성과 성격이 민족적인 특성이며 시의 전통성으로 이해된다. 영웅의 유형을 주제와 관련하여 몇 가지로 나누어 보면 다음과 같다. 항일혁명 영웅과 6·25 전쟁 영웅, 천리마의 영웅, 남한주민을 계도하는 영웅이 그것이다.

항일혁명투쟁기는 고전 유산 작품과 함께 민족적 특성을 추출하는 중요한 '전통'의 보고寶庫로서 주로 민족적 성격의 모범을 찾는 근거가 된다. 앞서 밝힌 바 있지만 북한문학이 강조하는 두 가지 전통 '카프 문학을 기반으로 한 사회주의적 사실주의'와 '항일무장 투쟁기의 혁명 문학' 중 하나이다.18) 김일성이 조직하고 지도한 항일무장 투쟁 군대가 갖춘 긍정적 품성과 성격이 우리 민족의 민족적 성격으로 칭송되는 것이다.

권순긍이 정리한바 북한의 논자들이 주장하는 민족적 성격의 대부분이 항일무장투쟁시기에 추출된 것인데, 그 예들은 이미 앞에 소개한 바 있다.19) 이 많은 성격들 중 한룡옥은 1930년대 공산주의자, 혁명가들에게서 찾을 수 있는 영웅성, 용감성, 강의성, 혁명성, 불굴성의 민족적 성격론이 오늘날의 창작과 실천에서 더욱 중요하다고 강조하였다.

1) 항일혁명영웅

카프문학 전통과 항일혁명기에 자생한 예술 형식을 전통으로서 계승하자고 주장하는 북한문학에서 항일 무장 투쟁시기의 영웅의 모습을 그리는 것은 서사문학뿐 아니라 시문학에서도 중요한 과제였다. 이 때 서정적 주인공들은 주로 극한 상황에서도 영웅적인 투쟁을 보여준 용감하고 강인한 인간형으로 설정된다. 이들의 영웅적 행적의 근원은 혁명에 대한 의지이며 그것은 혁명을 위한 애국주의였다. 일제에 저항하는 것은 민족과 조국을 위한 애국적인 행동이며, 그리하여 이룩하고자 하는 것은 공산주의 조국이기에 애국주의는 혁명성과 직결될 수 있는 것이다.

> ―마을은 불타고 있었습니다.
> 수놓은 꽃신 한짝만
> 세 아이와 함께 남았습니다,
> 그것은 아이들의 엄마였습니다,
> 아름답고 다정한 고향이였습니다.
>
> 아이들은 꽃 신 한 짝
> 온 일생을 가슴에 안고
> 만주'벌에서 15개 성상을 싸웠습니다.
> 불'길에 싸인 처녀 엄마,
> 세 아이에게 던진
> 그 아름다운 마지막 눈'길은,
> 먼 후일 그들의
> 엄혹한 투쟁의 길 우에,

언제나 빛나는
찬란한 별'빛이였습니다.20)
                    ─ <꽃신> 부분

위의 시 <꽃신>은 만주에서 무장투쟁하던 처녀 공청원이 일본군에
부모를 잃은 이웃집 아이들을 돌보았는데, 일본군이 지른 불 속에서 아
이들을 구하고 죽었다는 일화를 바탕으로 씌여졌다. 동북 송강성 녕안
현에 전해지는 이야기를 시화한 것인데 항일투쟁의 기수였던 처녀 공청
원은 아이들에게 진정한 어머니이며 애국주의의 모범이라는 것이 이 시
의 주제이다. 항일 무장 투쟁군인 처녀는 아이들에게 '원쑤의 포악성'에
'신음하는 조국'과 조국을 구할 '혁명의 불바다'를 가르치는 어머니였
다. 처녀는 아이들을 돌보고 꽃신을 만들어 신기는 자애로운 엄마일 뿐
아니라 애국과 혁명을 가르치는 혁명의 어머니로서 아이들과 혈연은 아
니지만 혁명적 가족으로 맺어져있다. 이 시에서는, 이웃집 아이를 거두
고 불길 속에서 아이를 구하는 거룩한 인도주의와 애국과 혁명을 가르
치며 일본군을 끌어안고 산화하는 투쟁적인 영웅의 모습이 그려져 있는
데, 소설 <형제>에서 보듯 인도주의는 애국주의 다른 이름이며 혁명을
위한 실천적 덕목과도 같은 것이다. "불길에 싸인 처녀 엄마"의 마지막
눈길은 세 아이를 '엄혹한 투쟁의 길로 이끌고 그 길을 밝혀주는 지침'
이 될 것이다. 먼 후일 세 아이 뿐 아니라 지금의 청년들에게도 귀감이
되고 그 모범은 별빛처럼 영원하다는 의미를 가지고 있다. 이처럼, 서정
적 주인공의 성격이나 성품은 애국주의와 인도주의, 혁명성을 표현하는
중요한 수단이 된다. 이러한 경향은 비단 이 시만의 경우가 아니다. <청
춘송가>의 대부분의 시들에서 그러한 면이 발견되며 대표적인 작품으
로는 위의 시 <꽃신>과 <첫 유격대가 부르는 노래>, <연두봉 기슭
에서>, <북산 아지트>, <새 교실에 들었습니다>를 들 수 있다.

하나의 미더움과 소망과 지향으로
눈보리 만리 험산 속을 의지로 걸은 사람들,
손과 발 족쇄에 채운 바 되었어도,
가장 자유롭게 산 사람들,

스스로 혀'바닥 깨물고
가랑'잎처럼 말라 드는 입술에
손'가락 더듬어 감방 돌'바닥에 남긴 글'자욱,
"살아야 한다,
살아 싸워야 한다! 혁명 만세!"

악형의 긴긴 밤이
몇 달 몇 해 거듭했던가,
철창 밖 흰 눈이 소리 없이 쌓이던 밤
운명하면서도 흐트러진 머리카락 치켜 올리며
이마를 밀영 쪽으로 돌려달라던 녀인 …

아아 여기 누워 있기엔
너무나 젊은 이름들이다,
그러나 천 백 년을 젊어
조국과 함께 빛날 이름들이다.
--리 제순, 권영벽, 박록금…

누구나 부르기 쉬운 이름들이다,
그러나 그 높이에선 살기 어려운,
오르고 따라 가 반드시
그처럼 살아야 할 이름들이다.
--마동희, 리 룡술, 지 태환, 심창식 … 21)
― <연두봉 기슭에서> 부분

"리제순 동지를 비롯한 혁명 렬사들의 묘가 혜산에 안치되여 있다"
는 부제가 붙은 이 시 <연두봉 기슭에서>는 만주 항일 투쟁 당시 죽어
간 젊은 넋을 기리고 있다. '혁명을 이룬 조국'이라는 하나의 믿음과 소

망을 가지고 험한 유격대 생활을 감내한 젊은 대원들은 마지막 순간까지 "살아야 한다! 혁명 만세!"라는 글귀는 새기며 혁명의지를 붙태웠다. 이들의 불굴성과 혁명 의지는 "조국과 함께 빛날"것이며 "오르고 반드시 따라갈" 모범으로 추앙된다. 리제순, 권영벽, 박록금, 마동희, 리 룡술 등은 조국광복회의 실제 인물들이다. 이들이 보여준 '불굴', '혁명'의 영웅성이 민족적 성격으로 제시되는 것이다.

2) 전쟁 영웅

『청춘송가』에서 시화된 청년영웅의 모습 중에는 전쟁 영웅의 형상도 한 몫을 차지한다. 북한은 한국전쟁을, 극도의 적개심으로 표현하는 '미제국주의'와 그를 따르는 반민족적 '도당'과의 싸움으로 보고 있으며 그 결과는 객관적인 지표와 관계없이 세계 대국 미국의 침략을 물리친 '승리'라고 규정하고 있다. 또, 전쟁을 승리로 이끈 '인민' 대중의 힘을 칭송하고 그것을 전후 복구의 추동력으로 전환하려 하였다. 전쟁 후에 산업현장에 복귀한 제대군인의 활약상을 전하고, 우리 인민은 이제 옛날의 인민이 아니라, <전환>에서 보았듯 '미제의 침략을 타승한' 인민이라는 자부심을 고취하고 있다.

　　　　나의 학교명은
　　　　1211고지,
　　　　나의 스승-그는
　　　　영웅 리수복

　　　　하나 둘 셋…
　　　　나는 발'자욱을 센다,
　　　　영웅이 화점을 향해 달려 간
　　　　열 다섯 발'자욱…

나는 공부한다,
많지 않은 그 발'자욱에 새겨진
영웅의 붉은 뜻-
내 한생 배워 갈 학습 과정표-

이 과정표 속에서
나는 한 자 두 자 심장에 옮겨 적는다.
애국주의!
영웅주의!

(中略)

내 한평생 쉬임 없이 달려도
그 높이 그 길이에 이르지 못할
성스럽고 영광 찬 복무의 길을
열 아홉 청춘에 달려간 그대,
그대 참다운 나의 벗이여!
그대 참다운 나의 스승이여!
　　　　　　　　　　　　－ <나의 스승> 22) 부분

'리수복 영웅이 가슴으로 막은 1211고지의 옛화점 앞에서' 라는 부제
가 붙은 이 시 <나의 스승>은 북한에서는 한국전쟁 당시 가장 치열하
고 영웅적인 전투로 칭송되는 1211고지 전투23)의 어린 영웅 리수복에
게서 애국주의와 영웅주의를 배운다는 내용으로 전개된다. 전략 요충지
인 고지를 지키기 위해 목숨을 버린 전쟁영웅을 스승으로 삼아 배우는
것은 물론이고 "참다운 나의 벗"이라 부르며 친근한 존재로 인식한다.
리수복이 열 아홉 살의 어린 나이이기도 했지만 '벗'이라고 부름으로써
자신도 그처럼 '애국의 영웅'이 될 수 있다는 자신감을 고취할 수 있는
것이다.

　전쟁영웅을 형상화한 시들에는 민족적 성격으로서 '애국주의', '영웅
주의', '불굴의 의지'와 '헌신성'을 강조하고 있다. 전쟁영웅을 형상화한

다른 시들로는 <가장 큰 표창>, <옛 싸움터에서>, <한시도 총을 놓을 수 없다> 등을 들 수 있다.

3) 남한 주민을 계도하는 영웅

남한주민을 계도하는 문제는 북한 문학에서 빠지지 않는 강조점이다. 북한문학계는 정기적으로 ≪문학신문≫과『조선문학』을 통해 남한 문학계 소식을 전하고 있다. 대부분의 '반동적인', '부르죠아' 문학이라고 비판하는 글이 대부분이지만 일부 필자가 밝혀지지 않은 시들을 인용하면서, 남한에서도 공산주의 혁명을 바라고 미 제국주의에 반대하는 세력이 있음을 강조하기도 한다.24)

> 꽃이 피고 꽃이 지는 산 모퉁이가 아니다,
> 산'새 우짖는 양지바른 비탈이 아니다,
>
> 기'발을 추켜들고 노래를 부르며
> 내달리고 내달려 갔던 …
> 서울과 마산 대구와 부산,
> 남반부 땅 그 많은 네 거리와 광장은
> 사월의 용사들의 성스러운 싸움터다.
>
> 격노한 함성이 하늘땅을 잠그며
> 젊은 가슴들이 폭풍이 되어
> 내달린 한 잘'자욱 한 발'자욱마다에
> 자유의 령토를 넓혀갔던 곳.
>
> (中略)
>
> 동무여!
> 혁명의 노래로 폭풍을 부르자,

동무여!
압제 없는 하늘에 우리의 기를 날리자.

- <폭풍의 거리에>²⁵⁾ 부분

이 시에는 '남반부 청년들에게'라는 부제가 붙어 있다. 남한의 4·19
를 지켜 본 후 "미국 놈과 매국노의 구두 발"에 의해 쓰러진 젊은 투사
들을 찬양하며, 남한에도 '혁명의 기치'를 높이자는 격한 감정으로 씌여
진 시이다. 서울 , 마산, 대구, 광주에서 기를 들고 달려간 젊은이들은
'용사'로 칭송한다. 민족적 성격으로서의 혁명성은 비록 남한이더라도
같은 민족이므로 그 이념을 같이하는 서정적 주인공에 드러난다는 것을
보여준다. 이 외에 적대적이든 호의적이든 남한에 대한 관심을 보이는
시로는 <너는 언제나 내 마음 속에 산다―서울에 있는 누이 '정명'에
게>를 들 수 있다.

4) 천리마 영웅

시집 『청춘송가』가 가장 많은 부분을 차지하고 있는 주제는 바로 천
리마의 기수이다. 증산과 속도의 산업 영웅이며 공산주의혁명의 대중적
전도자이기도한 천리마의 영웅는 <새세대>, <영웅의 심장>, <세상
에서 가장 귀한 말>, <좋다 청춘이여>, <청춘의 노래를 부르며>,
<높은 곳에서> 등 많은 시들의 서정적 주인공으로 자리하고 있으며,
시집 <천리마 나라>에는 거의 모든 시들의 서정적 주인공이 천리마의
기수 형상으로 드러난다.

천리마란 앞에서도 설명하였듯이, 역사발전상의 단계와 한계를 비약
하는 대중동원의 전략이다. 전후 복구와 공산주의 사회 건설의 기초를
닦는 당시 북한에서는 산업 제 분야에서 비약적인 증산이 필요했고 그
를 위해서는 대규모 인력동원과 인력의 헌신적인 노동이 필요했다. 외

국 원조 비율이 줄어드는 전후복구 3개년 계획 기간 이후에는 내부동원
이 강조될 수밖에 없었고, 26) 그것은 혁명의 열기로 "집단적 도취"에
빠진 천리마의 기수를 강조하는 것이었다. 기술과 자본의 부족을 사상
적으로 도취된 인력동원으로 돌파하려는 북한 권력층의 대중동원 기획
이었던 것이다. 천리마 시대의 문학의 전형은 '사상과 기술 혁신을 통해
획기적 증산'을 이룬 노동영웅이다. 당시의 북한에서 혁명성 고취와 애
국주의의 강조를 위해 필요한 민족적 성격이 항일무장투쟁군의 형상이
었다면, 노동과 생산성을 위해 권장되는 인물형상은 천리마의 기수이다.
천리마를 탄 기세로 달리며 곳곳의 산업현장에서 속도전을 치루어 내는
천리마의 기수를 형상화하고 그것을 대중에게 교육시켜 또 다른 천리마
의 기수를 생산하는 것이 당시 문학의 임무였다. 전형적 인물의 형상화
는 서사구조가 아닌 시 문학에도 요구되었다. 북한 시문학에서는 감정
의 토로와 정서 영역인 서정시 또한 사상을 전달하고 사람들을 공감시
키는 임무가 긴요하기 때문이다.27)

> 해주-하성간 2백 리 철로를
> 뚫어야할 그 때도 당의 부름에
> 붉은 기'발 휘날리며 달려 나아가
> 4년 공사 두 달 반에 해 치웠거니,
>
> 어머니 당의 품 속에서 자란 그대들
> 어머니 당의 뜨거운 숨'결 느끼며
> 위대한 사회주의 내나라 건설의
> 가슴 벅차 오는 설계도 펼쳐 갈 때,
> 당의 구상 이룩하는 크나큰 기쁨
> 보람찬 희망의 나래 우에 실리여
> 영광스러운 당과 수령님을 노래하며
>
> 영원한 행복의 동산을 이룩하리라.28)
> ─ <청춘의 노래를 부르며>부분

　'농촌으로 배치되는 졸업생 동무들에게'라는 부제가 붙은 이 시는 젊은이들의 조국의 건설과 증산을 위해 매진할 것을 당부하는 시이다. 4년 걸릴 공사를 단 두 달 반에 끝냈다는 믿기 어려운 작업속도는 '당'과 '수령'에 대한 보은과 미래에 대한 희망의 구도 안에서만 가능한 '상상'의 속도일 것이다. 그 상상은 '영원한 행복의 동산' 속에 존재하는 비현실의 속도이며 '사상'으로 동원되어 그것이 행동으로 옮겨지길 바라는 '사상'과 '기대'의 속도일 것이다. 여기에 드러난 근로하기를 좋아하고, 이웃과 상호부조하며, 근면한 민족적 성격들은 이미 '사상'과 '동원'으로 논리로 동원된 긍정적 도취의 표상일 것이다.

　1950년대 후반에서 1960년대 초반은 전후 복구와 산업화를 위해 대규모의 인력 동원이 요구되던 때였고 이 때 새로이 산업 노동력으로 편입된 이들이 제대군인과 주부, 농민, 각급학교 졸업생들이었다. 이들의 노동의 질은 낮았고, 노동규율은 매우 해이했으며 이것이 산업현장의 새로운 문제가 되었다.[29] 이에 대한 대책이 노동자를 사상적으로 무장시키고 추동하는 대중 교양으로서 '독보회'와 같은 조직이었다. 독보회의 교재는 주로 항일빨치산 회상기류나 천리마 기수의 증산 실화 소개 등이었는데, 노동자들은 매일 일과 후에 붉은 수첩을 펼치고 "하루의 생활에서 항일 빨찌산들의 혁명정신을 어떻게 구현하였는가를 일기 형식으로 적어 넣을 것을" 권장하였다. 또 모범노동자를 선정하고 포상하고 다른 노동자들을 가족적인 보살핌으로 관리하는 '모범노동자 운동'이라 할 수 있다. 이 때의 시와 소설, 연극은 매우 유력한 대중교양의 수단이 되었다.[30] 위의 시 <청춘의 노래를 부르며>를 비롯하여 『청춘송가』와 『천리마 나라』에 수록된 대부분의 시들이 그에 해당한다.

　이 시에는 젊은이들의 형상이 집단 성격화되어 있다. 대규모 동원 체제 아래에서는 개인의 성격화보다는 당의 부름에 증산과 근로로써 즐거이 화답하는 젊은이들의 집단적 성격화가 더욱 중요하기 때문이다. 사

회주의 건설의 희망, 당과 수령에 대한 동경으로 끝나는 이 시의 배면에
는 사회주의에 대한 긍정적 세계관과 체제에 대한 자신감이 자리한다.
이러한 혁명적 낭만성은 천리마의 기수 형상을 모아놓은 시집『천리마
나라』에도 잘 드러난다.

> 이 밤이 새도록 기쁜 노래 부르고 싶구나,
> 무쇠 주먹에 고삐를 틀어 쥔
> 저 용해공과 함께!
> 어렵던 나날의 이야기도 나누고 싶구나,
> 알알이 주먹같은 벼'단을 안은
> 저 수수한 농장의 녀인과 함께!
>
> 우리는 남에게 뒤진 길을 걸어왔길래
> 백 번을 넘어져도 다시 일어나
> 그들을 따라 앞서야 했던 사람들─
> 남들이 증기 기관차의 고동을 울릴 때,
> 우리의 조상들은 삐걱이는 수레를 몰아
> 이 땅에 가난의 력사를 실어다 주었더라.
> 물려 받은 것은 가난이였다만
> 물려 주어야할 것은 부강한 조국이였나니,
> 우리는 달려야 했다
> 하루에 천리'길을!
> ─ <천리마>[31] 부분

　　『천리마 나라』는 증산과 건설의 역군인 천리마 기수들이 서정적 주
인공으로 등장하는 대표적인 시집이다. 용해공이나 농장원, 기계공, 방
직공, 차장 등의 산업현장 노동자들이 시대의 영웅으로서 추앙되고, 시
인의 목소리는 이들에 대한 동경과 독려 일색으로 드러난다. 서구 열강
과 제국주의자들의 앞선 기술과 그 희생물이었던 식민지 조국의 후진後
進 기술을 증기 기관차의 고동과 삐걱이는 수레로 대조하며, 건설 역군

을 대상으로 한 선동성을 보여준다. '물려받은 것은 가난이지만 물려줄 것은 부강한 조국이다'로 표현된 새 세대에 대한 기대와 독려는 천리마의 속도에 정당성을 위해 마련된 것이다. "우리는 달려야 했다 / 하루에 천리길을!"에서 볼 수 있듯 천리마의 속도는 선택의 여지없는 당위의 속도이며 절대적인 선善의 속도였다. 당위와 절대선이 지향하는 바는 물론 당(당성)과 계급성(노동계급성)과 인민 대중의 집단적인 힘(인민성)에 의해 이룩되는 공산주의 혁명이다. 이는 당성, 노동계급성, 인민성32)으로 대표되는 사회주의 리얼리즘의 기본 이념을 충실히 수행하고 있는 것으로 판단할 수 있다. 당과 노동계급, 공산주의를 지향하는 인간형이 가장 잘 드러난 시로는 김죽성의 <벗들에게 보내는 노래>를 들 수 있다.

이 시에 드러난 서정적 주인공의 성격이 발현되는 배경은 모두 천리마 시대의 상징물이다. '수풍(필자 주: 발전소)', '비날론 첨탑', '신의주 화학 섬유 기초 공사장', '로동자 축전', '열성자 회의' 등이 배경이 되어 사람들은 '첫 대면에도 호감을 갖게 된 동갑내기들'은 "훈장과 메달" 없이도 기계와 대공업지구 앞에 위훈이 빛나며 시대의 동반자로서 벗이 되고 "로동의 전우"가 된다. 북한사회에서는 사회건설의 노동도 민족해방투쟁의 한 과정으로서 전투가 된다. 투쟁의 과정에서 일탈과 나태는 용납되지 않는 악惡이다. "세기를 비약하는" 생산성과 "당이 가리키는 길"로만 향하는 충심은, 당시 북한 시의 일반적인 서정적 주인공이 체화하고 있는 모습이다.

> 오, 나의 벗들, 로동의 전우들아,
> 우리 어디서 무슨 일을 감당하건
> 조국의 오늘과 먼먼 미래까지를
> 우리는 당 앞에 책임 진 세대—

세기를 비약하며 달음질쳐 사노라
생활의 권한을 억척스레 틀어쥐고
닦아 놓은 길로만 걸어 가지 않는다
우리는 당이 가리키는 길을 따라
영웅적 로동 계급의 손으로
공산주의에로 가는 대로를 개척해 간다!
　　　　　　－<벗들에게 보내는 노래>[33]부분

　당과 노동계급, 공산주의를 향해 나태와 일탈 없이 매진하는 서정적 주인공이 반복하여 출현하는 북한 시에서, 서정적 주인공은 더 이상 개인의 성격 혹은 개성적 화자일 수 없다. 민족적 특성이 개개 인물의 성격으로 드러난다고 하지만 이는 결국 집단적 성격, 시대적 품성이며 정치적 요구에 부합하는 인간형일 뿐이다. 이러한 집단성과 정치성은 유일 주체사상의 토대가 되었을 것이다. 주체사상의 유일성과 도식성과도 연관되는 부분이다.

　민족적 특성의 문학적 형식으로 드러난 민족적 성격은 애국주의와 혁명성으로 요약되고, 애국주의와 혁명성은 천리마 시대와 공산주의 건설의 기수의 모습으로 일체화되고 집단화되면서 북한 문학 전통론의 한계가 노정되었다고 할 수 있다. 과거와 현재, 현재와 과거 그리고 미래와의 소통이며 의미적 연관이 되어야할 전통이 현재적 필요 특히 권력 장악과 유지를 위한 정치적 필요에 의해 제시되고 강요되며 주입되는 양상을 보이는 것이다.

　애국주의나 평화애호, 강의한 내면세계, 노동과 평화애호 정신, 용감성, 강의성, 불굴성 등의 긍정적인 인간의 기질과 성격이 민족의 고유하고도 전통적인 특성이라는 순수한 의미의 전통론은 동원체제로서의 천리마 운동과 당성 계급성, 인민성에 충실히 복무하는 공산주의 혁명적 인간형으로 귀결되고 있는 것이다.

　박종식은 "서정시와 현대성－제3차 당 대회 이후 시기 작품을 중심으로"34)에서 당시의 여러 시인들을 언급하며 서정시의 현대성과 전통에 대해 논하고 있다. 그는 서정시에서의 현대성을 "인민의 아들로써 우리 시대에 대한 열렬한 공민적 빠포스를 가지고 주변에서 일어나는 사변들에 적극 참가함으로써 시인 그 자신이 오늘의 투사로 행동"하는 것으로 정의하였다. 즉 그가 강조하는 것은 인민성과 시대현실을 반영하는 현실성이다. 박세영과 상민, 전초민, 전동우, 김철 등 당시의 대표적인 중견 및 신인 시인들의 예를 들어 그 경향을 자세히 분석하였다.35) 그는 주로 서정적 주인공의 인민성과 천리마 농촌의 현실과 농민들의 생활 감정, 천리마 현실의 생동한 형상화, 통일에 관련된 '인민'의 시대적 염원 등, 앞서 말한대로 인민성을 갖춘 시대 현실의 반영이라는 기준과 일치한다. 그는 특히 김철의 두 번째 시집 『철의 도시에서』를 높이 평가하며, "천리마 시대의 로동 계급의 정신세계, 불요불굴의 투쟁정신, 로동계급의 생활의 면모"가 잘 드러난다고 했다. 특히 <첫상봉>, <수리개>, <그들>을 비롯한 서정시에는 "강철 로동자들의 투쟁의 화폭과 고매한 정신"이 나타난다는 것이다. 그는 민족적 특성과 전통에 대해서도 언급하면서, 김철의 서정시가 "우리의 민족 전통이 뻗어 있으며 그는 이런 민족적 특성의 탐구의 길에서도 무엇인지 새것을 창조할 수 있다는 것을 보여주고 있다"고 하였다. "<포구의 거울>, <바다의 저녁>은 이 점을 말하여 주고 있다.(다만 그것이 어떤 가벼운 '재간'으로 떨어지지 않는다면)" 이라고 하였다. 박종식이 발한 민족전통과 민족적 특성에서 창조한 새 것의 모범을 <포구의 거울>을 통해 확인해보자.

숲처럼 솟은 돛대 사이를
흰 갈매기떼 멋대로 날고 있소.
부둣가엔 명태 또 명태 더미들
포구의 아낙네들 얼싸춤을 추게 됐소.

고무 장화 허리를 반쯤 꺾어 신고
덕삼이네 마누라 굵은 팔을 휘두르오,
남편보다 제 벌이가 못하지 않다면서….

그러자 누군가 「에이구, 성님두!
그래두 남정네가 없어보지비-」
부두를 들었다 놓는 떠들썩한 웃음 소리,
이런 데서 알맞구나, 저 말 본세.

생태국 훌-훌- 불어마시며
내 누이, 어머니, 이웃집 아주머니
근면하고 건강하고 두려움을 모르는
관북 땅 녀인들이 일하고 있소.

나무람 마오, 저들의 말씨 거칠다고는…
어린 시절부터 귀에 젖어서
나도 쉬이 못 버리는 고향 사투리…

아! 녀인들의 기쁨을 산처럼 싣고
배는 나가고 배는 또 들어오오.
아낙네들 없이야 그 무슨 포구겠소!
사투리 없이야 그 무슨 고향이겠소!

ー<포구의 겨울>[36) 전문

　박종식이 민족 전통과 민족적 특성의 요소로 주목한 것은 민족적 성
격과 인민적 언어일 것이다. 관북 포구의 여인들의 '근면하고 건강하고
두려움 모르는 모습'에서 근면하며 강인한 민족적 성격을 보았을 것이
며, '말 본세', '거친 말씨', '사투리'로 표현된 기층민들의 언어에서 '인
민적인 언어'를 보았을 것이며, '부두를 들었다 놓는 떠들썩한 웃음소
리'와 '아낙네들의 노동으로 활기를 띠는 포구'의 풍경을 통해 '인민성'
과 '노동계급성'의 시화를 확인하였던 것이다. 박종식이 말한바 '새 것'
은 떠들썩한 웃음소리와 '아! 녀인들의 기쁨을 산처럼 싣고 드나드는'

배로 은유된 시대와 현실에 대한 희망이라 할 수 있다.

　북한의 논자들이 서정시의 민족적 특성을 서정적 주인공의 민족적 성격, 즉 인민성, 계급성을 체화하여 항일혁명전통과 사회주의 혁명의 전형으로 부각되는 민족적 성격에서 찾고 있다면 남한의 학자인 김대행은 민요에서 찾고 있다.

　김대행은 북한시에 나타난 민족적 특성의 구체적 모습을 <도라지 타령>, <양산도 타령> 등의 민요에서 찾는다. <도라지 타령>이나 <양산도 타령>의 가사를 수령과 사회주의를 찬양하는 내용으로 바꾸어 부른 것과 북한 문학의 혁명 전통 아래 발굴된 항일독립투쟁기의 김일성에 대한 구비전승 및 시가 창작을 그 예로 들었다.37) 또, 관동별곡이나 윤선도에 대한 긍정적인 재평가가 민족적 특성론의 범주에서 이루어진 것이라고 했다.

4. 결론을 대신하여

　여태까지 북한 서정시에 나타난 민족적 특성을 '서정적 주인공'에 집중하여 살펴 보았다. 서정적 주인공은 서사문학의 민족적 성격에 해당하는 개념으로서 긍정적 풍모를 갖추고, 혁명성과 사상 지향성의 주제를 체현하는 '서정적 자아'라고 할 수 있다. 서정적 주인공 외에도 시에서 드러나는 민족적 특성론으로는 '운율', '수사법', '소재', '해학', '인민의 언어' 등을 들 수 있다.

　고전과 항일혁명전통에서 추출한 인물의 긍정적인 성격을 '영웅'의 형상으로 드러내고 있으며, '애국주의', '인도주의', '용감성' 등의 민족적 성격을 강조하였다. '사회주의적 애국주의'란 민족과 나라, 향토를 사랑하는 것이 결국 사회주의 혁명을 앞당기는 절대 선善이라는 입론

위에 구축된 것이고, 이 밖에 다른 민족적 성격도 결국은 혁명성을 위해 갖추어야하는 긍정적인 품성의 덕목으로, '현재의 요구에 맞추어 권장 되는 창출된 전통'이라 할 수 있다. 항일혁명투사의 긍정적 성격과 함께 강조되는 서정적 주인공의 품성 (민족적 성격)으로는 '천리마의 전형'을 들 수 있다.

전후 산업화 과정에서 요구되는 증산과 사상의 혁신을 '천리마의 전 형'을 민족적인 특성으로 강조함으로써 전통과 민족이 가진 당위적인 지향을 정치와 동원의 논리로서 활용한 것이다. 천리마 기수의 전형은 문제는 '갈등론', '형상론', '전형론', '혁명적 낭만성' 등과 관련하여 심 화될 수 있는데, 이러한 다양한 문예이론들은 민족적 특성론으로 통해 수렴되고 이후 '주체 문예이론'으로 전이되고 발산된다고 판단한다.

※ 이 글은 "북한사회문화학회 광복 60주년 기념 학술대회 발표문"을
보완한 것이다.

주註

1) 1925년 스탈린 "동방 인민 종합대학의 정치적 제과업에 관하여"라는 연설에서 명제화 되었다.

2) 보호단 나할일로 · 빅토르 스보보다, 정옥경 역, 『러시아 민족문제의 역사』 (서울: 신아사, 2002), 161~175쪽. 참조.

3) 앞의 책, 82~83쪽.

4) 김재용은 당시 북조선 노동당 선전선동부장이었던 김창만이 '진보적 민주주의'를 강조했었다는 것과 이후 선전선동부장이었던 박창옥에 의한 소련문화의 일방적 수입, 1958년 말 박창옥, 기석복의 축출로 저간의 사정을 설명한다. 김재용, 『분단구조와 북한문학』 (서울: 소명출판, 2000), 77~78쪽.

5) 김창석, "문학예술의 민족적 특성에 대하여," 『조선문학』 (1959년 4호) 에 따르면 소련 학계의 '문학예술의 민족적 특성' 논쟁의 시초는 잡지 『인민들의 친선』 1957년 1호에 실린 보차로브의 "문학의 민족적 특성에 관한 문제에 대하여"라고 한다.

6) 백준기, "1950년대 북한의 권력갈등의 배경과 소련," 역사문제연구소 편, 『1950년대 남북한의 선택과 굴절』 (서울: 역사비평사, 1998), 439쪽 참조.

7) 이상 1955년 "주체를 세울데 대하여" 진위의 논의는 박광호, "김일성 통치에서의 전통의 활용에 관한 연구," 서울대학교 박사학위논문, 2003), 106~110쪽 참조.

8) 권순긍 · 정우택 편, "우리 문학의 민족적 특성," 『우리 문학의 민족 형식과 민족적 특성』 (서울: 연구사, 1990) ; 김재용, "북한문학과 민족 문제의 인식," 『분단구조와 북한문학』 (서울: 소명출판, 2000) ; 박상천, "북한문화예술에서 '민족문화'와 '민족적 형식'의 문제," 『북한연구학회보』 6권 2호 (2003) ; 이상숙, "북한문학의 전통론 연구-'민족형식, 민족적 특성'의 시詩적 형상화를 중심으로", 『북한연구학회보』 6권 2호 (2002) ; 신형기, "북한문학에서의 '민족적 특성' 논의-주체문학론의 발단," 『민족이야기를 넘어서』 (서울: 삼인, 2003).

9) 북한문학에서 장르를 '쟌르'로 표기하며, 다음과 같이 구분된다. 서사적 장르에는 단편소설, 중편소설, 장편소설, 영웅사시(에쁘뻬야), 서사시, 담시, 우화가 있고 서정시 장르에는 서정시, 송가, 풍자시, 정론시가 있으며, 극장르에는 비극, 희극, 희곡이 있다. 강능수, 『문학의 기초』 (東京: 학우서방, 1967) 참조.

10) 과학백과사전종합출판사 편, 『문학예술사전』 중, (평양: 과학백과사전종합출판사, 1991), 244쪽. 【서정적 주인공】 서정시의 주인공. 서정적 주인공은 시에 형상된 사상감정의 담당자로 된다. 서정시에서는 객관적 현실에 있는 생활을 그대로 묘사하는 것이 아니라 그 생활을 체험하고 느낀 시인의 사상 감정을

직접 토로하므로 시인자신이 주인공으로 되는 경우가 많다. 그러나 서정적 주
인공은 시인뿐 아니라 임의의 인물이 될 수도 있다. 진보적인 서정시에서 서정
적 주인공의 사상 감정은 그 시대의 선진적인 인간들의 사상 감정을 대변한다.
사회주의적 사실주의 서정시문학에서 서정적 주인공의 사상과 지향, 감정은
로동계급의 혁명적 사상과 시대정신을 체현하고 있다.

11) 조선문학예술총동맹 편, 『청춘송가』 (평양: 조선 문학예술 총동맹 출판사,
    1964).

12) 조선문학예술총동맹 편, 『천리마 나라』 (평양: 조선 문학예술 총동맹 출판사,
    1964).

13) 박태상, "새로 발견된 북한 『서정시 선집』 연구: 월북시인들의 동향과 당대
    사회현실을 중심으로," 『북한연구학회보』 4권 2호 (2000), 276~278쪽.

14) 박태상은 같은 글에서 북한의 서정시는 시대의 주도적인 사상감정을 반영하는
    것을 목표로 한다고 했다. 시대의 주도적인 사상감정이란 자주적이며 창조적인
    인민대중의 염원과 의지, 신념이다. 박태상은 노동계급성을 반영한 사회계급적
    성격의 서정이 출현하게 된 과정을 설명하면서, 북한의 서정시 이론이 시대의
    주도적 감정을 거론하면서 "진실성과 민족성, 시대성"을 강화하여 "종국에는
    충성의 서정"을 강조하는 것으로 귀결되었다고 한다. '충성의 서정'은 주체적
    시문학의 본질적인 요인이라 할 수 있다.

15) 윤여탁은 "남북 문학의 이상과 현실─시에 대한 논의가 주는 시사," 『선청어문』
    (서울대학교 국어교육학과, 2001). 53쪽에서, 북한문학사의 김소월에 대한 평
    가를 고찰하면서 여러 문학사들이 언급한 내용을 다음과 같이 종합하고 있다.
    "이런 김소월에 대한 북한 문학사의 평가에서 특기할 만한 사항은, 남한 문학
    사에서 대표작으로 언급하고 있는 <진달래꽃>이나 <산유화>보다는 <밭고
    랑 위에서>와 <초혼>이 노동의 신성성과 애국주의적 경향의 차원에서 높이
    평가되고 있다는 점이다".

16) 과학백과사전종합출판사 편, 『문학예술사전』 중 (평양: 과학백과사전종합출판
    사, 1991), 244쪽.

17) 박종식, "서정시와 현대성─제3차 당 대회 이후 시기 작품을 중심으로," 『조선
    문학』 1961년 7호, 114쪽.

18) 신구현, "해방후 15년간 문학평론이 거둔 성과," ≪문학신문≫ 1960년 10월
    7일.

19) 권순긍, 정우택 편, 『우리문학의 민족 형식과 민족적 특성』 (서울: 연구사,
    1990). 25~34쪽 참조. 김하명의 총명, 용감, 인내성, 애국주의, 평화애호, 고정
    옥의 애국주의, 육친과의 사랑, 남녀 특유의 강의한 내면세계, 노동과 평화 애
    호 정신, 겨레와 이웃과 화목을 즐기는 정신, 윤세평의 애국주의, 인도주의, 리

상태, 검박한 소박성, 호상 방조와 부조의 미덕, 외유내강의 강직한 기질, 한룡
옥의 영웅성, 용감성, 강의성, 혁명성, 불굴성 등이 그것이다.

20) 신진순, <꽃신>, 오영재 편, 『종합시집 – 청춘송가』, 24~30쪽.

21) 같은 책, 김조규, <연두봉 기슭에서>, 17~19쪽.

22) 같은 책, 리범수, <나의 스승>, 39~42쪽.

23) 1211고지 전투는 북한에서 매우 영웅적인 전투로 칭송되는 전투이다. 1963년
에는 리기성 연출의 <1211고지방위자들>이라는 영화가 제작되고, 1965년에
는 정관철, 류현숫, 양재혁의 유화 <1211고지전투>가 369cm×195cm의 대작
으로 제작되기도 한 북한에서 선전하는 대표적인 전쟁담이다. 전쟁 당시 동부
전선의 전략요충지인 1211고지를 탄약이 떨어지는 어려운 상황에서 바윗돌,
나무등걸, 맨주먹으로 지켜낸 후 고지 위에 공화국기를 휘말리고 "김일성 장군
만세"를 외쳤다는 내용이다. 북한에서는 "혁명적 동지애로 굳게 뭉쳐 무비의
헌신성과 대중적 영웅주의"를 보여주는 모범으로 유명하다. 과학백과사전종합
출판사 편, 『문학예술사전』하 (평양: 과학백과사전종합출판사, 1993), 52~53쪽
참조. (사)북한민주화네트워크 「북한상식」, www.hwahai.or.kr "강원도 금강군
에 있는 6·25 전쟁 당시의 격전지. 고지의 높이가 1211미터에서 붙여진 이름
이다. 옆으로 1052고지와 무명고지가 있다. 1211고지는 전쟁 당시 밀고 밀리는
전투 끝에 북한이 차지하였으며, 이때 리수복이라는 병사가 '적의 화구를 몸으
로 막았다'하여 영웅시하고 있다. 이로 인해 리수복은 북한의 대표적 전쟁영웅
으로 꼽히며 1990년에 순천화학대학을 리수복대학으로 개명한 바 있다. 북한
에서는 1211고지는 '물러서서는 안 될 중요한 과업'의 다른 표현으로 쓰고 있
다. 예를 들어 1998년 신년 공동사설에서는 "농업은 사회주의 경제건설의
1211고지"라고 표현한 바 있다. 또한 리수복은 위기에서 나라를 구한 사람의
대명사로 쓰인다. "90년대의 리수복이 되자"라는 정치 구호가 있었으며, 1211
고지, 리수복과 관련한 문예 창작물도 여럿 있다."

24) 이에 해당하는 글들을 예시하면 다음과 같다.
장형준, "남조선에 류포되고 있는 『순수문학』론과 그 문학의 반동성," 서지사
항 미상 ; 엄호석, "남반부 인민들의 투쟁과 함께 있는 우리 문학,"『조선문학』
1956년 2호 ; 계북, "남조선의 반동적 부르죠아 미학의 정체,"『조선문학』
1956년 6호 ; 리북명, "조국의 평화적 통일과 우리문학,"『조선문학』1956년
10호 ; 청암, "남조선에서 미제가 류포하는 부르죠아 반동 미학의 본질,"『조선
문학』1957년 10호 ; 한설야, "남반부 작가들에게,"『조선문학』1960년 1.1호
오정삼, "권력과 폭력에 신음하는 남조선 예술인들," ≪문학신문≫ 1960년 3
월 8일 ; 김하명, "남조선문학에 반영된 리승만 반동통치의 파멸상," ≪문학신
문≫ 1960년 5월 3일 ; 리상현, "남조선 반동문학의 15년," ≪문학신문≫

1960년 8월 12일 ; 박호범, "허무와 굴종을 설교하는 남조선 반동문학," 『조선 문학』 1962년 12호 ; 김해균, "남조선문학의 최근 동태," 『조선문학』 1964년 7호 ; 경일, "남조선 반동문학의 조류와 그 부패상," 『조선문학』 966년 8호.

25) 김순석, "폭풍의 거리에," 『청춘송가』, 141~44쪽.

26) 김연철, "천리마운동과 대중동원의 정치 경제", 『북한의 산업화와 경제정책』 (서울: 역사비평사, 2001), 202쪽. "대외 원조의 감소와 축적 위기: 한편 경제 건설과 관련하여 위기상황이 조성되었다. 바로 전후 복구 3개년 계획기간동안 축적 자금의 상당부분을 차지했던 대외원조가 급격히 감소되었기 때문이다(같 은 책, <표 2-21> 참조). 이에 따라 축적 자금의 내부 동원이 강조되었다. 북 한식 용어로 내부원천이라는 것이다.

27) 김재홍은 "광복 50년 북한 시의 지속과 변화", 『한국현대시의 사적 탐구』 (서 울: 일지사, 1998), 375쪽에서 "북한문학의 특히 시의 지향성은 사회주의 건설 과 혁명투쟁을 핵심으로 해서 항일 혁명 전통을 계승하여 이른바 남조선 혁명 과 통일정책으로 고무 추동해 가"는 것으로 요약한다. 김종회는 "북한의 문예 이론과 문학작품에의 반영양상", 평화문제연구소, 『통일문제연구』 2001년 하 반기호, 11쪽. "북한문학의 서정시는 남한의 경우와 같이 한 개인의 순수한 내 면이나 정서적 분위기의 표현을 지향하지 않는다. 이는 반드시 인민의 진취적 이고 사회주의적인 생활을 바탕으로 하고 있다"고 했다. 또, 그는 김상오의 <나의 조국>을 김일성에 대한 흠모의 정을 강하게 담고 있으며, 이와 같은 시가 북한문학에 있어서 서정시의 모습이라고 했다. 북한 시에서 서사시는 조 기천 <백두산>(1947) 이후로 북한의 대표적 계관시인 오영재의 <인민의 아 들>(1992)에 이르기까지 북한시의 중심이었고, 서정시는 감정과 사상의 지향 을 결합시킨 형상적 사유의 산물로 규정되고 있으며, 당의 정책노선과 정치적 전략에 의거한 도구로서 시가 존재한다는 것을 잘 알 수 있게 한다"고 했다.

28) 박팔양, "청춘의 노래를 부르며―농촌으로 배치되는 졸업생 동무들에게," 『청 춘송가』, 65~69쪽.

29) 조정아, "산업화 시기 북한 공장의 노동규율 형성: 교육과 동원의 결합을 중심 으로," 『북한연구학회보』 제7권 1호 (2003), 160쪽 ; 농민, 수공업자, 제대군인 으로 구성된 북한의 신규 산업노동력은 대부분 산업노동 경험과 기술력이 부 족할 뿐 아니라, 집단적인 규율로 단련되지 못하였으며 "소 부르죠아 의식과 심리 상태"를 지니고 있었다. 이들은 작업과정에서 각종 사고를 일으키고, "일 하다가 말없이 작업장을 떠나 공장 구내를 돌아다니는가 하면, 어디선가 한잠 자고 다시 나타나"는 등 노동에 대해 "안일하고 부화하고 비규률적인 태도를 보였으며, 각종 노동규율을 위반하였다.

30) 조정아, 앞의 글, 72~179쪽.

31) 박호범, 천리마, 조선문학예술 총동맹출판사 편, 『천리마 나라』(평양: 조선문학예술총동맹출판사, 1964), 122쪽.

32) 김윤식은 "주체 사상에 기초한 사회주의적 문예 이론", 권영민 편, 『북한의 문학』(서울: 을유문화사, 1989), 102쪽에서 "주체 문예 이론의 가장 뚜렷하고 본질적인 부분은 다름 아닌 제 3장에 규정된 사회주의문학예술의 당성, 노동 계급성, 인민성의 개념이 아닐까 한다"고 하여 인민성, 당성, 노동 계급성이 주체문예의 본질이라고 말하였고, "50년대 북한문학의 동향", 『북한문학사론』(서울 : 새미, 1995) 35쪽에서는 "내용은 사회주의적, 형식은 민족주의적이라는 문학예술의 창작 및 해석의 기본틀이라든가 사회주의적 사실주의라 불려지는 미학원리라든가 계급성, 인민성, 당파성으로 말해지는 이념 노선 등을 공유하고 있는 국가 사회주의에서의 문학예술론이 북한에서도 얼마나 잘 발휘되었는가를 점검하는 일이 북한문학 이해의 기초라 할 것이다"라고 하여 인민성 당성, 노동 계급성이 북한문학의 중요한 이념노선이라고 설명한 바 있다.

33) 김죽성, "벗들에게 보내는 노래," 『천리마 나라』(평양: 조선문학예술총동맹출판사. 1964).

34) 박종식, "서정시와 현대성 – 제3차 당 대회 이후 시기 작품을 중심으로," 『조선문학』1961년 7호, 114쪽.

35) 박세영에 대해서는 서정시 <신년송가>와 <라비냐>의 서정적 주인공의 성격이 소박하며 진실하고 고결하다며 시의 서정적 분위기가 은근하면서고 전투적이라고 했으며, 상민의 천리마 농촌을 노래한 서정시편들 <대지의 품에서>, <다시 대지 우에서>, <집터>에서 투쟁하는 농민과 농촌의 생활 감정 찾을 수 있다고 했다. 전초민 시집 『건설의 나날』에 실린 서정시 <평화의 화가들>, <대동강>, <또다시 모란봉 우에서>, <나의 노래 나의 소원>등의 시들이 전후 복구 건설 시기 현실과 사회주의 대고조기의 천리마 현실이 생동하게 반영되고 있다고 했고, 서정시 <평화의 화가들>, <대동강>, <또다시 모란봉 우에서>, <나의 노래 나의 소원> 등이 이를 말하여 준다고 했다. 현대성을 취급한 서정시 중에서 『평화 통일』의 주제에 바쳐진 시들이 오늘 우리 인민의 진실한 시대적 념원을 재현함에 성공하고 있다고 하며, 전동우 <땀의 노래>를 "사품치는 쇠'들 속에서 창조와 번영으로 들끓고 있는 우리 시대의 오늘과 래일의 위용을 보고 있는 이 젊은 용해공의 형상은 얼마나 아름다운 것인가!"라며 격찬하였다. 같은 글, 114~116쪽.

36) 김철, 『철의 도시에서』(평양 : 조선작가동맹출판사, 1960), 60~62쪽 ; 김경숙, "북한시의 형성과 전개 과정 연구," (이화여자대학교 박사학위논문, 2002) 286~287쪽에서 재인용. 이 시에 대해 김경숙은 "시인은 노동 현장에서 배어나오는 노동하는 인민의 소박한 인간미를 형상화함으로써, 그들과 그들의 삶에

대한 따뜻한 애정을 표현하고 있다"고 했다.

37) 김대행, "북한의 문예정책과 시가,"『북한의 시가 문학』(서울 :문학과 비평사, 1990), 77쪽. 김대행은 북한의 민족적 특성론을 김일성에 대한 찬양과 사회주의 건설에의 찬양의 실천적 양상으로 판단한다. 그는 민족적 특성의 구체적인 모습을 1984년 김정웅의『문학예술건설경험』(평양: 사회과학출판사, 1984)을 근거로 다음과 같이 정리한다. 한국어의 특성을 살리는 작시법, 구전자료의 발굴, 민요의 정리, 항일 독립투쟁시기의 김일성 장군에 대한 구비전승 및 시가 창작 발굴이 그것이다. 김대행은『조선민요곡집』(평양: 문예출판사, 1979)에 실린 <도라지 타령>과 <양산도 타령>의 바뀐 가사를 소개한다. 그 일부만 옮기면 다음과 같다.

> 도라지 도라지 도라지
> 눈물로 캐던 백도라지
> 내나라 주인된 오늘에는
> 흥겨운 노래로 캔다네
>
> 꽃피는 새살림 알뜰살뜰
> 도라지 캔다네 약도라지
> 어버이수령님 해빛아래
> 도라지꽃도 활짝 피네
>
> (후렴) 에혜요 데혜요 에혜요
> 우리네 농장 황금산 좋아
> 새들도 춤추며 날아든다
>   -<황금산의 백도라지>부분
>
> 에루화 좋구나 금수강산
> 인민의 락원이 여기로구나
>
> 에헤에에 양덕맹산 흐르는 물은
> 청류벽으로 감돌아든다
>
> (후렴) 에루화 좋구나 금수라 강산
> 인민의 낙원이 여기로구나「양산도」

김대행의 이러한 지적은 적실한 것이지만 대상이 고전문학에 한정되어 있고 시기도 1980년대까지를 아우르는 것이어서 이 논문의 대상과는 차이가 있다.

〈참고문헌〉

1. 북한문헌

강능수, 『문학의 기초』(東京: 학우서방, 1967).

경일, "남조선 반동문학의 조류와 그 부패상," 『조선문학』 1966년 8호.

계북, "남조선의 반동적 부르죠아 미학의 정체," ≪문학신문≫ 1956년 6호.

과학백과사전종합출판사 편, 『문학예술사전』중, (평양 : 과학백과사전종합출판사, 1991).

과학백과사전종합출판사 편, 『문학예술사전』하 (평양: 과학백과사전종합출판사, 1993).

김정웅, 『문학예술건설경험』(평양: 사회과학출판사, 1984).

김죽성, "벗들에게 보내는 노래", 조선문학예술총동맹 편, 『천리마 나라』(평양 :조선 문학 예술 총 동맹 출판사. 1964).

김하명, "남조선문학에 반영된 리승만 반동통치의 파멸상," ≪문학신문≫ 1960년 5월 3일자.

김해균, "남조선문학의 최근 동태," 조선문학, (1964. 7).

리북명, "조국의 평화적 통일과 우리문학," 『조선문학』 1956년 10호..

리상현, "남조선 반동문학의 15년," ≪문학신문≫ 1960년 8월 12일자.

문예출판사, 『조선민요곡집』(평양: 문예출판사, 1979).

박종식, "서정시와 현대성 – 제3차 당 대회 이후 시기 작품을 중심으로", 『조선문학』 1961년 7호.

박호범, "천리마" 조선문학예술총동맹 편, 『천리마 나라』(평양 :조선문학예술총동맹출판사, 1964).

박호범, "허무와 굴종을 설교하는 남조선 반동문학," 『조선문학』 1962년 12호.

엄호석, "남반부 인민들의 투쟁과 함께 있는 우리 문학," 『조선문학』 1956년 2호.

오정삼, "권력과 폭력에 신음하는 남조선 예술인들," ≪문학신문≫ 1960년 3월 8일자

장형준, "남조선에 류포되고 있는 『순수문학』론과 그 문학의 반동성," 서지사항 미상.

조선문학예술총동맹 편, 『천리마 나라』(평양 :조선 문학 예술 총동맹 출판사, 1964).

조선문학예술총동맹 편, 『청춘송가』(평양 :조선 문학 예술 총동맹 출판사, 1964).

청암, "남조선에서 미제가 류포하는 부르죠아 반동 미학의 본질," 『조선문학』 1957년 10호.

한설야, "남반부 작가들에게," ≪문학신문≫ 1960년 1월 1일자.

2. 남한문헌

권순긍 · 정우택 편, 『우리문학의 민족 형식과 민족적 특성』(서울: 연구사, 1990).

권순긍 · 정우택 편, "우리 문학의 민족적 특성,"『우리 문학의 민족 형식과 민족적 특성』(서울: 연구사, 1990).

김대행, "북한의 문예정책과 시가,"『북한의 시가 문학』(서울: 문학과 비평사, 1990).

김연철, "천리마운동과 대중동원의 정치 경제,"『북한의 산업화와 경제정책』(서울: 역사비평사, 2001).

김윤식 "주체 사상에 기초한 사회주의적 문예 이론," 권영민 편, 『북한의 문학』(서울: 을유문화사, 1989).

김윤식, "50년대 북한문학의 동향,"『북한문학사론』(서울: 새미, 1995).

김재용, "북한문학과 민족 문제의 인식,"『분단구조와 북한문학』(서울: 소명출판, 2000).

김재용, 『분단구조와 북한문학』(서울: 소명출판, 2000).

김재홍 "광복 50년 북한 시의 지속과 변화,"『한국현대시의 사적 탐구』(서울: 일지사, 1998).

김종회 "북한의 문예이론과 문학작품에의 반영양상,"『통일문제연구』(서울: 평화문제연구소, 2001년 하반기호).

김창석, "문학 예술의 민족적 특성에 대하여,"『조선문학』1959년 4호.

박광호, "김일성 통치에서의 전통의 활용에 관한 연구," (서울대학교 박사학위논문, 2003).

박상천, "북한문화예술에서 '민족문화'와 '민족적 형식'의 문제,"『북한연구학회보』6권 2호(2003).

박종식, "서정시와 현대성−제3차 당 대회 이후 시기 작품을 중심으로,"『조선문학』1961년 7호.

박태상, "새로 발견된 북한『서정시 선집』연구: 월북시인들의 동향과 당대 사회현실을 중심으로,"『북한연구학회보』4권 2호(2000).

백준기, "1950년대 북한의 권력갈등의 배경과 소련," 역사문제연구소 편, 『1950년대 남북한의 선택과 굴절』(서울: 역사비평사, 1998).

보흐단 나할일로 · 빅토르 스보보다, 정옥경 역,『러시아 민족문제의 역사』(서울: 신아사, 2002).

신구현, "해방후 15년간 문학평론이 거둔 성과," ≪문학신문≫ 1960년 10월 7일자.

신형기, "북한문학에서의 '민족적 특성' 논의−주체문학론의 발단,"『민족이야기를 넘어서』(서울: 삼인, 2003).

윤여탁 "남북 문학의 이상과 현실 — 시에 대한 논의가 주는 시사," 『선청어문』(서울대학교 국어교육학과, 2001).

이상숙, "북한문학의 전통론 연구 — '민족형식, 민족적 특성'의 시詩적 형상화를 중심으로," 『북한연구학회보』 6권 2호(2002).

조정아, "산업화 시기 북한 공장의 노동규율 형성: 교육과 동원의 결합을 중심으로," 『북한연구학회보』 제 7권 1호(2003).

수령형상문학론: 총서 '불멸의 력사'와 '불멸의 향도'를 중심으로

김 은 정

1. '수령형상문학'의 발전과정

사회주의 리얼리즘을 지향했던 북한은 현재 주체 사실주의를 표방하며 독자적인 문예노선을 걷고 있다. 독자적인 문예정책은 독특한 문학 형식을 발전시켰다. '수령형상문학'도 그 중 하나이다. 현재 '수령형상문학'은 북한에서 주체문학 건설의 핵심 과업으로 수행되어 오고 있으며, 북한의 정통성 확립에 복무하는 매우 중요한 문학 형식으로 자리잡고 있다.

'수령형상문학'이란 수령인 김일성과 최고사령관인 김정일의 업적을 다룬 문학을 지칭하는 용어이다. 북한 문학에서 "수령형상창조"가 지니는 의의와 목적은 다음의 네 가지로 집약된다. 첫째, 수령에 대한 충실성 교양, 둘째, 온 사회의 주체사상화에 기여, 셋째, 역사문헌적 의의,

넷째, 우리 식 사회주의 고수 및 강화이다.

북한에서의 수령형상은 소설, 시, 희곡, 음악(가요), 영화, 미술, 무용 등 다양한 장르에서 재현되고 있다.

북한문학에서 수령형상의 존재가 확인되는 것은 1928년 김 혁이 창작한 혁명송가 <조선의 별>에서이다. 혁명송가에서 시작된 '수령형상문학'의 정형은 1948년 조기천이 서사시 <백두산>을 창작하면서 서사시로 확장된다. 1960년에는 <조국산천에 안개개인다>라는 희곡1)이 창작되고, 그리고 1970년대 4·15문학창작단과 백두산창작단을 거점으로 장편소설과 영화2)에서 수령형상이 구현 발전되어 왔다.

북한에서는 수령형상작품 중 최고의 작품으로 총서 '불멸의 력사' 중에서 <백두산 기슭>, <준엄한 전구>를 비롯한 장편소설들, 서사시 <우리의 태양 김일성원수>, 예술영화 <조선의 별>과 <백두산>, <첫 무장대오에서 있은 이야기>, 음악무용서사시 <영광의 노래>, <만수대대기념비>, <왕재산대기념비>, <삼지연대기념비> 등을 수령의 혁명활동과 공산주의적 풍모를 빛나게 형상한 기념비적 작품들이라고 평가하고 있다.

수령형상창조가 진행되면서 북한은 1990년대 초 현재 북한 문학에 가장 큰 영향을 미치고 있는 두 권의 문학지침서를 발간한다. 그것은 1991년 2월에 출간된 윤기덕의 『수령형상문학』이며, 나머지 한 권이 1992년 7월에 출간되어 현재 북한 문예이론을 주도 하고 있는 김정일의 『주체문학론』이다.

이 두 권의 문예이론서는 현재 북한의 문예이론의 방향과 그 지향을 보여준다는 점에서 북한 문학연구에서 빼 놓을 수 없는 이론서이다. 이 이론서들은 특히 총서 창작에 대한 지침과 수령형상에 대한 지침을 중요하게 다루고 있는데, 특이한 점은 윤기덕의 『수령형상문학』이 1년 늦게 출간된 『주체문학론』의 문예이론에 기초하여 수령형상창조 부분만을 심화하여 다루 있다는 점이다. 그러나 대부분 문예의 경향이나 사조는 시도되거나 확산 이후에 이론으로 정립되기 때문에『주체문학론』과『수령형상문학』의 발간 연도에는 크게 신경 쓰지 않아도 될 것으로 보인다.

2. '수령형상문학'의 창작지도이론과 변화 과정

1) '수령형상문학'의 창작지도이론

『수령형상문학』은『주체문학론』에 기초하여 수령형상창조의 원칙을 제시하고 있다.『수령형상문학』을 이해하기 위해서는 먼저『주체문학론』에서 제시하고 있는 북한 소설의 창조규정에 대한 이해해야 할 필요하다. 이해를 돕기 위해『주체문학론』에서 서술된 내용을 바탕으로 북한소설의 소설 창조 규정을 모형화하면 다음과 같다.

<그림 1>『주체문학론』에 서술된 북한소설의 창조규정[3]

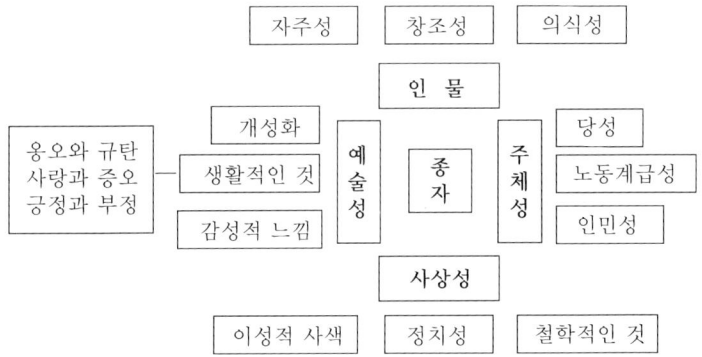

위의 모형에서 알 수 있듯이『주체문학론』에서는 소설을 창조할 때 가장 중요한 것은 종자이다. 종자를 통해 인물, 주체성, 사상성, 예술성이 잘 드러나는 작품을 창작해야 한다. 작품에서 인물은 자주성, 창조성, 의식성이 잘 나타나야 한다. 인물과 내용에는 주체성과 사상성이 드러나야 하는데 당성, 노동계급성, 인민성을 통해 주체성을, 이성적 사색, 정치성, 철학적인 것을 통해 사상성을 담보함으로써 북한이 지향하는 사회주의적인 내용과 공산주의적 인간형을 완성할 수 있다는 것은 것이다. 또한 작품은 예술성을 갖추어야하는데 그것은 개성화와 생활적인, 감성적인 느낌을 통해 그려내도록 하고 있다. 특히 생활적인 것에는 옹호와 규탄, 사랑과 증오, 긍정과 부정이 대비되어 나타나야한다고『주체문학론』은 밝히고 있으며, 이것은 북한에서 소설을 창작하는 데 기본 지침이 된다.

'수령형상문학'의 대표적인 작품은 총서 불멸 시리즈이다. 북한에서는 '불멸의 력사' 시리즈의 의의에 대하여 총서 '불멸의 력사'의 창작은 "위대한 수령 김일성동지의 형상 창조문제가 우리 문학에서 가장 높은 사상예술적 경지에서 해결되고 로동계급의 수령 형상창조문제에서 참다운 본보기가 마련되었다는 것을 알리는 일대 사변"이며 "소설문학에서 새로운 총서형식을 개척한 문예사적 업적"[4]이라고 말하고 있다.

『수령형상문학』이 수령형상창조에 한정되어 있다면『주체문학론』은 '수령형상문학'을 대표하는 총서의 창작기준과 원칙을 전반적으로 기술하고 있다. 김정일은『주체문학론』에서 총서의 대두 배경과 정의, 형식, 창작기준, 창작 원칙들을 다음과 같이 밝히고 있다.

총서의 대두 배경에서 대해서는 수령의 위대성을 체계적으로, 전면적으로 깊이 있게 형상하기 위해서라고 밝히고 있으며, 김일성의 혁명역사를 체계적으로, 전면적으로 깊이 있게 그린 '혁명적 대작'을 하나의 통일적 제목으로 묶어 놓은 것이라고 정의하고 있다.[5]

총서의 형식에 대해서는 총서를 이루는 작품들은 서로 연관되면서도 독자성을 가져야 하며, 총서형식의 소설들은 하나의 제목 밑에 창작되지만 그 하나하나가 상대적으로 독자성을 가져야 하며 따로 떼어놓고 보아도 손색없는 완결된 작품이야 한다. 특히 '수령의 혁명활동을 단계별로 일정한 역사적 사변을 중심으로 하여 매 장편 소설이 쓰여져야 하며 김일성의 혁명투쟁 과정이 일대기식이나 전기식으로 쓰여져서는 안 된다'[6]고 강조하고 있다.

창작 기준에 대해서는 첫째, 역사적 사실과 원형에 기초하여 통일시켜야 한다. 작가가 허구적으로 설정한 인물의 경우에는 일률적으로 통일시킬 필요가 없지만 역사적으로 알려진 인물은 원형을 살리는 원칙에서 성격적 특징과 투쟁 사실을 그대로 옮겨야 한다. 둘째, 작가의 주관적 의도는 '작품의 생리에 철저히 복종되어야 한다'[7]고 밝히고 있다.

그리고 다음과 같이 10가지의 창작원칙을 제시하고 있다. ①노동계급의 수령은 조국과 민족, 혁명과 건설의 운명을 좌우하는 가장 근본적인 문제를 풀어 나간다. 작품은 이러한 형상과제를 내세워야 한다. ②수령형상에는 수령의 특출한 지위와 역할에 어울리는 문제가 제시되어야 한다. 즉 혁명의 전략과 노선을 세우고 그 관철을 위해서 당과 대중을 현명하게 이끌어 나가는 영도예술의 기본을 보여줘야 한다. ③수령형상 작품에는 심오한 철학이 있어야 한다. ④수령형상 작품에 나오는 인물들은 일정한 사회적 계층의 대표자로 전형화되어야 한다. 상대되는 인물 역시 인물의 격을 낮추는 방법으로가 아니라 더욱 높이는 방법으로 형상화 되어야 수령의 권위가 보장된다. ⑤작품의 주제는 수령의 풍모와 혁명활동, 업적과 관련되는 문제여야 하며 사상은 수령의 위대성을 높이 칭송하려는 작가의 사상미학적 주장으로 나타나야 한다. ⑥작품내용은 철저하게 역사적 사실에 맞게 창작되어야 한다. ⑦철저하게 수령을 주인공으로 중심에 세워야 한다. ⑧당의 특성을 정확히 반영함으로써 당의 위대성을 깊이 형상화해야 한다. ⑨주체형의 인간전형을 창조해야 한다. ⑩종자를 바로 세워야 한다.[8]

그러나 김일성의 '혁명투쟁 과정이 일대기식이나 전기식으로 쓰여져서는 안 된다'는 창작원칙에도 불구하고 '불멸의 력사' 시리즈는 일대기식이나 전기형식의 틀에 벗어나고 있지 못한 것이 그 한계라 할 수 있다. 이것은 공식적이지는 않지만 김일성보다 전기형식을 지향하는 김정일의 요구가 수용된 결과라 할 수 있다.

'불멸의 력사' 시리즈는 이와 같은 기준과 원칙 속에서 김일성과 항일빨치산들의 혁명투쟁 과정을 그린 작품이다. 북한소설 40년사에서 최고의 작품이라고 일컬어지는 '불멸의 력사'는 1972년부터 간행되기 시작했다. 이것은 단지 김일성의 투쟁 위업만을 그린 것이 아니고 그의 가계까지 그려 내고 있으며, 실존 인물인 차광수, 김혁, 권영벽, 오중흡 등 산화해 간 항일빨치산들의 영웅적인 투쟁과 고뇌를 그림으로써 '혁명적 전통'을 부각시키고 있다.[9] 항일무장투쟁을 형상화하는 작업은 1990년대 이후에는 김정일의 형상화로 이어지게 된다.

『주체문학론』에서 제시한 총서 창조 규정에 기초하여 윤기덕은 『수령형상문학』을 통해 수령형상의 창조 원칙을 제시하고 있는데 그 내용은 다음과 같다.

그는 이 책에서 수령형상의 중요성을 "수령형상이 사회주의, 공산주의 문학예술의 근본 사명을 가장 원만히 수행할 수 있게 하는 문제"[10]이기 때문이라고 밝히고 있다. 그 근거로 첫째, 노동계급의 위업이 노동계급의 정치적 수령의 위업이기 때문이라는 것이다. 둘째, 수령은 공산주의 전형의 귀감인 만큼 노동계급 문학 가운데 수령형상만큼 수령의 위대성을 깊이 있고 감동적으로 보여줄 수 있는 형상이 없으며, 인민들을 수령에게 충직한 혁명전사로 키우는 최상의 수단[11]의 의미를 갖는다고 밝히고 있다.

수령형상의 본질 수령형상이 보통혁명가의 형상이나 보통지도자의 형상과 구별12)된다. 따라서 '수령형상문학'에서 수령형상의 원칙은 다음과 같다.

1) 최대의 정중성을 가지고 최상의 사상예술적 수준에서 형상하는 것이 수령형상창조의 가장 중요한 원칙이다. 노동계급의 수령을 최대의 정중성을 가지고 형상하여 그리는 것은 첫째, 문학예술작품으로 하여금 수령의 위대성을 감명 깊게 보여주고 수령의 절대적인 권위와 위신을 옹호보위하며, 둘째, 인민들을 수령에 대한 무한한 충실성으로 교양하고 수령의 혁명위업을 완성하기 위한 투쟁에로 불러일으키는 기능과 역할을 훌륭히 수행하게 하는 확고한 담보13)하는 수령관에서 입각한 원칙이 수령형상문학에 크게 작용하고 있기 때문이다. 북한은 수령에 대한 정중성을 위해 작가들에게 충성심과 혁명적 수령과 혁명적 세계관으로 철저히 무장할 것을 요구하고 있다. 셋째, 수령은 언제나 밝게 묘사되어야 하는데 수령의 형상을 밝고 정중하게 형상하는데서 경계해야할 문제는 '무겁고 감상적인 정서적 색채가 나타나지 않게 하는 것'14)이라고 지적하고 있다. 정중하고 숭고한 감정과 감상적인 것은 서로 다르다는 것이 이들의 입장이다. 북한에서 감상적인 것을 착취계급사회의 고유한 우울하고 어두운 정서적 색채로 파악하고 있게 때문이다. 따라서 노동계급의 수뇌인 수령형상에서 비애와 애수와 같은 절망적이고 무거운 정서적인 색채를 경계하며, 밝고, 유쾌한 자애로운 이미지로 형상화 되고 있다.

그리고 이것은 수령의 이미지에만 국한되는 것이 아니라 분위기나 내용 전체에 적용되고 있다. 이에 따라 인물들의 감상적인 부분이나 묘사 등은 총서가 재판발행 되면서 삭제되고 있다. 일례로 북한에서 김일성에 대한 밝고 정중한 이미지가 가장 잘 표현된 작품이라는 평가받고 있는 <준엄한 전구> 1981년 판에서 홍치도가 강반석이 살던 양강구에 도착하여 부모와 동생을 잃은 김일성을 생각하며 애수에 잠겨 눈물을 흘리는 원고지 5장 분량(총992자)의 장면15)이 1987년과 1991년판에서는 삭제되어 있다. 이것은 1980년대 후반기부터 수령형상문학 창작의 원칙이 적용되고 있음과 수령형상창조에 대한 고민이 1980년대부터 시작되었음을 알게 한다.

2) 수령의 형상창조는 역사적인 사건과 사실에 철저하게 기초하여야한다. 북한에서 수령은 비범한 예지와 탁월한 영도력, 고매한 덕성을 한몸에 지니고 심오한 혁명이론과 혁명실천으로 자주성을 위한 노동계급과 근로인민대중의 투쟁을 곧바른 승리에로 이끌어나가는 인물로 인식되고 있다. 수령의 혁명역사에 실재한 사건들과 사실들에는 수령의 탁월한 혁명사상과 혁명업적, 영도의 현명성과 고매한 덕성이 반영되어있으며 혁명발전의 본질과 합법칙성이 체현되여있다. 그러므로 실재한 역사적 사건과 사실에 충실히 의거하는 것은 수령의 형상창조에서 나서는 중요한 원칙적 요구가 된다는 것이다.16)

북한에서 수령형상 작품은 수령의 업적에 후대들을 교양하기 위해 길이 전해야하는 항구적인 가치를 지닌 문학이다. 그런 이유로 살아있는 학습 자료로 보게 될 수령형상 작품에서 취급한 역사적 사실이 정확하지 않거나 호상의 차이가 작품의 역사·문헌적 의의와 교양적 가치를 약화시키는 과오라는 시각을 보인다.

그렇다고 해서 문학작품을 작가가 재현자료나 원형이 주는 역사적 사실을 그대로 받아들이고 그대로 재현하는 것을 요구하지도 않는다. 작가는 예술적 전형화의 요구에 맞게 비본질적인 것, 우연적인 것을 배재하고 본질적인 것 필연적인 것만을 살리기 위해 허구를 이용하여 실재한 자료를 가공해야한다17)는 것이다.

'수령형상문학'은 북한 중심, 수령 중심의 역사관을 중심으로 작품이 창작되고 있다. 이것은 필연적이고, 본질적 것만을 추출해내기 위한 노력에서 비롯된 것이라 할 수 있다. 그러나 문제는 '수령형상문학'이 과도하게 수령 중심의 역사관에 경도되어 있다는 것이다. 역사적 사실에 기초하되 허구를 무시해서는 안 된다는 김정일의 교시는 수령 중심의 역사관을 의도적으로 조장하고 있다. 허구의 이용은 역사소설의 예술성과 함께 재미를 높이는 기능을 한다.

그런데 허구의 이용이 수령형상 창조에서 역사 왜곡에 주요한 영향을 미치고 있다. 북한이 강조하는 것처럼 '수령형상문학'은 역사적인 사실에 기초하여 작품이 창작된다. 그리고 실존 인물에 대한 고증 역시 철저하게 이루어진다.

북한문단의 역사적 실재성의 기준은 정책에 따라, 사건에 따라 달라지고 있으며 허구에 의한 역사왜곡이 진행되면서 역사적 진실성에 대한 문제가 발생하고 있다. 이것은 개작과정을 통해 드러난다.[18] 수령형상 작품 중 총서는 다른 작품들에 비해 개작이 많이 진행되는 작품들이다. 이 작품들은 재판을 거듭하면서 지속적으로 개작이 된다. 북한은 전형적 의의가 현대적 가치가 없을 때 버리거나 새롭게 개작해야한다고 주장하고 있지만 현대적 가치문제로 인해 많은 작품들이 개작과정을 거치면서 허구의 강화를 통해 오히려 역사를 왜곡하고 있는 것이다.

그리고 유독 수령에 대해서만은 종자를 문제 삼아 역사적 실재성에 대한 이중적 잣대를 작용하고 있다. 실존인물들에 대해서는 철저한 고증을 통해 인물이 실재의 삶과 다르게 표현이 되었을 때 개작을 통해 바로잡는 반면 수령형상은 개작과정에서 허구를 더욱 강화하여 역사적 사실을 미화하고 있다. 그렇다고 해서 총서의 내용이 모두 왜곡되거나 거짓은 아니다. 역사적 사실에 기초한 한 세부 사건이나 결과를 미화함으로써 왜곡의 소지를 낳고 있는 것이다.

총서는 역사적 사실을 기초로 하고 있기 때문에 역사소설로써 충분히 읽힐 만하다. 단 이것은 '불멸의 력사' 시리즈 중 해방 전편에만 해당되는 사항이다. 해방 전편은 만주에서의 항일무장투쟁을 다루고 있어 국내외적으로 사실을 검증할 수 있는 자료가 있지만 해방 후편과 '불멸의 향도'는 역사적 사실을 검증 할 수 있는 자료가 북한사서에 국한되기 때문이다. 따라서 총서를 독서할 때는 역사에 대한 지식과 다루고 있는 사건에 대한 정확한 정보가 필요하다.

3) 수령형상을 창조할 때 수령을 인민들과의 혈연적 연계 속에서 형상해야 한다. 혁명과 건설의 주인으로서의 인민대중의 지위와 역할은 수령의 영도에 의하여 담보되기 때문이다.[19]

수령은 인민근로대중의 총의에 의하여 추대된 인민의 대표자이며, 최고의 뇌수이다. 그러므로 그는 정치, 경제, 문화, 군사 등 폭 넓은 사업영역, 여러 계급·계층의 인물들과 다양한 인간관계를 맺는다. 따라서 작품은 여러 계급·계층과 관계를 맺는 수령의 모습을 그려야한다. 이를 위해 『수령형상문학』은 "생산현장에서 일하는 노동자, 농민, 인민군장병들을 비롯한 가장 평범한 근로인민대중을 기본적으로 등장시"[20]킬 것을 요구하고 있다. 다양한 인간관계를 맺는 수령을 통해 의도하고자하는 것은 수령의 위대성과 영도력에 대한 강조이며, 이를 통해 인민들의 충성심을 요구하는 것이다. 따라서 수령이 인민들 속에서 생사고락을 같이 하는 모습을 통한 혈연적인 유대의 강조는 형상창조에서 중요한 원칙이 되고 있다.

4) 위대한 인간인 수령의 풍모와 생활을 진실하게 형상한다. 예지와 탁월한 영도력, 확고한 혁명적 원칙성, 불요불굴의 혁명정신, 인간애, 고매한 덕성, 자애로운 인품은 수령의 풍모와 자질을 규정하는 특징이다. 따라서 수령의 형상창조에서 수령이 지니고 있는 위대한 인간으로서의 풍모를 생활적으로 진실하게 철학적으로 심오하게 형상하는 것이 중요한 원칙적 요구로 나서게 된다[21]는 것이다.

수령의 위대한 인간형상을 창조하기 위해서 격식화[22]를 배격하고 인간세계를 깊이 파고드는 것이 중요하다고 강조하고 있다. 이를 위해서

격식이 없고 허물없는 혈연적 관계로 그리라는 것이다.

이처럼 혈연적 관계를 강조하고 수령에게 지배하는 지배자의 의미보다 안내자인 영도자의 의미를 부여하는 것은 스스럼없는 인자한 성품의 체현자로 그림으로써 인민들로부터 존경과 흠모, 신뢰와 지지를 얻게 하기 위함이다.

위의 원칙들이 강조하는 것을 요약하면 역사적 실재성에 기초하여 수령에 대한 존경심을 가지고 인민들의 존경을 받는 위대한 인물로 그리며, 수령의 위대성과 자애로움에 호응하여 충실성을 보이는 인물들을 그리라는 것이다. 그러나 수령을 존중성을 가지고 위대한 인물로 그려야하며 그것이 바로 작가들이 충실성을 보이는 것이라는 이 원칙은 절대군주에 대한 일종의 불안의식으로까지 비쳐진다. 북한에서 수령이 위대한 인물이라는 것은 가장 보편적인 인식일 것이다. 하지만 위대성에 대한 과도한 강조와 그것을 충실성으로 연결 짓는 것은 오히려 수령은 진정 위대한 인물이 아닐지도 모른다는 의심을 불러일으키게 한다.

그리고『수령형상문학』이 지니고 있는 또 하나의 맹점은 이론의 논리성이 약하다는 것이다. 북한의 보편적인 절대가치를 통시적인 관점에서 강조하고는 있지만 설득하는 데는 실패하고 있다. 뿐만 아니라 수식의 나열과 반복, 동일한 문장의 반복은 글의 독해를 방해하는 요인이 되고 있다.

2) 계승자형상문학으로써의 '불멸의 향도'

총서 시리즈는 김일성과 항일 빨치산들의 업적, 투쟁과정 그리고 한국전쟁 이후 시기까지를 다룬 '불멸의 력사'와 김정일의 업적을 소재로 한 '불멸의 향도'로 나뉜다.

총서의 주된 내용은 주체사상의 위대성을 통해 국가의 정통성과 위

상을 보여주는 것을 기본 골격으로 하고 있다. '불멸의 향도' 역시 이와
같은 기조가 전반을 지배하지만 2000년대 들어 창작된 작품들은 선군사
상, 경제 침체와 본격화된 조·미의 관계에 대한 문제를 적극적으로 반영
하고 있다.

'불멸의 향도'는 현재 '수령형상문학'으로 분류되고 있지만 향도 시
리즈를 검토해볼 때 아직까지는 계승자형상문학의 자리에 위치하고 있
다. '불멸의 향도'를 '수령형상문학' 내에서 계승자형상문학으로 하위분
류를 하고자 하는 것은 기조는 물론 창작원칙, 형식면에서도 '불멸의
력사'와 미묘한 차이를 보이고 있기 때문이다.

『주체문학론』이 '주체 사실주의'에 의거하여 소설 창작 전반에 관해
서술을 하고 있다면『수령형상문학』은 '수령형상문학' 창작방법에 집중
되어 있으며, 계승자인 김정일에 대한 형상지침을 별도로 제시하고 있
다. 수령의 계승자를 형상화한 문학은 수령을 형상화한 문학과 구별되
는 특성을 지니는데 이 특성이 바로 김정일의 형상에 대한 창작지침이
다. 첫째, 수령 계승자의 형상은 수령형상의 모든 내용을 다 갖추면서도
수령에 대한 충실성이 핵되어야 한다는 것이다. 둘째, 사상과 탁월한 영
도력, 고매한 덕성을 지닌 당과 혁명의 세련된 지도자의 모습이어야 한
다. 셋째, 수령의 계승자는 수령이 개척한 혁명위업을 계승하고 완성해
나가는 모습을 보여 주어야 한다. 넷째, 혁명위업이라는 중대한 사명을
담당할 수 있는 특출한 풍모를 지녀야한다[23]고 요구하고 있다.

그리고 수령의 계승자인 김정일을 수령과 똑같이 생각하고 수령을
형상하는 문학과 똑같이 최대한의 정중성을 가지고 창작해야 한다[24]고
요구하고 있다. 수령의 계승자에 대한 충실성이 곧 수령에 대한 대를 이
은 참다운 충실성이 되기 때문이라고 그 이유를 밝히고 있다. 이것은 계
승문제에 대한 국민적 파고를 좁히려는 의도에서 비롯된 것으로 보인다.

이에 따라 김정일은 <푸른하늘>·<영생>·<총검을 들고>·

<라남의 열풍> 등에서는 충성심 깊은 수령의 자녀로, <예지>·<전환>·<평양은 선언한다>·<전환의 년대> 등에서는 문예 이론가이며 위대한 사상가로, <동해천리>·<력사의 대하>·<서해전역>·<별의 세계>에서는 탁월한 영도자로, <총검을 들고>·<총대>에서는 비범한 전략가로, <강계정신>에서는 자애로운 아버지의 모습으로 그려지고 있다. 계승자가 수령과 동일하면서도 구별되게 그려지는 이유는 정통성 확립과도 연관이 있지만 한편으로는 '우리 식 사회주의' 고수 및 강화의 다른 표현으로도 보인다.

2. 총서의 창작방법과 4·15문학창작단

소설에서 '수령형상문학'의 선구자적 역할을 한 사람은 한설야로 그는 지금의 '수령형상문학' 형성에 중요한 역할을 하였다.[25] 북한에서 '수령형상문학'의 본격적인 성과물이 나오기 시작한 것은 4·15문학창작단이 창단된 이후부터이다. 4·15문학창작단이 집체창작을 하고 있는 총서 '불멸의 력사'와 '불멸의 향도'는 수령형상문학의 본보기라 할 수 있다.

4·15문학창작단의 건설은 북한의 지도이념의 변화를 가져오면서부터 제기되었다. 북한은 조선로동당 제4차 대회(1961.9.11~18)부터 마르크스·레닌주의, 항일무장투쟁의 혁명전통을 지도이념으로 세우면서 이념의 변화를 시도한다.[26] 그리고 조선로동당 제5차 대회(1970.11.2~13)부터는 지도이념을 마르크스·레닌주의, 항일무장투쟁의 혁명전통을 마르크스·레닌주의에서, 주체사상으로 전환시킨다.[27] 주체사상의 지도적 원칙은 1955년 당선동원대회에서부터 나타나기 시작해서 당중앙위원회 제4기 15차 전원회의를 통해 완성된다. 이것을 도표화하면 다음과 같다.

<표 1> '주체' 확립의 전개과정과 정책노선

내 용	시 기	배 경
사상에서의 주체	당선동원대회(55.12.28)[28]	스탈린 사망, 당내 국내파 숙청
경제에서의 자립	당중앙위원회 전원회의(56. 12.11)[29]	대외원조 감소, 8월 종파사건
정치에서의 자주	당중앙위원회 12월 전원 확 대회의 (57.12.5~6)[30]	공산권내 개인숭배 반대운동 당내 연안파, 소련파 타도
국방에서의 자위	당중앙위원회 제4기 5차 전 원회의 (62.12.10~14)[31]	중·소 분쟁의 심화와 미·소 공존 모 색, 쿠바 미사일 위기, 한국의 5·16 쿠데타

정책노선의 확립 직후 김일성은 1963년부터 천세봉과 4·15문학창작 단 건설을 추진한다.[32] 4·15문학창작단의 건설은 배경은 크게 두 가지 로 요약할 수 있다. 첫째, 1961년 9월의 제4차 노동당대회에서 김일성은 권력 장악한 후 안정의 일환으로 항일무장투쟁에 정권의 정통성을 부여 하고, 교양할 필요성을 느꼈기 때문이다. 갑산파의 숙청 작업과 동시에 유일사상체계의 확립에 박차를 가하기 시작한 북한은 수령제로 나가기 위한 기초 작업으로 4·15문학창작단 건설을 제기한 것이다.

둘째, 4·15문학창작단의 건설이 후계자로 지목될 김정일의 등장 통 로였다는 점에서 창작단의 건설과정은 전략적이며, 정치적 색채를 띠고 있다.[33] 특히 4·15문학창작단은 혁명가계를 형상화함으로써 이후 김정 일의 후계체제를 형성하는 데 발판이 되고 있다.[34]

4·15문학창작단은 총서라는 특성에 기인하여 조직적으로 창작방법 을 선택하고 있는 데 그것이 바로 집체창작[35]이다. 총서와 같은 방대한 소설 창작은 개인의 힘으로는 불가능하다. 4·15문학 창작단은 이와 같 은 필요성에 의해 조직된 집체창작단이다. 집체창작이란 여러 사람들의 창조적 지혜와 힘에 의거한 창작으로 사회주의권에서 일반화 되어 있는 창작 형태이다. 집체창작에서 중요한 것은 창작가들의 개성적 특성을 충분히 발양시키면서 여러 사람들의 지혜와 재능을 최대한으로 발휘시

키고 조화롭게 통일시키는데 있다. 북한에서는 집체창작의 전통을 항일
혁명투쟁 시기에서부터 찾고 있다.

> 우리가 항일무장투쟁을 할 때에는 작가도 없었고 작곡가도 없었지
> 만 연극도 하고 노래도 짓고 잡지나 소책자도 만들어냈습니다. 우리는
> 모여앉아 서로 의논해가지고 각본도 만들고 노래도 지었습니다. 그래
> 도 우리의 연극을 보고 군중은 좋다고 하였으며 거기에서 감동된 많은
> 청년들이 유격대에 막 들어왔습니다.[36]

위의 내용을 볼 때 북한은 집체창작이 작품창작에 여러 사람들의 창
조적 지혜와 재능을 동원함으로써 창작속도와 작품의 사상예술적 질을
높일 수 있게 한다고 판단하고 있다. '불멸의 력사' 시리즈는 시기 구분
에 기초한 연대기적 작품이 아니라 한편이 완결된 작품으로서 중요 사
건을 중심으로 집필, 편찬된 것으로 이것 역시 다음의 교시에서 비롯된
형식이다.

> 친애하는 지도자동지께서는 위대한 수령님의 혁명적력사를 형상한
> 장편소설들을 기계적으로 시기구분하여 쓰지 말고 독자성과 특색을
> 가진 하나의 완결된 작품으로 되게 할데 대하여 가르쳐주시었다.[37]

'불멸의 력사'가 처음부터 총서의 형식을 택한 것은 아니다. 창작단
내 작가들은 총서 창작에서 전기형식과 일반소설이라는 두 형식을 놓고
이견차를 좁히지 못했다. 그래서 처음 총서 창작에 임한 4명의 작가는
쓰고 싶은 형식으로 처음 4편의 작품을 창작한다.[38]

김일성은 전기형식으로 처음 창작된 천세봉의 <혁명의 려명>을 읽
고 전기성을 없애라는 지시를 내린다. 그리고 <혁명의 려명>은 소설형
식으로 다시 창작된다. 그러나 김정일은 1966년 2월 7일 조선작가동맹
중앙위원회 위원장과 한 담화[39]에서 김일성이 자신의 전기를 쓰거나 형

상하지 말고 어떤 혁명가를 주인공으로 하여 소설을 쓰라고 하지만 우리는 이에 대하여 심중하게 생각하여야 한다고 말하며 총서에 대한 자신의 견해가 김일성과 다름을 밝히고 있다. 그의 이러한 견해는 이후 총서의 창작에 적극 반영되며, 4·15문학창작단이 김정일에 의해 관리되면서 전기에 대한 지향은 더욱 강화된다.

총서는 북한에서 중요한 시기라고 판단되어지는 시기나 사건들은 집중 조명하고 있으며, 중요한 시기나 사건들은 창작단 내의 여러 작가들에 다양한 시각으로 조명되고 있다. '불멸의 력사'에서 가장 많이 다루어지고 있는 시기는 '고난의 행군' 시기[40]이며 중요하게 다루어지고 있는 사건들은 홍기하 전투, 보천보 전투, 조국광복회 사건 등이다. 홍기하 전투는 김병훈 <준엄한 전구>, 리종렬의 <붉은 산줄기>, 보천보 전투는 현승걸·최학수의 <백두산 기슭>, 최학수의 <압록강>, 조국광복회는 현승걸·최학수의 <백두산 기슭>, <잊지 못할 겨울> 등에서 그려지고 있다.

출간된 총서의 작품을 볼 때 4·15문학창작단에서 활발히 활동을 하고 있는 작가는 수십명[41]으로 보인다. 창작실 중 규모가 큰 곳은 '우산장창작실'과 '평양창작실'이다. 작가들은 창작실에 소환되면 그곳에 머물며 집필활동을 한다. 그리고 작가에게는 한사람의 편집위원이 배치되어 그의 창작을 돕도록 되어 있다.[42]

총서의 창작과정은 다음과 같다. 총서는 4·15문학창작단에 속한 작가들이 북한에서 역사적인 사건이나 시기를 분공 받아 개별적으로 창작을 한다. 먼저 작가동맹을 통해 당의 창작계획이 하달되면 작가들은 그 범위 내에서 창작계획을 월별·분기별·연간 등으로 구분 제출한다. 당에서 할당한 주제를 일정한 비율로 배분, 자신의 창작계획을 세운 작가는 작가동맹을 통해 당의 비준을 받는다. 그리고 작가들은 분공 받은 시기에 대한 자료수집, 고증, 혁명유적지의 답사, 자료분석을 거쳐 작품

창작에 들어간다.

　4·15문학창작단의 경우는 초고가 완성되면 김정일과 창작집단, 편집 집단에 전달된다. 이들의 윤독을 거쳐 수정방향이 제시되며, 원고가 수 정된다. 그리고 심의본이 다시 이들의 윤독을 통해 수정되며, 완성본을 찍을 때까지 위와 같은 과정을 되풀이 한다.[43] 초고·심의본·완성본 에 거쳐 수정방향이 제시된 후에야 책이 출판된다. 이와 같은 심의를 거쳐 출간되는 총서는 북한 문학에서의 모범소설의 지위를 차지하며 교 양서의 역할을 담당하고 있다.

　현재도 '불멸의 력사'와 '불멸의 향도'는 지속적으로 출간되고 있으 며 계승자를 형상하고 있는 '불멸의 향도'는 2000년대에 출간된 작품부 터는 "고난의 행군기"를 다루고 있다.

3. 수령 중심의 역사적 형상화에서 현실 중심의 역사적 형상화로 변화

1) 수령형상문학 내에서 '불멸의 향도'의 변화 과정과 특성

　총서의 내용은 주체사상의 위대성을 통해 국가의 정통성과 위상을 보여주는 것을 기본 골격으로 하고 있다. '불멸의 향도' 역시 이러 같은 기조가 전반을 지배하지만 2000년대 들어 창작된 작품들은 경제 침체와 본격화된 조·미의 관계에 대한 문제를 적극적으로 반영되고 있다.

　북한에서 김정일을 형상화한 문학이 창작된 것은 1970년대부터이다. 단편소설과 송시 등으로 창작되던 김정일 형상문학은 1988년 현승걸의 <아침해>[44]를 시작으로 장편소설화 되기 시작했다.

1990년 2월 16일 김정일 생일을 맞아 ≪문학신문≫에 실린 사설 "친애하는 김정일 동지의 위대성과 불멸의 업적을 형상한 문학작품을 더 많이 창작하자"는 총서 '불멸의 향도'의 창작선언으로 볼 수 있다. 이 사설에서는 김정일 형상창조의 구체적 세부사항 등이 제시되어 있다. 그리고 이 창작 지침에 의거하여 1990년부터 '불멸의 향도'가 본격적으로 출간되기 시작한다.

수령 계승자 형상 문학 즉 김정일 형상문학인 '불멸의 향도'의 등장은 시기적인 면에서 '불멸의 력사'의 창작과는 다른 의미를 지닌다.

첫째, 역사관의 변화이다. '불멸의 력사'가 국가안정 시기에 정권의 정통성을 부여하기 위하여 등장하였다면 '불멸의 향도'는 북한 경제가 이미 붕괴되기 시작한 1990년대부터 나오기 시작했다. 따라서 '불멸의 력사'가 '로동계급의 수령 형상창조문제에서 참다운 본보기가 마련되었다는 것을 알리는 일대 사변'이며 '소설문학에서 새로운 총서형식을 개척한 문예사적 업적'45)이라면 '불멸의 향도'는 다수의 작품들이 당시 시대상황과 밀접한 연관을 맺고 있다. '불멸의 향도'의 초기 작품이 향도자인 김정일의 위인상에 초점을 맞추고 있는 것이 분명하다.

그러나 1990년대 후반에 출간된 작품부터는 수령형상문학으로써 '로동계급의 수령 형상창조문제에서 참다운 본보기'를 보여주기보다는 당시의 국내외의 정치상황에 민감하게 반응하고 있으며, 2001년 이후부터는 국내의 경제난의 극복과정에 초점이 맞추어져 있다. 2000년대 이후 작품들은 <강계정신>, <라남의 열풍>, <총대> 등에서 알 수 있듯이 제목 자체가 현재 북한에서 중심 구호화되어 있는 시대정신이라는 점에서 현재 북한의 상황을 대변해주고 있다고 볼 수 있다. 총서는 수령 중심의 역사관을 보이는 '불멸의 력사'에서 '불멸의 향도'에 이르러서는 현실 중심의 역사적 형상화로 변화를 보이고 있다.

둘째, 계승자에서 지도자로 변화하고 있다. 1990년대 초반 계승자의 자질인 영도성 검증에 주력하던 '불멸의 향도'는 1990년대 후반부터 계승자인 김정일의 모습보다 국가 위기에 대처해 나가는 지도자의 모습으로 그려지고 있다.

그리고 1990년대에 출간된 총서에서 계승자의 모습이던 김정일은 2000년대 출간된 작품들[46]에서는 수령보다 더 강력한 힘을 지닌 모습으로 등장하며 수령의 모습에 가까이 다가와 있다. 최고사령관인 그가 수령보다 더 강력한 모습으로 등장할 수 있는 것은 그의 성격적인 측면과 더불어 군사 우선의 '총대철학', '선군사상'이라는 사상적 토대가 마련되어 있기 때문이다. 김정일은 정책결정에 있어 때로는 독단적이고 무자비한 모습으로 등장하는데 그의 이와 같은 모습은 자애로움과 원칙을 강조하는 김일성과는 다른 모습이다.

셋째, 목적의 변화가 보이고 있다. 주체사상의 위대성을 통한 정통성 확보에서 시작된 '불멸의 력사'와는 달리 '불멸의 향도'는 자유주의에 대한 방어와 협소한 사회주의의 범위를 확대하려는 사고에서 출발하고 있으며, 국가 위기를 심각하게 반영함으로써 국가적 위기에 대한 국민의 불안을 잠식시키고 국난을 타개해 나가기 위한 정치적 목적을 강하게 드러내고 있다.

넷째, 형식면에서도 변화가 나타난다. '불멸의 력사'가 역사적 실재성에 비교적 충실한 작품이라면, '불멸의 향도'는 김정일이 강조했던 역사적 실재성 문제에서 어느 정도 자유로워졌으며, 허구적인 측면이 강화되고 있다. 국내 문제는 비교적 역사적 실재성에 충실하고 있으나 국제관계의 묘사는 김정일의 직접적인 연관성으로 인해 허구성이 강하게 작용하고 있다. 이것은 '수령형상문학'에서 계승자는 수령과 마찬가지로 정중성을 가지고 묘사해야 한다는 원칙 때문이다. 그런 이유로 김정일은 언제나 외교에서 승리자의 모습으로 등장한다. 이것은 작가는 재현 자료나 원형이 주는 역사적 사실을 그대로 받아들이고 그대로 재현하는 것이 아니라 예술적 전형화의 요구에 맞게 비본질적인 것, 우연적인 것을 배재하고 본질적인 것 필연적인 것만을 살리기 위해 허구를 이용하여 실재한 자료를 가공해야한다[47])는 원칙과도 연관이 있다.

다섯째, '불멸의 력사'가 이미 혁명성이 입증된 항일혁명가들을 주요 인물로 선택하여 그들의 영웅성을 보여주는 반면 '불멸의 향도'는 작품을 통해 현재적 가치를 지니는 시대의 영웅을 선별해 내고 있다.

여섯째, '불멸의 향도'는 '불멸의 력사'와는 달리 김정일과 사망한 사람을 제외하고는 실존인물의 실명을 사용하지 않고 있다.[48]) '불멸의 력사'도 첫 출간 이후 15년이 지난 후에야 실존인물들의 이름을 실명으로 통일한 바 있다.[49]) 따라서 전례에 비추어 봤을 때 '불멸의 향도' 역시 시리즈로 출간될 경우 개작과 실명으로 이름이 통일 될 것으로 보인다.

일곱째, 독자층의 변화를 들 수 있다. 독자층의 변화는 먼저 인쇄부수의 변화에서 포착할 수 있다. '불멸의 력사'가 작품에 따라 초판 발행 부수가 기본 5만부에서 최대 20만부[50])까지 인쇄되었으며 이후에도 계속 재판되고 있는 반면 '불멸의 향도'는 1만부를 초판 발행 한 후 개작본에 한해 재판 발행을 하고 있다.

총서의 간행부수 축소는 북한의 경제사정과도 연관을 맺고 있겠지만 교양대상의 이동과도 연관하여 추측해볼 수도 있다. '불멸의 력사'가 전 인민적 필독서인 동시에 교양서였다면 '불멸의 향도'는 당원 교양의 목적이 강화되고 있는 것으로 보인다. 그것은 등장인물의 변화에서도 확인할 수 있다.

김정일의 지도자적 자질을 부각시키기 위해 광폭정치와 함께 제시하고 있는 '인덕정치'[51]라는 통치방식이 제기된 이후 김정일은 '인덕정치' 구현의 장애요소로 간부들의 세도와 관료주의 부정부패척결을 지목하였다.[52]) 이것은 '불멸의 향도'에 적극 반영되고 있다. '불멸의 력사'에 등장하는 부정적인 인물이나 계도가 필요한 인물이 당원이 아닌 민중이

나 개량주의자들 속에서 배출된 반면 '불멸의 향도'에서는 고급당원들
이 부정적 인물이나 계도대상으로 등장하고 있다. 부정적 인물들의 인
식변화도 당원이 인민을 교화시키던 이전의 소설들과는 달리 당원이 인
민들의 모습에 의한 감화로 역전되어 나타난다. 뿐만 아니라 인민들보
다 당원들에게 영도자에 대한 충실성을 강조하는 것을 볼 때 북한이 지
식인과 고급관료들을 동요세력, 문제적 인물로 지목하고 있다는 것을
알 수 있다.

2) 총서의 발간시기에 따른 정책적 의도와 변화

현재까지 총서는 '불멸의 력사'가 2002년까지 해방 전 17편, 후 14편
이 창작되었으며, 김정일의 업적을 다룬 '불멸의 향도'는 18권이 창작된
것으로 확인되고 있다. 현재까지 4·15문학창작단에서 집필된 총서 '불
멸의 향도'의 집필진과 출간년도, 시대적 배경을 도표로 요약하면 다음
과 같다.

<표 2> 총서 목록[53]

총서 '불멸의 력사' 해방 전편			
작품명	작 가	시대배경 및 개요	출판년대
<1932>	권정웅	1932～1933년 초 1932년/ 김일성의 활동과 강반석, 차광수의 죽음.	1972
<혁명의 려명>	천세봉	1927～1928년 /길림에서의 김일성의 활동.	1973
<고난의 행군>	석윤기	1938～1939년 /김일성이 이끄는 조선인민혁명군의 남패자에서 압록강 연안 국경지대에 이르기까지의 행군과정을 그림.	1976
<백두산 기슭>	현승걸 최학수	1936년 봄 /민생단투쟁, 동강회의와 조국광복회 건설.	1978

<두만강 지구>	석윤기	1939년 고난의 행군 직후 북대정자 회의 방침에 따라 국내진출 단행과정, 김일성의 형상화뿐만 아니라 유격대원들의 내면세계 그림.	1980
<근거지의 봄>	리종렬	19331934년/ 근거지에 인민혁명정부건설과 토지개혁실시, 근거지 사수과정	1981
<대지는 푸르다>	석윤기	1930~1931년/김혁의 체포와 좌익모험주의자들의 5·30폭동 과 8.1폭동, 김일성이라는 이름을 얻게 되는 과정을 그림	1981
<닻은 올랐다>	김정	1925~1926년 /타도동맹의 조직.	1982
<준엄한 전구>	김병훈	1939~1940년 /일제의 대토벌에 대항한 대부대 선회작전을 그림-홍기하전투.	1982
<은하수>	천세봉	1929~1930년 /김일성의 감옥 투쟁과 항일무장투쟁의 제기.	1982
<압록강>	최학수	1936~1937년 /무송현 전투와 도문회의, 보천보전투.	1983
<잊지 못할 겨울>	진재환	1937년 가을~1938년 봄 /김일성의 조선공산당의 임무집필, 조국광복회 회원들의 활동 그리고 혜산사건 등을 다룸.	1984
<봄우뢰>	석윤기	1931~1932년 /김혁의 죽음과 명월구회의부터 반일유격대의 창건까지 김일성의 활약상.	1985
<위대한 사랑>	최창학	1937년 여름 /중일전쟁이 발발한 직후를 시대적 배경으로 김일성의 소년병들에 대한 사랑을 그린 작품.	1987
<혈로>	박유학	1934가을 ~1936 2월 /다홍왜회의와 요영구회의에서 민생단투쟁의 종식을 호소, 근거지해산과 남호두 회의.	1988
<붉은 산줄기>	리종렬	1939년 가을부터 40년대 전반기 /돈하 원정과 홍기하 전투.	2000
<천지>	허춘식	내용 확인 못함. 항일무장투쟁을 다루고 있음.	2000

총서 '불멸의 력사' 해방후편			
<빛나는 아침>	권정웅	1945년 해방 후~1946년 9월까지 /김일성 종합대학을 설립한 김일성의 활동.	1988
<50년 여름>	안동춘	1950년 여름 /서울과 대전 해방전투.	1990 2001년 재출간
<조선의 봄>	천세봉	1945년 가을~1946년 봄 /토지개혁.	1991
<조선의 힘>	정기종	1950년 9월~51년 1월까지 /인천상륙작전 이후 평양 재탈환까지.	1992
<승리>	김수경	1950~1953년 한국전쟁중 /351고지 전투.	1994
<대지의 전설>	김삼복	1958년 농업협동화 과정.	1998
<영생>	백보흠 송상원	불멸의 력사 총결편－김일성 의 생애 마지막해인 1994년을 다룸. 조·미 핵대결. 카터(Carter)의 주체 사상에 관심과 주체사상의 위대성	1998
<삼천리 강산>	김수경	1947년 7월~1948년 9월 /건국.	2000
<번영의 길>	박룡운	전후 복구 건설기.	2001
<열병광장>	정기종	1948년 조선인민군 창건과정.	2001
<개선>	최학수	해방 후 1권에 해당하는 작품.	2002
<푸른 산악>	안동춘	한국전쟁 시기 미국제 25사단과 2사단과의 한달간에 걸친 1211고지54)의 탈환담.	2002
<인간의 노래>	김삼복	1956~1960년을 다루고 있음. 자세한 내용은 확인 못함.	2003
<태양의 찬가>	남대현	1945년 해방후~1955년까지 /재일동포들이 해외공민으로서 자신들을 기억하는 김일성을 그리며 영예를 가지고 살아가는 모습.	2005
총서 '불멸의 향도'			
<예지>	리종렬	1970년대 문학 및 영화예술에 대한 김정일의 영도를 그림.	1990
<동해천리>	백남룡	1970년대 중반 /동해지구 현지지도를 통한 70일전투와 사상 기술문화 3대혁명을 주도한 김정일의 활약상－영도예술.	1995
<푸른하늘>	권정웅	1984년 9월 /한국 수재민에게 구호물자 제공.	1995

<평양은 선언한다>	리종렬	1980년대말부터 90년대 초까지 /동구사회주의권 개혁바람에 맞선 사회주의 재생 운동의 일환으로의 <평양선언>.	1997 2000년 재출간
<력사의 대하>	정기종	1993년 93팀스피리트 훈련으로 촉발된 북·미 핵대결. 핵개발의혹을 증폭시켜 북한과 전쟁을 일으키려는 클린턴(Clinton)과의 대결.	1997
<전환의 년대>	리신현	주체건축 – 인민대학습당, 주체사상탑, 개선탑 건축.	1998
<평양의 봉화>	안동춘	1989년 평양 세계청년축전.	1999
<서해전역>	박태수	1981～1986년 /서해갑문 공사.	2000
<전환>	권정웅	1960년대 중엽 /김정일의 수령론 창시.	2000
<계승자>	백남룡	3～4세대 청년문제.	2002
<별의 세계>	정기종	비 전향장기수 귀환문제.	2002
<강계정신>	리신현	1996～1999년 /수해로 인한 경제문제와 어려운 난관 속에서 발전소 건설을 성공적으로 이루어 낸다는 내용.	2002
<비약의 나래>	리동구	내용 확인 못함.	2002
<총검을 들고>	송상원	금강산발전소 건설을 배경으로 북한의 군대가 혼연일체되어 '혁명적 군인정신'을 창조하고 경제봉쇄 속에서 군인들이 발전소를 성과적으로 건설하여 미국과의 대치에서 승리를 일군다는 내용.	2002
<총대>	박 윤	1998년의 조·미대치 상황과 혁명화된 군인가정(총대가정)55) 그리고 선군정치의 위대성을 그림.	2003
<라남의 열풍>	백보흠	1990.7월 이후～2001 /라남의 지구에서 HM기의 제작의 성공 과정.	2004
<조국찬가>	남대현	내용확인 못함(미수입)	2004
<북방의 눈보라>	리신현 박태수	이 작품은 <강계정신> 의 속편으로 자강도에서 경공업과 농업생산을 획기적으로 증가시켜 식량난을 타개해 나간다는 내용을 담고 있다.	2005

총서 '불멸의 력사'는 해방전·후편으로 구분되어 현재까지 출판되고 있다. 북한은 '불멸의 력사' 항일투쟁편을 통해 김일성의 항일투쟁의 역사를 '체계적으로, 전면적으로' 반영하겠다고 밝히고 있지만 항일무장투쟁을 다룬 해방 전편에서 김일성의 실제 행적은 1940년 초까지이다. 해방 전편에는 동북항일 연군이 1940년대 초 일제토벌에 의해 러시아로 넘어간 이후부터 1945년 8월 일제 패망까지의 행적은 전혀 반영되지 않고 있다. <붉은 산줄기>에서 권영벽의 체포와 희생을 통해 시대배경을 1945년 3월 10일까지 연장시키고 있지만 이 작품에서는 김일성의 항일혁명투쟁보다 권영벽의 김일성에 대한 충성과 김일성의 권영벽에 대한 그리움, 의리 등에 초점을 맞추고 있다.

해방 후편은 해방 직후부터 김일성의 죽음까지를 다루고 있다. 해방 전편이 항일무장투쟁을 다루며 북한의 정통성을 보여주는데 주목적이 있었다면 해방 후편은 1945년부터 1960년을 주로 다루고 있으며, 주 내용은 토지개혁, 농업협동화, 천리운동, 조선인민군 창건, 한국전쟁, 해외동포 문제 등 건국· 사회주의 건설을 그림으로써 사회주의 문화의 우월성을 강조하고 있다. 현재 김일성의 죽음을 다룬 <영생>이 출간 된 것으로 볼 때 1960년 이후부터 1994년까지의 공백을 채우는 작품들이 지속적으로 출간될 것으로 보인다.

그리고 총서는 아니지만 김일성의 어린 시절을 그리고 있는 <배움의 천리길>, <만경대>, <동트는 압록강>까지 첨부시키면 김일성의 생애의 전반기가 현재 수령형상문학을 통해 완성되었음을 알 수 있다.

'불멸의 향도'는 출간 시기와 내용이 국제정세와 상황과 밀접하게 연관을 맺고 있으며, 김정일의 경제·정치에 대한 교시가 빠르게 반영되고 있음을 볼 때 정책적인 목적에 의해 출간시기가 결정되고 있음을 알 수 있다. '불멸의 향도'의 발간시기를 보면 《로동신문》에 정치구호가 발표되거나 중대한 사건이 벌어지면 2~3년 내에 그와 관련된 작품이 창작되거나 기념일에 맞춰 출간되고 있는데 이것은 다음의 작품들에서 확인할 수 있다.

1970년대 문학 및 영화예술에 대한 김정일의 영도를 그린 <예지>가 나온 시기인 1990년은 1988년부터 활발해지기 시작한 남북문화교류 이외에도 북한 내에서도 문학·예술 장르에 대한 활발한 지원이 이루어지고 있던 시기56)로 후계자인 김정일의 업적을 평가하여 선전해야 할 필요성에 의해 출간된 작품이다. 무장투쟁 경력이 없는 김정일이 후계자로 지명된 이후의 20년여 간의 업적을 통해 그 자질을 중간 평가할 필요성이 있었던 것이다.

<동해천리>(1995)는 조선노동당 창건 50돌 기념 작품이며, 김정일의 영도예술을 그린 작품으로 김일성 사망 다음 해에 출간된 점에서 눈여겨 볼만 하다.

1993년 93팀스피리트 훈련으로 촉발된 북·미 핵 대결57)을 그린 <력사의 대하> (1997) 경우는 당시의 긴장 상황과 밀접한 연관이 있다. 이 당시 북한 연표를 검토해 보면 1993년부터 1995년까지 팀스피리트 훈련에 대해 예민한 반응 보이며 규탄문58)을 발표하고 있다. 또한 1996년도에는 국방이 특히 강조되고 있다.59) 여기서 눈에 띠는 사실은 1996년 4월7일자 ≪로동신문≫ 을 보면 "평양시 청년학생 군입대 촉구 탄원대회"가 열리고 있다는 사실이다. 7월 27일에는 육해공군 장병들의 "충성의 결의모임"이 조국해방전쟁승리기념탑 앞에서 진행되는 등 군대의 충성결의 행사가 지속적으로 벌어진 것, 김정일의 전선 시찰이 잦았던 것으로 보아 김일성 사망 후 김정일은 이때까지 군사력을 완전히 장악하지 못했다는 것을 알 수 있다.60) <력사의 대하>의 출간에는 팀스피리트 훈련으로 인한 전쟁위기 고조를 통해 공민의 결속과 군부의 충성맹세가 정치적 의도와 함께 복잡하게 얽혀 있는 것 같다. 이 작품은 국방에서의 자위와 정치에서의 자주가 특히 강조되고 있는 작품이다.

1996년도의 북한의 행보를 미루어 볼 때 지금의 선군정치의 표방은 이 때부터 예견되어 있었다.

조선민주주의인민공화국창건 50돌에 출간된 <전환의 년대>(1998)는 주체건축을 다루고 있으며, 사상에서의 주체가 강조되고 있는 작품이다. 이 작품은 표면적으로는 건축물을 통한 사상에서의 주체를 강조함으로써 공화국 창건 50돌을 기념하려는 의도를 내포하고 있지만 내면적으로는 김일성 사후 불안정한 체제안정과 주민결속을 위해 1997년경까지 당창건 기념탑, 각종 표식비, 사적비 등 정치사상적 상징물을 건설에 주력[61]했던 북한의 당시 상황을 반영하고 있다.

1989년 평양 세계청년 축전을 그린 <평양의 봉화>(1999)는 임수경 방북과 평양 세계축전 10주년을 기념하여 출간된 것으로 보이며,『별의 세계』(2002)는 2000년 9월 2일 비전향 장기수 63명을 북송을 계기로 창작이 제시된 것으로 보인다.

경제에서의 자립을 주제로 삼고 있는 <강계정신>(2002) 역시 2000년 4월 22일 ≪로동신문≫에 "강계정신으로 억세게 싸워 나가자"라는 사설이 실린 이후 나왔다는 점을 눈여겨 볼만 하다. <라남의 열풍>은 강성대국의 첫걸음을 뗀 일대의 사건을 그린 것으로 '라남의 봉화' 구호가 나오게 된 배경을 알 수 있게 하는 작품이다.[62]

<총검을 들고>(2002), <총대>(2003)는 선군사상을 인물들이 체현하고 있으며, <강계정신>의 속편으로 2005년 출간된 <북방의 눈보라>는 2005년 신년사에서 우선과제로 삼고 있는 식량난 해결에 초점을 맞추고 있다는 점에서 '불멸의 향도'의 출간 시기와 내용이 국내외 정세와 상황과 밀접하게 연관을 맺고 있으며, 정책적인 목적에 의해 출간시기가 결정되고 있음을 알 수 있다.

앞에서 언급했듯이 '불멸의 향도'는 2000년대 이후 국가존립의 위기에 봉착해 있는 현재를 타개하고 유지하려는 필요성에 의해 방어기제적

성격을 많이 내포하고 있다. 그것은 작품 속에서 제국주의의 무의식적 연루에 대한 죄책감을 끊임없이 자극하고 있는 데서도 드러난다.

'불멸의 향도'는 북한의 사회·정치의 변화상을 보여 주고 있어 남한에서 북한사회를 분석하고 파악하는데 효용가치가 매우 크지만 북한 사회에 조금만 관심을 갖는다면 충분히 다음 주제를 예견할 수 있다는 점에서 흥미가 반감되고 있다. 그리고 북한 문단에 수령형상문학이 미치는 영향을 놓고 볼 때 그 가치가 긍정적이지만은 않다.

'수령형상문학'인 총서는 북한의 입장에서는 분명 새로운 시도이다. 하지만 현재 북한문학에 긍정적인 영향보다는 부정적인 영향을 더 크게 미치고 있다. 현재 북한은 '수령형상문학'이 최고문학으로 자리 잡으면서 1950~1960년대처럼 치열했던 이론 논쟁과 장르에 대한 고민은 물론 발전의 모습도 보이지 않고 있다. 이러한 문예이론과 비평의 실종은 북한 문학의 다양성을 파괴하고 협소화시키는 요인으로 작용하고 있다.

따라서 문예이론의 발전과 새로운 이론의 시도를 위해서는 문단 내에서의 스스로에 대한 반성과 끊임없는 견제라는 자극이 필요하다. 여기에 대한 노력이 없을 때 작가들의 생산적 재능을 더 이상 향상시키지 못할 것이다.

※ 이 글은 『문학과 경계』 2006 가을호에 부분적으로 실렸던 "불멸의 향도"를 대폭 수정보완 하였다.

주註

1) 윤기덕, 『수령형상문학』 (평양: 문예출판사, 1991), 133쪽.
2) 수령형상이 최초로 영상에 드러난 것은 1975년에 제작된 혁명영화 「누리에 붙는 불」이다. 위의 책, 148쪽.
3) 위의 표는 『주체문학론』에 기술된 내용을 근거로 하여 작성하였다. 김은정, "천세봉 장편소설 연구" (한국외국어대 박사학위논문, 2006), 19쪽.
4) 과학백과사전종합출판사, 『문학예술사전』 (평양: 과학백과사전종합출판사, 1993), 107쪽.
5) 김정일, 『주체문학론』 (평양: 조선로동당출판사, 1992), 187쪽.
6) 김정일, 위의 책, 187쪽.
7) 김정일, 위의 책, 188쪽.
8) 김정일, 위의 책, 142~151쪽.
9) '불멸의 력사' 시리즈는 <닻은 올랐다>의 박두학, <혁명의 려명>의 차광수, 계영춘, 오순희, 김혁, <은하수>의 김혁, 최봉, 최창걸, <1932>의 한홍수, 박홍덕, <봄우뢰>의 차광수, <압록강>의 권영벽, 리제순, 김주현, <잊지못할 겨울>의 마동희, 박철산. <고난의 행군>, <두만강지구>, <준엄한 전구>의 김정숙 등 항일빨치산들을 주인공으로 하여 그들의 영웅적인 투쟁을 그리고 있다.
10) 윤기덕, 앞의 책, 7쪽.
11) 윤기덕, 위의 책, 8~11쪽.
12) 윤기덕, 위의 책, 157쪽. 수령은 혁명가·위대한 공산주의자로 귀감으로 인민대중의 자주적인 사상의식, 창조적인 활동능력, 목적지향성 있는 의식적인 활동을 키워줄 수 있는 자질(사상, 영도성)을 가지고 있으며 예지와 능력이 있기 때문이라고 그 변별성을 설명하고 있다. 같은 책, 158~168쪽.
13) 윤기덕, 위의 책, 178~183쪽.
14) 윤기덕, 위의 책, 191쪽.
15) 김병훈, <준엄한 전구> (평양: 문예출판사, 1981), 131~132쪽 참조.
16) 윤기덕, 앞의 책, 224~225쪽. 총서 중 『백두산 기슭』은 김일성이 실제 있었던 사실에 근거하여 썼기 때문에 내용이 좋고, 교양적 가치가 있는 평가한 작품이다.
17) 윤기덕, 위의 책, 234쪽.
18) 1971년부터 출간되기 시작한 '불멸의 력사' 와 1987년 15권이 시리즈로 출판된 '불멸의 력사' 시리즈는 상당부분 개작되어 내용에서의 약간의 차이를 보인다. 그리고 1987년 이후 출간 된 작품들은 아직 시리즈물로 출간 되지 않았지만 개별적인 재판 발행을 통해 개작이 진행되고 있다.

19) 윤기덕, 앞의 책, 194~201쪽.

20) 윤기덕, 위의 책, 200쪽.

21) 윤기덕, 같은 책, 204~207쪽.

22) 격식화의 경향은 위대한 인간을 공식적인 인물로 설정하고 추상적으로 그림으로써 인간애가 넘치는 참다운 인간의 생동한 산 모범이 아니라 인간애도 없는 딱딱한 사람으로 그리는데서 나타난다고 지적하고 있다. 윤기덕, 같은 책, 208쪽.

23) 윤기덕, 앞의 책, 424~429쪽.

24) 윤기덕, 위의 책, 428쪽.

25) 그가 월북 후 처음으로 발표한 <혈로>(1946)나 김일성의 혁명역사를 반영한 <력사> · <영웅김일성장군>(1960), 『만경대』(1970) 등에서 김일성의 형상이 그려지고 있다.

26) 편집부 엮음, 『북한 '조선로동당' 대회 주요문헌집』 (서울: 돌베개, 1988), 167~270쪽. 이 당시의 북한 노선의 최종목표는 사회주의제도의 강화 · 발전 (대내)반제 · 반봉건 민주주의혁명에 있었다.

27) 위의 책, 271~350쪽 참조. 이 당시의 북한 사회주의 노선의 최종목표는 사회주의제도의 승리(대내) 민족해방 인민민주주의혁명 수행에 있었다.

28) 김일성은 이때 당 선전선동일군들 앞에서 "사상사업에서 교조주의와 형식주의를 퇴치하고 주체를 확립할데 대해여"를 연설한다. 여기서 그는 사상의 강조와 주체에 의한 해방을 강조한다. 이 연설을 계시로 소련을 따라 배우자라는 구호가 사라지고 김일성 개인숭배 경향이 본격화 된다. 김일성, "사상사업에서 교조주의와 형식주의를 퇴치하고 주체를 확립할데 대하여," 조선로동당 중앙위원회 당력사연구소, 『김일성 저작집』 9 (평양: 조선로동당출판사, 1980).

29) 딩중앙위원회 1956년 12월 전원회의 "위대한 수령 김일성동지께서 내놓으신 사회주의 건설에서 혁명적 대고조를 일으킬데 대한 방침. 천리마운동의 개시" 조선로동당중앙위원회 당력사연구소, 『조선로동당략사』 2, 1979년판(서울: 돌베개. 1989 재출간), 76~82쪽.

30) 『조선중앙년감』 (평양: 조선중앙통신사, 1958), 96쪽.

31) 조선로동당중앙위원회 당력사연구소, 『조선로동당략사』 2, 1979 년판(서울: 돌베개, 1989 재출간), 161~166쪽. 이 대회에서 북한은 4대 군사노선을 채택한다. 조선로동당 중앙위원회 당력사연구소, 『김일성 저작집』 16 (평양: 조선로동당출판사. 1982), 540~553쪽 참조.

32) 천세봉은 수기를 통해 1963년 11월과 1964년 11월 두 번에 걸쳐 김일성으로부터 '항일혁명문학'이 나아갈 방향과 방도 그리고 이론 실천적인 문제에 대해 교시를 받았다고 고백하고 있다. 천세봉, <향도의 별빛>, 『향도의 태양』 (평양: 평양출판사, 1994), 6쪽.

33) 물론 이 당시 김정일이 김일성과 함께 군부대의 써클을 시찰하러 다니긴 했지
만 이때까지만 하더라도 전면적으로 부상하지는 않은 때였다. 천세봉, "향도의
별빛,"『향도의 태양』(평양: 평양출판사, 1994), 7쪽.

34) 김은정, "천세봉 장편소설 연구," 45~46쪽.

35) 방연승, "친애하는 지도자 김정일동지께서 '주체문학론'에서 독창적으로 밝히
신 주체의 문예관에 대하여,"『조선문학』1993년 2호, 27쪽. 김일성에 관련된
작품을 집체적으로 창작하기 위한 단체 4·15문학창작단, 백두산창작단, 만수대
창작단 등의 전문 창작단을 구성하고 있다. 4·15문학창작단은 주로 시와 소설
등 문학작품을, 조선예술영화촬영소 산하 조직인 백두산창작단은 영화 시나리
오 집필 및 제작을, 그리고 만수대창작사는 미술 작품을 각각 맡고 있다.

36) 김일성, "우리의 인민군대는 로동계급의 군대, 혁명군대이다 계급적정치교양사
업을 계속 강화하여야 한다(인민군부대 정치부련대장이하 간부들 및 현지 당
정권기관 일군들 앞에서 한 연설, 1963. 2. 8)", 조선로동당 중앙위원회 당력사
연구소,『김일성 저작집』17 (평양: 조선로동당출판사. 1982), 109쪽.

37) 과학·백과사전종합출판사,『문학예술사전』(평양: 과학백과사전종합출판사,
1993), 107쪽.

38) "작품의 대를 바로 세워주시여",『조선문학』1992년 4호, 14~15쪽.

39) 김정일, "4·15문학창작단을 내올데 대하여(조선작가동맹 중앙위원회 위원장과
한 담화 1966.2.7),"『김정일 선집』1 (평양: 조선로동당출판사, 1992)

40) 고난의 행군시기를 전문적으로 다룬 작가는 석윤기이다. 그는 총서 <고난의
행군> 과 <두만강 지구> 등에서 고난의 행군시기를 다루었다.

41) 4·15문학창작단 소속 작가 중 사망한 천세봉, 석윤기, 현승걸은 제외하였다.

42) 이것은 비단 4·15문학창작단에 국한되어 있는 것이 아니라 작가들에게는 보편
적으로 편집위원이 배치되어 작가가 작품을 마칠 때까지 보조하도록 하고 있다.

43) 김은정, "천세봉 장편소설 연구," 90쪽 참조.

44) 이 소설은 김정일이 은률의 장거리 벨트콘베아 건설을 발기하고 그것을 짧은
기간에 완공하도록 현명하게 이끌어 준다는 내용을 담고 있다.

45) 과학백과사전종합출판사,『문학예술사전』(평양: 과학백과사전종합출판사,
1993), 107쪽.

46) 2000년대 출간된 작품들은 대부분이 고난의 행군기를 다루고 있다. 시기적으
로는 1995년부터 2001년까지이다.

47) 윤기덕, 앞의 책, 234쪽.

48) 현재 '불멸의 향도'는 김정일을 제외하고 생존해 있는 인물의 경우 실명을 사
용하지 않는다. 그 대표적인 경우가『강계정신』의 강태혁이다. 강태혁의 모델
은 당시 자강도 당책임비서였던 연형묵이다. 이 작품의 출간 당시 연형묵은

생존해 있었다. 반면 1995년도에 사망한 오진우는 시대적 배경이 1996~1999 년인 이 작품에서 생존해 있는 것으로 그리고 실명으로 등장한다.

49) '불멸의 력사'는 1985년 창작된 석윤기의 <봄우뢰>에서부터 실명이 등장하 며 1987년 시리즈로 15권이 출간되었을 때 작품들이 개작되었으며, 이름이 실 명으로 통일된다.

50) '불멸의 력사' 중 최고의 작품으로 일컬어지는 <잊지못할 겨울>은 20만부, <준엄한 전구>는 18만부가 초판 발행되었다.

51) 1993년 1월 28일 노동신문에 게재한 '인덕정치가 실현되는 사회주의 만세'라 는 제목의 논설에서 처음 보인다.

52) 김정일, "사회주의는 과학이다," ≪로동신문≫, 1994년 11월 1일.

53) 김은정, "<불멸의 향도>에 나타난 혁명전통의 현재적 의미,"『북한체제 진단 과 남북 및 북미관계 전망』 북한연구학회 2006년 춘계학술회의, 155~156쪽 보완 참조.

54) 장편 서사시 <조국과 청춘>으로 잘 알려진 리수복이 전사한 고지이며, 김일 성 고지라고도 불리 운다. 북한은 1951년 9월부터 10월까지 치열하게 진행된 이 전투를 한국전쟁의 대표적인 전투로 소개하고 있다. 1970년 1월 1일 ≪로 동신문≫ 사설에서 "강철고지는 사회주의 건설의『1211고지』이다"라는 구호 가 나왔으며, 현재의 의미에서 1211고지는 "반드시 달성해야할 전략적 목표" 로 상징된다.

55) 총대가정이란 집안의 형제나 남매, 또는 부자가 모두 군에 입대해 복무하고 있는 군인가정을 말한다. 이 개념은 1998년 선군정치 표방과 함께 등장하였다. 총대란 단어는 1998년 1월 1일 ≪로동신문≫ 사설 "위대한 당의 령도따라 새 해의 총진군을 다그치자"에서부터 보이기 시작한다.

56) 1988년 4월 8일부터 10일까지 '자모식 무용표기법' 발표회가 평양에서 열렸으 며, 4월 22일에는 백두산창작단 조선예술영화촬영소, 영화「민족의 태양」2부 제작되고, 86년부터 시작된 윤이상 음악회 토론회와 음악회가 8월과 12월에 진행되었다. 또한 12월 8일에는 문화예술부, 사적관 개관되었다. 1989년 5월 18일에는 평양, 국제영화관, 청년중앙회관, 동평양대극장 등이 개관, 전국영화 보급부문 일꾼대회 개최(9월 30일~10월 1일) 하는 등 문화예술분야에 활발한 행보를 보인다. 국토통일원 편, 『북한연표』'88~89 (서울: 국토통일원, 1990).

57) 1993년 3월 12일 북한은 핵확산금지조약(NPT) 탈퇴 정부 성명을 발표한다.

58) 1993년 3월에는 팀스피리트93 훈련 실시와 관련하여 '전국 전민 전군에 준전 시상태' 선포하였으며, 8월 10일에는 조국평화통일위원회 대변인이 '팀스피리 트' 훈련 재개 및 '을지포커스' 훈련 실시 관련 비난 성명 1994년 1월 17일 조국평화통일위원회에서 '팀스피리트' 훈련 관련 비난 성명 발표, 3월 29일 패

트리어트 미사일 한국 배치 규탄 평양시 군중대회를 개최한다.

59) 이 당시 북한은 북핵 문제로 미국과 날카로운 신경전을 벌이고 있었으며, 1994
년 12월17일에는 미군헬기를 격추하는 사건이 발생하는 등 미국에 대해 날카
로운 대립각을 세우고 있는 때였다.

60) 김일성 사후(94.7.8) 정치경제적으로 불안했던 고난행군 시기가 끝난 것은 정치
적 체제 안정기반을 구축한 1997년경부터였다고 한다.『북한동향』(서울: 통일
부, 2001.10.27 ~ 11.2), 15쪽. 그러나『라남의 열풍』이나『총대』에 묘사되고
있는 북한은 2000년대까지 고난의 행군 중이었다.

61)『북한동향』, 위의 책, 15쪽.

62) '라남의 봉화'는 김정일 국방위원장이 2001년 8월 러시아를 공식 방문한 후
귀로에 라남탄광기계연합기업소(함북 청진)를 방문한 것을 계기로 노동자들이
발휘했다는 혁명적 군인정신과 결사관철의 정신을 본받자는 취지아래 발기됐
다. ≪로동신문≫ 2001년 11월 22일자 1면에 "라남의 봉화 따라 강성부흥의
북소리 높이 울리자"라는 사설에서 '라남의 봉화는 우리 식 투쟁의 봉화, 계속
혁명의 봉화'라고 강조하면서 '라남의 봉화를 높이 들고 나갈 때 우리는 새
세기에도 우리의 사상, 우리의 제도, 우리의 정책을 가지고 더 높이, 더 빨리
전진할 수 있다'고 주장하고 있다.

〈참고문헌〉

1. 북한문헌

『조선문학』 1992년 4호. "작품의 대를 바로 세워주시여"

『조선중앙년감』 (평양: 조선중앙통신사), 1958년, 1990~2004년.

과학백과사전종합출판사, 『문학예술사전』 (평양: 과학백과사전종합출판사, 1993).

김정일, 『주체문학론』 (평양: 조선로동당출판사, 1992).

방연승, "친애하는 지도자 김정일동지께서 '주체문학론'에서 독창적으로 밝히신 주체의 문예관에 대하여", 『조선문학』 1993년 2호.

윤기덕, 『수령형상문학』 (평양: 문예출판사, 1991).

조선로동당 중앙위원회 당력사연구소, 『김일성 저작집 16』 (평양: 조선로동당출판사, 1982).

조선로동당 중앙위원회 당력사연구소, 『김일성 저작집 17』 (평양: 조선로동당출판사, 1982).

조선로동당 중앙위원회 당력사연구소, 『김일성 저작집 9』 (평양: 조선로동당출판사, 1980).

조선로동당 중앙위원회 당력사연구소, 『김정일 선집 1』 (평양: 조선동당출판사, 1992).

천세봉, "향도의 별빛", 『향도의 태양』 (평양: 평양출판사, 1994).

총서 '불멸의 력사' 시리즈(해방 전·후), 1972~2005년.

총서 '불멸의 향도' 시리즈, 1990~2005년.

≪로동신문≫ 1994년 11월 1일. 김정일, "사회주의는 과학이다"

≪로동신문≫ 1998년 9월 17일. "자립적 민족경제 건설로선을 끝까지 견지하자"

≪로동신문≫ 2001년 11월 22일. "라남의 봉화 따라 강성부흥의 북소리 높이 울리자"

≪로동신문≫ 1993년 1월 28일. "인덕정치가 실현되는 사회주의 만세"

≪로동신문≫·『근로자』 공동논설, 2001년 12월 21일. "선군의 기치를 높이 들고 주체의 사회주의위업을 힘 있게 다그치자"

≪로동신문≫·『근로자』 공동사설, 1999년 6월 1일. "우리 당의 선군정치는 필승불패이다"

≪로동신문≫ 1999년 4월 15일. "위대한 김일성 동지의 유훈을 지켜 강성대국을 건설해 나가자"

≪로동신문≫ 사설, 1998년 1월 1일. "위대한 당의 령도따라 새해의 총진군을 다그

치자"
≪로동신문≫ 정론, 1998년 8월 22일. "강성대국"
≪문학신문≫ 1990년 2월 16일. "친애하는 김정일 동지의 위대성과 불멸의 업적을
　　　형상한 문학작품을 더 많이 창작하자"

2. 남한문헌

김은정, "천세봉 장편소설 연구," (한국외국어대 박사학위논문, 2006).
신동아, 『김정일 북한대백과』 (서울: 동아일보사, 1995).
조선로동당중앙위원회 당력사연구소, 『조선로동당략사』 2 (1979판, 서울: 돌베개,
　　　1989).
통계청, 『남북경제사회상비교』 (서울: 통계청, 2004).
통일부, 『북한동향』, 2001년 10월 · 11월 · 12월.
편집부 역음, 『북한 '조선로동당'대회 주요문헌집』 (서울: 돌베개, 1988).
≪연합뉴스≫ 2006년 3월 14일. "책 책 책 … 책을 읽읍시다"

북한의 선군혁명문학론

노 귀 남

1. 머리말

평양에서 해방 60돌을 기념하는 2005년판 '대집단체조와 예술공연
<아리랑>'을 보았다.[1] 이 작품은 아리랑으로 민족을 상징하였고, 이
아리랑민족의 역사는 총대를 뿌리로 삼았다. 그것을 현 시기 선군정치
로 이어지게 형상했다. '선군으로 아리랑민족을 지키시여'라는 배경대
의 메시지는 김정일시대의 키워드를 재확인시켜 주었다.

조선민주주의인민공화국(이하, 북한)에서는 선군先軍을 시대정신화하
고 있는 바, 그 '선군혁명령도'의 시작을 알리는 일은 김정일 국방위원
장의 '다박솔초소'[2] 현지지도라 한다. 왜 군대에서 혁명영도를 시작하
고, 왜 선군인가? 김일성 사후, 김정일은 유훈통치로 3년상을 치르고,
총비서로 추대되고(1997.10.8), 수정 헌법 체제에 의해 명실상부하게 당
의 영도자로 나섬과 동시에 국방위원장이 됨으로써(1998.9.5), 비로소

실질적 통치기를 시작한다. 유훈통치기는 권력 과도기이면서 새로운 정
책의 모색기 역할을 했다. 선군정치가 김정일시대 개념으로 본격적으로
만들어지기는 1997년 10월 이후였음이 그것을 말해준다.3) 김정일정권
이 소위 '고난의 행군'을 마무리하고 새롭게 제시한 국가목표는 '강성대
국건설'이었다. 이 목표의 한 축에 군사강국건설이 들어있다. 북한은 선
군정치로 부각시킨 군대의 강성 이미지를 각 분야에 걸쳐 반복시키는데,
아리랑도 <선군아리랑>, <강성부흥아리랑> 등을 재창조하여 갔다.

아리랑이라는 민족의 보편정서를 군대와 총대의 이미지로써 재구성
한 <아리랑> 공연에서 보면, '선군'의 역사는 일제강점기 '김형직의
지원志遠'으로부터 시작한다는 항일무장투쟁의 총대에 뿌리를 두고 전
개시켰다. 이런 무게에 비해 김정일시대 군대의 이미지는 다소 선정적
으로 보이기까지 한 체조대의 춤사위가 들어있었다. 이전의 집단체조가
서사적 선전선동성이 강조되었다면, 이 작품은 '대집단체조와 예술공
연'이라는 새로운 형식4)으로 만들어졌다. 또 실질적인 주제는 경제부흥
의 욕구를 강하게 담으면서, 공연의 목적에 개방성을 엿보게 했다.5) 이
와 비슷하게 문학에서 접하는 '선군'의 이미지도 변화하고 있고, 다양해
지고 있다. 그것을 어떻게 사상 또는 정신으로 보편화하며, 그것이 또
어떻게 변화하고 있는 것인가?

처음에, '선군'이란 용어는 1997년 10월 7일 중앙방송 정론에서 "경
제사정이 아무리 부담이 크더라도 선군후로先軍後勞하라"는 김정일 지시
를 인용하면서 등장한다. 그것이 점차 선군혁명령도, 선군정치, 선군혁
명로선, 선군사상, 선군시대 등으로 개념이 확대되었다.6) 그런 가운데
현 시기 사회주의혁명을 선군혁명으로 발전시켰고, 그것을 문학예술에
도 반영했다. 선군혁명문학예술로 자리매김해 가는 과정은 주체문학의
연장선이면서, 또 새롭게 보아야 할 시대적 의미가 있다.

이 글은 선군혁명문학론의 성립 배경과 전개과정을 살펴보고, 아울러

작품 속의 전형을 통해 북한 사회의 변화와 전망을 읽어 보고자 한다.

2. 선군혁명문학론의 성립 배경

1) 사회정치적 배경

북한은 사상적으로 '유일사상체계[주체사상]'에 의해 인민을 한 가지 이념과 생각에 묶어두려 한다. 이것을 조직적으로는 조선로동당을 중심으로 하여, 그 인전대引傳帶인 근로단체(김일성사회주의청년동맹, 조선직업총동맹, 조선농업근로자동맹, 조선민주녀성동맹) 내부의 당조직을 통해 구현한다. 이로써 군사동원국가 성격을 띠면서 인민을 통제한다. 이때 구호는 당의 지도사상의 구체적 제시가 된다. 1994년 7월 김일성 사망 이후, 북한의 구호는 붉은기 정신[사상]7)과 "고난의 행군』에 이어, 최후의 승리를 위한 강행군, 강성대국, 새로운 대고조의 천리마 등을 중심으로 해서 전개시키고 있다. 이런 구호는 경제적 파탄과 체제 붕괴 위기 속에서도 '우리 식 사회주의'8)를 지킬 수 있었던 것이 사상적·정신적인 힘이었음을 말해 준다.

그런데 식량난과 경제위기의 원인은 무엇이었던가. 이 점을 북한에서는, 1990년 이후 사회주의시장이 없어지고 거기에다 미국에 의한 경제 봉쇄와 고립 책동, 그리고 자연재해가 겹친 때문에, 경제생활에 일시적 공간이 생겼다고 말한다.9) 즉, 경제 위기는 체제외적 요인 때문이며, 북한사회체제의 모순이나 비효율성은 문제가 아니라는 말이다. 그래서 지난 몇 해 동안 진행하여온 고난의 행군은 그 공백을 메우고 자력갱생하기 위한 투쟁이라고 했다.

고난의 행군정신은 1996년 공동사설(신년사)에서 그 해의 가장 중요한 목표와 기본사상으로 제시했다.[10] "전체 당원들과 인민군 장병들과 인민들은 사회주의 3대진지(사상 · 경제 · 군사)를 튼튼히 다지며 백두밀 림에서 창조된 고난의 행군정신으로 살며 싸워 나가야 한다."는 것이다. 그 이듬해의 구호는 사회주의 강행군, '고난의 행군' 강행군이라고 했다. 이런 구호는 현재 상황을 과거로 퇴행시키고, 이로써 고난을 집단 마취 시키는 효과를 노리는지 모른다. 그만큼 위기의식이 강하게 깔려있다.

그런가 하면, 경제위기를 사상강화로 돌파하는 한 수단으로, 1998년 8월 22일 로동신문 정론에서 강성대국론을 전면에 내세웠다.[11] 이에 따 르면, 당원과 인민군 장병과 인민은 수령 김정일의 영도에 따라 주체의 강성대국 건설 위업을 끝까지 완성하려는 결의가 넘친다. 이후, 김정일 의 선군정치로 '역사의 온갖 풍파 속에서도 끄떡없이, 주체의 한길로 전진하며 사상의 강국, 군사의 강국으로 빛나고 있다'고 계속 강조하는 데, 그것의 궁극에는 투철한 수령결사옹위정신, 총폭탄정신이 있다.[12]

이처럼 위기의 상황에서도 수령의 중심축은 흔들림이 없다. 이 선군 영도의 위력을 주민들에게 실질적 힘으로 과시하는데, 1998년 8월 31일 에 함북 화대군 무수단리(구, 명천군 대포동)에서 발사한 다단계 로켓 광명성 1호가 그것이다. "광명성 1호는 사회주의 강성대국 건설에 새로 운 이정표를 마련한 의의 깊은 사변"이라는 것이다.

북한은 군사력을 과시하며 사회주의 강성대국 건설을 위한 정책방향 을 선군정치 방식으로 확립하는데, '김정일 당총비서 추대 2돐 경축 중 앙보고대회'(1999년 10월 8일)가 중요한 계기가 된다. '제국주의자들과 의 격렬한 정치군사적 대결에서 사회주의 위업을 고수하고 실현해 가기 위해' 독특한 선군정치 방식을 강조한 것이다.[13] 이것은 군을 앞세우는 당의 혁명적 군사노선의 철저한 관철과 항일유격대식 사업방식의 전면 적 구현으로 당의 대중적 기반을 강화시킴을 의미했다.

중앙대회의 보고내용을 보면, 사상과 군사는 북한체제유지의 기둥 역할을 한다. 이것에 기대어 경제 강국을 겨냥하는데, 그 노선은 자력갱생, 자립적 민족경제를 견지했다.[14] 여기서 문제는 자력갱생이 사회주의의 계획경제의 틀에서 이미 벗어난 점이다. 국가적 차원의 배급과 공급이 제대로 이뤄지지 않고 있기 때문이다. 경제가 궤도에 오르는 문제에서, 소위 황색바람의 영향을 떠나서 불가능한 점이 북한의 개방 딜레마이다. 그래서 사상과 군사 강국을 다그치게 되었던 것이다.

결국, 내부자원고갈로 인해 시장경제를 부분적이라도 도입하는 개방노선은 필연적인 국면이 된다. 2002년 7.1경제개선관리조치 이후 개인농 허용, 분조관리제 개선, 농민시장을 시장 또는 종합시장으로 전환 등 시장경제적 요소들이 확대되고 있는 추세이다.[15] 따라서 '자립 경제' 노선은 변화를 겪고 있고, 동시에 선군혁명의 의미도 변화 국면에 놓여있다.

위와 같이, 위기 국면에서 김정일체제의 공고화는 국가목표를 강성대국건설로 설정하고, 선군정치사상이라는, 주체사상을 변형한 사상이론을 만들어냄으로 가능했다. 북한의 국가목표를 도표로 요약하면 아래와 같다.[16]

<표 1> 북한의 국가목표

건설 목표	실현 전략노선	원칙적 요구	건설 방도
사상강국 군사강국 경제강국	사상중시 총대중시 과학중시	우리 식 (사회주의) 자력갱생	당강화(당의 영도력강화) 인민정권의 기능과 역할 제고 근로단체의 기능과 역할 제고 선군정치 · 선군혁명영도방식 구현

김정일 정권은 주체사상을 선군사상으로 재해석, 발전시키면서 선군의 근본을 총대 중시에 두었다. 혁명의 주력군을 노동자계급에서 '군대'로 바꿈으로써, 혁명을 새로운 단계로 설정한 것이다. 이에 따라 "선군정치는 혁명의 주력군에 대한 새로운 해명에 기초하고 있는 독창적인 사회주의정치방식"이라고 주장한다. 사회계급관계에서 노동계급을 혁

명의 전위로 하지 않고, 선군후로先軍後勞 즉 군대를 혁명의 주력군으로 보고 있음은 주목을 요한다.[17] 이 점은 김정일시대의 정치노선의 핵심을 이루는 문제로서, 선군혁명사상을 김정일시대의 혁명이론으로 규정하는 이론적 변화를 보여준다.[18]

선군혁명을 새로운 혁명이론으로 정립하는 단계는 2002년 7·1조치 이후 북한사회변화와 맞물린 체제 안정화 문제와 매우 밀접한 것으로 보인다. 내적·외적 요인으로 진행되는 시장경제화와 정치체제의 안정성은 역관계가 되기에, 이 문제를 푸는 것에 체제의 사활이 걸린다. 주체혁명의 연장선에서 '발전한 단계'로 진입하는 선군혁명은 체제의 지속성을 강조하면서 새것[새 노선]을 취할 수 있는 정당성을 찾게 된다. 이때 온고지신함으로써 낡은 것을 버리지 않고 새것을 취할 수 있는 이론적 방향을 튼 것이다. 안으로는 배급제의 붕괴와 사私경제의 성행으로 이완된 체제를 다시 장악하여 체제를 지속시켜야 하는데, "혁명의 제일 생명선을 지켜 선 혁명대오"를 바로 "인민군대"를 내세워 외부[제국주의]와 대결구도 아래 인민을 동반하여 혁명하는 노선을 선택한 것이다.

혁명의 주력군을 군대로 전환시킨 것은 인민대중에 의거하는 추동력을 원리로 하는 주체사상과 약간 거리가 있다. 이런 변화의 배경을 보자. 2002년 초, 최성학의 글에서 전개한 선군의 원리는 주체사상에 바탕을 두고, "인민대중이 혁명과 건설의 주인이며 혁명과 건설을 추동하는 힘도 인민대중에게 있다"는 전제 아래서의 '선군'이었다.[19] 이런 의미로 보던 주력군으로서의 군대의 지위와 역할이 그 이후에 인민대중 위에 노는 것처럼 바뀐 것이다.[20] 군대의 지위와 역할에 대한 이론적 전환에는 북미관계가 특별하게 작용한다. 2002년 10월 미국이 북한의 우라늄 핵무기 개발설을 제기하면서 제2차 북─미 핵대결 국면에 접어드는데, 2003년 신년 공동사설 "위대한 선군기치 따라 공화국의 존엄과 위력을 높이 떨치자"는 그러한 정세에 대한 단호한 대응의 의미를 갖는다.[21]

선군정치에 대한 사상이론을 체계화하여 책을 낸 저자 김인옥이 선군정치 이론의 정당성과 위력을 "근 10년간의 치렬한 조미대결전에서의 력사적인 승리로 여실히 증명"[22]했다고 말하고 있듯이, 선군혁명론에서 '혁명의 수뇌부 결사옹위정신'을 최우선으로 하는 것은 바로 그와 같은 체제 위기와도 직결된 문제였다. 미국의 경제봉쇄에다 군사적 압박까지 밀려오는 정세 하에서 북한의 판단은 선군사상으로써 인민들의 혁명대오를 강화하려 한 것이다.

그런데 '선군' 또는 혁명의 주력군의 의미가 실제로 인민들에게 어떻게 다가가고 있는가. 2004년 6월 28일 《로동신문》에서 1995년 이후 10년간 김정일 국방위원장의 정치를 '승리'로 규정하면서 '선군정치'가 뒷받침됐기 때문이라고 주장했다. 소련 및 동구권 사회주의 붕괴로, 동서 대결구도가 '조ー미대결구도'로 바뀌었고, 부시의 대북 적대 정책과 핵문제를 둘러싼 결사전에서 '조선반도(한반도)'에서 평화가 수호된 것은 선군정치의 결실이라고 했다. 선군정치를 통해 일심단결과 군력이라는 두 가지 힘으로써 북한을 지켰다는 말이다. 이때 선군의 의미는 사상(정치)과 군사 측면의 체제수호에 초점이 맞춰진다.

그러면 주민생활과 사회문화적 측면에서는 어떠한가. 선군사상의 보편화는 아래에서 문학을 통해 살펴보아야 할 문제이다.

2) 선군혁명문학의 대두

1995년 김정일이 인민들에게 보낸 신년 친필서한[23]은 '오직 위대한 수령님을 사회주의조선의 시조로 대대손손 높이 모시는' 선군정치의 전면적인 역사가 시작되고, 선군혁명문학의 시원이 열리는 의미로 해석된다.[24] 이러한 대응은 김정일시대의 정치사상이 김일성시대를 계속시키면서도 김정일시대의 정당성을 부여해 나가기 위해, 새로운 필요에서 나왔다고 할 수 있다.

그러나 선군정치사상이 요구 시점에서 완성되어 나온 것은 아니다. 그 사상을 심화발전시키는 과정에서 문학의 선전선동성을 '동원'하여, 김정일시대 문학을 특징짓는 '선군혁명문학'으로까지 확장시켰다. 그 과정에서 수령영생문학, 태양민족문학, 강성대국문학 등의 개념이 등장하지만 문학일반론에 미치지 못했다.25) 반면, '선군'과 관련해서는 정치의 기본 노선으로 되면서 각 부문별로 그 이념과 사상의 보편성을 확보해 나가고, 문학에서도 이론적 일반화를 꾀하게 된 것이다.

앞에서 살펴보았듯이, 1998년을 전후해 선군정치의 개념화가 이뤄지고, 본격적인 사상이론화 단계는 2002년으로, 남북정상회담 이후에 최악의 경제상황을 호전시키는 조치들과 함께 이뤄졌다. 새로운 혁명이론화 과정에서 '고난의 행군' 시기를 다시 해석하여 평가하고, 이에 따라 현실문제에 대한 새로운 대응력을 확보해 간 것이다. 양해모의 <결석대표>(『조선문학』 2000년 10호)처럼, 2000년 후반기에야 비로소 대기근과 경제파탄의 현실을 직접 문학에 반영한 점에서도 그러한 대응력을 짐작하게 한다.

선군혁명문학이란 용어는 『천리마』 2000년 11호에서 1994년 7월 이후 창작한 약 1만5천여 편의 작품을 통틀어서 지칭하면서 처음으로 썼다.

선군혁명문학의 이론화 과정을 살펴보면, 처음에는 '선군先軍, 곧 군대를 앞세운다'는 좁은 의미에서 차츰 이념적 보편화를 꾀하여 넓은 뜻으로 써 간다. 이 용어의 초기 쓰임을 보면, 리현순은 선군혁명문학을 '당 정책노선의 구현'이라고 단순하게 해석했다.26) 류만은 선군혁명문학을 '새 세기 명작창작의 요구'라고 재해석한다. 류만은 명작창작이 "당의 선군혁명로선과 그것이 빛나게 구현되고 있는 현실"을 기본대상으로 하여 이뤄지는 것이라고 새롭게 밝혔다.27) 말하자면, 특정 소재문학이 아니라 문학일반론으로 확장시킨 선군혁명문학을 주장한 것이다.

선군혁명문학은 새로운 현실 속에 당의 의도를 깊이 반영하는 작품창작
론이라고 주장하는데, 작가에게 의의 있는 종자, 시대의 전형적 성격,
다양하고 풍부한 형상방법 등을 혁신적 안목으로 구현시킬 것을 요구한
다. 요컨대, 선군혁명문학에서 기존 문학일반론과의 차별성은 선군 영도
를 받드는 제일기수이며 돌격대인 인민군대를 혁명의 전위로 삼고 총대
중시의 강성대국건설로 진군하는 데 놓여있다. 과거의 사회주의적 사실
주의가 노동계급을 혁명전위로 한 것과 확실한 선을 그었다고 하겠다.

　당의 정치사상적 노선 즉 군대를 혁명의 주력군으로 하는 선군혁명
을 문학예술분야에서 받아 이론화 작업을 함으로써, 인민대중을 혁명화
하는 광범위한 수단으로 삼는다. 작가동맹의 사업 중에 「평론창작경기
조직요강」28)이 내건 내용은 바로 그런 이론화 과정에 광범한 대중을
참여시키면서 이론적 보편화를 꾀하고 있음을 보여준다.29)

　이런 가운데, 북한은 선군혁명문학을 점점 문학일반론과 다를 바 없
이 전개시킨다. 새로운 강조점은 인민군대를 '선군령도를 받드는 제일
기수이고 돌격대'라는 의미를 부여하여 혁명의 전위로 삼아서 총대중시
의 강성대국건설로 진군하는 데 두었다. 즉, 선군혁명 노선에 따라 새로
운 전형을 군대적인 것에서 찾은 점이 시대의 특징으로 나타났다.

3) 주체문학론의 '진화'

　'수령결사옹위정신', '총폭탄정신'을 통한 수령과 체제의 수호가 선
군사상의 관건인 바, 수령주의 또는 수령관의 문제는 북한사회의 지속
성을 가늠하는 중요한 요소가 된다. 주체문학이 성립되는 과정에서 수
령형상문학이 등장했고,30) 주체사실주의의 결정판이 된 김정일의『주
체문학론』(1992) 역시 새로운 단계의 수령형상문학을 제시한 바 있다.

　따라서 북한에서 강조하는 "어버이 수령에 대한 충성"에 대해 우상

화라고 비판하지만, 이 문제는 북한문학의 변모에서 핵심을 이룬다. 『주체문학론』에 보면, 북한은 사회정치적 생명체론을 문학이론에 접목시켜, 수령형상을 후계자 형상과 문학일반으로 확장시킴으로써, 모든 작품의 의미를 '수령결사옹위'정신으로 수렴하였다. 이와 같은 문학의 기능은 김일성 사망 이후의 김정일체제 수호로까지 이어지고 있다. 김정일은 일찍이 후계자로 천명되어, 김일성 생존시기에 점진적으로 실질적인 권력승계도 진행되었다. 문학에서 역시 김정일을 서서히 지도자로 형상해 간 것이다.31)

이 문제는 국제 정세 변화와 체제 위기에 대한 대응이기도 했다. 작가들은 '시대의 요구'대로, '현실을 민감하게 반영하도록' 더욱더 높은 당성을 요구받았다. "사회주의는 우리 인민의 생명이다"32)에서, 김정일은 수령, 당, 대중이 생사운명을 같이하는 운명공동체로서 사상의지적 · 도덕의리적으로 굳게 단결함으로써, 제국주의자들과 부르죠아복귀주의자들의 부르조아 반동사상조류에 대한 필승불패를 강조했다. 말하자면 자본주의와의 대결에서 운명공동체이자 사회정치적 생명체인 당성의 제고가 사회주의 필승의 담보가 되는 것이다.

그때, 작가들에게 한 요구를 되짚어보자.

작가들이 『주체문학론』을 깊이 연구하면 문예관을 어떻게 세워야 하고 문학예술 유산과 전통을 어떤 립장에서 대하며 어떤 창작방법에 의거하여 현실을 그려야 하는가, 사회정치적생명체와 문학의 호상관계문제를 어떻게 풀며 창작에서 어떤 실천적요구를 구현하여야 하는가, 문학사업에 대한 당의 령도를 충성으로 받들어나가기 위하여서는 어떻게 하여야 하는가 하는 것을 비롯하여 주체문학건설에서 나서는 모든 문제를 잘 알수 있습니다. 작가동맹중앙위원회와 문학창작기관들에서는 『주체문학론』에 제시된 과업을 관철하기위한 대책을 세우고 작가들을 그 실천을 위한 투쟁에로 힘있게 불러일으켜야 합니다.33)

‘주체문학론 연구’를 통해 강조하는 문학의 중심과업은 주체문학건설에서 새로운 전환을 일으키는 것, 즉 제2의 문예혁명을 가져오는 것이라 했다. 그 내용의 핵심은 사회정치적생명체와 문학의 상호관계를 밝힌 것인데, 그 뿌리에는 수령주의가 있었다.

북한문학사에서 수령형상문제는 1960년대에 김정일 제기로 본격적으로 논의되기 시작했고,[34] 그 전에도 김일성 찬양의 송시, 송가를 비롯해 수령형상에 많은 관심을 기울여 왔다.[35] 이러한 수령의 형상의 이론적 결정판은 “사회정치적생명체론”과 결합시킨 『주체문학론』으로 보아야 한다.[36] 사회정치적 생명체는 육체적 생명체와 상대되는 개념으로 북한 사회의 집단주의적 생리를 반영해온 말인데, 1986년 김정일에 의해 재강조되었다.[37] 그는 “인민대중은 당의 령도밑에 수령을 중심으로 하여 조직사상적으로 결속됨으로써 영생하는 자주적인 생명력을 지닌 하나의 사회정치적생명체를 이루게 됩니다”고 주장했는데, 『주체문학론』에서는 수령형상의 ‘생리’를 언급하면서 사회정치적 생명의 의미를 확대시키고 있다. 이것은 수령을 앞 시대와는 또 다르게 해석하는 작업이었다. 좁은 의미에서 수령형상 또는 수령형상문학은 수령 김일성 · 김정일을 반드시 작품의 중심에 세워 형상하는 것이다.[38] 그런데 생리론에 따르면 수령형상을 사회정치적 생명체와 결합시킴으로써 수령형상문학은 모든 작품과 관련되었다. 인민의 생명은 수령이 안겨준 사회정치적 생명을 가짐으로써 가치가 있고, 당은 그 생명을 빛내주는 품이기 때문에, 생활이 모두 수령과 당으로 귀일하게 만든다. 이 점에서 작가들에게 당 조직선, 당일군의 전형, 당원들과 근로자들의 형상 등 모든 면에서 당의 위대성을 느낄 수 있도록 생활에 깊이 파고드는 작품을 쓸 것을 요구했다. 따라서 수령형상은 문학일반의 문제로서 수령에 대한 충실성, 주체형의 공산주의적인간의 품성과 사회정치적 생명체를 담보하는 기본이 된다는 점을 주목해야 한다.

이와 같은 사회정치적 생명체론을 바탕으로 하여 주체형의 인간전형
이 나온다.[39] 주체형은 '수령, 당, 대중의 3위일체 원칙'[40] 아래, <모두
다 영웅적으로 살며 투쟁하자!>는 구호처럼, 대중적 영웅주의를 지향한
다. 대중적 영웅주의는 '사회정치적 생명체라는 집단주의적 생명관에
기초하고 조직의 지도와 집단의 적극적인 협력에 의해 발휘된다'는 사
상을 그려내는 것을 의미한다.[41]

사회가치가 변화하면 개인도 가치관을 달리하게 된다. 그에 따라 집
단과 개인의 관계를 재정립하게 된다. 특히 1990년대의 탈냉전의 국제
정세는 사회주의체제에 영향을 주고 결국에 개인의 생각에 변화를 가져
올 수밖에 없었다. 이것은 체제의 중심을 이탈하는 힘, 다시 말해 체제
를 위협하는 원심력으로 작용할 것인데, 북한은 일찌감치 사회정치적
생명체론과 같은 정치사상이론의 무장으로 그런 힘이 작용하는 것을 막
으려 했다.

그런데 선군혁명문학에서도 수령영생문학을 시원으로 삼음으로써 수
령관의 문제가 관건이 된다. 그것이 "주체문학건설의 기본의 기본으로
되는 수령형상창조의 가장 높은 경지에 올라 선 문학"이고, 따라서 주체
사실주의의 높은 단계의 문학이라고 주장한다.[42] 또한 미학적 요구에서
'김정일의 혁명활동과 불멸의 혁명업적'을 그리는 것을 가장 중요시하
였다.[43]

이런 관점은 주체문학론을 진화시켜, 선군혁명문학론에 총대중시 즉
현존하는 체제 위기에 총대로 대응하는 선군혁명이 요구하는 현실을 반
영하고자 한다. 하지만, 『주체문학론』에서 대상을 불문하고 생리적 수
령관을 구현하는 '수령관의 보편적 형상'에 대해 이미 이론적으로 도달
되어 있는 까닭에, 선군혁명문학에서 새로운 수령형상은 별로 새로울
것이 없다. 물론, 수령영생이라는 극치의 수령관을 새로 제시했지만, 그
또한 사회정치적 생명의 영원성에 포용될 수 있는 내용이다. 단지 작가

는 현시기 수령 김정일의 의도, 정치노선을 잘 따라 창작방법의 기본원칙이 되는 주체사실주의를 수용하면 되는 것이다.[44]

결론적으로 말해, '선군시대'란, 국제관계에서 처한 북한의 상황 인식에서 '제국주의자들의 침략과 전쟁 책동'에 대항하는 의식이 중심적으로 작용함을 뜻한다. 총대로 지킨 혁명의 역사의 연장선 위에 현재가 있고, 총대중시사상을 구현한 선군혁명문학은 결국 수령결사옹위의 목적이 주요 내용이 된다.

3. 선군혁명문학론의 이론 전개

당의 정책적 반영을 알 수 있는 『조선문학』 머리말 가운데 선군혁명문학 관련 내용을 살펴보자.

「선군혁명문학창작으로 새 세기 사회주의 붉은기진군을 고무추동하자」(2001년 3호)에서는 '장군님을 형상하는 것은 선군혁명문학의 기본의 기본'이라고 말한다. 당과 수령의 의도와 요구, 인민의 지향에 대답하여, 작가는 인민의 영웅적인 투쟁모습을 선군시대의 미감에 맞게 형상할 것을 요구받는다.

"4대 제일주의는 선군혁명문학의 영원한 표대"(2002년 3호)에서는, 작가는 공동사설에서 제시된 4대제일주의, 즉 '우리 수령, 우리 사상, 우리 군대, 우리 제도제일주의'를 선군혁명문학의 영원한 표대로 삼아야 한다고 말한다.

앞 2장 1절에서 살펴보았듯이, 선군혁명론을 주체사상과의 관계를 밝히고 본격적 사상이론으로 만들어가는 작업은 2002년 하반기 이후에 이뤄졌다. 그 이전의 머리말은 당의 요구에 맞추는 내용 중심으로 선군혁명문학을 언급했다면, 주체문학과의 관계를 밝히는 작업을 병행한 것은 2003년에 들어서였다.

"조국해방전쟁승리 50돐을 맞는 올해를 선군혁명문학의 성과로 빛내이자"(2003년 1호)에서는 주체문학의 근본핵인 수령형상작품창작과 주체적 문예노선 아래 시대와 혁명이 요구하는 새로운 혁신을 창조함을 말한다. "전설적영웅 천출위인의 형상에서 새로운 전환을 일으키자"(2003년 2호)에서는 첨예한 정세에 대처하여 승리로 이끄는 '선군령장 김정일'의 위대성을 체득시키도록 하는 것이 시대의 요구이자 선군혁명문학을 창조하는 작가들의 과제이고 본분이라고 밝힌다. 김정일의 정치력을 형상하는 것이 선군시대 작가의 임무라는 것이다. "불 타는 창작적열정을 안고 선군문학창작의 붓대를 달리자"(2003년 3호)에서는 군사적으로 압살하려는 제국주의자들의 책동이 더욱 노골화하고 있는 상황에서, 작가들의 창작전투는 첨예한 계급투쟁, 제국주의자들과의 치열한 대결전이라 말한다.

여기서 보여주는 선군혁명문학은 당과 수령의 노선에 입각해 현실적 요구를 작품에 반영하는 것이고, 작가가 집중해야 할 형상의 초점은 혁명적 군인정신을 체현한 새로운 혁신적 성격을 창조하는 것이다. 작가들은 당의 선군 영도를 받드는 제일기수이고 돌격대인 인민군대를 형상하거나 인민의 원군기풍과 선군시대 영웅들의 투쟁을 반영할 때, 중요한 것은 '혁명의 수뇌부사수정신, 총폭탄정신, 자폭정신, 총대에 맥박치는 붉은기정신' 등을 구체적으로 그릴 것을 요구받는다.

이와 같은 요구에는 밖에서 오는 체제위협에 대해 단호히 대항하고, 안에서는 사회주의경제건설에서 혁명적 군인정신을 높이 발휘해 나가는 현실을 작품에 구현하도록 한다. 말하자면 체제의 가장 현실적 요구를 문학이 감당하는 문제가 관건이 된다.

방형찬의 "선군혁명문학은 주체사실주의문학발전의 높은단계이다"에서 살펴보자.[45)]

주체의 선군사상, 선군정치의 위대성과 진리성은 그대로 선군혁명
문학의 위대성과 진리성을 확증하는것으로 된다. 선군혁명문학은 혁
명적군인정신으로 사회주의수호전에 떨쳐 나선 우리 군대와 인민을
고무하는 오늘의 문학일뿐아니라 최후승리를 위한 앞날에도 영원히
시대를 대표하는 우리 당의 문학, 태양민족의 문학으로서의 리정표로
된다.

선군혁명문학은 그의 발생, 발전의 력사적과정의 견지에서 보나 사
상미학적특성의 견지에서 보나 주체사실주의문학발전의 가장 높은 단
계에 올라 선 문학이라는것이 명백하다.

위 인용에서 주체사실주의의 높은 단계라는 말은 이론적 근간을 『주
체문학론』에 둔다는 뜻이다. 그것을 현실, 즉 선군시대의 요구에 맞게
바꿔서 말할 뿐이다. 따라서 선군혁명문학의 창조는 '선군사상과 선군
혁명 노선를 제시하고, 선군시대정신을 반영한 문예, 즉 선군혁명문학은
당의 선군혁명사상, 선군혁명노선을 구현한 작품'이라는 동어반복이 나
오게 된다.46)

이것은 새로운 창작방법론이나 세계관의 변화가 없는 상황에서 김정
일의 '선군 기치' 정책노선을 내용으로 담는 작업에 그치고 있기 때문이
다. 김정웅의 주장대로, '선군사상, 선군혁명 노선은 주체사상에 기초하
며, 주체사상의 원리와 요구를 전면적으로 구현한다'는 전제에서 선군
혁명의 문학이 나오고, '선군문학은 주체사상을 구현한 가장 선진적이
고 혁명적인 문학이며, 주체사실주의문학의 본보기가 되는 것'이다.47)
따라서 가장 중요한 문제는 혁명적 수령관에 기초한 조국애의 구현이
고, 이것이 선군문학의 중요한 특징이라고 이야기된다.48)

이와 같은 논의 가운데, 현재 선군혁명문학의 미학적 요구를 보다 체
계적으로 정리해 가고 있는데, 김정웅은 대표적인 논자이다. 그가 밝힌
선군혁명문학의 특성 등을 살펴보자.49)

선군혁명문학의 특성은 첫째, 반제혁명사상을 전면적으로 반영한다.

반제혁명은 항일의 역사에서부터 시작한 '혁명의 총대'를 염두에 둔다. 지난 시기와 차이는 과거에 주로 전쟁주제의 작품에 국한해 반제혁명사 상의 구현 문제를 풀어갔다면, 현재는 모든 형태, 모든 주제의 문학작품 에 구현된다고 말한다. 둘째, 조국애를 숭고한 높이에서 구현한다. 조국 애 역시 오랜 전통이다. 그것이 더욱 절실한 것은 '조국의 자주권'이 현 재 미국과 서방에 의해 위협받기 때문이다. 이 점에서 총대 중시의 선군 사상, 선군정치가 나온 것이다. 셋째, 시대정신을 높은 수준에서 구현한 다. 선군혁명노선에서 사람들은 모두 혁명적 군인정신을 따라 배울 것 을 요구받는다. 선군시대의 인간은 군인이 아니라도 바로 혁명적 군인 으로서의 정신을 가져야 한다.

창작에서 미학적 요구는 수령관과 사회정치적 생명체론에 입각한다. 김정일의 혁명 활동과 업적의 형상, 혁명의 주력인 인민군대를 기본주 인공으로 하는 형상, 혁명적 군인정신으로 살며 일하는 시대 인간들의 생활과 투쟁상 등을 시대의 인간들의 지향과 미감에 맞게 그리는 것이다.

그러나 위와 같은 이론 전개에도 불구하고, 선군혁명문학의 담론은 인민의 삶을 담보하고 그 수준을 끌어올리는 사회경제적 혁명에 이르지 못하고, 고난이 계속되고 있는 현실을 역설적으로 반영하고 있을 뿐이 다. 이 점은 선군의 기치를 내려놓아도 좋을 만큼 정상국가로 올라서지 않는 한, 앞으로도 계속될 수밖에 없을 현상이다. 2005년을 당 창건 60 돌과 조국광복 60돌로 맞으면서 "올해에 경제건설과 인민생활 향상에 서 결정적인 전환을 이룩하는 것은 오늘의 총진군의 주된 과업"50)으로 삼고, 심지어 '대집단체조와 예술공연 <아리랑>'을 관광 상품화하면서 까지 실제로 경제회생에 주력하였었는데, 그럴수록 개방의 가속화에 따 른 개혁의 압력이 뒤따르게 되어있다. 이에 따라 더욱더 '우리 식 사회 주의'를 고수하는 애국주의 즉, '사회주의적 애국주의'를 구현하는 선군 시대 전형을 창조할 것을 작가에게 주문한다. 애국자의 전형은 선군사상을 체질화하고 선군정치를 충성으로 받들어나가는 사람이라고 하여, 당과 수령에 충성하는 애국관, 즉, 충성이 애국이라는 가치관을 구현해야 한다.[51]

선군 기치를 당의 노선으로 계속 이어나갈 것을 강조하고 있는 북한에서 이제 선군혁명문학은 '선군문학'이라 통칭되고, 모든 분야의 주제를 포용하는 개념이 되었다.[52] 처음에는 군대와 직접 관계되는 내용에 한정해서 생각하던 '선군' 개념을 모든 작품에서 일반화를 이룸으로써, 선군혁명을 생활화, 일상화하도록 인민들을 교양해 낸다. 그래서 이웃에 사는 연약한 처녀가 공장건설장에서 '선군처녀'가 되어, '우리도 군대들처럼 합시다'를 입버릇처럼 외우며 선군시대를 펼쳐간다는 이야기는 방방곡곡에 많고 많다는 것이다.[53]

4. 선군혁명문학의 전형과 의의

'다박솔초소' 이야기가 나오는 노래 <우리 장군님 제일이야>를 선군혁명 영도의 개시 음악으로 규정한 바처럼, 선군혁명을 문학예술의 과제로 처음 던졌을 때, 군대와 인민 가운데 군대에다 초점을 맞출 수밖에 없었을 것이다. 하지만 군대만을 이야기할 것인가. 그것을 문학일반론으로 전개시키려면, 군대를 정신으로 보편화시킨 개념이 필요하게 된다. 이 문제에 제대로 답한 최초의 작품은 한웅빈의 <스물한발의 '포성'>(2001년 4~6호)일 것이다.[54] 식량과 에너지는 북한 고난의 현주소인 바대로, 발전소 건설은 시대를 가장 사실주의적으로 그려낼 수 있는 주요 현안이 된다. 이때, 과거 혁명적 건설과 차별은 어디에 있을까. 작가는 '군대는 사민私民과 어떻게 다른가'로 이 질문에 대답했다.

주인공 '나'(박철)는 신병훈련을 강한 '우'로 마치고 군인선서를 하여 스스로 생각하건대 진짜배기 군인이 되어, 발전소 100리물길굴공사장에 참여했다. 박철은 일 주일 남짓 일하면서 발파가스, 착암기소리, 뿌연 버럭물에 절어 신대원 냄새가 어지간히 빠졌다고 생각할 즈음에야, "군대와 사민이 어떻게 다른가"라는, 삼척동자도 알 수 있는 뻔한 물음에 대답하는 것이 결코 쉽지 않다는 것을 비로소 알게 된다.

그 점을 안다는 것은 선군혁명문학의 전형을 밝히는 것과 같다 할 것이다. 과거의 혁명문학과의 차이가, 사민과 군대의 차이에서 드러난다는 말이다.

그런데 박철이 왜 그 진정한 차이를 처음에는 몰랐을까? "동무 군대요, 사민이요?"라고, 성난 소대장이 물었을 때, 박철은 가장 씩씩하도록 애쓰면서 "군댑니다!"를 외쳤다. 그런데 소대장은 박철을 힐난하며 군대와 사민의 다른 점을 되물었다.

> 병사는 전투를 위하여 산다. 그러니 이것이 사민과 다른 점이라는것일가. …중략… 사민들도 일을 한다. 그리고 자기들이 하는 일을 전투라고 부른다. <70일전투>, <100일전투>, <200일전투>… 좀 많은가. 그들이 하는 일도 어버이수령님의 유훈관철이며…

박철은 답할 수 없었다. 대신, 작가는 몇 가지 사건과 다른 등장인물들의 행동을 통해서 보여준다. 맨 처음 물길굴공사에 투입된 군인들 앞에는 아무것도 없이, 물·돌·흙이 전부였다. 사민이라면 천막을 치고 병실을 먼저 지었을 테지만, 군대는 갱굴진을 위한 박토작업부터 시작했다. 전투부터 시작했다는 말이다. 또, 지질학적으로 확인되기로는 모래가 없는 지역인데, 사흘 만에 바위를 깨뜨려 자갈과 모래를 만들어서 콩크리트 압축기지의 기초를 했다. 그것을 사령관이 직접 보고, '역시 군대가 군대야'라고 하였단다.

한웅빈은 군대와 사민을 차별하면서 혁명의 강도는 극대화하고, 결과적으로는 사민이 군대를 받아 안게 한다. 따라서 한웅빈을 통해 보여준 선군혁명문학은 군대식 영웅주의와 민족적 형식의 대중주의가 결합하는 새로운 전형 창조였다. 이것은 북한에서 극심한 경제난을 오로지 자력갱생의 구호로써 헤쳐 나가려 할 때 무엇을 요구하는지 잘 보여준다.

이와 같이 현실에서 극한상황에서도 살아남아야 하는 자력갱생형과 선군혁명사상을 구현하는 돌격대형이 경제난의 극복과 체제유지를 위한 시대적 인물전형으로 부각되어 갔다.

한웅빈이 강하고 확고한 혁명성을 구현한 인물전형을 그렸다면, 박일명의 <눈보라는 후덥다>(『조선문학』 2003년 5호)는 주변적인 인물을 어떻게 해서라도 혁명 전선에 세우기 위한 모습을 보여준다. 이 작품은 백두산지구 혁명전적지 재건설 사업과 삼지연지구의 살림집 건설 사업이 실제 배경이 되면서,55) 견뎌내기 어려운 조건 속에서 주어진 혁명과업을 고이 자란 평양처녀도 기어이 완수하는 모습을 그리고 있다. '백두산지구를 새 세기의 요구에 맞게 사회주의 선경으로 꾸리기 위한 건설' 사업에 참여한 주인공 처녀돌격대는 '백두산'이라는 혁명전통의 문제와 돌격대라는 시대적 인간전형을 동시에 보여주고 있다. 이 점은 현재 혁명대오에서 낙오하는 인민이 늘어가는 체제 위기 속에서 혁명의 전위를 강화하고자 하는 현안이 들어있기 때문에 주목을 요한다. 은옥은 누구보다 헌신적이다. 그럼에도 불구하고 문제적이며 변화되어야 하는 인물로 그린다.

은옥의 직업과 출신지역은 '부기원으로 일하던 평양 처녀'로서, 경제난 속에 선망의 대상이 될 수 있다. 그런데 투쟁정신과 혁명성으로 단련시킨 적이 없다는 인물 설정은 양면성을 띠게 한다. 아바이, 은숙, 사촌오빠 등 여러 사람들이 은옥에게 호의적이며 힘들어할 때 도움을 주곤했다. 바꿔말하면 은옥은 혁명적 교양의 대상으로서 부족한 여러 면이 개조되어야 할 인물이다. 은옥이 자신을 변화시키려고 돌격대에 자원하

게 된 동기는 텔레비전에 나온, 평양－남포고속도로 건설장의 청년돌격
대원들로부터 촉발된다. 그들의 투쟁모습을 본 다음부터 자신도 한번
나가보고 싶은 생각이 들었던 것이다. 그렇게 따라 배우기할 주인공을
세우고, 따라 배우는 실천자를 궁극적으로는 혁명적 인간으로 개조시키
는 것이 작품의 주제가 되는 것이다.

은옥처럼 혁명성과는 거리가 먼 소극적 인물을 중심에 끌어들이는
문제 못지않게 혁명에 부정적인 인물을 교양하는 문제도 심각한 상황일
수 있음을 짐작하게 하는 작품으로, 변창률의 ＜영근이삭＞(『조선문학』
2004년 1호)이 있다. '홍말썽', '홍타산'이란 별명이 붙은 농장원 홍화숙
은 '가동로력일'(출근하여 실제로 일한 날)을 정확히 평가하고, 결산분
배를 공정하게 하는 것이 우선이라고 주장한다. 예를 들면, 거름을 싣고
내리는 작업을 하는데, 애기 엄마가 쉴참을 이용해 탁아소에 젖 먹이러
갔다가 늦게 온 경우, 거름 1차를 못 실은 것은 당연히 계산하고, 그
사이에 뜨락또르가 태워 낭비한 기름값도 계산해야 한다고 말한다.

3분조장은 이런 홍화숙을 두고, "벼룩의 간두 뜯어내구, 좁쌀알두 쪼
개자는데, 신물이 난다"고 불평한다. 그의 계산법은 "비록, 눈앞의 제몫
을 못해도 본인의 열성이나 앞일을 고려해서 적당히 평가하는 것이 옳
다"는 것이다.

타산 매운 홍화숙네의 살림살이는 북한농민의 희망처럼 보인다. '랭
동기, 색텔레비죤, 록음기, 재봉기 없는 게 없고, 돼지, 젖짜는 염소, 토
끼, 닭, 오리, 게사니, 칠면조가 한마당 우글우글한다. 터밭농사로는 겨
울엔 박막을 씌워서 부루, 쑥갓, 배추를 키우고 봄엔 감자를 심었다가
하지 무렵엔 고추를 옮기구 고추가을을 하고나선 마늘을 심고, 이런 식
으로 손바닥만한 땅도 거저 놀리는 법이 없다. 말 그대로 이악쟁이 살림
이다.

이 작품은 기존의 농업관리체제인 협동경리 속에서도 홍화숙네처럼

개인이익을 병행해서 인정하고, 실리추구형 인물을 긍정적으로 평가했다. 작품의 결말에 홍화숙이 새 분조장에 추천되었는데, 분조관리제의 원칙과 새로운 경제관리체계의 요구에 맞게 분조를 이끌어갈 수 있는 '시대와 대중이 바라는 일군'을 초급일군으로 세우고자 했기 때문이다.

홍화숙을 새로운 경제관리체계의 요구에 맞는 초급일군으로 내세운 '새로운 형'의 일군 등장은 집단주의에서 나온 '협동경리'라는 농업제도 가운데서도 집단주의의 맹점에 빠져서 안 된다는 현실인식을 반영한다. 그것은 협동경리가 남의 등에 업혀 사는 사람들에게 좋은 환경을 마련해 주자고 나온 것이 아니라, 생산성을 높이기 위해 능력에 따른 차별을 인정하는 방향으로 운용되어야 함을 말해 준다. 이와 같이 개개인의 능력을 평가하여 책임을 지움으로써, 집단 주체보다 개별 주체가 훨씬 생산력이 높다는 것을 인정하는 '개인 인센티브제'가 서서히 도입되고 있다. 북한이 '경제강국'을 위한 개혁적 변화는 이런 모습에서 실질적으로 시작되고 있다고 하겠다.

하지만 이 작품을 뒤집어보면 경제 개선조치와 관련해 벌어지는 사회현상 가운데 반집단주의적이고 비사회주의적인 인간형들을 경계하는 것으로도 해석할 수 있다. 개인이익을 추구할수록 반집단주의적인 사고가 싹트기 쉽다. 말썽꾼을 학급반장을 시켜 집단에 순응시키는 격으로, 이익에 밝은 홍화숙을 작업반장으로 뽑아 집단을 이끌어나가는 역할을 부여함으로써, 비사회주의적 흐름을 차단하려는 것이다.

북한은 '선군혁명'으로 체제를 다잡아 경제개선과 맞물린 사회체제 변화를 어떻게든 막으려 하고 있다. <눈보라는 후덥다>나 <영근 이삭>이 사회 주변부를 혁명 중심으로 끌어올리는 전형들을 보여주었다면, 리신현의 <강계정신>(평양: 문학예술출판사, 2002)은 상황과 조건을 불문하고 강고하게 지켜내는 혁명정신을 전형적으로 보여준다. <강계정신>은 1996년 기아가 전국을 휩쓸면서 고난의 행군을 하던 때를 배경으로 한다. 전력과 식량 문제를 해결하기 위해, 도당 책임비서 태혁, 군당비서 김충모, 60년대 중소형발전소 돌격대원이었던 림준, 식량문제를 풀기 위해 연구에 몰두하는 여성과학자 성실 등은 '자력갱생'의 길을 택한다. 이 작품은 시작부터 굶은 죽은 기술자, 가동이 불가능한 상태의 공작기계공장 등 경제난의 실상을 반영하면서, 현실을 백절불굴의 자력갱생 정신으로 타결한다. 여기서 보여준 혁명정신이 '강계정신'의 본보기가 되었다.

5. 맺는말

북한이 추구하는 강성대국건설 목표는 궁극적으로는 잘사는 것이다. 이 변화는 결국 경제적 지표로 나타날 수밖에 없다. 북한은 국가정체성을 유지하면서 경제적 목표에 도달하고자 하는 수단으로 사상과 군사 측면의 강성대국을 표방했다. 2004년 신년사는 선군혁명 노선과 선군정치 방식이 '고난의 행군', 강행군을 승리로 이끌어, 주체위업을 잇고 강성대국건설의 새 역사를 펼쳤다고 평가한다. '전당, 전군, 전민이 비상한 각오'로 선군혁명의 승리를 위해, 수령 옹위의 결사대로, 당정책 관철의 돌격대로 떨쳐나설 것을 요구하는 것이 오늘의 북한의 시대인식이다. 이와 같은 위기 인식 속에서 경제난을 풀어야 한다. 이것이 선군사상으로 나타났다.

선군혁명노선의 시대적 의미는 군대처럼 투쟁하여 혁명을 관철하라는 것이다. 혁명군대를 앞세우는 것은 전 인민을 '군대'처럼 일떠세우는 목적이며, 이때 무엇보다 청년전위가 "시대정신"을 이끌어나가는 실질적 추동력이 된다. 따라서 작품 속의 청년전위들은 한결같이 '군인정신'으로 난간을 뚫고 나가게 한다. 군인, 제대군인은 말할 것 없고, 부기원,

도시의 여성노동자들까지 자원 돌격대원들로 세워서 건설 사업장이나 농촌에서 군대처럼 일하게 한다.

선군혁명문학론은 그와 같은 현시기 북한의 생존전략을 문학이론으로 수용하는 과정이었다. 앞에서 보았듯이 총대중시라는 정세적 판단이 선행되고, 그것이 문학담론에서 실질적으로 일반화한 것은 2003년이었다. 지금은 이 이론틀로써 김정일시대의 모든 작품을 포괄하여 논하고 있지만, 이 담론을 이상적으로 작품 속에 형상화한 초기 작품은 한웅빈의 <스물한발의 '포성'>이다. 선군혁명문학의 모델이라 할 수 있는 이 작품은 '군대는 사민과 어떻게 다른가'를 질문함으로써, 주인공이 혁명적 군인정신을 각성하고 건설에 임하는 모습을 보여주었다. 말하자면 인민들에게 현 시기 혁명은 군대처럼 사는 것을 의미했다.

군대적인 혁명정신을 가장 강도 높게 반영한 작품은 『강계정신』이라 할 것이다. 여기서 말하는 자력갱생이 북한사회의 탈출구처럼 보인다. 그러나 전력난을 중소형발전소 건설로, 그것도 자재의 보장이 되어 있지 않은 상황에서 해결하려고 하는데, 이 문제는 경제 토대의 위기를 다시 몰고 올지도 모른다(이 점에서 현실적으로 북한 사회의 개방이 필요성이 역설되지 않을 수 없다). 또한 실제로는 돌격대원의 동원도 점점 어려워지고 있음을 <눈보라는 후덥다>는 말하고 있다. 그것은 고난의 행군시기를 거치면서 흩어진 사회 대오를 복구하기 위해 "낮은 수준"의 혁명성이라도 불러일으키고 인민들을 다그쳐서 탈출구를 찾고자 함을 보여준다.

이와 같은 변화 속에서 실질적인 혁명은 <영근이삭>의 홍화숙형에서 찾을 수 있을 것이다. 2005년 공동사설에서 식량난해결을 우선과제로 삼고 있듯이, 먹고사는 문제가 북한의 선군혁명 실질적 내용이다. <아리랑>의 제2장 선군아리랑에서 어린이들에게 '콩우유'을 제대로 먹이려고 하는 배경대의 한 장면도 그 점을 말해 주었다. 따라서 선군혁명문학의 방향은 경제문제에 더욱 초점이 모아질 것이다.

※ 이 글은 "체제위기 속의 북한문학의 대응과 변화,"영남대학교, 『민족문화논총』 제29집 (2004)에 수록된 글을 수정, 보완한 것이다.

주註

1) 2005년 9월 14일 저녁 8시, 15만명 수용능력을 가진 5월1일경기장에서 관람.

2) 1995년 1월 1일 김정일 국방위원장이 시찰한 인민군 214군부대 초소가 있는 곳. 김정일은 '다박솔초소' 이야기가 나오는 노래 <우리 장군님 제일이야>를 선군혁명 영도의 개시 음악으로 규정했다. 최준경 작사, 리종오 작곡의 이 노래가 선군정치가 시작된 시기보다 2년 앞선 1993년 발표됐지만, 선군정치 개시 의미를 부여하는 데는 주목을 요한다. 「민주조선」 2002년 5월 9일자 및 김두일, 『선군시대 위인의 정치와 노래』 (평양: 문학예술종합출판사, 2002). 8쪽 참조.

3) 김성수, "'선군혁명문학'과 통일문학의 이상," 통일문화학회, 『통일과 문화』 (서울: 당대, 2001), 104～105쪽 참조.

4) 조웅철, "위대한 령도자 김정일동지께서 선군시대 문학예술령도에서 이룩하신 불멸의 업적," 사회과학원 주체문학연구소 편, 『총대와 문학』 (평양: 사회과학출판사, 2004), 19쪽 참조.

5) 2005년 10월 9일 김정일 국방위원장이 <아리랑>을 관람한 이후, 논란이 되고 있는 인민군의 적군 격파장면을 삭제하기도 함으로써, 대외적인 이미지 개선 의지를 재확인하게 했다. ≪한겨레신문≫ 2005년 10월 14일자.

6) 선군정치의 확립과정에 대해서는 오일환, "6·15공동선언과 북한의 선군정치," 북한연구학회 2005년도 춘계학술회의, 2005.4.15. 참조.

7) 혁명가요 <적기가>는 '민중의 기 붉은기는/ 전사의 시체를 싼다/ 시체가 굳기 전에/ 혈조는 기발을 물들인다// 높이 들어라 붉은 기발을/ 그밑에서 굳게 맹세해/ 비겁한자야 갈라면 가라/ 우리들은 붉은기를 지키리라'고 했는데, 항일무장투쟁시기에 어떠한 역경과 시련 속에서도 굴함없이 혁명의 기치─붉은기를 굳건히 지켜나가려는 혁명정신을 반영한 것이다. 붉은기 사상은 그러한 역사를 계승 반영한 사상이다.

8) 1978년 12월 25일 김정일은 "당의 전투력을 높여 사회주의 건설에서 새로운 전환을 일으키자(조선로동당 중앙위원회 조직지도부, 선전 선동부 책임일군협의회에서 한 연설)"에서 "우리 식대로 살아나가자! 바로 이것이 오늘 우리 당이 중요하게 내세우고있는 전략적구호입니다"고 행동지침을 내렸다. 이 구호는 덩샤오핑의 개혁·개방이 구체화한 직후에 나왔다. 즉, 중국은 1978년 12월 22일 중국공산당 제11기 3중전회의 에서 실사구시에 의거한 개방정책을 추진하기로 결정하고 본격적인 체제개혁을 단행하는데, 이에 맞추어 김정일이 말한 "우리 식"은 중국의 개방정책에 대응하면서 안으로 유일지도체계를 굳히는 조치였다. '우리 식 사회주의'는 1990년대 개방 국면에서 다시 강조되어, 사회주의권 붕괴 이후 북한을 지키는 보루와 같은 의미로 쓰이게 되었다. 김정일, "우

리 식 사회주의를 견결히 옹호보위하는 참다운 사회안전일군들을 키워내자(창
립 45돐을 기념하는 사회안전부정치대학 교직원, 학생들에게 보낸 서한 1992
년 11월 20일)," 『김정일선집 13』(평양: 조선로동당출판사, 1998).

9) 리중흥, <영원한 복무>(수기), 『조선문학』 2000년 1호, 15쪽 참조.

10) 역사적으로 '고난의 행군'은 몇 차례 반복된다. 1938년 12월부터 1939년 3월까
지 100여일간 중국 몽강현(현재의 정우현) 남패자로부터 압록강연안 국경일대
로 적들의 집요한 포위망을 뚫고 강행군한 과정을 혁명역사에서 <고난의 행
군>으로 기록하는데, 그때 김일성을 수령으로 한 혁명의 사령부를 목숨으로
지키기 위해 싸운 항일유격대원들의 혁명에 대한 무한한 충실성과 불요불굴의
투쟁정신을 말한다. 1970년대에 그것을 배경으로 한 장편소설 <고난의 행군>
을 '불멸의 력사' 총서의 하나로 내놓았다. 두 번째 <고난의 행군>은 1956년
8월 종파사건 전후 시기를 말하며, 세 번째는 1996년 전후 최악의 경제위기
상황을 일컫는다. 한 병사가 "미래를 위하여! 고난의 마지막해 1997"이라고
구월산 폭포 벽에 새겼다고 한 것처럼, 1997년 10월 김정일이 총비서로 등장한
이후 '락원의 행군'이란 구호로 바뀐다. 여기에는 총체적 위기에 대한 책임을
무마하고 앞 시기 시련 극복 이미지로써 역설적으로 영도력를 부각시킨 효과
를 얻고자 한 측면이 있을 것이다.

11) 김정일이 총비서로 전면 등장한 이후, 강성대국의 구호를 서서히 반영한다. 『조
선문학』에서는 1998년 1호에 문인들의 '새해결의'에 이 구호가 나온 이후,
지속적으로 강조되었다.

12) "당의 영도따라 강성대국 건설위업을 힘있게 다그쳐 나가자"(사설), ≪로동신
문≫ 1999년 9월 9일.

13) 탈북인 한00(50세)의 증언에 의하면, 김일성 사망 이후 군부숙청이 있었고, 황
장엽사건을 계기로 역풍이 일어나는데, 이때 군부를 앞세워 당과 지배권력을
뒤집음으로써 명실공히 김정일체제인 "선군시대"가 시작되었다고 한다.

14) 1998년 9월 17일자 "자립적 민족경제 건설로선을 끝까지 견지하자"는 제하의
≪로동신문≫ 논설은 개혁·개방을 거부하고 "자립적 민족경제건설노설"을
천명했다.

15) 신석호, "'7·1조치' 3년, 북한 경제 현장 르포," 『신동아』 2005년 8월호 참조.

16) 윤명현, 『우리 식 사회주의 100문 100답』(평양: 평양출판사, 2004). 212~249
쪽 참조.

17) 류제일, "선군사상에 의한 혁명의 주력군문제의 새로운 해명," 『철학연구』
2003년 제2호 참조. 여기서 김정일의 말 "우리 당이 인민군대를 혁명의 주력군
으로 내세우는 것은 현 시기 우리 혁명에서 인민군대가 차지하는 지위와 역할
로 보나 군대의 혁명적기질과 전투력으로 보나 주체혁명위업수행의 필수적요

구입니다."를 인용하면서, "오늘 우리 나라에서 가장 중요한 지위를 차지하고 결정적인 역할을 하는 사회적집단은 우리 혁명의 제일생명선을 지켜 선 혁명대오이며 그것은 다름 아닌 인민군대이다."라고 한 것은 제국주의, 특히 미제의 침략과 전쟁책동에 맞서 사활을 걸고 생명선을 지키는 투쟁의 의미를 강하게 담고 있다.

18) 2003년 11월 9일, 북한의 ≪조선중앙방송≫에서 "선군혁명사상은 현시대의 혁명이론과 전략전술의 기초이며 핵"이라고 주장했다. 이에 대해 곽승지는 일각에서 선군사상이 주체사상을 대체한 것으로 인식했는데, 북한이 선군혁명사상을 주체사상에 토대를 두고 있는 하위개념으로 분명히 규정한 것이라 평가했다. 이로써 북한이 선군혁명사상의 정립단계로 접어들었다고 보았다. 곽승지, "선군혁명사상의 혁명이론 규정의 의미," ≪인터넷 연합뉴스≫ 2003년 11월 9일.

19) 최성학, "선군의 원리는 주체사상을 바탕으로 하고 있는 원리," 『철학연구』 2002년 제1호, 12~13쪽 참조.

20) 실제로는, 1995년 다박솔초소 현지지도가 말해 주듯, 처음부터 군대를 인민 위에 세운 선군으로 김정일정권이 시작되었다. 이것을 2003년을 전후해 '혁명의 주력군론'을 전면화하여 '사후'에 본격적인 이론으로 정립하려 한 것으로 보아야 한다. 더구나 이 배경에는 제2의 북핵위기가 있었기에 '선군'의 정당성을 인정하는 틀이 제공되었다. 2003년 공동사설에서 선군의 기치에 대해 특히 강조한 사실이 이를 뒷받침한다.

21) "오늘 조선반도에서 전쟁위험을 막고 평화를 수호하는것은 절박한 민족적과제로 나서고 있다. 북과 남이 화해와 단합, 통일의 길로 나가고 있는 오늘날에는 동족이 동족을 반대하여 정세를 긴장시키고 평화를 파괴할 그 어떤 리유와 조건도 없다. 현 시기 조선반도에서의 대결구도는 북과 남의 조선민족 대 미국이라고 볼수 있다. 최근 미국은 우리에 대한 핵선제공격을 공공연히 떠들면서 반공화국압살책동을 광란적으로 벌리고 있으며 이로 하여 북남화해분위기가 흐려 지고 평화가 엄중히 위협 당하고 있다. 북과 남, 해외의 전체 조선민족은 미제의 무분별하고 모략적인 전쟁책동에 높은 각성을 가지고 대하여야 하며 온 민족의 단합된 힘으로 단호한 반격을 가해야 한다."

22) 김인옥, 『김정일장군 선군정치리론』(평양: 평양출판사, 2003), 2쪽.

23) "피눈물속에 1994년을 보내고 새해를 맞이합니다./ 위대한 수령님의 전사, 위대한 수령님의 제자답게 내 나라 내 조국을 더욱 부강하게 하기 위하여 우리모두 한마음한뜻으로 힘차게 일해 나아갑시다. 1995년 1월 1일 김정일".

24) 최길상, "선군혁명문학령도의 성스러운 자욱을 더듬어," 『조선문학』 2002년 2호, 41쪽. 그런데 최길상이 처음으로 선군혁명문학에 대해 언급한 "새 세기와 선군혁명문학"(『조선문학』 2001년 1호)에서는 시원에 대해 말하지 않았다.

25) 김성수(2001), 앞의 논문, 94~102쪽 참조.

26) 리현순, "문학예술에서의 선군혁명로선의 구현,"『조선예술』 2001년 4호.

27) 류만, "새 세기 명작창작의 앞길을 밝혀준 강령적 지침,"『조선문학』 2001년 4호, 19쪽.

28)『조선문학』 2002년 1호, 53쪽.

29) 요강에서 요구한 평론 내용: "선군혁명령도, 선군정치를 사상정서적으로 안받 침하는 우리 식의 새로운 선군혁명문학운동과 창작을 힘있게 추동하는 평론, 특히 비범한 예지와 정력적인 령도로 선군혁명문학의 시원을 열어 주시고 빛 내여 주신 경애하는 장군님의 불멸의 업적을 폭 넓고 심오하게 해설선전하며 주체사실주의문학에서 새로운 단계를 이루는 선군혁명문학의 본질과 미학적 특성, 혁명적군인정신을 체현한 새로운 성격창조에서 나서는 창작실천상문제 를 깊이 있게 해명한 평론"

30) 1967년 유일사상체계를 확립하면서, 노동계급의 수령을 형상하는 새로운 혁명 문학을 본격적으로 생산하는 창작집단인 <4.15문학창작단>을 만들었다. 여 기서 '불멸의 력사' 총서라 하여 김일성 중심의 역사를 문학시리즈로 내놓고 있다. 북한은 당의 유일적 지도 밑에 수령형상창조사업을 조직적이고 계획적인 사업으로 진행한다.

31) 김정일은 1974년 2월 당중앙위원회 5기 8차전원회의에서 정치위원이 되고, 이 때부터 본격적으로 "당중앙"이라 불렸다. 1980년 6차 당대회 이후 김정일을 후계자로 공식화했고, 1986년 5월 김일성은 "수령의 후계자문제"가 해결되었 음을 천명했다.『조선문학』을 보면, 1970년 중반부터 간간이 가요와 시에서 "당중앙"에 대한 충성을 노래했다. 1980년대에는 '향도자', '친애하는 지도자' 로 등장한다. 1982년부터 거의 매호마다 한두 편의 김정일 칭송시가 나온다. 1986년 이후에는 지도자 형상 문제에 대한 평론이 실린다. 김정일 형상 장편으 로는 현승걸의 <아침해> (1989)가 처음이며, '불멸의 력사'와 버금가는 '불멸 의 향도' 총서란 이름으로는 1992년 권정웅의 <푸른하늘>이 처음으로 발간 된다.

32) 김정일, "사회주의는 우리인민의 생명이다(조선로동당 중앙위원회 책임일군들 과 한 담화 1992년 11월 14일),"『김정일선집 13』(평양: 조선로동당출판사, 1998).

33) 김정일, "다부작예술영화 ≪민족과 운명≫의 창작성과에 토대하여 문학예술건 설에서 새로운 전환을 일으키자(문학예술부문 일군 및 창작가, 예술인들과 한 담화 1992년 5월 23일),"『김정일선집 13』.

34) 김정일, "새로운 혁명문학을 건설할데 대하여(조선작가동맹 중앙위원회 위원장 과 한 담화 1966년 2월 7일),"『김정일 선집 1』(평양: 조선로동당출판사, 1992).

35) 『조선문학』에 실린 수령형상관련 주요 평론: 강능수의 "우리 문학에서의 수령의 형상"(1959.4), 윤세평의 "수령을 따라 배우자!-<혈애의 노래>에 대하여"(1961.4), 윤기덕의 "경애하는 수령님의 위대성에 대한 형상과 우리 문학"(1987.4.)과 "당과 수령에 대한 충실성을 인생관화한 참된 당일군형상"(1989.8) 등. 이론을 집대성한 단행본은 윤기덕의 『수령형상문학』 (평양: 문예출판사, 1991) 참조.

36) 김정일, 『주체문학론』, 117~160쪽 참조.

37) 김정일, "주체사상교양에서 제기되는 몇 가지 문제에 대하여(조선로동당 중앙위원회 책임일군들과 한 담화 1986년 7월 15일)," 『김정일 선집 8』 (평양: 조선로동당출판사, 1998).

38) 이를테면 김일성은 꼭 화폭의 중심에 그림. 조기천 저, 한영수 편, 최호철 그림, 『백두산』 (평양: 문예출판사, 1987), 16~17쪽 참조.

39) 김정일, 『주체문학론』, 161~176쪽 참조.

40) 김정일, 위의 책, 120쪽 및 169쪽.

41) 위의 책, 171쪽.

42) 방형찬, "선군혁명문학은 주체사실주의문학발전의 높은단계이다"『조선문학』 2003년 3호, 15~19쪽.

43) 김정웅, "선군혁명문학의 특성과 그 창작에서 나서는 요구," 사회과학원 주체문학연구소 편, 『총대와 문학』 (평양: 사회과학출판사, 2004), 31쪽.

44) ≪로동신문≫ 2003년 3월 21일자 논설에 의하면, 선군사상은 주체사상에 뿌리를 두면서, 혁명의 주력군을 인민군대로 바꾸고, 혁명의 주체도 수령을 뇌수로 하는 당과 대중의 '사회정치적생명체'에서 혁명의 수뇌부를 중심으로 당, 군대, 대중의 '선군단결체'로 변화시켰다고 말한다. 이 점에 대하여 오일환은 주체사상이 본질적 요소에서 변한 것으로 보았다[오일환(2005), 앞의 논문 참조]. 그러나 선군혁명문학론에서는 '사회정치적 생명체론'에 대해 이론異論을 보이지 않는다. 김정웅의 글에서 선군문학은 "선군시대에 꽃펴난 일심단결의 위력과 참모습을 높은 예술적경지에서 그려내게 되었으며 수령, 당, 대중의 통일체인 사회정치적생명체를 강화하는데 힘있게 이바지하게 되었다."고 언급했다("주체사실주의문학발전의 새로운 단계로 되는 선군문학의 본성과 특징," 『조선문학』 2005년 1호, 61쪽).

45) 『조선문학』 2003년 3호, 15~19쪽.

46) 조웅철, "위대한 령도자 김정일동지께서 선군시대 문학예술령도에서 이룩하신 불멸의 업적" 사회과학원 주체문학연구소 편, 『총대와 문학』 (평양: 사회과학출판사, 2004), 5~21쪽 참조.

47) 김정웅, "주체사실주의 문학발전의 새로운 단계로 되는 선군문학의 본성과 특

징," 『조선문학』 2005년 1호, 59쪽.

48) 위의 글, 63쪽.

49) 김정웅, "선군혁명문학의 특성과 그 창작에서 나서는 요구," 사회과학원 주체문학연구소 편, 『총대와 문학』 (평양: 사회과학출판사, 2004), 22~37쪽.

50) ≪로동신문≫ 2005년 7월 3일자 사설에서.

51) 사설 "사회주의적애국주의를 기본품성으로 하는 선군혁명투사의 성격을 훌륭히 창조하자," 『조선문학』 2005년 8호, 4~7쪽.

52) 김순림, "위대한 령도자 김정일동지의 령도밑에 찬란히 개화발전한 우리의 선군문학," 『조선문학』 2005년 9호, 34~38쪽.

53) 강수, "선군처녀"(수필), 『조선문학』 2005년 9호, 76~77쪽.

54) 최길상, "선군으로 위용떨치는 조국과 문학적형상," 『조선문학』 2004년 9호, 5쪽. "단편소설 <스물한발의 포성>은 위대한 장군님께서 주신 전투명령을 한 몸이 그대로 육탄이 되여 결사관철한 안변청년발전소 군인건설자들의 형상을 통하여 그들이 지닌 혁명적군인정신이야말로 선군시대인간들의 전형적인 성격적특질로 된다는것을 예술적으로 확증하였다."

55) 2002년 10월 량강도 삼지연 일대에 2~3층짜리 주택 400여 가구를 건설하고, 1,000여 가구의 주택 보수공사를 완료했다. 중앙기관과 각 도의 돌격대원이 공사를 맡았다.

〈참고문헌〉

1. 북한문헌

강능수, "우리 문학에서의 수령의 형상," 『조선문학』 1959년 4호.

강수, "선군처녀"(수필), 『조선문학』 2005년 9호.

김두일, 『선군시대 위인의 정치와 노래』 (평양: 문학예술종합출판사, 2002).

김성수, "'선군혁명문학'과 통일문학의 이상," 통일문화학회, 『통일과 문화』 (서울: 당대, 2001).

김순림, "위대한 령도자 김정일동지의 령도밑에 찬란히 개화발전한 우리의 선군문학," 『조선문학』 2005년 9호.

김인옥, 『김정일장군 선군정치리론』 (평양: 평양출판사, 2003).

김정웅, "선군혁명문학의 특성과 그 창작에서 나서는 요구," 사회과학원 주체문학연구소 편, 『총대와 문학』 (평양: 사회과학출판사, 2004).

김정웅, "선군혁명문학의 특성과 그 창작에서 나서는 요구," 사회과학원 주체문학연구소 편, 『총대와 문학』 (평양: 사회과학출판사, 2004).

김정웅, "주체사실주의문학발전의 새로운 단계로 되는 선군문학의 본성과 특징," 『조선문학』 2005년 1호.

김정일, 『주체문학론』 (평양: 조선로동당출판사, 1992).

김정일, "다부작예술영화 ≪민족과 운명≫의 창작성과에 토대하여 문학예술건설에서 새로운 전환을 일으키자(문학예술부문 일군 및 창작가, 예술인들과 한 담화 1992년 5월 23일)," 『김정일선집 13』 (평양: 조선로동당출판사, 1998).

김정일, "사회주의는 우리인민의 생명이다(조선로동당 중앙위원회 책임일군들과 한 담화 1992년 11월 14일)," 『김정일선집 13』 (평양: 조선로동당출판사, 1998).

김정일, "새로운 혁명문학을 건설할데 대하여(조선작가동맹 중앙위원회 위원장과 한 담화 1966년 2월 7일)," 『김정일 선집 1』 (평양: 조선로동당출판사, 1992).

김정일, "우리 식 사회주의를 견결히 옹호보위하는 참다운 사회안전일군들을 키워내자(창립 45돐을 기념하는 사회안전부정치대학 교직원, 학생들에게 보낸 서한 1992년 11월 20일)," 『김정일선집 13』 (평양: 조선로동당출판사, 1998).

김정일, "주체사상교양에서 제기되는 몇가지 문제에 대하여(조선로동당 중앙위원

회 책임일군들과 한 담화 1986년 7월 15일,"『김정일 선집 8』(평양: 조선
로동당출판사, 1998).

류만, "새 세기 명작창작의 앞길을 밝혀준 강령적 지침,"『조선문학』2001년 4호.

류제일, "선군사상에 의한 혁명의 주력군문제의 새로운 해명,"『철학연구』2003년
제2호.

리중홍, "영원한 복무"(수기), 『조선문학』2000년 1호.

리현순, "문학예술에서의 선군혁명로선의 구현,"『조선예술』2001년 4호.

방형찬, "선군혁명문학은 주체사실주의문학발전의 높은단계이다,"『조선문학』
2003년 3호.

"사회주의적애국주의를 기본품성으로 하는 선군혁명투사의 성격을 훌륭히 창조하
자"『조선문학』2005년 8호.

윤기덕, 『수령형상문학』(평양: 문예출판사, 1991).

윤기덕, "경애하는 수령님의 위대성에 대한 형상과 우리 문학,"『조선문학』1987년
4호.

윤기덕, "당과 수령에 대한 충실성을 인생관화한 참된 당일군형상,"『조선문학』
1989년 8호.

윤명현, 『우리 식 사회주의 100문 100답』(평양: 평양출판사, 2004).

윤세평, "수령을 따라 배우자! - <혈애의 노래>에 대하여,"『조선문학』1961년 4
호.

조기천 저, 한영수 편, 최호철 그림, 『백두산』(평양: 문예출판사, 1987).

조웅철, "위대한 령도자 김정일동지께서 선군시대 문학예술령도에서 이룩하신 불
멸의 업적," 사회과학원 주체문학연구소 편, 『총대와 문학』(평양: 사회과
학출판사, 2004).

조웅철, "위대한 령도자 김정일동지께서 선군시대 문학예술령도에서 이룩하신 불
멸의 업적," 사회과학원 주체문학연구소 편, 『총대와 문학』(평양: 사회과
학출판사, 2004).

최길상, "새 세기와 선군혁명문학,"『조선문학』2001년 1호.

최길상, "선군으로 위용떨치는 조국과 문학적형상,"『조선문학』2004년 9호.

최길상, "선군혁명문학령도의 성스러운 자욱을 더듬어,"『조선문학』2002년 2호.

최성학, "선군의 원리는 주체사상을 바탕으로 하고 있는 원리,"『철학연구』2002년
제1호.

≪로동신문≫ 1998년 9월 17일 논설. "자립적 민족경제 건설로선을 끝까지 견지하
자"

≪로동신문≫ 1999년 9월 9일 사설. "당의 영도따라 강성대국 건설위업을 힘있게
다그쳐 나가자"

≪로동신문≫ 2005년 7월 3일 사설.

≪민주조선≫ 2002년 5월 9일.

2. 남한문헌

곽승지, "선군혁명사상의 혁명이론 규정의 의미," ≪인터넷 연합뉴스≫ 2003년 11월 9일.

신석호, "'7·1조치' 3년, 북한 경제 현장 르포,"『신동아』2005년 8월호.

오일환, "6·15공동선언과 북한의 선군정치," 북한연구학회 2005년도 춘계학술회의, 2005년 4월 15일.

≪한겨레신문≫ 2005년 10월 14일.

북한 역사소설의 실체와 변모과정

임 옥 규

1. 서 론

　해방 이후부터 체제와 이념을 달리한 남한과 북한은 문학사에 있어서도 다른 길을 걸어왔다. 문학의 본질 중 하나가 현실 세계를 반영하고 미래에 대한 지향을 담보해내는 것이라면 현재까지의 남북한의 착종錯綜과 반목, 이질성의 원인을 문학을 통해서 진단하고 상호 통합과 동질성을 모색해 볼 수 있으리란 가능성을 제기할 수 있다. 최근에 와서 남한에서의 북한에 대한 관심이 증대되고 북한 문학에 대한 연구와 이해도 상당히 진척되고 있다. 그런데 지금까지의 북한 문학 연구는 문학사나 개별 작품과 작가 연구, 특정 시대나 문예이론에 대한 것으로 남한과의 차이를 더 부각시킨 측면이 있다. 본고는 북한 역사소설의 변모과정에 초점을 맞추어 연구하고자 한다. 역사소설이란 한 민족의 삶에 대한 기록이자 과거 시대의 사건과 풍속, 다양한 인간들의 생활과 세계관 등을 미학적이고 사변적으로 형성하는 것으로 규명할 수 있다. 그러므로 이에 대한 연구를 통해, 남북한의 사회 경제적 토대와 예술 미학적 관점의 차이에도 불구하고, 한민족으로서의 동질성을 회복할 수 있다고 판단된다. 물론 본고에서는 역사소설이 단순한 과거에 대한 서사가 아니라 현재의 관점과 미래에 대한 전망에 따라 허구적 변용이 가능한 장르이며 과거의 시간적 정의와 범주, 역사적 사실에 대한 미학적 표현과 가치평가에 대한 문제가 제기됨을 염두에 두기로 한다. 이러한 역사소설의 특징을 바탕으로 하여 북한 역사소설의 변모 과정을 살펴보고자 한다.

본 연구는 남한에서의 북한 문학에 대한 연구와 북한의 『조선문학』과 《문학신문》의 기사 목록을 대상으로 한다. 북한에서는 일반적으로 역사제재 작품을 역사물이라고 칭하며 역사소설 창작은 북한 문학사의 시기별 특성과 사회 역사적 사건에 밀접한 관련을 맺고 있다. 연구대상 중 먼저 고려해 볼 것은 영도사의 역사로 씌어진 <불멸의 역사>나 <불멸의 향도> 총서이다. 1970년대 이후부터 창작된 <불멸의 역사> 총서는 김일성의 항일혁명투쟁 경력이라는 전기적 사실을 토대로 하여 구체적인 지명과 사료를 제시하여 역사성을 획득하고 있고, 1990년대 초부터 연속 간행되고 있는 <불멸의 향도> 총서는 김정일의 공적을 주제로 하고 있다. 그러나 이러한 총서들에는 역사적 사건과 배경이 과장되어 있고 진실성의 문제와 작가의식의 측면에 독특한 배경이 있어 별도의 범주로 취급하여 다른 기회에 논하고자 한다.

북한문학을 수용하는 통일문학사의 원칙은 정해진 것이 없지만 '민족문학의 이념, 리얼리즘의 방법, 역사주의적 원칙' 등에 관해서 합의한 논의들이 있다.[1] 이러한 입장에서도 북한의 역사소설을 바라볼 수 있다. 본고는 북한 역사소설의 변모과정을 민족문학의 연속성 차원에서 살펴

보고자 한다. 그리고 북한 역사소설이 추구하고자 하는 북한 식의 사실
주의 미학의 변모과정을 객관적으로 규명해 보고자 한다. 또한 북한 문
예이론이 마르크스-레닌주의 미학이론에 입각한 문학원론에서 주체사
상에 근거한 문예이론의 지향으로의 전이가 진행되므로 그 이론적 변모
과정에서 산출되는 창작방법론을 중점으로 살펴보도록 한다. 본고에서
는 당 문예정책과 문예조직의 변모, 비평논쟁 등에 따라 북한만의 주체
문예가 형성되므로 역사주의 원칙에 입각하고자 한다.

2. 북한 역사소설의 발생과 전개

1) 북한 역사소설 발생의 사상 · 미학적 특징

북한 역사소설의 발생 시기는 남한과 북한의 체제가 달라지는 해방
이후로 볼 수 있지만 그 바탕이 되는 사회적 · 역사적 조건은 그 이전으
로 거슬러 올라갈 수 있다. 특히 북한 역사소설의 사상 미학적 특질을
형성하는 배경은 북한에서의 현대문학 기점과 해방 이전의 진보적 낭만
주의 경향에서 찾을 수 있다.

북한 현대문학의 기점은 최근의 문학사인 『조선문학사』(15권)를 통
해 살펴볼 수 있다.2) 『조선문학사』(15권)는 1991년부터 출판되고 있는
방대한 분량의 문학사이다. 여기에서는 김일성 중심의 항일혁명문학을
주축으로 북한의 문학사를 전개하고 있는데, 1926년부터 1945년 기간
을 Ⅰ· Ⅱ로 나누어 현대문학 부분을 보충하고 있다.3) 이렇듯 북한이
현대문학 기점으로 잡고 있는 1926년부터 8·15 해방까지의 문학을 대
하는 태도는 남한과 현저하게 차이가 난다. 북한이 현대문학의 기점을
1926년으로 삼은 이유는 그해 10월 17일 김일성이 공산주의 혁명조직

인 '타도제국주의동맹'을 조직하여 문학 분야도 직접 지도를 하게 되었기 때문이다.[4] 북한 문학사는 이 시기 문학을 항일혁명문학이라고 부르면서 8·15 해방 전 가장 중요한 문학으로 판단하고 있다. 해방 이후 북한 역사물 중 항일혁명 투쟁사가 주요한 주제를 형성하고 있는 것을 볼 때 북한 역사소설의 사상 미학적 특질의 출발점도 이 시기를 전후로 해서 살펴볼 수 있다.

북한 역사소설에서 수용하고 있는 진보적 낭만주의 경향은 착취 사회를 부정하고 주관적 이상과 염원을 작품 속에서 실현하려는 것으로 주요한 문학적 조류 중 하나이다. 『문학예술사전』에서는 진보적 낭만주의의 특징을 '소여所與 시기의 선진적인 계급과 계층들의 사상 감정과 지향을 대변한 것으로서 당대 사회현실을 부정하고 새로운 생활을 창조하기 위한 투쟁에로 사람들을 고무충동'하는 것으로 정의하고 있다.[5] 이러한 계열의 대표적인 작가로 신채호를 들고 있는데 신채호의 경우 『조선문학통사』에서는 언급되지 않고 있지만 『조선문학사』 이후 1970년대 말부터 문학사에서 크게 부각되고 있다.[6] 신채호(1880~1936)는 반일 애국사상 활동을 하면서 많은 정론들과 시, 소설 등을 썼다. 그의 대표적인 소설인 <꿈하늘>(1916)과 <용과 용의 대격전>(1928)은 북한 역사소설의 맹아라고 볼 수 있다. 이 소설들이 보여주는 진보적 낭만주의 경향은 이후 북한 역사소설에 많은 영향을 끼치고 있다. <꿈하늘>의 경우 작가의 낭만주의 열정과 환상이 자유분방하게 표현되고 있는 작품으로 작가는 환상과 허구를 사용하고 있지만 구체적인 역사적 사실과 결부시키고 있다. 을지문덕 장군이나 강감찬 장군의 등장은 새로운 투쟁의 결의를 다지게 하며 풍신수길 등의 등장을 통해 일제로 인한 모순된 한반도의 현실을 비판하고 있다. 북한에서는 이 작품이 인민들을 일제에 대한 증오의 투쟁 정신으로 고무하였다는데 의의가 있다고 평가하고 있다. 이 작품의 약점으로는 '화랑도' 사상을 주장하여 복고주의적 경향을 지니며 부르주아 민족주의 테두리를 벗어나지 못하였다고 지적하였다. 신채호의 세계관의 변화는 <용과 용의 대격전>에서 찾아볼 수 있는데 환상적인 수법으로 조선 인민과 일제 침략자를 비롯한 착취자들의 갈등과 투쟁을 보여주고 있다. 천국의 파멸, 천국의 충신인 미리의 죽음과 새로운 지국의 건설을 통한 침략자 및 착취계급의 멸망과 인민대중의 승리를 확인하고 있다. 이러한 신채호의 진보적 낭만주의 계열 소설은 이후 북한 역사소설의 사상 미학적 특질에 영향을 끼쳤다고 볼 수 있다. 이러한 신채호의 역사소설과 1930년대 후반기에 나타난 역사소설은 이후 전개되는 북한 역사소설의 단초를 마련하고 있다.

1930년대 후반기 한식의 진보적이고 투쟁적인 역사관도 북한 역사소설 형성에 영향을 끼친다.7) 그는 역사소설에 창작적 주의를 돌릴 것을 호소하였는데 역사주제 창작은 인민 대중에게 애국적인 민족의식을 안겨주고 역사사실에서 귀중한 교훈을 얻을 수 있기 때문이었다. 이 시기 진보적 역사소설은 소재 선택, 주제 사상적 지향과 주인공의 형상 그리고 역사적 사료를 예술적으로 일반화하는 원칙에 이르기까지 사상 미학적 특성 전반에서 부르조아 작가들이 쓴 역사소설과 판이하게 구별되었다.8) 이 시기 진보적 역사소설은 소재를 선택할 때 과거에만 집착하게 하는 역사소설보다 과거를 통하여 오늘을 돌아볼 수 있게 하는 근본입장에서 인민대중의 반침략 반봉건 투쟁 역사를 취하고 있다고 보고 있다. 홍명희의 <림꺽정>의 경우 봉건통치배들을 반대하는 인민들의 반침략구국항전을 취급하는 데 이와 비교되는 부르조아 역사소설인 김동인의 <운현궁의 봄> 등은 왕권 찬탈과 관련된 궁중 비극을 다루고 있어서 복고주의와 순응주의 입장에 있다고 비판하고 있다. 역사소설의 주인공도 인민대중이어야 하는데 부르조아 소설에서는 봉건왕, 왕족, 양반귀족들이 주인공이라는 점을 비판하고 있다. 또한 역사적 사실에 충실하고 재음미하여, 풍부한 상상력으로 생동한 생활 모습 창조할 것을 강조한다. 부르조아 역사소설은 역사사료를 그대로 옮겨놓는 데 그친다고 평한다.9) 이에 따르면 1930년대 후반기의 진보적 역사소설로는 현진건의 <무영탑>(1939), <흑치상지>(1938~1939), 리기영의 <봄> (1940), 홍명희의 <림꺽정>(1928~1939 ≪조선일보≫ 연재, 1940년 출간)을 들 수 있다. <봄>은 19세기 말에서 20세기 초까지를 시대적 배경으로 하여 낡은 것의 멸망과 새것의 필연적 승리에 대한 신념을 지향하고 있다. 북한 역사소설 발생의 사상·미학적 특질로는 민중중심의 진보적이고 투쟁적 역사관, 애국주의 강조, 항일무장투쟁, 진보적 낭만주의 등으로 볼 수 있다.

2) 북한 역사소설 전개의 사회·역사적 조건

해방 이후 북한문학은 투쟁의 역사와 새로운 시대 건설의 역사에 대하여 기록하는 것에 충실하였다. 해방 직후부터 작가들은 역사 쓰기를 수행하여야 했다. 해방 이후 북한 문학은 식민지 시대 프롤레타리아 문학을 계승하는 입장에서 사회주의 사실주의를 표방하고 있었다. 북한에서는 새 시대의 감격과 민주주의 사회의 도래를 맞이하면서 그 근거를 찾기 위해 역사 서술에 관심을 가지게 되었다. 토지개혁, 새 주권 수립을 위한 투쟁, 항일혁명의 위대성 등을 강조하기 위한 역사서술의 방향은 새로운 지도자에 대한 경외심과 민주의주의 혁명 과정을 예찬하기 위한 현재의 삶으로서의 과거를 그리는 것으로 집약되었다. 새 시대에 대한 개혁의 역사를 그리기 위한 선전, 선동가로서의 작가의 역할이 중요시 되었다. 이러한 역할을 외면한 『응향』 작가들은 퇴폐적, 반동적으로 규정되어 비판받기도 하였다.

해방 직후 좌익측의 문학 운동 중에는 역사소설에 관해 언급된 것이 많다. 김남천은 인민의 착취의 역사, 인민의 수난의 역사를 대장편 소설로 완성하는 길이 조선문학의 임무임을 주장한다.[10) 이원조의 경우에도 "역사소설에 있어서 인물의 우상화, 사건의 엽기적 전개 등으로 문학을 순전히 상품으로 만든 것은 문학상 한 개의 죄악"[11)이라고 주장하여 문학의 주체는 민중이 되어야 할 것을 주장한다. 한효의 경우 모든 작가는 역사의 기록자가 아니고 역사의 창조자가 되어야 한다고 주장하면서 일제의 문학이 역사적 기록에 머물러 있으니 봉건적 잔재를 청산하고 진정한 의미의 세계의 창조자가 되어야 할 것을 주장하였다. 신남철은 역사소설이라도 미래를 지향하여야 한다고 주장하였으며[12) 이태준은 역사소설이 왕조사나 궁정비사를 전개하는 것은 인민에게 봉건 사회의 향수만을 조장시키는 것으로 인민에게는 해독만 끼친다고 주장하였다.[13) 이렇듯 해방 직후 좌익 측의 역사소설 논의는 진보적이고 투쟁적인 역사관과 민중중심 사관에 대한 기초를 마련하고 있다. 해방 직후 북조선 예술총동맹은 노동자 계급의 당파성과 프로문학의 영도성을 강조한다. 사회주의 사실주의 원칙을 고수하면서 고상한 리얼리즘이라는 창작이념을 사회주의 사실주의와 동일화하고 혁명적 낭만주의를 창작방법론으로 받아들이고 있다.

1946년 초 토지개혁, 노동법령, 남녀 평등법, 중요 산업 국유화 법령 등의 민주개혁이 일어났으나 사람들의 의식은 아직 뒤따르지 못했다. 이를 위해 건국 사상 총동원 운동이 일어났고 고상한 리얼리즘이 제기되었다. 1947년 3월 '고상한 사실주의'가 유일한 창작방법으로 규정된 후 긍정적 주인공에 기초한 혁명적 낭만주의의 성격을 강하게 띤 교조적 사회주의 사실주의로 고정화되었다. 이러한 경향으로 문학이 혁명적 낭만주의와 도식주의로 흐르게 되었다. 1947년 3월 28일 당 중앙상무위원회에서는 「북조선에 있어서의 민주주의 민족문화 건설에 대하여」 결정서 발표를 발표하였는데 '고상한 사실주의'라는 사회주의 리얼리즘의 한 방법을 공식화하였다.[14) 여기에서 문학은 인민의 영웅적 노력과 투쟁과 승리와 영광을 그려야 하며 사상은 미래를 향한 헌신과 낙관의 이야기로 펼쳐야 한다는 방법론이 제기되었다. 1946년 8월 28일에 열린 북조선노동자 제1차 대회에서 북한 사회는 아직 사회주의 사실주의 단계에 진입하지 못한 인민민주주의 단계이므로 마르크스 레닌주의가 사회주의 건설을 위한 이념임을 밝혔다.

　전쟁 이후 북한의 당에서는 제도 개혁을 완성하기 위해 인민들을 공산주의 사상으로 무장시키려고 하였다. 1950년대 들어서 북한만의 '사회주의 사실주의'가 표방되고 역사소설도 이에 영향을 받았다. 먼저 문학에서 주인공 성분 문제와 작가의 세계관이 중시되었다. 주인공의 성분 문제에 있어서도 마르크스와 엥겔스의 '지킹 엔 논쟁'15)을 연상시키는 프롤레타리아 계급성의 문제가 중요시되었다. 북한의 문예 이론가들은 현실을 파악하는 작가의 세계관과 능력을 어떤 계급에 속하는가, 어떤 계급의 편을 드는가에 따라 진단하며 현실주의를 위한 작가의 현실인식 능력에서 더 나아가 작가의 노동자 계급적 당파성과 이상을 논의하였다. 이러한 측면을 보여주는 것으로 안함광과 엄호석의 논쟁이 있었다. 비평가 안함광은 1950년대 한설야의 <대동강>(1, 2부, 1953)을 논하면서 고귀한 애국주의와 인간주의가 무엇인가를 보여준 작품이라는 점에 의의를 두었다. 안함광은 이 작품의 성공 요인을 일정한 성격창조로 보았고 성격이 생활적 기초와 환경을 떠나 분리될 수 없음을 논증하였다. 장편 <대동강>의 예술적 가치는 비단 그 인간이 잘 그려졌다는 거기에만 있는 것이 아니라 창조되어지는 생동하는 그 성격들을 통해 체현, 반영되어지고 있는 그 생활이 사회적으로 얼마나한 의의를 포함하고 있느냐 하는 데 의해 규정된다16)고 평하고 있다. 또한 안함광은 한설야의 1930년대 작품인 <황혼>의 진보적 이념성에 대해서는 주인공의 계급을 중시하였다. 안함광은 이 작품에서 주인공을 '준식'으로 보고 있는데 '준식'이라는 인물이 이념을 지닌 지도적 인물이기 때문이다.

엄호석은 이와 달리 '여순'을 중심 주인공으로 보았다. '여순'에 대한 작가의 사랑, 지지, 동정이 집중되었다는 것, 그 동정, 지지, 사상 속에 작가의 사상적 경향이 있다는 것이다.[17] 이러한 논쟁을 바라보는 관점은 여러 가지일 수 있겠지만[18] 이 논쟁의 의의는 공산주의 인간형, 즉 고상한 인간상의 문학적 적용으로 나아가는 단초를 제공했다는 것이며 계급성에 관한 문제가 북한문학에서 차지하는 중요성을 알 수 있다는 것이다. 1950, 60년대에 발생한 사회주의 사실주의 발생 발전 논쟁은 리얼리즘의 역사적 구체화로 볼 수 있다.

1952년 이후에는 소련의 영향을 받아 무갈등론에 대한 비판이 생겼고 새것과 낡은 것에 대한 대립과 갈등이 여전한 문제였다. 1953년 7월 27일, 정전 협정이 체결된 후 북한에서는 전후복구건설을 거쳐 본격적인 사회주의 건설에로 들어가고 50년대 후반에는 생산관계에 대한 사회주의적 개조를 실시하였다. 이러한 사회 역사적 특징으로부터 문인들에게는 '복구건설의 벅찬 현실과 인민들의 영웅적 투쟁 모습을 형상함으로써 전후복구건설 사업에 적극 이바지해야'[19] 할 새로운 과업이 제기되었고 이 시기에 문학예술 분야에서 당성, 노동계급성, 인민성이 강조되었다. 이 시기 문학은 이전 시기보다 구별되는 특징이 나타나는데 주제 영역이 넓어지고 장편소설, 장편 서사시, 장막 희곡 등 장편 형식의 작품들이 많이 창작되었다. 역사소설 주제 면에서는 민중들의 삶을 형상화한 역사주제 작품이 창작되었는데 '사회주의적 애국주의'라고 칭하여 사회주의 제도가 있는 조국에 대한 사랑을 강조하였다. 1950년대 중반에 들어서면서 북한 역사소설의 창작은 활발하게 이루어졌다. 1956년 3월 제3차 노동당 대회와 8월, 9월에 열린 전원회의 이후에는 혁명적 낭만주의에 대한 문제도 제기되었다.

1958년 8월에 북한 전역에 사회주의 경제체제(농업의 집단화)가 완성됨으로써 북한 사회는 인민민주주의 체제에서 사회주의 체제로 이행

하였는데 이시기는 문학계에서 사회주의 사실주의 논쟁의 토대가 되었
다. 1958년부터 본격화되는 천리마 운동은 사상과 기술혁명을 통해 증
산을 도모한다. 천리마 운동은 공산주의 건설을 새 목표로 내세웠고 인
민들의 공산주의 사상 무장화를 강조하였다.20) 1961년 9월 조선노동당
제4차 대회가 소집되어 전면적 건설을 위한 계속혁명으로 3대 혁명인
'사상 혁명, 문화 혁명, 기술 혁명'이 제시되었다. 문학에 있어서도 1960
년대 전후로 혁명 전통 형상화와 관련한 일련의 창작 실천상, 이론상
문제들이 제기되었다. 그 중에서도 역사적 사실과 예술적 허구, 원형과
전형에 대한 문제가 중요한 문제의 하나로 제기되었다.21) 그 방법론으
로 전형에 관한 논쟁이 있었는데 엄호석과 장형준의 경우를 볼 수 있다.
엄호석의 경우 작가가 생활에 대한 적극적인 태도를 가지고 시대적 빠
뽀스(사상)를 잘 표현해야 한다고 주장하였다. 엄호석은 과거의 생활을
재현함에 있어서 작가는 항상 력사가적 입장과 작가적 입장에 동시에
서야 하며 력사적 진실을 예술적 진실로 재현시켜야 한다고 주장하였
다. 력사소설 부분에서 기본 사건과 기본 주인공들은 항상 력사적 사실
과 부합되어야 할 것을 주장하였다.22) 이에 대하여 장형준은 역사적 사
건을 허구에 의거하면서도 역사적 사건과 배경을 충분히 표현할 수 있
다고 하여 엄호석의 방법론을 비판하였다. 이 시기에는 공산주의자의
전형 창조의 문제가 중요시되고 있었는데 공산주의 문학의 건설 시기에
돌입하였기 때문이다.23) 사회주의 건설 초기에 대단한 생산력의 발전을
보였던 북한 사회의 당대적 요구에 부응하여 노동영웅의 예술적 형상이
부각되는 등 사회주의 리얼리즘의 '현실적 구체화'가 이루어졌다. 이러
한 논의들은 '민족적 특성', '전형', '혁명적 대작 장편' 논쟁의 신호가
되었다.

  1950년대 말부터는 북한의 사회주의 경제체제가 수립된 시기로 사회
주의적 요소들이 북한에 어떻게 적용되어야 하는 가가 중요한 문제로

되었다.24) 그 방법으로 민족적 형식과 민족적 특성이 강조되었다. 민족적 특성에 대한 논의는 주로 공산주의자의 전형창조와 연결되었다.25) 이 시기의 민족적 특성론의 목적은 민족적 특성을 탐색하고 적용하여 과거를 현재에 환기하고 활용하는 것이었다.

사회주의 전면적 건설을 위해 속도전 개념을 도입한 북한사회는 문학에서도 절대적인 창작 지침을 마련하였다. 1960년 11월 27일 문학예술 분야 일꾼들과의 대담에서 김일성은 "우리의 문학과 예술은 천리마 시대의 사람들의 보람찬 생활과 영웅적 투쟁 모습을 그려야 한다"26)고 하여 혁명가의 전형 창조를 강조하였다. 1960년대 중반 이후에는 김일성의 정치적 상징에 대한 형상과 항일무장 활동을 소재로 한 작품들이 본격적으로 창작되었다. 또한 이 시기의 대작 장편 창작방법론 이후 장편소설이 대거 창작되었다. 1967년 이후 북한에는 주체사상이 확립되었다. 주체사상은 문학에도 변모를 가져오는데 주체문예에서 문학의 경우 공산주의 전망과 공산주의 인간형을 중시하였고 항일혁명문학이 혁명적 전통으로 자리 잡게 되었다.

1980년대에 들어서면서 북한의 소설은 이전과 다른 면모를 보이고 역사소설보다 현실 생활을 주제로 하는 경향이 강해졌다. 이를 북한에서는 사회주의 현실주제의 문학이라 하여 역사주제의 문학과 대비시키고 있다. 이전의 혁명적 대작의 시기에서 벗어나 단편소설 양식을 강조하는데 이는 역사 주제를 다루는 데에는 장편소설이 적절하고, 현실주제를 다루는 데에는 단편소설이 적절하다는 평가27)가 있었기 때문이다. 북한의 문예계에서는 1980년대 이후 문예물의 주제를 다양하게 발전시키는 방법과 양적인 성장 문제에 대해서 문제제기를 하기 시작했다. 획일적이며 도식적인 혁명전통을 앞세운 문학만이 생산되면서 독자들의 거부감이 생기고 비판적인 시각이 양성되는 것을 의식하지 않을 수 없게 되었기 때문이다. 이에 대한 해법으로 다양한 현실세계를 반영하는 문학작품의 창작을 권장하게 되었고, 사회주의 현실과 생활 주제를 중심으로 하는 소설들이 많이 나오게 되었다. 이러한 현상과 1970년대 이후부터 강조된 수령형상화의 중심 작품이 나오면서 이 시기 북한 역사소설은 많이 발표되지 않았다.

1990년대 전후 북한에서는 역사소설 속에서 민족적으로 '자랑찬 투쟁의 력사'와 훌륭한 문화정통에 대한 기대욕구를 드러내어야 함을[28] 강조하였다. 특히 김정일의 『주체문학론』(1992)에서 역사물 창작의 원리와 원칙, 요구들이 밝혀지면서 이에 고무되어 조선을 빛낸 문화영웅들에 대한 역사소설들이 창작되었다. 2000년대 이후 북한 문단에는 선군문학론과 수령형상문학론이 주요하게 논의되었고[29] 역사소설에서는 조국에 대한 사랑과 민족의 우수성을 돋보일 수 있는 고구려의 기상, 강인한 민족적 기질, 반침략애국투쟁사를 그려내고 있다.

3. 북한 역사소설 특징

1) 북한 역사소설의 변모상 특징

북한 역사소설은 남한의 역사소설과 기원은 같을지라도 해방 이후의 발전과정과 표방하는 바는 다르다. 기본적으로 북한의 문학은 당의 문예정책과 김일성, 김정일의 교시에 따라 변모하기 때문에 역사소설도 예외는 아니다. 또한 역사에서의 계급투쟁이 인간의 역사적 진보에 대한 역할을 한다는 역사의식에 의해 역사소설이 성립되고 있다. 북한 역사소설의 성립과 발전은 북한 사회 변혁의 필연적 결과로써 나타나고 있다. 최근에는 새로운 경향의 역사소설이 창작되고 있다. 북한 역사소설의 변모과정은 다음과 같다.

<표 1> 북한 역사소설의 변모과정

	역사소설	시대	역사적 사건, 인물	주인공	특징	경향	북한 비평사	북한 문학사	단계
1	신채호, 『꿈하늘』 (1916)	단군 기원 4240(서기 1907)	강감찬 을지 문덕 풍신수 길	한놈	민족주의, 비 타협적 무장투 쟁 노선, 애국 심 강조	환상적 낭만적 수법,			북한 역사 소설 단초
2	신채호, 『용과 용의 대격전』 (1928)	추상화된 현실의 비유 세계	상제, 미리(기 성질서 의미) 와 민중의 대 립	민중	민중의 직접혁 명, 민중의 각 오 강조·민중 사관의 역사관	진보적 낭만 주의			
3	현진건, 『무영탑』 (1939)	신라 경덕왕 시절	경주 불국사 의 석가탑 건 조에 얽힌 전 설	아 사 달, 아사녀	민족적 정서 (창조적 재능, 슬기, 도덕풍 모) 환기, 애국 적 지향	진보적 낭만 주의			프 롤 레 타 리 아 문학에 관 한 역 사 소 설
4	현진건 『흑치상지』 (1938-1939)	삼국 시대 말	라 당 연합군 에 대항하는 백제	흑치상지 (백제장수)	주인공의 영웅 묘사, 반침략 애국항전				
5	홍명희 『림꺽정』 (1928-1939 《조선일보》 1940 출간)	조선시대 1560년 전후		림 꺽 정과 6인의 도 적	민중의 계급투 쟁				
6	남궁만 『홍경래』 1954)	19세기 초	관군과 인민 들의 대립	홍경래	백두산을 항일 무장 투쟁의 상징적 공간으 로 예시, 새장 군의 출현 강 조, 희곡을 소 설화	마르크 스 - 레 닌주의 에 입각 한 사회 주의 사 실주의	1946-1949 : 민족문학론, 고상한 리얼 리즘	1945. 8- 1950. 6 : 평화적 건설 시기 문학	사 회 주 의 애 국 주 의 에 관 한 역 사 소 설 (1950 년 대 중 반 이 후 부터)
							1953-1959 : 반종파 투쟁	1950. 6- 1953. 7 : 위대한 조국 해방 전쟁 시기 문학	
7	윤세평, 『임진록』 (1955)	임진왜란	송상현, 이순 신, 사명당, 서산대사 등		임진왜란 당시 역사적 영웅 이야기		1958-1962 : 민족적 특성 론	1953. 7- 1960 : 전 후 복구 건 설과 사회주 의 기초건설 을 위한 투 쟁시기 문학	
8	최명익 『서산 대사』 (1956)	임진왜란	서산대사, 동 대 원 · 보통 벌 · 평양성 해방 전투		평양 중심의 애국주의 강조		1959-1962 : 공산주의자 전형론		
9	이기영 『두만강』 (1957-1961)	19세기 말부터 1930년대 초까지	국내와 만주 에서 일어났 던 민족해방 무장투쟁 과 정	빈농 박곰 손과 아들 씨동, 애 국적 지식 인 이진경	반제 · 반봉건 투쟁이 무장투 쟁으로 발전하 는 과정, 김일 성 무장투쟁을 항일투쟁으로 수렴		1959-1964 : 혁명문예론	1961-1966 : 사회주의 전 면건설을 다 그치기 위한	혁 명 대 작 에 관 한 역 사 소 설 (1960
							1964-1965 : 대작 장편 창작론		

10	최명익 『임오년의 서울』 (1961)	조선시대 1882년	임오군란	춘명, 김장손			1967~1969 : 주체문예 형성론	투쟁시기	넌 대 이후)
11	박태원 『계명산천은 밝아 오느냐』 (1963-1967)	1860년대 익산민란	민중세력과 지배세력 간의 갈등	실제 익산민란 주모자(오덕순)와 허구인물(오수동) 부자	다양한 계층의 인물 등장				
12	박태원 『갑오농민전쟁』 제1,2부 (1977-1986)	동학혁명 발발(1894) 1년 전 전라도 고부군 양교리		전봉준, 오수동					
13	리영규 『평양성 사람들』 (1981)								
14	림왕성 『설죽화』 (1981)	고려시대(11세기초)	귀주대첩	강감찬 장군					
15	박춘명 『임오풍운』 (1981)	19세기기말		림복석, 철용이	백두산 국경 문제	주체문예이론 정착, 공산주의의 인간학	종자론, 속도전, 수령 형상론, 주체 사실주의 주체적 인간형)	당의 유일사상 체계를 더욱 철저히 세우며 사회주의의 완전 승리, 온 사회의 주체사상화를 앞당기기 위한 투쟁 시기 (1967-현재)	주체 실주의 에 한 소설
16	박태민 『성벽에 비긴 불길』 (1983)	조선시대 (1866년)	대동강에 침입한 미국 「샤만」호와의 접전	박춘권	만경대(김일성의 증조할아버지 김응우지도)의 활약				
17	림종상 『부루나의 밤』(1983)	고조선, 동예의 '무천' 행사	소국인들의 노예살이	해우, 아리	역사 속에 사라진 '부루나' 사람들 이야기				
18	리영규 『평양성 싸움』(1986)	임진왜란	왜군의 부산포 침략						
19	강학태 『김정호』 (1987)	19세기 중엽	대동여지도 완성	김정호	대동여지도가 제작되기까지의 과정				
20	홍석중 『높새바람』 상·하, (1983, 990)	중종반정 모의에서 삼포왜란 까지의 시기		놉쇠, 이 우증	역사를 마음으로 전해지는 것, 정신으로 보는 입장, 목적론적 역사관				
21	림종상 『불우한	20세기 초	을사조약						

	렬사』(1988)								
22	박병식 『임진의 풍운아』(1989)	조선시대	임진왜란		'토적보국'의 기치 강조				
23	김현구 『리순신 장군』(1990)	조선시대	임진왜란	이순신 장군, 서분녀, 장쇠					
24	리유근 『홍경래』(1992)	조선시대 18세기 말 19세기 초	홍경래의 난 (1811)	홍경래	홍경래 난을 '평안도 농민전쟁'으로 규정				
25	리성덕 『울릉도』(1992)								
26	김호성 『주몽』(1997, 2005 재판)	고구려 건국에 이르기까지	주몽, 류화, 소서노	주몽, 오이, 마리, 협부, 례나루	고구려 역사에 대한 긍지와 자부심				
27	리성덕 『담징』(1998)	고구려 7세기	담징, 일본 아스까 미술의 유래	담징	민족예술에 대한 자부심				
28	림종상, 『삭풍』(2000)	1452년부터 1456년 조선왕조	수양대군(세조), 사육신, 김종서	성삼문	봉건 통치배들의 골육상전 비판				
29	강학태 『최무선』(2000)								
30	홍석중 『황진이』(2002)	조선 중종 시대	황진이, 벽계수, 서경덕	황진이, 놈이	조선민족제일주의				
31	림종상 『동명왕』(2005)	고구려 건국	유화, 주몽, 금와왕	유화, 주몽					

북한 역사소설의 전개과정은 북한의 사회, 역사, 문학의 특수성 아래에서 진행되었다. 북한에서 문학예술은 사회적 토대에 상응하는 상부구조적 현상에 해당된다.[30] 북한에서의 사회주의 토대는 1920년대 중반 조선노농총동맹에서 맹아를 발견할 수 있다. 이후 1956년 3차 당 대회에서 당 규약 개정을 통해 조선로동당을 '노동계급과 전체 근로 대중의 선봉적, 조직적 부대'로 규정하고 마르크스-레닌주의 학설을 자기 활

동의 지도적 지침으로 삼음으로써[31] 토대를 확립하고 1958년 이후 체제를 확립했다고 볼 수 있다. 북한에서는 해방 이후 한국전쟁을 겪으면서 독자적인 사회주의 체제를 구축하고 문학에 있어 사회주의 사실주의 경향을 고수하였다. 북한 역사소설도 이러한 사회주의 토대와 밀접한 관계를 맺으며 변모하였다.

북한 역사소설은 사회주의 사실주의를 지향하면서 시기별 문학사에 영향을 받는데 북한만의 독특한 변모양상을 거친다. 북한 사실주의 비평 논쟁의 전개과정은[32] '민족문학론 및 고상한 리얼리즘·사회주의적 사실주의론 → 부르조아미학사상 비판론 → 도식주의 기록주의 비판론 → 사실주의발생발전론 → 민족적 특성론 → 공산주의자 전형 창조론 → 혁명문예론 → 형상성, 질 제고론 → 천리마 기수 형상론 → 수정주의 비판론 → 갈등론 → 혁명적 대작 장편 창작론 → 혁명투사, 투사-인간 형상론 → 주체문예 형성론 → 주체적 인간형 형상론 → 수령 형상론 → 주체사실주의론 → 숨은 영웅론' 등으로 흐른다. 이러한 흐름 속에서 북한 역사소설을 살펴 볼 수 있다. 주제별로는 역사소설에 구현된 민족애, 반침략 애국주의, 반봉건 민중봉기, 항일혁명투쟁, 역사를 빛낸 문화영웅들의 위훈 등으로 나눌 수 있다.

이와 같이 해방 이후 북한 역사소설의 흐름을 주제별, 시기별, 창작방법의 변모로 구분하여 살펴보았는데, 북한 역사소설은 크게 애국주의 발현에 관한 역사소설, 혁명적 대작에 관한 역사소설, 주체 사실주의에 관한 역사소설로 나눌 수 있었다. 또한 한민족의 역사를 다룬 것과 북한의 혁명역사를 다룬 것, 신채호의 역사소설에서부터 최근 고구려 건국을 배경으로 하고 있는 역사소설에 이르기까지 다양한 소재를 찾아볼 수 있었다.

2) 주체사실주의의 창작방법상 특징

1970년대 이후 북한의 문학사가 주체문학론에 의해 주도되어 오면서 역사소설도 주체문학 논의에서 벗어날 수 없었다. 주체 사실주의는 북한에서 1967년 이후부터 1990년대까지 체계화된 주체 문예이론을 바탕으로 하여 형성된 용어로 1990년대 이후 자주 사용되었다.[33] 김정일은 『주체문학론』(조선로동당출판부, 1992)을 통해 주체 사실주의에 대하여 체계적으로 정리하였다. 김정일이 북한의 문학예술을 담당한 1960년대 중반 이래 그의 문예관이나 문예정책은 시대적 상황에 따라 다소 변화를 보여 왔다. 김정일은 1967년의 제4차 15기 당중앙위 전원회를 기점으로 기존의 문예이론을 비판하고 수령형상 문학을 강력하게 제기하였다. 1980년 이후에는 주체문학 성립 이후의 과도한 개인숭배와 혁명적 낭만주의 경향이 문제시되었다. 이후 김정일은 1980년 10월 6차 전당대회에서 공산주의적 인간의 전형을 '숨은 영웅'으로 규정하면서 '숨은 영웅의 모범 따라 배우기 운동'을 대중적으로 벌일 것을 제안하였다. 이러한 문학론이 대두된 배경에는 사회 구조의 변화와 밀접한 관련이 있다. 1980년대 전반은 1960년대 후반부터 지속적으로 추진되었던 북한 사회의 유일사상 체계화가 일정한 수준에 이르렀고 사상적 갈등은 상대적으로 약화되었던 시점이었다.[34] 이 연장선상에서 영웅적 인물만은 지나치게 그리는 것을 지양해야 한다는 주체문학론의 리얼리즘 논의가 제기되었다고 할 수 있다. 그러나 1986년 조선문학예술총동맹 제6차 대회를 통해서 김정일은 다시 혁명 전통과 수령 형상문학을 중시하는 방향으로 문예정책을 선회하였다. 1990년대 들어 김정일은 기존의 주체문예이론을 확립하고 민족성을 상대적으로 강조하였다. 주체문학의 혁명이론은 반제반봉건 혁명론, 사회주의 혁명이론, 사회주의 공산주의 건설이론, 인간개조 이론, 사회주의 경제건설 이론, 사회주의 문화 건설 이론을 말한다. 주체 문예 이론의 성립으로 북한에서는 문학이 운동으로 변모되고 있음을 알 수 있다. 이러한 변모로 인해 북한 식 사회주의 사실주의 창작방법은 민족성과 자주성, 수령에 대한 충성이 더욱 강조된다. 이러한 점에서 볼 때 북한에서의 주체 사실주의는 이전의 사회주의 사실주의 확장 혹은 와해로 볼 수 있다. 이전의 사회주의 사실주의 방법을 북한만의 고유한 창작방법으로 변모시켜 새로운 사회주의 사실주의를 실현하였으나 본래적 의미에서 멀어지고 말았다.

『주체문학론』에 의하면 북한에서 말하고 있는 '우리 식의 사회주의적 사실주의 창작방법'인 '주체사실주의'는 주체의 철학적 세계관에 기초하여 사람을 중심으로 현실을 그리는 창작방법이다. 사회주의 사실주의가 인간을 사회관계의 총체에서 연관지어 보고 있다면 주체 사실주의는 인간을 자주성, 창조성, 의식성을 가진 사회적 존재로 본다는 차이점이 있다. 북한에서는 인간과 생활을 어떻게 보고 그려야 하는가 하는 문학예술의 근본문제가 사람중심의 철학적 세계관에 기초하고 있는 주체 사실주의에 의해 비로소 완벽하게 해결된다고 주장하고 있다. 주체 사실주의는 인간의 성격을 전형화하는 데서 자주성을 기본으로 하여 일반화와 개성화의 통일을 이룰 것을 요구한다. 주체사실주의는 자주성을 강조하기 때문에 인텔리나 부유한 사람들도 나라와 민족, 인민의 행복을 위하여 투쟁한다면 애국자 혁명자로 내세운다. 주체형의 인간 전형에는 수령에 대한 충실성이 요구된다. 여기에는 신념화된 충실성이 요구되는데 이는 수령이 개척한 혁명위업의 승리를 굳게 믿고 수령의 사상과 영도를 가장 정당한 것으로 받아들이며 그 실현을 위하여 모든 것을 다 바쳐 투쟁하려는 고결한 공산주의적 품성이다. 수령에 대한 충실성은 혁명적 양심에 의해 언제나 발휘되어야 하며 수령을 친어버이로 숭배하여 수령에게 충성과 효성을 다하는 것을 마땅한 도리로 알아야 하는 것이다. 수령에 대한 충실성은 당, 대중에 대한 충실성으로 이어지는데 사회정치적 집단의 생명이 개인의 생명의 모체로 되며 개인의 생명보다 집단의 생명이 더 귀중하다고 보는 집단주의적 생명관에 기초하고 있다. "집단주의는 수령, 당, 대중의 통일로 이루어지는 사회정치적 생명체에서 가장 숭고한 높이에 이르게 된다"35)고 하여 사회집단과 개인의 이익도 나라와 민족을 단위로 하여 실현할 것을 주장한다. 이러한 주체성 구현의 일환으로 문학에서 민족 자주정신의 반영이 표현된다.

문학에서 민족 자주정신을 반영한다는 것은 문학 창작과 건설에서 자기 나라 인민의 자주적인 지향과 요구를36) 구현하며 자기 민족의 고유한 생활 감정과 미감에 맞게 형상을 창조한다는 것을 말한다. 북한에서는 주체성에 의하여 민족문학의 고유한 특성이 살아나며 민족의 정기와 기상이 뚜렷이 표현된다고 주장한다. 특히 조선민족으로서의 자존심을 우리 식대로 발전시켜나가야 할 것을 주장한다.37) 민족적 특성을 살리는 일은 민중의 심리와 정서, 언어 풍습, 생활과정에서의 고유한 특성을 반영하는 것이다. 민족적 특성을 살리는 것에 역사적으로 이루어진 고유한 민족적 성격을 진실 되게 그려야 한다고 한다. 이러한 것은 조선민족 제일주의에까지 이어진다.38)

1987년 8월 13일에는 김정일이 작가들로 하여금 인민들에게 역사에 대한 해박한 지식을 줄 수 있으며 주체의 사관으로 무장시킬 수 있는 역사주제의 작품들을 많이 창작할 것을 주문하였다. 이러한 경향 이후 <개화의 려명을 불러>(박태민, 문예출판사, 1989), <이순신 장군>(김현구, 문예출판사, 1990), <홍경래>(리유근, 문예출판사, 1992) 등의 장편소설과 <울릉도> 등의 중편소설이 나왔다. 이 방침에서는 이전과는 다르게 국가관의 관계를 고려하여 취급하지 못한 을지문덕, 연개소문, 강감찬, 서휘 등 애국명장, 우리나라 왕권 내부의 알력과 당파싸움을 비롯한 봉건 지배층 내부의 권력 쟁탈전을 현대성의 견지에서 취급할 것에 대한 문제, 동족 싸움을 고려하여 취급하지 못한 고구려, 신라, 백제

통치배들의 전쟁을 고구려의 강대성을 보여주기 위하여 취급할 것에 대한 문제, 그리고 역사자료를 작가들이 마음대로 이용할 수 있도록 하는 문제 등에 대해 상세하고 과학적인 해명을 하고 있다.39) 북한 주체문예 이론에서 역사소설의 구성 요건에서 제일 중요한 것은 역사적 사건의 선택이다.40) 여기에서 역사적 사건은 반침략 애국주의 정신과 반봉건적 계급투쟁과 관련된 제반 역사적 사실들을 말한다. 1990년대에 들어서서 북한 역사소설은 주체 사실주의 창장방법론과 형상화문제들, 수령형상론, 새로운 전형 창조 문제 등의 범위 내에서 창작되면서 그 이전보다 다양한 시각을 보여주었다. 김호성의 <주몽>(1997)은 고구려 건국의 역사를 통해 민족의 자긍심을 살리고자 하였다. 홍석중의 <황진이>(2002)의 경우 자본주의와 사회주의 체제를 뛰어넘고자 하는 시도가 보여 북한 역사소설에 대한 새로운 경향을 기대해 볼 수 있다.

4. 결 론

지금까지의 연구를 통해 북한 역사소설은 진보적이고 투쟁적인 역사관이 전개되고 있음을 알 수 있었다. 1950년대 이후부터 북한만의 성격을 가진 역사소설들이 발표되었는데 주요인물의 특색으로는 공산주의 인간형이 강조되었고 사상 면에 있어서는 당성·노동계급성·인민성이 표현되어야 하였다. 1967년 이후에는 북한식의 사회주의와 혁명전통 형상화를 강조하였다. 주체사상에 입각한 민족적 특성이 역사소설 속에 구현되어야 하였다. 1970년대 들어서 역사소설의 발표는 다소 줄었지만 1980년대 말부터 새로운 경향의 역사소설들이 발표되었다. 북한 역사소설은 기본적으로 역사적 사실을 소재로 하되 교양과 계몽 임무를 수행해야 하고 창작성이 가미되어야 하였다. 여기에서 창작성이란 인민들이 중심이 되는 역사소설로 그려져야 하며 새로운 미래를 예시하는 기능이 포함되는 것을 뜻한다. 또한 현재를 비유하는 과거를 그려 민족적 정서의 환기기능을 수행해야 하였다. 북한 역사소설은 역사물 소재를 통해 현재적 관점을 주제화하며 작품 구현에 있어서 작가의 태도와 작가의 의식을 중요하게 여기며 민중에 의한 사실주의와 민족주의를 추구함을 알 수 있었다.

북한 역사소설의 해방 이후 변모는 크게 사회주의적 애국주의에 관한 역사소설과 혁명적 대작에 관한 역사소설, 주체 사실주의에 관한 역사소설로 나눌 수 있었다. 사회주의적 애국주의에 관한 역사소설은 민족해방 서사의 항일혁명문예의 기원을 이루고 혁명적 사실주의와 혁명적 낭만주의의 결합을 이루어 민족적 특성을 구현하고자 하였다. 혁명적 대작에 관한 역사소설은 서사시적 화폭과 혁명주제에 대한 입체화와 집중화의 원리가 방법론으로 대두하였고 대중적 영웅주의와 혁명적 낙관주의가 나타났다. 주체 사실주의에 관한 역사소설의 경우 자주적 인간의 형상화와 조선민족 제일주의가 주요 내용이었다. 북한의 역사소설에는 사회주의적 요소가 주체적으로 적용되는 방법으로 민족적 형식과 민족적 특성이 강조됨을 알 수 있었다. 예술적 형상화는 민족적 특성 발현이라는 명목과 결합되고 이념적 형상화는 권위적 담론이나 창작방법을 통해 구현됨을 알 수 있었다. 전반적으로 민중 중심의 사관이 유지되는 역사소설은 드물었고 토지개혁이나 항일무장투쟁이나 한국 전쟁을 주제로 한 작품들의 경우 역사물로 볼 것인가 역사소설로 볼 것인가에 대한 문제가 제기된다. 이러한 문제들은 차후 연구과제로 남기고자 한다.

※ 이 글은 "북한 역사소설의 역사적 변모", 『북한연구학회보』 제10호 제1권 (2006)에 수록된 글을 보완한 것이다.

주註

1) 김재용, "북한문예학의 전개과정과 과학적 문예학의 과제," 『실천문학』, 통권 25호 봄 (1992) ; 김성수, "북한 문예학·문학사 연구의 올바른 이해를 위하여," 『노둣돌』, 창간호 겨울 (1992) ; 권순긍, "우리 문학의 민족형식과 민족적 특성," 『역사와 문학의 진실』(서울: 살림터, 1997).

2) 북한의 주요 문학사를 살펴보면 다음과 같다.
리응수, 윤세평, 안함광의 『조선문학사』(3권)의 경우 현대문학의 출발을 1919년에서 1930년으로 설정하고 있다(안함광, 『조선문학사』(평양: 고등교육도서출판사, 1956)). 『조선문학 개관』(상·하권)의 경우 1권은 '조선문학의 시초'부터 '1910-1920년대 전반기 문학까지'를, 2권은 '항일혁명투쟁시기(1926.10-1945.8)' 문학부터 '사회주의의 전면적 건설과 사회주의의 완전승리를 앞당기기 위한 투쟁시기(1961-1985)' 문학까지 정리해 놓고 있다(박종원·류만, 『조선문학개관』상·하 (평양: 사회과학출판사, 1986)).

3) 공동집필, 『조선문학사』 1-15권 (평양: 사회과학출판사, 1991~1999).

4) 이형기·이상호 공저, 『북한의 현대문학 I 』(서울: 고려원, 1990), 19~20쪽.

5) 위의 책, 116쪽.

6) 위의 책, 117쪽.

7) 한식, "역사문학재인식의 필요," ≪동아일보≫ 1937년 10월 3일.

8) 은종섭·김학규, 『조선근대 및 해방전 현대 소설사연구』 2, (평양: 김일성종합대학출판사, 1986), 164쪽.

9) 위의 책, 166쪽.

10) 김남천, "문학의 교육적 임무," 『문화저널』 1호 (1945.11).

11) 이원조, "조선문학의 당면과제," ≪중앙신문≫ 1945년 11월~12월.

12) 신남철, "문학과 정치," 『신문학』 1946년 4월.

13) 이태준, "전망이기보다 주장," 『개벽』 통권 73호 신년호 (1943).

14) 김일성, 『위대한 수령 김일성 동지 문학령도사(2)』(평양: 문학예술종합출판사, 1993), 168~169쪽.

15) 마르크스와 엥겔스는 몰락이 필연적인 기사계급인 지킹엔을 주인공으로 내세운 라쌀레의 정치적 견해를 문제시하면서 이 인물들이 작가적 관념의 확성기 역할을 한다는 점을 지적했다. 마르크스의 주문은 세익스피어를 따르라는 것이었다. 마르크스는 잘못된 정치적 견해가 이 드라마를 추상적이고 관념적인 것으로 만든 요인임을 지적했다.

16) 안함광, "문학전통의 심의와 도식을 반대하는 투쟁에서의 새로운 도식들을 중심으로," 『현대문학비평자료집』(이북편) 4 (서울: 태학사, 1993), 188쪽.

17) 엄호석, "한설야의 문학과 '황혼'," 『조선문학』, 1955년 11호.

18) 김윤식은 이러한 논의를 카프의 정통성을 인정하려는 안함광류와 이를 도식주의, 교조주의적이자 비속 사회학적인 것으로 몰아붙이는 엄호석류의 신진세력 사이의 논쟁이라는 관점에서 중요시하고 있다. 김윤식, "50년대 북한문학의 동향," 『북한문학사론』 (서울: 새미, 1995).

19) 박종원 · 류만, 『조선문학개관』 상 · 하 (평양: 사회과학출판사, 1986), 177쪽.

20) 김일성, <공산주의 교양에 대하여>(전국 시, 군 당위원회 선동원들을 위한 강습회에서 한 연설, 1958. 11. 20)『김일성 저작집』(평양: 조선평양외국문출판사, 1983).

21) 장형준, "혁명 전통 형상화에서의 사실과 허구, 원형과 전형" 『조선문학』 (1960년 1호), 119쪽.

22) 엄호석, "공산주의자의 전형 창조를 위하여," 『조선문학』 (1959년 11호), 109쪽.

23) 김창석, "공산주의자의 전형 창조에서 제기되는 리론적 문제," 『조선문학』 (1959년 12호), 95쪽.

24) 권순긍, 『역사와 문학적 진실』(서울: 살림터, 1997), 108쪽.

25) 류창선, "문학형식에서의 민족적 특성," 『조선문학』 (1958년 11호).
  김하명, "문학의 민족적 특성과 생활반영의 진실성," ≪문학신문≫ 1959년 3월 12일, 3쪽.
  방연승, "긍정적 주인공 창조에서 제기되는 민족적 풍격문제," ≪문학신문≫, 1959년 3월 29일, 3쪽.
  윤세평, "민족적 특성에 관한 의견 상위점－문제의 소재를 명백히 하자－공산주의자의 정형창조를 위하여," ≪문학신문≫ 1960년 3월 22일, 2쪽.
  한중모, "긍정적 주인공과 민족적 특성," ≪문학신문≫ 1960년 3월 29일, 2쪽.
  윤세평, "공산주의자의 전형창조와 관련된 민족적 특성에 대한 약간의 고찰," 『조선문학』 (1960년 4월).
  리상태, "전형창조에서의 민족적 성격－공산주의자의 전형창조를 위하여," ≪문학신문≫ 1960년 5월 10일, 3쪽.
  최일룡, "민족적 특성에 대한 나의 의견－공산주의자의 전형창조를 위하여," ≪문학신문≫ 1960년 5월 20일 2쪽.
  안함광, "공산주의자의 전형창조를 위하여－문학의 민족적 특성 해명에 제기된 몇 가지 문제," ≪문학신문≫ 1960년 9월 20일, 2쪽.
  박종식, "우리 문학에서 주체의 확립과 민족적 특성" 『조선문학』 (1961년 2호).
  김헌순, "현대성과 민족적 특성의 원숙한 구현－장편소설 『두만강』(2부)에 대하여," ≪문학신문≫ 1962년 10월 19일, 2쪽.

26) 김일성, 『김일성 저작집 14』 (평양: 조선로동당출판사, 1983), 144쪽.

박종원·류만,『조선문학개관』(하) (서울: 온누리, 1986), 196쪽.

27) 김홍섭, "단편소설의 양식을 다양하게 살리자,"『조선문학』제399호 (1981년 1호), 58쪽.
   명일식, "단편소설에서의 사회적 문제성을 더 예리하게 제기하자,"『조선문학』, 제436호 (1984년 2호), 74쪽.

28) 안희열,『문학예술의 종류와 형태』주체문예이론연구 22 (문학예술종합출판사, 1996), 134쪽.

29) "조국과 인민 위해 바치신 어버이수령님의 위대한 생애를 문학작품에 더 빛나게 형상하자,"『조선문학』제633호 (2000년 7호).
   "선군혁면문학창작으로 새 세기 사회주의 붉은 기 진군을 고무추동하자,"(머리글)『조선문학』제641호 (2001년 3호).
   방현찬, "선군혁명문학은 주체사실주의문학 발전의 높은 단계이다,"『조선문학』제665호 (2003년 3호).
   김정우, "주체사실주의문학발전의 새로운 단계로 되는 선군문학의 본성과 특징,"『조선문학』제687호 (2005년 1호).

30) 박종식·현종호·리상태,『문학개론』(평양: 교육도서출판사, 1964), 35쪽.

31) 이종석, "조선로동당의 형성과 발전,"『한국사』22 (서울: 한길사, 1994), 142쪽.

32) 해방 후부터 1969년까지는『북한《문학신문》기사목록(1956-1993)－사실주의 비평사 자료집』(김성수 편, 춘천: 한림대학교 출판부, 1994, 18쪽) 참고, 그 이후부터 2000년까지는『조선문학』기사 참고.

33) 장형준, "주체사실주의는 우리 시대의 가장 올바른 창작방법, 최고의 사실주의 방법이다,"『조선문학』제547호 (1993년 5호).

34) 김일성은 "우리 사회에서 력사적으로 물려받은 뒤떨어진 낡은 사상과 낡은 문화의 잔재는 극히 부분적인 요소"가 되었다고 말하고 있다. 김일성, "사회주의의 완전승리를 위하여,"(1986. 12. 29)『김일성 저작집 40』(평양: 조선로동당출판사, 1994), 215쪽.

35) 김정일, "주체문학론,"『김정일 선집』10 (평양: 조선로동당출판사, 1997), 10쪽.

36) 김정일, "주체문학론,"『김정일 선집 12』(평양: 조선로동당출판사, 1997), 364쪽.

37) 머리글, "민족적 자존심을 주제로 한 문학작품을 더 많이 창작하자,"『조선문학』제477호 (1987년 7호).
   오승련, "민족적 자존심의 주제와 우리 문학,"『조선문학』제485호 (1988년 3호).

38) 김영송, "문학작품 창작에서 조선민족제일주의를 구현하는 것은 우리 문학발전의 절박한 문제,"『조선문학』제542호 (1992년 12호).

39) 오승련,『주체소설문학건설』(평양: 문학예술종합출판사, 1994), 265쪽.

40) 리유근, "력사주제와 형상적 요구,"『조선문학』제437호 (1984년 3호).

〈참고문헌〉

1. 북한문헌

강능수, "력사적 사실과 진실성 문제,"『조선문학』제201호 (1964년 5호).

강능수, "작가와 력사,"≪문학신문≫ (문학신문사, 1967년 4월 25일).

강능수, "혁명전통 주제 작품에서의 전형성 문제,"『조선문학』제236호 (1967년 4호).

강상호, "력사물 주제의 문예작품 창작에서의 낡은 말과 그 리용,"『문화어학습』 4호 (평양: 과학백과사전종합출판사, 1983).

길수암, "력사물에서의 주제, 성격, 시대상,"『문학신문』(문학신문사, 1964년 8월 21일).

김병철, "혁명적 대작에서 작가의 창작적 개성과 예술적 기교,"『조선문학』제226호 (조선작가동맹출판사, 1966년 6호).

김선려,『조선문학사: 해방후편(조국해방전쟁시기)』11 (평양: 사회과학출판사. 1994).

김연호, "해방전 진보적 력사소설 발전의 특성,"『문학신문』(문학신문사, 1993년 7월 9일).

김영필, "력사소설의 언어형상과 작가의 개성–「계명산천은 밝아오느냐」(1)를 중심으로,"≪문학신문≫ (문학신문사, 1966년 1월 14일).

김응서, "자연묘사와 고유어휘의 위력,"『문화어학습』1호 (과학백과사전종합출판사, 1989).

김일성,『김일성 저작집』1~44 (평양: 조선로동당출판사, 1994).

김정웅,『조선문학사』15 (평양: 사회과학출판사, 1998).

김정일,『주체문학론』(평양: 조선로동당출판사, 1992).

류만 외 6명,『조선현대문학작품해설』(1) (평양: 과학, 백과사전출판사, 1987).

리기주,『조선문학사』12 (평양: 사회과학출판사, 1999).

리수립.『위대한 수령 김일성 동지 문학령도사』3 (평양: 문학예술종합출판사, 1994).

문학신문사 편집위원회,≪문학신문≫ (평양: 문학신문사, 1956-1993).

문학예술종합출판사 편집위원회,『조선문학』(평양: 문학예술종합출판사. 1947-2000).

박종식·현종호·리상태,『문학개론』(평양: 교육도서출판사, 1964).

박종원·류만,『조선문학개관Ⅱ』(평양: 사회과학출판사, 1986).

방연승, "혁명적 대작의 창작과 공산주의 투사의 형상,"『문학신문』(문학신문사.

1964년 9월).

사회과학원 문학연구소 편, 『문학예술사전』 (평양: 과학백과사전출판사, 1972).

사회과학원 문학연구소 편, 『조선문학사』 (전5권) (평양: 과학백과사전출판사, 1977-1981).

사회과학원 문학연구소 편, 『조선문학통사 : 현대문학』 (평양: 평양과학원출판사, 1959).

사회과학출판사 편, 『반제반봉건민주주의 혁명과 사회주의혁명이론』(위대한 주체사상 총서 4) (평양: 사회과학출판사, 1985).

안함광, "공산주의자의 전형창조를 위하여-문학의 민족적 특성 해명에 제기된 몇 가지 문제," 『문학신문』 (문학신문사, 1960년 9월 20일).

안함광, 『조선문학사』 (평양: 교육도서출판사, 1956).

엄호석, "공산주의자의 전형 창조를 위하여," 『조선문학』 (조선작가동맹출판사, 1959년 11월).

엄호석, "혁명적 대작의 사상미학적 요구," 『조선문학』 제249호 (조선작가동맹출판사, 1968년 5호)

엄호석, "혁명적 대작의 성과와 제기되는 몇 가지 문제," 『조선문학』 232호 (조선작가동맹출판사, 1966년 12호).

엄호석, "혁명적 대작의 창작은 시대의 요구이다," 『조선문학』 201호 (조선작가동맹출판사, 1964년 4호).

오승련, 『주체소설문학건설』 (평양: 문학예술종합출판사, 1994).

오정해, 『조선문학사 : 해방후편(평화적민주건설시기)』 10 (평양: 사회과학출판사, 1994).

윤세평, "공산주의자의 전형창조와 관련된 민족적 특성에 대한 약간의 고찰," 『조선문학』 (평양: 조선작가동맹출판사, 1960년 4호).

윤세평, "민족적 특성에 관한 의견 상위점-문제의 소재를 명백히 하자-공산주의자의 정형창조를 위하여," ≪문학신문≫ (문학신문사, 1960년 3월 22일).

윤세평, "해방 후 조선문학 개관," 『해방 후 우리문학』 (평양: 조선작가동맹출판사, 1958).

은종섭 · 김학규, 『조선 근대 및 해방 전 현대 소설사 연구』 2 (평양: 김일성종합대학출판사, 1986).

장형준, "혁명 전통 형상화에서의 사실과 허구, 원형과 전형," 『조선문학』 (조선작가동맹출판사, 1960년 1호).

장형준, "혁명적 대작 창작을 위하여(김일성, "혁명적 문학예술을 창작할 데 대하여," ≪문학신문≫ 1964년 11월 7일 관련)," ≪문학신문≫ (문학신문사, 1964년 11월 20일).

장형준, "혁명전통 주제의 대작 창작에서 제기되는 중요한 사상-미학적 요구,"

『조선문학』 241호 (평양: 조선작가동맹출판사, 1967년 9호).

정홍교・박정원, 『조선문학개관』 (평양: 사회과학출판사, 1986).

조선중앙통신사 편, 『조선중앙년감』 1949-2004 (평양: 조선중앙통신사, 1949-2004).

천재규, 『조선문학사』 14 (평양: 사회과학출판사, 1996).

최형식, 『조선문학사』 13 (평양:사회과학출판사, 1999).

한룡옥, "력사물 창작의 질적 제고를 위하여," ≪문학신문≫ (문학신문사, 1958년 11월 20일).

한중모・정성무, 『주체의 문예리론 연구』 (평양: 사회과학출판사, 1983).

2. 남한문헌

김성수, 『북한『문학신문』 기사목록』 (춘천: 한림대학교 출판부, 1994).

김성수, "북한 문예학・문학사 연구의 올바른 이해를 위하여," 『노둣돌』 (두리, 1992년 겨울).

김성수, 『북한문학의 이해』 (서울: 청동거울, 1999).

김성수, "통일문학 연구의 현황과 과제," 동국대학교 한국문학연구소 편, 『북한의 문학과 문예이론』 (서울: 동국대학교출판부, 2003).

김성수, 『통일의 문학 비평의 논리』 (서울: 책세상, 2001).

김외곤, "노농동맹의 성과와 한계," 『장편소설로 보는 새로운 민족문학사』 (서울: 열음사. 1993).

김외곤, "북한문학에 나타난 민족해방 투쟁의 형상화와 문제점," 『장편소설로 보는 새로운 민족문화사』 (서울: 열음사, 1993).

김윤식, 『북한문학사론』 (서울: 새미, 1996).

김재용, 『북한 문학의 역사적 이해』 (서울: 문학과지성사, 1994).

김재용, "운우의 꿈을 깨니 일장춘몽이라 …," 『통일문학』 제3호 (서울: 통일문학사, 2003).

김종회 편, 『북한문학의 이해』 2 (서울: 청동거울, 2002).

남원진, 『남북한의 비평연구』 (서울: 역락, 2004).

노귀남, "북한문학의 혁명전통과 전형의 변화," 『새국어교육』 (한국국어교육학회. 1997).

대중서사학회, 『역사소설이란 무엇인가』 (서울: 예림기획, 2003).

동국대학교 한국문학연구소 편, 『북한의 문학과 문예이론』 (서울: 동국대학교출판부, 2003).

목원대학교 편 국어교육과 엮음, 『북한문학의 이해』 (서울: 국학자료원, 2002).

민족문학사연구소, 『북한의 우리문학사 인식』 (서울: 창작과비평사, 1991).

민족문학사연구소편, "북한문학 이해의 올바른 방향,"『민족문학사연구』제5호 (민
　족문학사연구, 1994.7).
사회과학원 문학연구소 편,『주체사상에 기초한 문예이론』(서울: 인동, 1989).
사회과학원 역사연구소 편,『조선근대혁명운동사』(서울: 한마당, 1988).
서준섭 외, "북한문학 이해의 올바른 방향,"(지상토론)『민족문학사 연구』5호 (서
　울: 창작과비평사, 1947년 7월).
신형기,『북한소설의 이해』(서울: 실천문학사, 1996).
신형기·오성호,『북한문학사』(서울: 평민사, 2000).
오현주, "북한의 혁명문학 40년,"『사회와 사상』(한길사, 1989년 2월).
유임하, "전후 북한소설의 양상,"『한국문학연구』(동국대학교한국문학연구소,
　2000).
유종호 편,『현대 한국문학 100년』(서울: 민음사, 1999).
윤재근·박상천,『북한의 현대문학』Ⅱ (서울: 고려원, 1990).
이남호,『한국대하소설연구』(서울: 집문당, 1997).
이명재 편,『북한문학의 이념과 실체』(서울: 국학자료원, 1998).
이상숙, "북한문학의 '민족적 특성론' 연구" 고려대 박사학위논문 (2004).
이주미,『남북한 문학평론 비교연구』(서울: 월인, 2005).
이주미,『북한문학예술의 실제』(서울: 한국문화사, 2003).
이주미,『북한의 농민소설 연구』(동덕여대 박사학위논문, 2001).
이형기·이상호 공저,『북한의 현대문학』Ⅰ (서울: 고려원, 1990).
이혜숙, "역사소설과 민중적 상상력,"『창작과비평』80호 (서울: 창작과비평사,
　1993년 여름).
임범송 외,『맑스주의 문학개론』(서울: 나라사랑, 1989).
임헌영, "북한문학 개관,"『실천문학』(실천문학사, 1989 여름).
임헌영, "북한의 창작문학,"『문학사상』(문학사상사, 1989년 6월).
장사선,『한국리얼리즘문학론』(서울: 새문사, 1988).
전영선, "북한문학 연구의 현황과 쟁점,"『현대북한연구』7권 3호 (북한연구학회,
　2005).
전영선,『북한의 문학예술 운영체계와 문예이론』(서울: 역락, 2002).
정호웅, "한국 역사소설의 미학적 특성 연구,"『문학사와 비평』(문학사와비평연구
　회, 1999).
최동호 편,『남북한 현대문학사』(서울: 나남출판사, 1995).

북한 고전문학의 진정성과 특성 연구: 고전소설의 중심으로

전 영 선

1. 서 론

본 연구의 목적은 북한 고전문학의 개념과 특성을 분석하여 향후 남북의 고전문학 연구의 과제를 제기하는 있다. 북한 문학 연구는 남북관계의 상황과 연계되어 쉽지 않은 상황 속에서도 꾸준히 진행되었고, 축적된 북한문학 연구에 대한 진단이 내려지고 있다.1) 북한 문학연구에 대한 지속적인 관심과 학문적 축적이라는 문제는 여전히 학계의 과제로 남아 있기는 하지만 북한 문학 연구의 필요성이나 북한 문학 연구의 시간차이는 해소되었다고 할 수 있다. 그럼에도 불구하고 북한 문학에 대한 관심은 남북관계 발전이나 사회적 필요성에 비하여 그리 활발하였다고 할 수는 없다.

지금까지 북한문학에 대한 연구는 크게 두 측면으로 진행되었다. 하

나는 북한 문학 자체의 의미를 분석하는 것이며, 다른 하나는 남북 문학
과의 상관성을 통하여 남북문학의 소통 가능성을 모색하는 작업이었다.
북한 문학연구는 북한 문학 자체의 의미를 평가하기보다는 통일문학사
차원의 접근이 주류를 이루고 있다.

그 결과 북한문학 연구는 북한문학 전반에 대한 이해나 전개과정으
로서 북한문학사의 측면으로 연구가 모아졌고, 상대적으로 세분화된 연
구는 아직도 영성한 상황이다. 북한 문학 연구의 이런 상황은 북한 문학
연구의 출발과 관련된다. 즉 북한 문학연구는 북한 문학의 내적 위상에
대한 검토로부터 출발한 것이 아니라 사회주의 계열이나 월·납북 문인
에 대한 관심으로의 영역이 확대되는 과정 속에서 발생한 일종의 부산
물적인 성격을 지니고 있기 때문이다. 북한 문학 연구의 이러한 출발은
주체문예이론이 본격화되기 시작한 1960년대 중반 이후를 어떻게 규정
할 것인가의 문제로 모아진다. 1960년대 중반 이전까지 북한문학은 나
름대로 사회주의 문학의 영역 속에서 논의할 수 있는 여지가 있었지만
그 이후의 전개 양상은 주체사상을 근간으로 한 주체문예이론의 틀을
벗어난 해석의 여지가 별로 없기 때문이다. 결론적으로 이 주체문예이
론을 어떻게 바라볼 것인가는 북한 문학 연구 전반의 방향을 결정하는
키가 되었다. 즉 북한 문학의 가치를 북한 문학의 독자적 측면으로 평가
할 것인가? 아니면 남북문학사나 통일문학사의 측면에서 부분으로 이해
할 것인가의 문제를 제기한다.

북한 문학에 대한 이러한 접근은 상반되거나 불일치의 문제가 아니
라 북한 문학에 대한 객관적인 평가를 위한 상호 보완적인 문제로 접근
할 필요가 있다. 그럼에도 불구하고 북한문학 연구가 주로 통일문학을
위한 연구로 편중되어 왔다. 문학에 대한 기본적인 인식차이도 있겠지
만 북한 문학을 북한 자체의 문학사적 관점으로 해석하기 위해서는 북
한 사회의 내적 동향을 읽어내야 하는데, 현실적으로 쉽지 않다는 한계

도 적지 않게 작용하였다. 정치와 밀접하게 연관되어 있으며, 인민교양
으로서의 목적성이 강한 북한 문학을 남한의 문학적 관점으로 이해하기
도 쉽지 않으며, 배경으로서 북한 사회 변화를 연구한다는 것은 번거로
운 일이 아닐 수 없다.

정치사회적 상황과 밀접하고 당의 명령에 충실한 것은 북한 문학의
본질적 특성이다. 이러한 북한 문학의 특성을 비교의 관점에서 북한 문
학 연구의 결과로 삼아 '문학의 부재', '문학의 해체', '정치의 종속'으로
논의하기보다는 연구의 출발점으로 삼아 나가야 할 것이다. 남과 북에
서 '문학스러움', '문학다움'에 대한 논쟁은 이미 치열한 과정을 거쳐
각각의 합리성을 인정받았다는 열린 자세가 필요하다. 북한 문학 연구
는 남북문화의 차이 자체를 드러내기 위한 것이 아니라 차이를 확인하
고 그로부터 차이의 정도와 문학적 특성을 분석해 나가야 한다.

북한 문학 연구는 정치적 배경 분석을 바탕으로 한다. 북한 문학을
연구하면서 문학 작품 자체의 특성에 집중할 수도 있지만 자칫 의식의
성장이나 성숙의 플롯이라는 획일적인 평가를 내리는 오류를 반복하는
함정에 빠지기 쉽다. 정치사회적 맥락에서 어떻게 논의되고 있는 지를
해석해 나가야 한다. 북한과 관련한 연구, 특히 북한 사회문화 분야의
연구에서 학제간 연구의 필요성이 특히 강조되는 것도 이러한 이유이다.

북한 문학 연구는 국문학계의 연구도 있지만 북한 사회의 정치적 특
성과 관련하여 북한 사회의 정체성과 문학예술의 특성을 이해하려는 작
업도 진행되고 있다. 이러한 경향은 북한 문학 연구가 학제간 연구를
필요로 한다는 점에서 긍정적으로 평가할 수도 있지만 학문적 특성에
근거한 접근이기보다는 북한 사회를 이해하는 수단으로서 문학을 수단
으로 활용하여 문학적 특성을 분명히 밝히지 못한 한계가 있다.

본 연구는 북한 문학 연구의 경향과 특성에 비추어 북한에서의 고전
문학 연구 경향과 북한에서 논의되고 있는 고전문학이 어떤 사회적 맥

락에서 규범화되고 특성화되는 지를 분석하고자 한다. 이를 통하여 북
한 고전문학의 특성을 분석할 수 있으며, 남북문학사 연구의 토대를 마
련할 수 있을 것이다.

2. 북한 고전문학 연구와 고전문학 개념

1) 북한 고전문학 연구 성과

북한 문학 연구분야에서 상대적으로 고전문학 분야의 연구는 그리
활발하지 못하였다. 북한문학 자체가 근대이후의 문학적 현상으로 주로
현대문학의 영역으로 취급되었기 때문이다. 국문학에서 논의하는 고전
의 영역과 범주에는 남북한의 분단이 끼어들 여지가 없다는 것도 한 이
유가 되었다. 북한의 고전문학 연구는 '고전문학'에 대한 개념을 어떻게
해석하느냐에 따라서 다양차원에서 연구되어 왔다. 지금까지 북한 고전
문학을 둘러싼 개념과 연구경향을 나누어 보면 다음과 같다.

첫째, 남한에서와 같은 고전문학의 범주에서 논의되는 것이다. 한문
학이나 고전소설, 고전시가 등의 작품에 대해서 북한에서는 어떻게 연
구되고 있는 지에 대한 연구이다. 북한에서는 근대이전의 문학에 대해
서 어떤 평가를 내리고 있으며, 어떻게 접근하고 있는 지를 북한의 관점
에서 분석하였다.[2]

최웅권은 남북한의 고전소설에 대한 비교의 관점에서 분석하였다. 남
북에서 고전소설의 개념이 어떻게 다른 가를 포함하여, '북한의 17세기
고전소설연구', '북한의 의인고전소설 연구', '북한의 박지원소설연구'
등 북한에서의 고전소설 연구에 대한 분석을 주 내용으로 남북한 춘향
전 비교와 북한 문학사 연구와 이론에 대한 연구를 담고 있다. 남북한을

자유롭게 왕래할 수 있는 중국학자로서 남북한의 고전문학 연구를 비교
의 방법으로 객관적으로 접근하고 있다. 객관적인 접근에 충실하면서
양자적인 입장의 차이나 연구 현황을 소개하였다. 통합적 논의나 비판
적 거리를 유지하지 못한 아쉬움이 있다.

설성경·유영대는 북한의 고전문학 연구의 기본 시각과 북한의 고전
문학 분야의 영역인 고전문학사, 인민문학, 국문시가, 한시, 산문문학,
고전소설의 특성을 정리 제시하였다. 북한에서의 고전문학 분류와 구분
등을 소개하였다. 특징적인 것은 인민문학이라는 용어이다. '인민문학'
은 '인민에 의하여 창작된 문학으로서 민요·설화·민속극·판소리 등
을 뜻하는 것으로 남한에서의 구비문학, 민속학에 해당하는 부분이다.3)
이 인민문학이라는 개념을 적용한 것을 비롯하여 통일신라시대를 북한
의 역사분류에 준거하여 남북국시대로 소개하는 등 북한에서 규정한 고
전문학의 개념과 범주를 설명하고 특성을 제시하였다.

박태상은 북한 문학사의 과점에서 매월당이나 연암, 교산, 서포의 문
학이 어떤 평가를 받고 있는 지를 분석하였다. 고전문학에 대한 기본입
장이나 정책보다는 문학사를 중심으로 어떤 평가를 내리고 있는 지를
중심으로 분석하였다.

둘째, 현대화된 고전문학에 대한 연구이다.4) 북한에서 고전문학은 고
전문학 자체로서 존재하는 것이 아니라 현대화 된 형태로 존재한다. 고
전소설이라고 하더라도 현대인민의 정서에 맞게 개작되어진 고전문학
으로 존재한다. 북한에서 통칭 민족문학, 민족문화라고 하는 것이다. 남
한에서도 현대적으로 패러디하거나 연극, 영화 등의 다양한 장르로 현
대화 된 고전이 있지만 그 의미와 개념은 차이가 있다. 남한에서는 원전
에 대한 고증과 원전을 바탕으로 한 현대적 작품이 이중적 양상으로 존
재하지만 북한에서는 유일본으로서 존재한다. 다시 말해 '춘향전'이라
고 하면 북한에서는 조령출 주해의 <춘향전>을 의미하지만 남한에서

는 고전 춘향전을 의미한다. 남한에서는 작가 정신이 발현되어 고전을 현대적으로 해석한 것이 다양성의 측면으로 인정되지만 북한에서는 국가의 검열을 통과한 유일한 공식적 입장을 반영한 작품이 된다.

한정미는 북한에서 문예정책의 일환으로서 활용되는 구비문학에 대해서 분석하였다. 북한 문예정책의 기저에는 주체사상에 입각한 문예이론이 있는데, 구비문학은 인민성을 강조하는 문예이론에 입각하여 많은 관심을 갖고 문예정책을 실현하는 도구로서 활용하고 있다고 보았다. 북한에서는 구비문학 가운데 특히 민요와 설화를 적극적으로 활용하였는데, 당의 정책에 맞지 않은 구비문학은 개조하였으며, 구비문학의 '가변성(개변성)'을 근거로 새로운 민요나 설화를 만들기도 하였다는 것이다. 민요가운데서는 통속민요를 활용한 경우가 많은데, 통속민요가 적극 활용되는 것은 '전국적 단위의 노래', '누구나 쉽게 따라 부를 수 있을 만큼 널리 알려진 노래', '정서적으로 밝고 경쾌하기' 때문이라고 보았다. 이처럼 각 시대가 요구하는 이념을 민요를 통해 전달하고 당에서 요구하는 인간형으로 만들고자 하였다는 것이다.

전영선은 고전소설의 전개과정의 특성과 춘향전을 중심으로 남북한에서 현대화된 양상을 검토하였다. 북한에서의 춘향전의 전승과 변용에 대한 부분에서는 고전소설 수용의 전범으로서 <춘향전>이 선택된 이유와 고전소설의 현대화 양상, <춘향전>의 수용 배경으로서 민족문화정책의 전개과정과 개작된 <춘향전>의 특성에 대하여 분석하였다. 이른바 내재적 접근으로서 북한에서 추진한 민족문화정책의 배경과 전개과정을 중심으로 북한 춘향전의 특색을 점검하였다. 작품 분석보다는 북한의 문화정책의 추진 배경과 전개과정에 대해 분석하였다.

김대행은 '시가' 속에 북한의 가요와 민요를 포함하여 포괄적 개념으로 접근하면서, 이 가운데 북한 가요의 민족적 특성론의 특성과 함께 구전문학의 발굴과 정리 작업 과정에서 나타난 북한 시가문학의 특성을 분석하였다. 전통민요의 가사 대신'어버이수령님 해빛아래 도라지꽃도 활짝피네(<황금산의 백도라지>)', '인민의 락원이 여기로구나(<양산도>)' 등의 가사로 개작되어진 것을 북한 시가문학의 특지이면서 구체적인 작시법이 적용된 결과로 보았다.

셋째, 민족적 전통에 대한 차원의 접근이다. 북한 고전문학을 민족적 특성을 담은 문학으로 접근한 것이다.5) 역설적으로 이 부분의 연구는 고전문학보다는 현대문학의 영역에서 다양하게 연구되었다. 북한 문학 연구에서 고전문학의 고전적 특성, 민족적 요인을 찾아 분단 문학사를 이어보려는 고민, 민족적 특성이 남북에서 어떻게 유지되고 있는지, 남북 사이의 민족 전통적 형식이나 요소가 무엇인지를 밝히는 것으로 정리된다.

이상숙은 북한 정치사에서 가장 격동적이었던 1950∼60년대 북한 문학의 '민족적 특성론'에 대하여 분석하였다. 1950년대가 북한에서 가장 역동적인 시기였다는 것은 상대적으로 북한 사회가 안정성을 확보하지 못하였다는 것을 의미한다. 정치적으로는 갑산파와 연안파의 권력투쟁이 있었고, 대외적으로 스탈린 사망과 후르시쵸프의 등장에 따른 개인숭배에 대한 비판, 중소의 국경분쟁에 따른 사회주의 국가의 헤게모니 다툼 등이 있었던 시기였다. 소련과의 갈등은 북한의 사상적 독자성 모색으로 이어졌고, 이는 소련과의 사상적 결별을 의미하는 것이었고, 자연스럽게 '자주'또는 '주체'가 강조되었다. 이 시기 강조되었던 자주는 북한 내부에서 민족적 특성에 대한 모색으로 이어졌고, 민족적 정서와 기질, 심리, 성격 등 '민족적 특성'에 대한 논의가 진행되었다. 이상숙은 민족적 특성에 대한 논의에서 민족적 전통으로서 민족적 요소에 주목하면서 1950년대 후반에서 1960년대 초반에 걸쳐 이루어진 북한문학계의 '민족적 특성과 민족 형식'에 대한 논쟁을 통해 북한 문학의 전통론을 점검하였다.

박상천은 북한 체제와 사회 속에서 '민족문화'와 '민족적 형식'이 어떻게 규정되고 있는 지를 분석하였다. 박상천에 따르면 북한의 민족문화에 대한 강조와 계승으로서의 민족문화정책에 대한 강조는 사회주의, 공산주의 건설을 위한 배타적이며, 제한적으로 고전문화 유산의 범주를 설정하는 대신에 항일혁명문학예술을 민족문화의 범주에 편입한 것으로서 정권의 긴밀한 연관성을 갖고 전개되어 왔음을 밝혔다. 1990년대 민족문제가 더욱 강화된 것도 전략적 측면이 강한 것으로 보았다. 결론적으로는 북한의 이러한 민족문화정책은 이념적 편향성과 극단성은 비판받을 수 있지만 실천적 예술활동을 통해 보여주고 있는 다양한 현대적 변용을 통한 민족적 형식의 새로운 구현방식은 우리 문화예술에서도 필요한 부분으로 보았다.

넷째, 사회문화적 차원에서 민족적 문제로 접근한 연구이다.6) 정치적 차원에서 민족주의가 어떻게 활용되고 이용되었는 가를 분석하였다.

신형기는 민족의 개념을 근대의 산물로서 이해하고 있다. 남북한에서 민족적인 문제가 사회의 중심 담론을 차지한 것은 해방 이후 한반도의 남과 북에 건설된 '결손된' 국가들이 결손을 만회하려고 민족을 이용하였기 때문으로 보았다. 즉 북한에게 남한은 미제와 그들의 '괴뢰'에 의해 강점된 식민지였기에 민족의 완전한 해방은 남한을 해방시킬 때 달성되는 것으로 설정되었고, 남한에게 북한은 소련에 민족을 판 괴뢰로 간주되었기에 공산당을 물리치는 것이 민족적 과제가 되었다는 것이다. 북한에서 민족적 긍지가 '조선민족제일주의'에 이르기까지 강조하게 된 것은 종파투쟁을 거치면서 자주적인 노선으로 이어져 오는 과정으로 보았다.

김재용은 민족문제를 북한 사회의 정체성 형성 과정에서 제기되었던 계급문제와 민족문제의 선후 문제, 혹은 북한 사회의 민족적 특성에 대한 담론으로서 민족특성 논쟁을 중심으로 다루었다. 김재용에게 있어 민족문제는 민족의 모순이라는 정치사회적 의미가 강하다.

이상과 같이 진행된 북한 고전문학이나 민족문학에 대한 다양한 접근은 고전문학과 민족문학의 분명한 구분 없이 논의가 진행된 결과라고 할 수 있다. 남북에서 민족이라는 개념은 폭넓게 사용되고 있다. 정치사회적으로는 근대 이후 발생한 민족적 자의식으로도 해석되기도 하고, 반외세, 자주를 상징하기도 하며, 전통문화 유산으로서 이해되기도 하고, 우리 민족의 문화정체성을 설명할 수 있는 어떤 특징이나 요인으로 풀이되기도 하였다. 이에 따라서 어떤 경우에는 고전문학 자체가 민족문학 유산으로 해석되기도 하였으며, 또 어떤 경우에는 상대적으로 고전문학이 배제되기도 하였다.

2) 북한 고전문학의 개념과 진정성

북한 고전문학을 논의하면서도 가장 문제가 되는 것은 북한 고전문학의 진정성 문제이다. 즉 북한에서 고전문학은 무엇이며, 어떻게 접근하고 있는 지를 구분하여야 북한의 고전문학 연구에 대한 객관적 지표를 잡을 수 있다. 북한에서 고전문학은 크게 다음과 같은 세 범주에서 논의된다.

첫째, 남한에서 논의하는 것과 같은 개념으로서 고전물을 의미한다. 근대이전에 창작된 고전문학 작품이다. 남측의 고전문학에 해당하지만 북한에서는 연구사로서 의미가 있을 뿐 현대적인 차원으로서는 의미가 없다. 연구의 대상이 되는 것은 당대 사회의 모순을 보여줌으로써 현대 인민들의 교양이 도움이 되기 때문이다. 문학예술은 역사발전의 주체이며, 사회발전의 동력인 인민대중에 의하여 창조되고 그들의 생활감정을 반영한 '인민적이며 혁명 문화 건설에 필요한' 것이야 하는데, 착취사회나 자본주의 사회는 그렇지 못하다는 것이다. 착취사회나 자본주의 사회의 문화예술은 인민의 창조적 노동과 지혜, 기술에 의해 창조되기는 하지만 전적으로 인민의 요구와 지향에 맞게 창조된 것은 아니었다. 착취사회가 철두철미하게 반인민적인 사회인만큼 이를 반영한 문화유산도 반인민적인 성격이었다는 것이다. 고전문학이 의미 있는 것도 당대 사회의 계급적 모순을 보여줌으로써 인민들의 계급적 각성에 기여할 수 있기 때문이다.

둘째, 지난날에 창작된 고전문학 가운데서 우수하다는 평가를 받은 작품으로서 주체의 시대 혁명과 교양에 기여할 수 있도록 주체문예 이론에 따라 개작된 형태이다. 앞의 시간적 개념으로 고전문학이 문화유산이나 연구적 가치에서 의미가 있다면 현재적 의미로서 고전문학의 개념은 실 생활적 측면에서 의미가 있다. 동시에 고전문학이면서도 그 자체로서 현대문학이 되는 오늘날 창작되는 고전(민족)문학물들이다.

고전을 고전으로 두지 않고 현재성을 강조하는 것은 북한의 역사관 때문이다. 북한에서 유일하게 인정되며, 북한 사회를 규정하는 사상은 주체사상이다. 이 주체사상은 막시즘의 과학적 원칙을 기본으로 북한 사회의 실정에 맞게 적용한 사상이다.7) 이 주체사상에서 지키는 과학적 원칙이란 역사발전의 합법칙성을 의미하는데, 역사발전의 합법칙성이란 역사가 발전하여 간다는 것을 의미한다. 즉 역사는 과거의 모순을 바탕으로 발전하여 가기에 과거에 이룩된 것은 아무리 훌륭하다고 하여도 시대적인 한계가 있을 수밖에 없다. 그 시대에는 가장 선진적인 것이라고 하여도 시간이 지난 오늘날의 관점에서 보면 한계가 있다는 것이다. 너무도 당연할 것 같은 이 논리는 허용할 수 있는 견해차이가 아니라 과거로 복귀하거나 회귀하려는 사상적 복고주의와 연결되어 엄격한 비판의 잣대로 작용한다.

고전문학의 경우에도 지난날의 고전은 당대 사회의 모순을 보여주고, 인민의 교양에 이바지 하는 데는 도움이 되지만 오늘날의 인민의 정서

와 맞지 않기 때문에 반드시 오늘날의 인민의 정서에 맞게 수정되어야
한다. 고전문학이나 민족문학, 민족문화 전반에 대한 엄격한 적용을 통
해 현대화된 양상으로 존재할 수밖에 없는 근본적인 이유이다.

또한 이 현대화의 기준에 적용되는 원칙은 당성, 인민성, 계급성의
원칙으로서 북한 현대문학의 창작기본 이론이 적용된다. 이러한 정책에
의하여 고전문학 가운데서 당에서 정한 몇 가지 원칙과 기준에 의하여
현대적인 의미를 부여받고 현시대 인민교양에 도움이 되도록 개작된,
현대화된 고전문학, 개량된 형태로 존재하는 것이다.

북한 고전문학의 현대화 된 양상은 북한 문화정책의 기본인 사회주
의적 민족문화 건설의 원칙에 부응하는 것이다. 사회주의적 민족문화건
설은 북한 정권수립기부터 시작되어 현재까지 지속되고 있는 절대 원칙
이다. 김정일도 "민족문화유산을 시대의 요구에 맞게 비판적으로 계승
하여 사회주의적 문학예술을 민족적 바탕에서 발전시키며 사회주의적
내용과 민족적 형식을 옳게 결합시키는 것을 문예정책에서 중요한 원칙
의 하나로 내세우고 있다"8)는 점을 여러 차례에 걸쳐 강조하였다. 사회
주의적 민족문화 건설의 원칙은 1998년 9월 5일 개정된 이른바 김일성
헌법 제3장 '문화' 제41조에서도 "조선민주주의인민공화국은 사회주의
근로자들을 위하여 복무하는 참다운 인민적이며 혁명적인 문화를 건설
한다. 국가는 사회주의적 민족문화건설에서 제국주의의 문화적 침투와
복고주의적 경향을 반대하며 민족문화유산을 보호하고 사회주의현실에
맞게 계승발전시킨다"고 규정하였다.

셋째, '불후의 고전적 명작'으로 불리는 김일성 주석과 김정일 국방
위원장의 창작품이나 창작지도 한 작품에 한정하여 사용되는 개념이다.
위대한 영도력이 반영된 작품이라는 가치에 대한 평가로서 고전의 개념
이다.9)

넷째, 시간적으로 근대이후인 20세기 초엽의 작품이다. 북한에서는

남한과 같은 개념의 고전문학을 규정할 때도 시간의 하한선을 20세기초까지로 잡는다. 이는 근대문학으로 보는 남한의 입장과는 차이가 난다. 북한에서는 이러한 시기 규정에 대하여 '지난 시기 학계에서는 20세기 초엽의 문학을 근대문학을 취급하고 그 외의 고전문학유산을 도외시하였으며, 일제식민통치 시기에는 현대문학 작품만 창작된 것으로 파악하였다는 것은 잘못'이라는 견해를 제기한다. 시기적으로는 20세기였지만 대다수의 인민들은 고전문학을 접했다는 것이다. 이런 점에서 '문학사에서 20세기 초엽은 근대문학 시기로 규정하는 것은 민족문학사의 견지에서 올바른 입장이 아니다'는 견해를 제기한다. 고전문학의 이러한 시기 규정은 김정일의『주체문학론』을 통하여 제기된 것이기에 어떠한 반론의 여지도 없다. 다만 문학사를 작가나 창작자를 중심으로 보는 남한의 시각과 달리 수용자를 중심으로 보았다는 차이점은 있다. 김정일은 고전을 시기를 이렇게 규정하면서 이 시기 문학작품의 적극 발굴을 강조하였고, 그 결과 우수한 문학작품들이 발굴되었다고 평가한다.[10)]

　친애하는 지도자 김정일동지께서는 다음과 같이 지적하시였다. "고전문학예술가운데는 고대로부터 시작하여 중세와 근대의 사회현실을 반영한 것도 있고 일제식민통치시기를 반영한 것도 있으며 인민대중이 창조한 것도 있고 착취계급이 창조한 것도 있다." (『주체문학론』, 73폐지) 친애하는 지도자동지께서 명철하게 밝혀주신 바와 같이 우리나라 고전문학유산들 중에는 근대시기와 일제식민지통치시기를 반영한 작품들도 응당한 자기자리를 차비하고 있다. 그럼에도 불구하고 지난 시기 학계에서는 20세기 초엽의 문학을 근대문학으로만 취급하고 그 외의 고전문화유산은 거의 도외시하였으며 일제식민지통치시기에는 현대문학 작품들만 창작된 것으로 보아왔다. 이러한 경향은 크나 적으나 간에 우리의 유구하고 풍부한 고전문학유산을 왜소화하는 현상을 가져왔다. 도한 고전문학형식의 작품들이 19세기말까지 창작된 것으로 단정함으로써 그 이후시기에 씌여진 고전문학형식의 작품들은 그 사상적 내용이 아무리 훌륭하다 할지라도 문학사서술을 비롯하여 기타 과학연구대상에서까지 제외되지 않을 수 없었다. 우리 당이 고전문학유산에 근대시기와 그 이후시기에 고전문학창작기법으로 쓰여진 문학유산까지 포함시킨 것은 참으로 민족문화유산을 하나라도 더 찾아내여 풍부히 할 수 있는 가장 중요한 길을 열어 놓은 것으로 된다.[11]

고전문학의 시기를 20세기 초엽까지 규정한 것은 고전문학이 인민들의 사이에서 읽혀지고 있었기 때문으로 설명하지만 이보다는 민족적 정통성과 혁명적 정통성의 일체화 작업의 일환으로 보아야 할 것이다. 즉 북한의 고전문학자들은 혁명역사의 민족사적 정통성 확보를 위하여 고전의 개념과 범주를 김일성 주석의 항일무장혁명투쟁시기까지로 규정한 것이다. 고전의 시기가 20세기 초엽까지 내려오면서 항일무장혁명투쟁 시기에 인민들 사이에 떠돌던 혁명설화 등이 고전의 영역 안으로 수용되면서 설화의 특성이 강조될 수 있다.

『조선구전문학개요(항일혁명편)』(사회과학출판사, 1994. 6)에서는 항일혁명투쟁시기의 구전문학을 "김일성 동지를 형상한 백두산의 태양전설과 공산주의의 태양이신 친애하는 지도자 김정일동지를 형상한 백두광명전설을 비롯한 혁명설화와 인민송가, 혁명적인 군중놀이와 인민가요들로 풍부화 된 새로운 력사적 시기의 구전문학"으로 정리하면서 전통 민요와 설화의 범주에 혁명설화, 혁명적 가요를 포함하였다.

고전문학이 20세기 초엽으로 규정되면서 '고전문학 유산에 근대 시기와 그 이후시기에 고전문학 창작 기법으로 쓰여진 문학유산까지 포함하게 됨으로써 민족문화유산을 하나라도 더 찾아서 풍부히 할 수 있는 길이 열리게 되었고, 고전문학이 현대문학(공산주의적 문학) 건설에 미치는 중요한 역할 문제가 '수령 김일성동지와 친애하는 지도자 김정일동지'에 의하여 해명을 보게 되었다는 것이다. 즉 우리 인민들은 과거 계급사회에서 어렵게 살아왔지만 미래에 대한 낙관적인 희망을 갖고 살아왔으며, 이러한 인민들의 사상적 입장과 낭만적인 지향으로 문학예술에서 어둡고 무거운 것이 아니라 밝고 경쾌한 색조와 선율, 미적 정서를

불러일으키는 형식으로 창조되어 부단히 발전하면서 우수한 민족적 형
식이 되었다는 것이다. 북한의 현대문학의 형식을 이루는 이러한 민족
적 형식이 김일성 주석과 김정일 국방위원장에 의해 옳게 살리게 되었
으며, 이것이 북한 문학 발전의 중심축이 되었다는 것이다.

결론적으로 앞서 언급하였듯이 고전문학이 다양한 범주에서 논의되
는 것도 이러한 과정이 있기 때문이다.

3. 북한 고전문학의 특성

1) 북한 고전문학의 현재성

북한의 고전문학은 철저하게 현대적인 의미를 갖는다. 북한에서 논의
되는 고전문학은 현대화 된 고전으로 '민족적 정서와 형식에 바탕을 둔
사회주의 민족문화' 건설 원칙에 따라 '민족문화 유산을 시대적 요구에
맞게 비판적으로 계승하여' 사회주의적 내용과 민족적 형식을 결합시킨
작품이다. 고전문학이 현대적 맥락에서 논의되는 것은 이 시대가 인민
대중이 중심인 주체시대이기 때문이다.

막시즘의 발전론적 역사관에 입각할 때 과거의 모든 유산은 당대에
는 훌륭하였지만 시대적인 한계가 있다. 과거의 것이 한계가 있다고 하
여 버려서는 안 된다. 오늘날 인민의 정서에 맞는 문화건설은 과거 문화
의 토대 위에서 발전하기 때문이다.

> 과거가 없는 현재가 있을 수 없고, 계승이 없는 혁신을 생각할 수
> 없듯이 사회주의 민족문학예술은 결코 빈터 위에서 생겨나지 않는다.
> 사회주의 민족문학예술은 지난날의 문학예술 가운데서 낡고 반동적인
> 것을 버리고 진보적이며 인민적인 것을 시대의 요구와 계급적 성격에

맞게 계승 발전시키는 토대 위에서 건설하고 발전시켜 나갈 수 있다. 이것은 사회주의 민족발전의 합법칙적 과정이다.[12]

따라서 과거의 문화를 그대로 답습하는 것은 지난날의 잘못을 반복하는 것이 된다. 이렇게 되면 아무리 훌륭한 문화라고 하여도 오늘날 인민들의 정서와는 동떨어진 민족문화가 된다. 이처럼 민족적 전통을 강조하면서 과거로 돌아가려는 경향은 복고주의로 치부된다. 이 복고주의적 경향은 민족문화의 우수성을 인식하지 못하고 외래문화를 강조하는 민족허무주의와 함께 민족문화 건설에서 배척해야 할 태도이다. 민족문화 가운데서 우수한 문화를 발굴하여 인민의 건설에 맞게 건설하는 사회주의적 민족문화 건설이 곧 민족문화의 계승으로서 북한의 정통성을 확인하는 것이며, 인민의 정서에 맞는 문화생활을 영위하는 것이다.

여기서 강조하는 '오늘날의 인민'은 주체시대를 살고 있는 인민이기에 민족문화 건설도 오늘의 인민의 계급적 입장에 맞아야 하고 형식이나 내용이 인민 교양에 도움이 되어야 한다. 민족문화의 형식과 내용에서 중요한 것은 내용이다. 문학예술에서 내용의 중요성이 우선시 되는 것은 모든 북한 문학예술 창작에서 일관되게 강조되는 부분이다. 훌륭한 문학이나 예술 작품은 내용을 예술적으로 잘 형상화 하는 것이지, 장르적 특성을 잘 살려나가는 것이 아니다.

예술 창작에서 형식과 내용 가운데 내용이 우선이기에 민족적 형식이라고 하더라도 내용에서의 사회주의 내용을 담지 않은 작품은 높은 평가를 받지 못한다. 전통적인 민족문화라고 하여도 내용은 사회주의적이어야 하며, 민족문화도 인민문화의 부분으로 마련되어야 한다는 것이다. 내용이 사회주의적이라는 의미는 내용이 사회주의 문학의 기본 원칙인 당성, 인민성, 계급성에 의거해야 한다는 것을 의미한다.

전통적으로 민족문학(민족문화)는 인민들에 의해 창작되기는 하였지만 인민대중의 이익을 반영한 것이 아니었기 때문에 인민대중이 중심인 주체시대 인민의 정서와는 일정한 거리가 있기 때문이다. 따라서 전통적으로 인민들의 정서에 맞는 민족적 형식을 살리되 주체시대에 맞는 정서로서 내용을 담아야 한다는 것이다. 형식에서 민족성이 강조되는 것은 민족의 역사와 함께 하면서 민족성과 독자성을 갖고 창조 발전하기 때문에 인민대중의 생활감정과 정서, 생활내용을 살려나갈 수 있기 때문이다.13)

1980년대 중반 이후 북한은 조선민족제일주의를 이념화 하면서 민족문화를 체제의 수호논리로 확대시켜가고 있다. 민족문화가 중요한 것은 문화건설과 혁명의 모든 과정이 민족을 기본 단위로 이루어지며, 민족적 형식이 인민의 정서에 가장 잘 맞기 때문이기도 하지만 문화의 세계주의는 제국주의자들이 "다른 나라들에 대한 사상문화적침투를 통하여 인민들을 사상적으로 병들게 하고 그 나라들을 내부로부터 와해시켜 저들의 지배와 통제 밑에 얽어매려"는 책동으로 보기 때문이다.14) 최근 북한은 외세에 대한 대응담론이었던 민족을 '태양민족', '아리랑민족' 등의 용어를 사용하면서 '수령민족'으로 확대해 나가고 있다.

2) 북한 고전문학의 당성, 계급성, 인민성

(1) 당 성

북한에서 규정한 당성이란 '당의 강령에 명시된 사상으로 튼튼히 무장하고 당의 로선과 정책을 적극 옹호관철하며 언제나 당과 함께 나아가려는 당원들의 혁명정신'15), '자기가 로동당원이라는 것을 자각하고 언제나 당의 강령과 규약의 요구와 당의 정책, 결정들을 실천하기 위하여 물불을 가리지 않고 자기의 모든 힘, 필요하다면 생명까지도 바쳐 싸우려는 당에 대한 충성심'16)을 의미한다.

문학예술에서 의미하는 당성도 이와 크게 다르지 않다. 문학예술에서 당성이란 당의 노선과 정책에 입각하여 작품의 소재를 선택하고 사회의 발전과 생활의 근원을 당 정책과 관련시켜 묘사하고 반영하는 것으로 '당에 대한 끊임없는 충실성'을 의미한다. 당은 인민의 대표 기관이며, '당성'은 당의 사업 방향에 따라 혁명단계에 나타나는 문제를 해결하고 각 조건과 현실을 진솔하게 반영하는 동시에 사회주의 혁명의 목표를 달성하기 위하여 적극적으로 실천하는 것을 의미한다.

작가, 예술가들에게 당성이 요구되는 것은 당이 인민의 이익을 대표하기 때문이다. 작가, 예술인들은 당의 지도에 따라야 하며, 당은 작가, 예술인들을 조직, 지도하고 창작 활동을 보장해 주어야 한다. 이렇게 될 때, 문학예술은 인민을 위해 복무하는 문학예술이 될 수 있다.

> 해방 후 우리 문학예술의 급속한 발전은 조선로동당의 지도적 역할을 떠나서는 생각할 수 없다. 우리 당은 자기의 창건의 시초부터 우리 문학의 당성을 눈동자처럼 고수하면서 우리 문학 대렬을 조직 사상적으로 지도하여 주었으며, 작가들의 창작 활동을 정치·경제적으로 보장하여 주었으며, 그들의 창작사업의 구체적 방향과 방법을 고수하여 주었으며, 기타 온갖 배려를 베풀어주었다. 이러한 결과가 해방 후 온갖 난관에도 불구하고 짧은 기간 내에 우리 문학을 전적으로 당적이며 인민적 문학으로 발전할 수 있게 하였다.[17]

'당성'의 구체적인 발현은 두 방향으로 나타난다. 하나는 반당적이고 반동적인 사상의 침습에 맞서 비타협적 투쟁을 통하여 공산주의 사상의 순결성을 지켜내는 것이다. 다른 하나는 혁명의 목표를 달성하고자 수령의 영도 아래 투쟁하는 것이다. 이 때문에 문학예술은 혁명을 위하여 투쟁하거나 투쟁의 모범이 되는 전형을 창조하여 공산주의적, 주체적 교양을 높이고 궁극적으로 사회주의 혁명을 이룩하는 데 이바지해야 한다.[18]

(2) 계급성

여기서 계급성은 노동계급성을 의미한다. 넓은 의미에서 계급성이란 문학예술이 필연적으로 한 계급의 입장을 대변, 지지, 옹호하는 성격을 지니게 된다는 것으로 인류역사가 계급사회에 접어든 이후 모든 문학예술 작품에서 나타나는 특성을 의미한다. 문학예술이 계급성을 갖는 것은 문학예술을 창작하는 작가, 예술인이 계급성을 갖기 때문이다. 즉 작품의 창작 소재를 선택하고 이야기를 만들어 가는 과정 속에서 자기 계급의 사상과 감정 의지를 반영하게 된다는 것이다. 물론 이러한 계급성이 작가예술인들의 계급성 그대로 반영되는 것은 아니다. 일정한 조건 속에서 굴절되기는 하지만 결과적으로 계급성이 반영되지 않을 수 없다는 입장이다.

좁은 의미로서 계급성은 노동계급의 이익과 입장을 대변하는 노동계급성을 의미한다. 북한에서 논의하는 계급은 노동계급을 의미한다. 계급성과 문학예술의 관계를 '일정한 계급의 이해관계를 반영하지 않는 사회적 사상이란 있을 수 없다'고 인식하면서 문학예술을 작자 예술인들이 속한 계급의 이익을 옹호하는 사상적으로 예리한 무기로 규정하여 노동계급성을 계급투쟁의 무기임과 동시에 근로대중의 계급교양 수단으로 강조하고 있다. 문학예술이 무기가 되는 것은 '문학예술은 사회적 사상의식의 한 형태로서 사회적 상부구조의 중요한 구성부분'[19]으로 보기 때문이다. 인민대중이 중심인 주체시대, 주체사회에서 "계급성은 가장 선진적 · 계급적인 로동계급의 이익을 리해관계를 옹호하며 사회주의 공산주의 건설을 목적으로 하는 로동계급성으로 발현"[20]될 때 인민을 위한 예술이 될 수 있다고 보고 있다.[21]

고전문학의 개작에서도 가장 중요하게 제시된 원칙이 계급성의 문제였다. 고전문학 작품 가운데서 우수한 평가를 받은 작품도 계급성이 잘 드러나는 작품이었으며, 윤색에서 보완되고 강조되는 부분도 계급성에 관련된 부분이다. 고전문학의 개작에서는 계급의 갈등 문제를 개인적인 문제에 국한하지 말고 사회전반의 문제로 확대하면서 하층민의 인정미를 잘 묘사하여 빈부귀천의 신분적 모순을 드러내는 것으로 확대되었다. <춘향전>이 높은 평가를 받는 것도 봉건사회의 신분적 제약에 반대하는 남녀간의 사랑을 통하여 조선조 봉건사회의 부패상과 관료들의 전횡을 폭로하고 비판하고 있기 때문이다.

김정일은 민족가극 <춘향전>의 창작지도에서 '춘향과 함께 그의 어머니인 월매의 형상적 지위를 바로 정할 것'을 지시하면서 혁명가의 전형적 어머니로 부각되었다.[22] 월매나 방자, 향단은 시종일관 진지하며 도덕적인 인물로 묘사되어 있는 반면, 이몽룡의 어머니나 관료들은 부패한 인물로 설정되어 있다. 뿐만 아니라 동네아낙이나 농부들도 적극적으로 현실을 비판하는 등 계급적 측면이 확연하게 드러난다. 문학에서는 인물들의 계급적 특성이 반영되어야 한다. <심청전>을 평가하면서 본질적인 문제로서 "봉건량반관료의 처인 장승상 부인을 인정이 있고 덕이 높은 인물로 형상"[23]한 것을 비판의 논거로 삼았다. 장승상 부인은 봉건 '량반 관료의 처'이므로 철저하게 봉건 양반 관료의 계급적 입장을 대변해야 함에도 불구하고 인정있고 덕이 높은 인물로 묘사한 것은 계급적 각성이 부족한 본질적인 문제라는 것이다.

(3) 인민성

인민들 문학예술이 공산주의를 완성하는 데 이해관계를 가진 인민의 이익을 반영하고 인민에게 복무해야 한다는 원칙으로 '예술이 인민들을 위하여 복무하며, 인민들이 예술에 참여하는 것'으로 규정할 수 있다. 문학예술은 인민들의 사상 감정에 맞아야 하고, 인민들의 이해관계를 객관적으로 반영하여야 하며, 인민대중이 알 수 있는 형식과 내용으로 인민이 소망하는 바를 담아야 한다.

인민성이 주체의 측면에서는 예술의 주체로서 인민과 예술의 소통이
라면, 작품의 측면에서 인민성은 '내용의 인민성'과 '형식의 인민성'으
로 구분할 수 있다. '내용의 인민성'이란 인민들의 사상 감정에 맞기 위
해서는 내용이 시대의 요구와 인민의 지향에 맞아야 한다는 것이다. 이
는 인민대중의 생활과 투쟁에서 절실하고 의의 있는 문제를 얼마나 내
세우고 그것을 인민의 이해관계에 맞게 얼마나 잘 해명하였는가에 따라
평가된다. 시대의 요구와 인민의 지향에 맞는 심오한 사상적 내용과 높
은 사상성을 반영하여 사상적 내용의 깊이와 사상성의 높이를 인민대중
의 이해관계와 지향에 맞추어야 한다. 인민의 생활에서 본질적이고 의
미 있는 문제들을 진술하게 반영하여 인민들이 인민의 이해관계에 투철
한 투쟁을 전개하도록 이끌어야 하며, 이를 위해서는 인민의 생활 속으
로 들어가야 할 것을 강조한다.

이 인민성의 문제는 고전문학과 관련하여서는 고전문학의 창작자와
수용자로서 인민의 위상이 강조된다.

> 지난날의 문학작품에 봉건적이며 자본주의적 요소가 있다고 하여
> 그것을 덮어놓고 다 빼버린다면 우리의 역사는 남을 것이란 하나도 없
> 을 것이며, 인민은 과거 아무것도 창조해 놓은 것이 없는 민족이 된다.
> 과거가 없는 현재가 있을 수 없고, 계승이 없는 혁신을 생각할 수 없듯
> 이 사회주의 민족문학예술은 결코 빈터 위에서 생겨나지 않는다. 사회
> 주의 민족문학예술은 지난날의 문학예술 가운데서 낡고 반동적인 것
> 을 버리고 진보적이며 인민적인 것을 시대의 요구와 계급적 성격에 맞
> 게 계승발전시키는 토대 위에서 건설하고 발전시켜 나갈 수 있다. 이
> 것은 사회주의 민족발전의 합법칙적 과정이다. 민족문화유산을 평가
> 할 때 개별적 일꾼들의 자기의 주관적인 판단에 따라 하지 말고 해당
> 부문 일꾼들이 집체적으로 모여 그 유산이 만들어진 시대와 사회역사
> 발전 환경, 혁명의 요구를 연구한 기초 위에서 신중하게 해야 한다.[24)]

> 지난날의 궁중예술에 대한 평가와 처리도 바로하여야 한다. 우리는

계급적원칙에서 봉건제왕과 량반에게 복무하던 궁중예술의 반인민성을 폭로비판하여야 하며 궁중예술형식을 그대로 되살리는 경향에 대하여서는 조금도 타협하지 말아야 한다.25)

'형식의 인민성'이란 작품의 형식, 형상이 인민들의 생활감정과 정서에 잘 맞는가의 여부를 의미한다. 이것은 인민들이 사용하는 평이하고 소박한 언어의 사용, 인민들에게 친숙한 선율과 율동 등 인민대중에게 이해되면 대중들이 즐기는 형식을 다양하게 활용한다는 것을 의미한다.

인민성을 보장받기 위해서 강조되는 것은 인민들의 현실이다. 그러나 인민대중을 위한다고 하여 예술이 통속적으로 흘러서는 안 된다. 예술작품 창작의 주인은 작가예술가들이 단순한 직업으로서 작품을 창작한다면 그 작품 속에서는 뜨거운 혁명적 열의를 찾을 수 없고, 생명력도 찾을 수 없다. 진정한 예술은 예술을 통하여 일상 속에서 혁명으로 교양하고 이를 통하여 혁명투쟁의 한 단계 성숙된 단계로 나가는 것이기에 문학예술 창작은 생활 속에서 주체에 대한 올바른 견해와 관점을 가져야 한다.

민족문화 유산을 오늘날 인민의 정서에 맞게 계승발전시키는 데서 중요한 것은 인민성에 기초하여 그것이 비롯 계급적으로 인민의 것이 아니고, 인민의 이익을 위하여 복무한 것이 아니라고 하여도 지난 시기의 문학예술은 인민들이 창작한 것이므로 인민의 정서에 맞는 인민적이며 진보적인 민족문학예술의 유산을 찾아내서 계승발전시켜야 한다는 것이다.26)

2) 북한 고전문학의 민족적 특성

북한 고전문학이 내용에 있어서는 사회주의적이라고 하여도 형식은 민족적 형식이어야 한다. 이 두 가지가 조화를 이루는 것이 인민의 정서

에도 맞고 민족문화의 발전에도 기여하는 사회주의적 민족문화가 되는
것이다. 민족적 특성을 강조되는 것은 우리말, 민족적 정서 등이다.

(1) 우리말

북한의 민족문화정책에서 강조하는 것은 우리말이다. 북한 시가에서
도 시어로서 요구되는 첫 번째 조건으로 고유한 우리말을 강조한다.[27]
철저히 한문투를 배제하고 있으며, 필연적으로 한시가 사용된 몇 곳을
제외하고는 한글로 풀었다. 한자를 배제하면서 한시는 노랫말로 대치되
었다.

이처럼 고전문학의 윤색과정에서 고유한 우리 말을 강조하는 것은
기본적으로 '조선어'에 대한 인식과 민족적 언어관 때문이다. 고유어를
지켜나가는 것을 민족정신을 지켜나가는 것으로 인식한다. 북한은 언어
에 대해 '사람들이 사상을 나타내며 서로 교제하는 데 쓰는 중요한 수
단'으로 인식하고 있다. 언어는 "민족을 이루는 공통성의 하나이며 나라
의 과학과 기술을 발전시키는 힘있는 무기이며 문화의 민족적 형식을
특징짓는 중요한 표징으로 된다. 언어는 혁명과 건설의 힘있는 무기로
서 사람들의 자주적이며 창조적인 생활에 힘있게 복무한다"고 보고 있
다. 즉 '고유한 우리말을 적극 살려 쓰는 사람이 유식하고 민족적 긍지
와 자부심, 애국심이 높은 사람'이며, 이처럼 '자기 민족의 언어를 사랑
하는 것이 곧 애국자이며, 공산주의자'라는 확고한 인식을 갖고 있다.[28]
북한의 1998년 개정헌법 제54조에는 '국가는 우리 말을 온갖 형태의
민족어말살정책으로부터 지켜내며 그것을 현대의 요구에 맞게 발전시
킨다'고 규정하고 있다.[29]

우리 말에 대한 강조는 한자어를 대신하여 고유어를 살리는 것도 있
지만 인민들의 생활과 동떨어지거나 고투를 현대에 맞게 살리는 문제도
중요하게 제기된다. 고투를 없애는 문제는 1970년대 문학예술 혁명과정

에서 신파조의 연극언어를 생활언어로 바꾸게 한 것과 관련된다. 즉 모든 예술은 현실생활을 반영해야 한다는 차원에서 이루어지고 있음을 확인할 수 있다.

> 우리 나라 민요에는 오래전에 창작되어 고투가 나는 것도 있다. 일부 민요가 고투가 난다고 하여 그것을 덮어놓고 외면하거나 버리지 말아야 한다 고투가 나는 민요가운데는 오랜세월에 걸쳐 우리 인민들의 사랑 속에서 널리 불리워진 노래도 있다. 이러한 민요는 인민의 지향과 현대적 미감에 맞게 재창조하여야 한다. 고투가 나는 민요를 재창조하는데서는 가사를 잘 고치는 것이 중요하다.…원가사를 다 새 가사로 바꿀 수도 있다.[30]

(2) 애국사상

애국사상을 담은 작품이다. 애국적 사상의식은 구체적으로 외세 침략에 대해 대응하는 내용을 담은 작품이다. 북한에서는 이를 민족적 성격의 중요한 특징으로 규정한다. 영화 <홍길동>에서 일본과 싸우는 대목을 설정한 것이나 <임진록>과 <박씨부인전>을 애국적 진보적 문학사조를 반영하였다고 평가하는 것이나 여성도 나라를 위해 몸과 마음을 바쳐 아름다운 삶을 일깨워 주는 작품으로 높게 평가한다. 반외세의 전통은 고전문학의 현대화 작품을 통해서도 확인된다. 특징적인 것은 북한에서 현대화 한 고전소설의 경우에는 외세가 일본으로 설정되어 있다는 점이다. 대부분의 고전소설에서 오랑캐는 북쪽 지역의 민족인 말갈, 거란 등으로 설정되어 있는 반면 일본을 직접적인 침략자로 설정한 작품이 별로 없는 데 비하여, <홍길동>, <강릉처녀와 평양젊은이> 등의 작품에서 일본을 침략자로 설정하였다. 이 기준에 따라서 군담소설을 반침략적 애국 사상을 담은 작품으로 평가되고 있다.

민족적 전통으로서 애국사상은 항일무장혁명투쟁시기나 '6·25', '미제가가 핵무기로 조선반도를 판가리'하는 오늘날에도 외세에 대응하여 싸우려는 전통으로 강조된다. 다시말해 오늘날의 문학예술에서 고전문학이나 항일혁명투쟁 소재의 작품, 전쟁소재 작품이 유효한 것은 외세에 대응하여 싸우려는 인민들의 '애국투쟁'이 민족적 전통임을 확인시켜주기 때문이다.

(3) 사실적 구성

북한 고전문학은 개작·윤색 과정에서 문제점으로 지적되었던 비현실적인 묘사나 앞뒤 문맥이 맞지 않았던 부분이 수정되었다. 고전소설의 대사 가운데 신분이나 상황에 맞지 않은 대화나 지문은 상황에 적합하도록 수정되었으며, 사건의 원활한 전개와 이해를 돕기 위하여 사건이 추가되거나 사건 자체가 새롭게 구성되었다. 과거에 급제한 이도령이 어사 행차후에 관례를 따르고 어사가 되는 과정이 상대적으로 상세하게 서술하였다. 반면 허황된 부분이라고 옥에 갇힌 춘향이가 꿈을 꾸고 이를 해몽하는 꿈풀이 대목은 빠져 있다. 춘향의 꿈풀이는 춘향의 앞날에 대한 복선으로서 사건 전환의 전기를 마련하는 역할을 하지만 미신을 허황된 것으로 취급하는 북한에서는 이를 그대로 드러낼 수 없어 윤색에서 삭제한 것이다.

(4) 조선식 표현

고전소설의 경우 배경무대가 조선인 것을 강조한다. <춘향전>이나 <심청전>, <장화홍련전>과 같이 조선을 무대로 한 작품은 높은 평가를 받는다. 그러나 고전소설의 경우 중국을 배경으로 한 작품이 많다. 특히 군담소설에서는 대부분의 작품이 중국을 배경으로 하였다. 이에 대해서는 일부 작품의 경우 사대주의에 빠지거나 도식주의에 빠져서 그런 경향을 나타내기도 하지만 어쩔 수 없는 현실에서 비판적 계급의식을 반영하기 위하여 설정한 것으로 평가한다. 즉 봉건사회의 조건에서 허용되기 어려운 봉건군주에 대한 비판을 실현하기 위하여 무대를 외국으로 설정하였다는 것이다. 가령 <진장군전>, <리대봉전>, <어룡전> 같은 작품에서도 도식적인 경향이나 사대주의적 요소가 전혀 없는 것은 아니지만 봉건왕의 무능과 비겁성을 드러내놓고 비판하기 위하여서는 부득이 무대를 외국으로 설정할 수 밖에 없었다는 것이다.[31]

또한 세부적인 표현이나 묘사에서도 조선식을 강조한다. 고전소설에는 흔히 인물묘사나 상황을 설명하기 위해서 상투적으로 사용하는 공식구가 있으며, 상황의 함축적 묘사를 위해 유명한 고사를 인용한다. 고전소설에 등장하는 인물들을 비유할 때는 흔히 풍채는 두목지에, 문장은 이백에, 필법은 왕희지에 비유한다. 청중들에게 널리 알려진 인물을 거론함으로써 축약적이고 압축적으로 상황을 설명할 수 있는 장점이 있다. 윤색된 고전작품에서는 이러한 인물들이 모두 우리 민족의 영웅이나 인물로 바뀌었다.

<춘향전>의 경우 이러한 에로는 "그의 아들 리몽룡, 리도령이 또한 나이 이팔인데 인물은 호동(인물이 잘 난 고구려 왕자)이요 문장은 정송강(리조 16세기 정철)이요 글씨는 한석봉(리조 16세기 명필)이라"(21), "정송강이 금강산을 보지 않았다면 어찌 그 유명한 <관동별곡>을 쓸 수 있었으며 정지상이 평양 대동강을 보지 않았다면 어찌 그 훌륭한 <남포비가>를 쓸수 있었겠느냐. 백두산에 남이장군의 시가 있고 남해 한산도에 리순신 충무공의 시가 있다."(23), "내가 우리 나라 옛사기를 읽다가 을지문덕장군이 '살수'라 하는 강에서 적의 30만대군을 크게 격파한 대목을 읽따가 너무 통쾌하여 그만 소리를 크게 하였노라고 여쭈어라"(38), "서울에 올라간 리도령 리몽룡은 밤낮으로 경서와 여러 문장가들의 저서를 읽어 통달하였으니 글은 최고운선생을 본받고 글씨는 김생을 따르게 되었다."(109) 등이 있다.

(5) 서사의 양식적 특성

고전소설에 나타난 민족적 특성은 북한의 현대문학에서도 그 특성이 반영되고 있다고 평가한다. 소설양식에서 민족적 형식으로 평가하는 것은 이야기의 줄거리가 뚜렷하고 갈등이 분명하며, 사건 전개에 있어 기승전결이 명백하다는 것이다. 일부 작품에서 주인공을 중심으로한 일대기적인 구성이나 도식적인 서두나 결말은 민족적 특성과 관련이 없는 것으로 간주된다.

소설에서 결말이 행복하게 끝나는 것은 인민들이 예로부터 긍정적 주인공의 이상적인 삶을 찬미하였기 때문이었으며, 결말에서도 항상 긍정적이고 낙관적인 전망을 갖고 행복을 성취하는 것으로 결말지은 것은 인간의 선량한 양심을 소중히 여기는 미덕으로부터 발현된 것으로써 우리 민족이 현실생활을 중요하게 여기면서도 미래를 귀중히 여긴 까닭으로 설명한다.32)

4. 결 론

남북한은 민족문화유산을 공유하면서도 관점과 해석의 잣대는 서로 다르다. 남한이 문화전통과 유산에 대한 철저한 보존에 관심을 둔다면 북한은 전통의 보존보다는 현대적 활용에 초점을 맞추고 있다. 현대적 활용이라는 측면에서 북한에서는 모든 고전문학을 현대화의 대상으로 삼지는 않는다. 당대 인민의 교양에 도움이 된다는 판단되는 작품을 선별적으로 수용하여 부족한 부분을 채워 인민들 앞에 내 놓는다.

북한에서 민족문화 정책은 정치사회적 상황에 따라 변화되어 왔다. 1960년대 중반까지 활발하였던 민족문화에 대한 연구는 주체사상 일색화에 밀려 논의되지 못하다가 1980년대 들면서 다시금 강조되기 시작하였던 것도 대내외적 정치상황 때문이었다. 사회주의 국가들의 개혁개방 정책의 여파 속에서 동구 사회주의 국가와 같은 형태의 개혁개방이 어려운 북한으로서는 사회주의적 체제의 틀 안에서 독자성을 강조할 필요성이 대두되었고, 민족은 독자성과 우수성을 강조할 수 있는 정책수단이 되었다.

민족적 특성에 대한 강조는 주체사상을 강조하는 것이기도 하였다. 주체사상의 핵심은 역사발전의 핵심으로 인간 문제를 전면에 제기하였다는 것이다. 막시즘에서는 계급문제만 있기에 민족적인 문제가 개입할 수 있는 여지가 없지만 주체사상을 통해 인간 문제가 제기되면서 민족 문제가 개입할 여지가 생긴 것이다. 민족문화에서 '민족적 특성'이란 곧 '고유한 생활과 정서적 특질'이며, 민족적 특성을 살린다는 것은 '민족적 특성을 우리 인민의 감정과 기호에 맞는 예술적 형상 속에 반영'하는 것이다. 인민의 감정과 기호에 맞는 예술을 창작하는 것이기에 민족적 특성을 살리는 것이 곧 '문학예술에서 주체를 세우는 기본 방도'가 되는 것이다.

문제는 민족적 특성이 무엇인가 하는 점이다. 북한에서 민족적 특성은 사회주의적 관점에서 해석된다. 고전문학도 북한에서 규정한 민족적 특성을 반영한 작품이 선택되며, 선택된 작품은 주체사상을 기반으로 한 주체사실주의의 당성, 인민성, 계급성의 원칙에 맞추어 현대화 된다. 북한의 고전문학은 이러한 과정을 거처 윤색되었기에 '북한식'이라는 수식어가 붙는다.

이 북한식 고전문학에 대한 접근은 현대 북한문학을 논의하는 것만큼이나 복잡한 문제를 포함한다. 현대화된 고전문학을 남한의 시각으로서 다양성이라는 측면으로 해석할 수는 여지는 없다. 무엇보다 고전문학은 북한의 공식적인 입장을 대변하는 전형으로, 유일한 전범으로서 존재하며, 이 작품을 전형삼아 여러 다양한 장르로 형상화 되어 나가기 때문이다. 그렇다고 이를 획일성으로 평가절하만 할 수는 없을 것이다. 고전적 특성을 충실히 살리면서도 현대적 감각을 반영하였다는 점에서는 현대적 전승으로서의 일정 부분 가치를 평가할 수 있는 여지가 있기 때문이다. 그러나 보다 분명한 것은 북한의 문화예술 자체가 정치사회적인 배경으로부터 출발한다는 현실을 인식하고 그 근본원리를 이해하는 것으로부터 북한 문학연구의 출발점으로 삼아야 한다는 것이다. 남북문학사도 이를 바탕으로 합의모티브를 찾아가야 할 것이다.

※ 이 글은 『어문학』 제91집 (한국어문학회, 2006. 3. 31)에
수록된 글을 정리한 것이다.

주註

1) 북한문학 연구에 대한 종합적 진단에 대한 연구로는 전영선, "북한문학 연구의 현황과 쟁점,"『현대북한연구』7권 3호 (경남대학교 극동문제연구소, 2005) ; 남송우, "북한문학 연구의 현황과 과제 – 시문학을 중심으로,"『통일대비 한국문학의 과제(2)』(한국문학회 2004년도 동계학술대회 발표논문집) ; 김성수, "한문학・통일문학 연구의 현황과 과제,"『북한의 문학과 문예이론』(서울: 동국대학교출판부, 2003) ; 박상천, "북한문학 연구의 경과,"『민족학연구』4집 (한국민족학회, 2000) ; 김성수, "북한문학 연구의 현황과 과제,"『한국예술종합학교논문집』3집 (한국예술종합학교, 2000) ; 박태상, "북한문학 연구의 현황과 과제,"『북한문학의 현상』(서울: 깊은샘, 1999) ; 박태상, "북한문학 연구,"『분단 반세기 북한 연구사』(서울: 한울, 1999) ; 홍창수, "남한문학사 서술양상과 북한문학 연구동향,"『남북한현대문학사』(서울: 나남출판, 1995) 등이 있다.

2) 북한 고전문학과 관련한 연구로는 최웅권의『북한의 고전소설 연구』(서울: 지식산업사, 2000), 설성경・유영대의『북한의 고전문학』(서울: 고려원, 1990), 박태상의『북한문학의 현상』(서울: 깊은샘, 1999)와『북한문학의 동향』(서울: 깊은샘, 2002)의 고전관련 연구가 있다.

3) 설성경・유영대의『북한의 고전문학』(서울: 고려원, 1990), 87~89쪽. "이 장에서 다루어야 하는 양식은 이른바 '인민문학'이라는 범칭 아래 포함될 수 있는 민요・설화・민속극・판소리 등의 개괄적인 검토이다. 이 같은 양식들에는 '인민문학'이라는 용어보다는 오히려 '구전문학'이라는 용어가 적절하며, 북한의 문학사에서는 이 두 용어가 함께 쓰인다. 물론 남한에서는 '구비문학'이라는 용어로 보편화된 영역과 거의 완벽하게 동일한 범주라고 생각된다. … '인민문학'이라는 범주는 앞에서 지적한 대로 인민들에 의하여 창조・계승된 진보적인 문학작품을 의미한다."

4) 한정미, "북한의 문예정책과 구비문학의 활용양상 연구," (숙명여자대학교 박사학위논문, 2005) ; 전영선『고전소설의 역사적 전개와 남북한의 춘향전』(서울: 문학마을사, 2003) ; 김대행,『북한의 시가문학』(서울: 문학과비평사, 1990) 등이 있다.

5) 민족적 특성이나 민족적 요소 등을 통한 북한 고전문학에 대한 접근은 이상숙, "북한문학의 '민족적 특성론' 연구 – 1950~60년대를 중심으로," (고려대학교 박사학위논문, 2005) ; 박상천, "북한문화예술에서 '민족문화'와 '민족적 형식'의 문제,"『북한연구학회보』6권 2호(2002) ; 이상숙, "북한문학의 정통론 연구 – '민족형식, 민족적 특성'의 시詩적 형상화를 중심으로,"『북한연구학회보』6권 2호 (2002) 등이 있다.

6) 신형기,『민족이야기를 넘어서』(서울: 삼인, 2003) ; 김재용,『분단구조와 북한

문학』(서울: 소명, 2000) 등이 있다.

7) 김정일, 『사회주의의 사상적기초에 관한 몇가지 문제에 대하여』(평양: 조선로
동당출판사, 1998), 1쪽. "자주적으로 나아가는 나라들은 오늘도 변함없이 로
동계급의 혁명적 원칙을 지지고 사회주의 길로 나아가고 있습니다. 이런 나라
들은 막스-레닌주의를 적용하는 경우에도 자니 나라의 실정에 맞게 창조적으
로 적용하였으며, 남이 어떻게 하든 그것을 맹목적으로 따라가지 않습니다."

8) 김정일, "주체사상에 대하여(위대한 수령 김일성동지 탄생 70돐기념 전국주체
사상토론회에 보낸 론문, 1982년 3월 31일)," 『김정일선집』 7 (평양: 조선로동
당출판사, 1996).

9) 고전이라는 개념은 시간을 초월하여 모범적이거나 우수한 작품을 상징하기도
한다. 북한에서는 이러한 작품에 대하여 '전형적인 작품'이나 창작의 지침이
되는 '~식'이라는 명칭이 붙는다. 가령 연극에서 전형이 되는 작품인 <성황
당>은 '혁명연극의 고전'이라는 평가대신 '성황당식 혁명연극'으로 평가하고
창작과정에 이를 전범처럼 따르도록 한다.

10) 김정일, 『주체문학론』(평양: 조선로동당출판사, 1992), 82쪽 : "20세기초엽의
우리나라 문학작품들을 더 많이 찾아내고 옳게 평가하여야 한다. 위대한 수령
님께서는 일찍이 우리나라에는 1910년대와 1920년대의 문학예술작품이 얼마
없다고 하면서 그 당시의 작품을 적극 찾아내야 한다고 교시하시였다. 수령님
의 교시를 관철하는 과정에 20세기초엽의 문학예술작품을 적지 않게 찾아내여
문학사와 예술사에서도 취급하고 필요한 것은 출판하기도 하였지만 아직 시작
에 불과하다. … 문학작품을 더 많이 찾아내야 하며 작가와 작품을 우리나라
문학사와 예술사 발전의 견지에서 정확히 평가하여야 한다."

11) 리창유, "우리 식 문학건설에서 고전문학이 노는 중요한 역할," 박헌균 편집,
『조선고전문학연구 Ⅰ』(평양: 문학예술종합출판사, 1993). 3쪽.

12) 김정일, "민족문화유산을 옳은 관점과 입장을 가지고 바로 평가 처리할데 대하
여(조선로동당 중앙위원회 선전선동부 일군들과 한 담화, 1970년 3월 4일)," 『김
정일선집 2』(평양: 조선로동당출판사, 1993).

13) 안희열, 『문학예술의 종류와 형태』(평양: 문학예술종합출판사, 1996), 19쪽.
"매개 민족마다에는 오랜 력사과정을 거치면서 형성되고 공고화된 고유한 민
족적특성이 있다. 생활을 현실그대로 진실하게 반영할 것을 요구하는 문학예술
에는 민족적특성이 반영되기마련이다. 매개 나라 문학예술은 민족적특성이 반
영됨으로써 그에 고유한 민족성과 독자성을 가지고 창조발전되면서 세계문학
예술에 실질적으로 이바지한다. 문학예술에서 민족적특성을 반영하는 문제는
문학예술의 내용과 형식 전반에서 민족의 고유한 생활감정과 정서, 생활내용을
반영하는 문제, 문학예술의 민족적성격을 뚜렷이 살려나가는 문제이다."

14) "제국주의의 사상문화적침투를 배격하자," ≪로동신문≫・『근로자』 공동논설', 1999년 6월 1일.

15) 김일성, "인민군대내에서 당생활을 강화할데 대하여(조선인민군 최고사령부 총참모부 제2차당열성자회의에서 한 연설, 1951년 3월 18일)," 『김일성저작집 6』(평양: 조선로동당출판사, 1980)

16) 김일성, "인민공군을 더욱 강화하자(조선인민군 제 564군부대군정간부회의에서 한 연설 1952년 6월 20일)," 『김일성저작집 7』(평양: 조선로동당출판사, 1980)

17) 사회과학원 문학연구소, 『조선문학통사(현대문학편)』(평양: 사회과학출판사, 1959 ; 인동, 1988년 재발행), 189쪽.

18) 문학예술 작품 속에서 당성은 크게 네 가지 실천적 원칙에 의하여 구현된다. ① 김일성의 주체사상과 혁명사상의 실천을 위한 투쟁, ② 당의 정책적 요구의 반영과 실천, ③ 전형을 창조함으로써 당의 교양기능에 복무, ④ 조국통일을 위해 반동적 사상과 비타협적 투쟁 등이다. 이에 대해서는 윤재근・박상천, 『북한의 현대문학』(서울: 고려원, 1989), 71쪽 참조.

19) 김정웅, 『위대한 수령 김일성동지께서 창시하신 사회주의적문학예술의 당성, 로동계급성, 인민성에 관한 독창적인 사상』(평양: 사회과학출판사, 1976), 51~52쪽 참조.

20) 사회과학원, 『주체사상에 기초한 문예이론』(평양: 사회과학출판사, 1975), 73쪽.

21) 『조선말 대사전』(사회과학출판사, 1992), 1185쪽. "매개 나라의 문화는 자기의 고유한 민족적 특성을 가지고 있으며 계급사회에서 문화는 계급적 성격을 띤다."

22) 이에 대해서는 전영선, 『고전소설의 역사적 전개와 남북한의 춘향전』(평양: 문학마을사, 2003) 참조.

23) 박헌균 편집, 『고전소설해제』(평양: 문예출판사, 1991), 228쪽.

24) 김정일, "민족문화유산을 옳은 관점과 입장을 가지고 바로 평가 처리할데 대하여(조선노동당 중앙위원회 선전선동부 일군들과 한 담화, 1970년 3월 4일)," 『김정일선집 2』(평양: 조선로동당출판사, 1993)

25) 김정일, 『주체문학론』(평양: 조선로동당출판사, 1992), 89쪽.

26) 김정일, 『주체문학론』(평양: 조선로동당출판사, 1992), 89쪽 : "인민적이며 진보적인 민족문학예술유산은 봉건제왕과 귀족의 비위에 맞게 개악된다 하더라도 인민적인 본색을 완전히 잃지 않는다. 그 무엇으로써도 지워버릴수 없는 인민적인 가락과 율동은 오늘 우리 문학예술이 이어받고 시대의 요구에 맞게 발전시켜야 할 귀중한 요소이다."

27) 북한 시가에서 시어로 요구되는 것은 1) 고유한 우리말일 것, 2) 인민대중이 많이 사용하는 말일 것, 3) 정확성과 명료성을 가질 것, 4) 정치적 용어일 것 등이다. 김대행, 『북한의 시가문학』 (서울: 문학과비평사, 1990), 131쪽.

28) 김일성, "조선어의 민족적특성을 옳게 살려나갈데 대하여(언어학자들과 한 담화, 1966년 5월 14일)," 『김일성저작집 20』 (평양: 조선로동당출판사, 1982) : "참다운 애국자는 공산주의자입니다. 오직 공산주의자들만이 자기 나라 말을 참으로 사랑하고 발전시키기 위하여 힘쓰는 것입니다. 공산주의자들인 우리는 우리 말의 민족적특성을 살리고 그 것을 더욱 발전시켜나가야 합니다. 공산주의자가 아니라고 하더라도 민족적량심을 가진 조선사람치고 우리 말의 민족적특성이 없어져가는 것을 좋아할 사람은 하나도 없을 것입니다"

29) 북한의 언어 정책은 고유어를 지켜나간다는 민족 문화의 보존이라는 측면도 있지만 이와 함께 정치적인 의미가 있다. 1997년 7월 28일 사회과학원에서 개최된 '언어학 학술발표회'에서 현재 북한에서 사용하는 언어를 '김일성 민족의 민족어'로 규정하고, 언어예절 교양사업을 강화할 것을 다짐하였다. 태양으로 상징되는 김일성 주석의 상징을 민족이나 국가와 결합하여 '김일성 민족', '태양민족', '태양조선'으로 확대하면서 우월적 선민사상을 고취시키면서 수령에 대한 충효심을 강조하고 있다.

30) 김정일, 『주체문학론』 (평양: 조선로동당출판사, 1992), 87쪽.

31) 『진장군전』 (평양: 문예출판사, 1988), 2쪽.

32) 리창유, "우리 식 문학건설에서 고전문학이 노는 중요한 역할," 박헌균 편집, 『조선고전문학연구 I』 (평양: 문학예술종합출판사, 1993), 15~16쪽.

〈참고문헌〉

1. 북한문헌

고영환, 『우리 민족 제일주의론』(평양: 평양출판사, 1989).

고철훈, "문학예술 창작에서 사회주의 원칙을 철저히 견지하자,"『조선어문』1992
　　년 4월호.

김일성, "민족문화유산계승에서 나서는 몇가지 문제에 대하여(과학교육 및 문학예
　　술부문일군협의회에서 한 연설, 1970년 2월 17일),"『김일성저작집 25』
　　(평양: 조선로동당출판사, 1983).

김일성, "인민공군을 더욱 강화하자(조선인민군 제564군부대군정간부회의에서 한
　　연설 1952년 6월 20일),"『김일성저작집 7』(평양: 조선로동당출판사,
　　1980).

김일성, "인민군대내에서 당생활을 강화할데 대하여(조선인민군 최고사령부 총참
　　모부 제2차당열성자회의에서 한 연설, 1951년 3월 18일),"『김일성저작집
　　6』(평양: 조선로동당출판사, 1980).

김일성, "조선어의 민족적특성을 옳게 살려나갈데 대하여(언어학자들과 한 담화,
　　1966년 5월 14일),"『김일성저작집 20』(평양: 조선로동당출판사, 1982).

김정웅, 『위대한 수령 김일성동지께서 창시하신 사회주의적문학예술의 당성, 로동
　　계급성, 인민성에 관한 독창적인 사상』(평양: 사회과학출판사, 1976).

김정웅, 『종자와 작품창작』(평양: 사회과학출판사, 1987).

김정웅, 『주체적 문예리론의 기본·2』(평양: 문예출판사, 1992).

김정일, 『사회주의의 사상적기초에 관한 몇가지 문제에 대하여』(평양: 조선로동당
　　출판사, 1998).

김정일, 『주체문학론』(평양: 조선로동당출판사, 1992).

김정일, "문학예술작품에 당의 유일사상을 구현하기 위한 사업을 실속있게 할데
　　대하여(문학예술부문 책임일군들 앞에서 한 연설, 1967년 8월 16일),"『김
　　정일선집 1』(평양: 조선로동당출판사, 1992).

김정일, "민족문화유산을 옳은 관점과 입장을 가지고 바로 평가 처리할데 대하여
　　(조선로동당 중앙위원회 선전선동부 일군들과 한 담화, 1970년 3월 4일),"
　　『김정일선집 2』(평양: 조선로동당출판사, 1993).

김정일, "조선민족제일주의정신을 높이 발양시키자(당 중앙위 책임일군들 앞에서
　　한 연설, 1989년 12월 28일),"『김정일선집 9』(평양: 조선로동당출판사,
　　1997).

김정일, "주체사상에 대하여(위대한 수령 김일성동지 탄생 70돐기념 전국주체사상

토론회에 보낸 론문, 1982년 3월 31일),"『김정일선집 7』(평양: 조선로동
당출판사, 1996).

김하명, "사회주의현실주제 창작의 가장 옳은 길을 밝힌 강령적문헌(론설)"『조선
문예』1985년 제11호.

박병식 편,『진장군전』(평양: 문예출판사, 1988).

박헌균 편집,『고전소설해제』(평양: 문예출판사, 1991).

박헌균 편집,『조선고전문학연구 Ⅰ』(평양: 문학예술종합출판사, 1993).

사회과학출판사,『조선구전문학개요』(평양: 사회과학출판사, 1994).

엄호석, "사회주의적내용과 민족적형식을 옳게 결합시킬데 대한 김일성동지의 사
상」『조선문학』1970년 7호.

정홍교 외,『조선고대중세문학작품해설』(평양: 과학백과사전출판사, 1996).

정홍교, "민족문화유산계승발전의 앞길을 밝혀준 강령적지침 – 위대한 수령님의 불
후의 고전적로작 <민족문화유산계승에서 나서는 몇가지 문제에 대하여>
발표 10돐에 즈음하여,"『조선문학』1980년 2호.

한중모, "민족적형식에 사회주의적내용을 결합시키는것은 사회주의적문학예술건
설의 근본원칙,"『근로자』1976년 제9호.

한중모, "사회주의적문학예술을 민족적바탕우에서 발전시킬데 대한 위대한 수령님
의 독창적인 사상,"『근로자』1974년 제9호.

현종호,『조선문화사(고대중세편)』(평양: 김일성종합대학출판사, 1990).

2. 남한문헌

고인환, "『주체문학론』의 서술 체계 고찰"『한국문화연구』6 (경희대학교 민속학
연구소, 2002).

김대행,『북한의 시가문학』(서울: 문학과 비평사, 1990).

김성수, "북한문학 연구의 현황과 과제,"『한국예술종합학교논문집』3집 (한국예술
종합학교, 2000. 12).

동국대학교 한국문학연구소 편,『북한의 문학과 문예이론』(서울: 동국대출판부,
2003).

박상천, "북한문화예술에서 '민족문화'와 '민족적 형식'의 문제,"『북한연구학회보』
6권 2호 (2002).

설성경·유영대,『북한의 고전문학』(서울: 고려원, 1990).

신형기,『민족이야기를 넘어서』(서울: 삼인, 2003).

오양열, "남북한 문예정책의 비교연구," 성균관대학교 대학원 박사학위논문 (1998).

이상숙, "북한문학의 '민족적 특성론' 연구 – 1950~60년대를 중심으로," 고려대학
교 박사학위논문 (2005).

이정재, "북한 민속학연구의 경향과 특징 연구,"『한국문화연구』6, 경희대학교 민속학연구소(2002. 12).

林采郁, "北韓의 傳統文化繼承과 文化的 正統性問題,"『北方社會研究』창간호 (서울: 北方社會研究所, 1998).

전영선,『고전소설의 역사적 전개와 남북한의「춘향전」』(서울: 문학마을사, 2003).

전영선,『북한 민족문화정책의 이론과 현장』(서울: 도서출판 역락, 2005).

전영선,『북한의 문학과 예술』(서울: 도서출판 역락, 2004).

전영선,『북한의 문학예술 운영체계와 문예이론』(서울: 도서출판 역락, 2002).

한정미, "북한의 문예정책과 구비문학의 활용양상 연구,"(숙명여자대학교 박사학위논문, 2005).

현대북한연구회,『현대북한연구의 쟁점1』(서울: 한울아카데미, 2005).

홍창수, "남한문학사 서술양상과 북한문학 연구동향," 최동호 편『남북한현대문학사』(서울: 나남출판사, 1995).

북한의 문예이론과 구비문학

한 정 미

1. 서 론

북한의 공연물을 관람하다 보면 민요풍의 노래를 자주 듣게 된다. 그런가 하면 사실인지, 허구인지를 판단하기 어려운, 그러면서도 설화적 구조를 지닌 보도 기사도 자주 접하게 된다. 민요와 설화 등 구비문학 장르가 최근에도 생산되고, 전개되고 있는 것이다. 그런데 북한에서 재생산된 것으로 보이는 구비문학에 담기는 내용은 일상적이거나 보편적인 것이 아니다. 남한의 이데올로기 시각에서 보자면 말이다. 본 고의 출발은 여기에서부터 비롯되었다.

북한에서는 구비문학이 어떻게 존재하고 있는가의 문제를 다루기 위해 북한의 구비문학 자료부터 검토·분석하였다. 그 결과, 북한에 현존하는 구비문학은 문예정책에 의해 철저히 재구성되고 있다는 것을 알 수 있었다. 이념에 의해 구비문학이 도구화되고 있는 것이다.

그런데 북한의 구비문학 존재양상을 파악하기 위해서는 귀납법적 연구방법을 사용할 수 없었다. 정치적·제도적 상황의 특수성 때문이다. 당에서 지침이 마련되고, 그 지침에 의해 문예활동이 진행되고 있다는 특수성을 파악하지 못한다면 자료의 분석 결과는 오류를 범할 수밖에 없다는 판단 때문이다.

따라서 본 고는 이념에 의해 구비문학이 도구화 되고 있는 양상을 본격적으로 살피기 위한 선행 작업이며, 북한의 당에서는 문예물, 특히 구비문예물을 어떤 원칙에 의거해서 다루고자 하는지의 문제부터 점검해 보고자 한다.

2. 북한의 문예이론

스탈린이 죽은 이후, 소련의 후루시초프와 중국의 마오쩌둥은 국제공산주의운동의 영도권을 잡기 위한 이데올로기 투쟁을 시작했다. 1950년대 중반부터 시작된 양국의 이데올로기 논쟁은 시간이 흐를수록 더욱 격화되었고, 주변 공산주의 국가로까지 확산되어 갔는데, 북한도 예외는 아니었다. 다만, 북한의 김일성은 "우리도 주체를 더욱 튼튼히 세워야 한다"[1]라고 하면서, 두 대국 간의 대립을 북한에서의 자신의 입지를 더욱 확고히 다지는 것으로 이용하는 기회로 만들었다.

당시 김일성은 경제·문화건설에서의 자주적 노선의 필요성을 강조하였고, 이를 위해 천리마 운동을 시작하였다. 천리마 운동은 '당이 군중 속으로 들어가 군중을 사상적으로 교양'함으로써 군중을 하나로 뭉치게 한다는 것이다. 군중의 힘에 의거하여 혁명과업을 이룩한다는 중국공산당의 '군중노선'을 북한식으로 받아들여 북한의 사회주의 건설의 노선으로 활용한 것이라고 할 수 있다.

<천리마 운동>은 일사천리로 진행되었으며, 그 결과 경제발전뿐만 아니라 새로운 도덕적 기풍을 세우는 데도 성공을 거두었다. 이것이 바로 북한의 주체사상이다.

주체사상의 주 내용은 사대주의와 교조주의를 반대하고, 마르크스－레닌주의를 조선의 구체적 현실에 맞게 창조적으로 적용하자는 것이었다. 구체적으로 말하면 소련과 중국의 영향으로부터 벗어나 북한의 실정에 맞는 자주적인 정책을 실시해 나가야 한다는 것을 강조한 사상인 것이다. 김일성은 주체사상은 혁명이기 때문에 마르크스－레닌주의를 북한혁명의 요구에 맞게 창조적으로 적용시켜야 한다고 했다. 공산주의의 기본 사상인 마르크스－레닌주의를 받아들이되, 북한의 실정에 맞게 재창조하여 적용함으로써 당시의 중국과 소련의 영향권에서 벗어나려 했던 것이다.

그런데 마르크스와 레닌은 일찍이 예술과 혁명의 관계에 관심을 두고 있었다. 특히, 레닌은 "당이 없는 문학자들을 제거하자! 문학적 초인을 제거하자! 문학의 길은 반드시 프로레타리아의 일반 노선 중의 일부이어야만 한다. (중략) 문학활동은 조직, 훈련, 통합된 사회민주당 작업의 한 기본요소가 되어야만 한다"2)라고 할 만큼, 정치적으로 인정받지 못한 문학을 비판했다. 이는 문학 작품이 프로파간다의 기능을 가지고 있어야 한다는 것이다.

문화예술작품은 창작자가 자신의 사상과 감정을 옮겨놓은 형상물이다. 그렇기 때문에 작품을 감상하는 사람은 작품을 통해 교훈을 얻는가 하면, 다른 한편으로는 즐거움을 얻기도 한다. 또한 문화예술작품은 개인의 의지에 의해서 만들어지는 것이기 때문에 작품에 대한 평가 또한 다양한 방향에서 논의될 수 있는 것이다. 그러나 문화예술3)에 대한 입장을 밝힌 다음 글은 문화예술에 대한 기본적인 특성이 적용되지 않고 있음을 알게 해주는 것이다.

위대한 수령님께서 내놓으신 문학예술에서 당의 유일사상체계를 확
립하고 당성, 로동계급성, 인민성의 원칙을 관철하며 높은 사상예술성
을 구현할데 대한 리론은 사회주의적문학예술로 하여금 근로자들을
혁명적사상의식을 가진 힘있는 존재로 키우는데 적극 이바지하게 하
는 길을 뚜렷이 밝혀주는 지침이다.

위대한 수령 김일성동지께서 창시하신 문학예술에서의 당의 유일사
상체계확립에 대한 리론은 사회주의적문학예술건설의 근본문제를 새
롭게 밝히고 문학예술이 사람들을 자주적인 인간으로 키워 혁명과 건
설의 참다운 주인으로되게 하는 당의 사상적무기로서의 기능과 역할
을 더욱 높일수 있는 길을 휘황하게 밝혀준다.

··· 중략 ···

문학예술은 수령의 위대한 풍모와 영광찬란한 혁명력사를 빛나게
형상하고 수령에게 충실한 혁명전사, 참다운 공산주의자의 전형을 창
조하며 수령의 혁명사상과 그 구현인 당의 로선과 정책으로 일관될 때
근로자들속에서 당의 유일사상체계를 철저히 세우며 그들을 수령이
개 한 혁명위업의 완성을 위한 투쟁에로 고무추동하는데 적극 이바
지할 수 있다.[4]

이 말은 작가, 예술가들은 문예작품을 혁명의 무기가 될 수 있도록
창작하여야 한다는 것이다. 그리고 김일성이 당성, 계급성, 인민성에 기
초하여 창시한 이론[5]은 근로자들로 하여금 혁명적 사상의식을 가질 수
있는 길을 밝혀주는 지침이니, 창작을 함에 있어 이 지침에 일관되게
하자는 것이다. 요컨대 문화예술을 사상적 무기 혹은 당의 유일사상 체
계의 전파매체로서의 기능을 가진 것으로 이용하자는 것이다.

김일성은 1951년과 1960년에 각각 있은 「작가, 예술가들과의 담화」[6]
에서 작가, 예술가들은 문학작품을 민족의 전통문화와 풍습을 구체적으
로 이해할 수 있도록 해야 하고, 나라를 위해 의무를 다하는 사람들을
영웅으로 형상화해야 한다고 한다. 그리고 적에 대한 분노와 승리에 대
한 신념을 드러내는 내용으로 구성해야 한다고 했다.

뿐만 아니라, 혁명사업의 숭고한 목적에 부합한 내용으로 구성된 문

예작품들은 혁명의 승리를 위한 투쟁과 밀접히 관련되어 있기 때문에, 인민 모두를 혁명가로 만들 수 있을 것이라고도 했다. 이 말은 문예물을 "사람들을 참된 삶의 길로 이끌어주는 생활의 교과서"[7]가 될 수 있도록 만들어야 한다는 것이며, 인민들은 이렇게 만들어진 문예물을 통해서 "의식화, 조직화하여 근로인민대중의 혁명투쟁을 승리에로 이끌어나감으로써 혁명적문예전통이 이룩될수 있는 사회력사적 환경과 조건을 마련"[8]해야 한다는 말이다.

이처럼 문화예술작품을 생활의 교과서로 선택한 이유가 무엇일까?

북한 당국에서는 제대로 된 사회주의 국가를 이루는 것은 한 두 사람의 힘으로 되는 것이 아니라 인민 모두가 움직여야 한다고 하면서, 인민들이 사회주의·공산주의 위업을 스스로의 사업으로 여기고 자발적으로 투쟁하도록 교양 개조해야 한다고 했다. 그래서 사회주의 국가 성립 초창기부터 인민을 교양 개조하는 작업에 관심을 가졌다. 그런데, 교양 개조 사업은 강압적인 방법으로는 성공할 수 없기 때문에 "꾸준한 설복과 긍정적 모범으로 사람을 교양"할 수 있는 방법을 찾고자 했으며, 그 결과 학교 교육이나 선전 선동이 아닌, 소설, 시, 연극, 영화, 음악 등 문화예술작품을 통해서 인민을 교양 개조하고자 했다.[9] 소설이나, 시, 연극, 영화, 음악 등은 쉽게 접할 수 있는 장르이며, 또 어렵지 않게 작품 감상을 할 수 있는 장르이다.

뿐만 아니라 계몽이나 교훈의 내용이 노골적으로 드러나 있는 교조적인 문체의 교훈서보다 수용자들의 거부반응이 약화될 수밖에 없다. 바로 이와 같은 특징 때문에 인민들이 쉽게 접할 수 있는 문예물을 선택한 것이 아닌가 한다. 다시 말해서, 인민들이 적극적이고 능동적으로 혁명 사업에 참여할 수 있도록, 북한 나름대로 자발적인 분위기를 조성하기 위해 문예물을 선택하고 있는 것이라는 말이다.

그런가 하면, 북한에서는 인물이나 사건의 부정적인 사실을 비판하는

내용보다는 긍정적 모범이 되는 인물과 사건을 제시하는 내용 위주로
인민을 교양 하는 것이 좀 더 감동적이고, 모범적이라고 했다. 낡은 사
상을 가진 사람이나 과오를 범한 사람들도 모범적인 인물형에서 감동을
받아 새로운 인간으로 개조될 수 있고, 그럼으로써 사회주의 국가에 부
합하는 새로운 인간형이 될 수 있을 것이라고도 했다.10) 요컨대 문예물
에 밝혀져 있는 모범적 인물형의 삶으로부터 영향을 받도록 함으로써
단 한 사람의 낙오자도 없이 인민 모두가 투쟁에 나갈 수 있도록 하자는
것이다.

이처럼 문화예술의 기능에 대한 이론적 지침을 마련한 이후, 북한에
서는 인민이 문화예술을 통해 정치·사상적으로 교화됨으로써, 당이 하
는 일에 이의제기를 할 수 없도록 하기 위해 인위적인 통제, 즉 문예정
책을 폈다.11)

다음에 제시하는 것은 문화예술 작품의 가치규정은 어디에 있는지,
그리고 가치있는 작품을 만들기 위해서는 작가, 예술인들이 어떤 자세
로 창작에 임해야 하는지를 알게 해주는 글이다.

> 우리의 새로운 민주주의적 예술은 반드시 깊은 사상성을 가져야 하
> 며 인민에게 투쟁의 무기로서 복무하여야 합니다. 높은 예술성과 결합
> 된 고상한 사상성 이것은 예술작품의 가치를 규정함에 있어 유일하고
> 정당한 기준입니다. 이것은 예술일군들이 다른 모든 분야의 일군들과
> 마찬가지로 반드시 자기의 사상 정치적 수준을 높이기 위하여 꾸준히
> 배워야 한다는 것을 의미하는 것입니다.12)

작가와 예술가들이 사상·예술적으로 훌륭한 문예작품13)을 창작하
기 위해서는 올바른 창작적 지침과 방법론을 소유해야 하며, 창작자는
당의 노선과 정책을 지지하는 역할을 해야 한다는 것이다.14) 작가와 예
술가들이 당의 지도 지침의 전달자로서의 임무를 띠고 있다는 것이다.
다시 말하면 작가와 예술가는 혁명의 승리를 위한 투쟁과 직접적 관련

이 있는 내용으로 구성된 당의 지침에 따라 문예작품을 창작해야 한다는 것이다. 그리고 이렇게 만들어진 문예작품이야말로 인민들을 교화하여 인민 모두를 혁명가가 될 수 있도록 할 것이라는 것이다.

이러한 정책의 일환으로 북한에서는 작가나 예술가들을 관리하기 위해 당, 즉 정부의 산하기관으로 조선 문학예술총동맹(이하 문예총)을 두고, 이 단체의 구성원으로 하여금 '당의 지침'을 문화예술분야에 적용하는 실제적인 일을 하도록 했다. 문예총에 소속된 작가, 예술가들로 하여금 창작의 방향, 창작분량, 창작시간 등 모든 창작과정을 당의 시책에 따르도록 했으며15), 개인 창작보다는 집체창작에 중점을 두었다. 집체창작은 한 작품을 여러 작가가 공동으로 작업을 진행하는 것인데, 공동작업이 가능했던 것은 사상의 알맹이로 정의되는 소위 '종자'16)에 의해서 작품을 창작하기 때문이다.

북한에서는 모든 예술작품에서 가장 중요한 것은 사상성과 예술성이라고 한다. 그런데, 집체창작인 까닭에 여러 명에 의해 진행되면서도 하나의 사상으로 모아지고, 한 방향으로의 예술성으로 표출되는 것은 당의 지침, 즉 북한 당국이 지향하는 사상을 작품의 기저에 놓고 그 사상을 드러내기 위해 사건이나 인물을 묘사하기 때문에 가능했던 것이다. 북한 당국이 지향하는 사상, 이것이 바로 '종자'이다.

문화예술작품에 투영되는 사상이 하나여야 한다는 것은 문화예술작품이 가져야 하는 주제의 독창성이나 작가주의를 인정하지도, 중요하게 여기지도 않는다는 말이다. 다만, 형상화의 이념적 가치에 중점을 둘 뿐인데, 이는 문화예술품이 가지고 있는 여러 기능 중 선전의 기능에 비중을 두고 있기 때문이다.

당이 마련한 지침에 의해 창작된 문예물이 실제로 인민을 교양하기 위해서는 널리 유통이 되어야 할 것이다. 널리 유통되어야 생활의 지침을 담은 교과서로서의 역할을 제대로 해 낼 수 있기 때문이다. 이를 위

해 북한에서는 일명 '예술보급사업'[17]을 펼치고 있다. 문예총 산하 예술
단이나 선전대에서 활동하는 창작가, 예술인들을 인민의 노동 현장으로
보내서 예술계몽사업을 하기도 하고, 예술소조활동과 군중음악창조사
업을 할 수 있도록 돕기도 한다.

공장이나 농장 등의 조직에 '노동자예술선전대'를 조직하여, 근로현
장에서 예술 활동을 펼치게 하기도 한다. 그리고 인민 개개인에게 노래
수첩을 지참하게 하거나, 1인 1개 이상 악기 다루기, 그림해설모임, 영
화주인공 따라 배우기 등을 할 수 있도록 지도하는 것이 그들의 역할이
다. 이들은 궁극적으로, 인민들이 문화예술작품의 참다운 가치를 깊이
인식시킬 수 있도록 함으로써 문화적 소양과 예술적 기량을 높여 군중
예술을 더욱 더 발전시킬 수 있도록 하며, 따라서 노래를 하나 불러도
작품에 담겨진 사상 정서적 내용과 예술성을 잘 알고 의의 있게 부를
수 있도록 지도하기 위해 파견된 것이다.

예술보급사업은 다름 아닌, 당사업의 방향과 요구에 맞게, 작품을 이
해·보급시킴으로써 당의 이념에 부합하도록 인민을 교양시키는 것이
다. 그리고 이 또한 당의 관리 하에서 이루어지고 있음을 알 수 있다.

앞에서 북한에서는 반제국주의, 반부르조아 분위기를 조성하기 위해
민족의 자주성 확보와 인민중심의 체제를 내세웠으며 이러한 이데올로
기의 근간으로 '주체사상'을 역설하였다고 했다. 주체사상은 모든 것을
사람을 위하여 복무하도록 하기 위해 사람을 중심으로 생각해야 하는
인간 중심의 사상이다. 마르크스-레닌주의를 우리 식으로 받아들여 민
족의 주체를 세우자는 것인데, 북한의 집권자는 민족의 주체를 확립하
기 위해서는 인민중심의 체제와 민족주체성의 확보를 해야 한다고 했
다. 그리고 민족의 유산과 전통을 계승하고, 전통 중에서도 특히 인민적
인 내용과 형식을 이어받아야 한다고도 했다. 유산과 전통에 대한 북한
의 시각은 김정일의 다음 언급에서 보다 구체적으로 알 수 있다.

　　민족문화유산을 옳게 계승 발전시키는 것은 주체적 문학예술건설에
서 나서는 중요한 문제의 하나이다. 어느 시대의 문학예술이든지 빈터
에서 발생 발전할 수 없다. 선행세대가 이룩하여 놓은 민족문화유산을
디딤돌로 삼고 그의 진보적이고 인민적인 내용과 형식을 옳게 이어받
을 때에만 문학예술을 자기 민족의 지향과 요구에 맞게 발전시킬 수
있다.[18)]

　　이런 의식을 가지고 있었던 탓에 북한에서는 인민에 의해 구술되고
인민에 의해 전승된 구비문학에 관심을 가지고 적극 활용하였다.[19)] 전
통문예물에서 인민성을 부각시킬 수 있는 것이 바로, 구비문학이기 때
문이다. 다시 말해서, 주체사상을 교양시키기 위해서 민족성, 인민성을
지닌 구비문학에 주목하고 있는 것이다.[20)] 그러나 구비문학이라고 해서
모두 활용한 것은 아니었던 것으로 보인다. 그래서 먼저, 북한에서는 구
비문학 개개의 장르를 어떻게 수용하고 있는지의 문제부터 점검하려 한
다. 구비물의 수용시각에 대한 점검을 통해서 북한의 문예이론이 어떻
게 실현되고 있는가의 문제에 좀 더 가깝게 접근할 수 있을 것 같기
때문이다.

3. 북한의 구비문학에 대한 장르별 인식

　　북한의 구비문학 개론서에서 소개하고 있는 구비문학장르는 설화, 민
요, 민간극, 속담, 수수께끼이다. 남한과 비교했을 때 무가와 판소리에
대한 장르가 제외되어 있는 것이다. 그런데 1962년에 발간된 고정옥의
『조선구전문학연구』에는 판소리가 독립 장르로 소개되어 있었다.[21)]
<배뱅이굿>을 판소리로 분류하고 있다는 점이 남한과 다소 차이가 있
을 뿐, 그 외의 부분은 남한의 연구시각과 크게 다르지 않았다. 그러나

고정옥의 개론서 어디에도 무가에 대한 언급은 없었다. 무가는 이미 1960년대부터 독립 장르로 인정받지 못하고 있었던 것이다.

1995년에 발간된 『조선의 민속전통 6』의 "민속극음악" 분야에 판소리에 대한 언급이 있으나,[22] 고정옥 이후의 모든 구비문학 개론서에서는 판소리가 제외되어 있었다. 그런데, 고정옥의 개론서에서는 전혀 언급이 없었던 무가는 오히려 1960년대 이후, 신가神歌라는 이름으로 민요의 범주에 설정되어 있었다. 구비문학에서 완전히 제외하였던 무가(신가)가 민요의 하위 장르로 새롭게 설정된 것이다. 1960년대에 독립 장르였던 판소리는 민속음악 분야에서만 부분적으로 다루어질 만큼 축소되었고, 무가는 새롭게 부각된 것이다.

시대가 바뀌면서, 두 장르에 대한 인식이 달라진 것을 알 수 있다. 판소리와 무가가 각각 독립된 장르로 인정받지 못하고 있기는 않지만, 이들 장르에 대한 언급이 있다는 것은, 북한에서도 두 장르의 실존 자체를 부정하는 것은 아니다. 남한과 달리 북한에서는 판소리와 무가를 구비문학의 독립장르로 인정하지 않고 있다는 것이 서로 다를 뿐이다. 다시 말해서, 남한과 북한의 구비문학 장르 인식이 서로 다른 것이다.

북한에서는 주체사상에 입각하여 인민들의 생활을 그린 문예물에 관심을 가지고 적극 활용했다고 했다. 그런데 구비문학 개론서에 언급된 장르체계를 검토해 본 결과, 모든 구비문학을 활용한 것은 아니라는 것을 알 수 있다. 무가와 판소리의 존재 자체를 부정하는 것은 아니면서도, 구비문학 장르에 판소리와 무가를 독립 장르로 구분하지 않고 있는 것이 그 이유이다. 그런데, 그 중에서도 노골적으로 거부한 것이 있었다. 판소리다.

판소리는 문학적으로, 음악적으로, 이념적으로 비판의 대상이 되었다. 먼저, 판소리의 작품 내용은 민간설화에 기초한 것이기는 하지만 춘향을 열녀형으로 형상화한다거나, 자라가 용왕에게 충성을 다한다거나

하는 것 등은 유교사상에 길들여져 작품의 기본사상을 놓치게 하는 것
이라고 했다. 그리고 한문투의 어려운 노랫말도 교조주의에서 비롯된
것이라고 했다. 문학적으로 이념적으로 맞지 않는다는 것이다. 그런가
하면, 판소리의 곡조는 양반들의 한가한 생활감정을 반영한 곡조인 탓
에 어둡고 침울하여 긴장한 맛이 없다고 했다. 연창자가 내는 탁소리
또는 소리 창법은 연창자의 목소리를 상하게 할 뿐이고, 소리를 내기
위해 표정을 찡그리는 것 또한 "아름답고 유순한, 우아한 우리 민족의
고유한 노래음조와 자연스러운 발성법에 맞지 않는다"고도 했다.

따라서 판소리는 "우리의 민족성악발전에 부정적인 영향을 주었으며
민족악기의 음색에서 탁성이 나게 한데도 적지 않은 작용"을 했으니 판
소리 창법은 전승하지 말아야 한다고 했다.[23] 음악적으로도 비판을 하
고 있는 것이다. 북한의 문예물에서 판소리 연행을 찾을 수 없는 것은
바로 장르를 인식하도록 하는 창법 자체에 문제제기를 하고 있기 때문
인 것이다. 그런데 이처럼 판소리에 대해 부정적인 인식을 가지고 있으
면서도 연극적인 측면에서는 판소리에 대해 다소 긍정적인 평을 하고
있다. 서사적 종류의 작품을 "창과 너름새가 배합된 가창－공연하는 우
리 고유의 예술 형식"이라는 점, 작품 자체 내에 풍부한 극적요소를 포
괄하고 있으며, 창, 아니리, 너름새 등은 극성劇性을 더욱 풍부하게 만들
고 있다는 점을 제시하면서 연극 발전에 일정한 작용을 하고 있다고 했
다. 그리고 이와 같은 요소는 20세기 초 창극 발생의 모태가 되었다고도
했다.[24]

이와 같은 평은 서구의 것을 무조건 수용하려는 사대주의 혹은 교조
주의에서 벗어나고자 함에서 비롯된 것일 수도 있다. 서구에 가극(오페
라)이라는 장르가 있기는 하지만, 우리에게도 이미 그와 같은 형식으로
만들어질 가능성을 지닌 전통장르가 있었고, 그 결과 서구의 가극과 유
사한 형식인 창극이라는 장르가 자생적으로 만들어 질 수 있었다는 점

을 강조하기 위한 의도에서 비롯된 평가일 수도 있을 것 같다는 말이다.

이처럼 판소리의 극적 요소를 인정하고 있다는 것은 극 장르에서의 판소리 수용 가능성이 전혀 없지는 않을 것이라는 점을 짐작케 하는 것이다. 뿐만 아니라 북한의 주체사상을 염두에 둔다면 더욱 더 그 가능성을 짐작할 수 있는데, 판소리와 마찬가지로 노래와 대사로 이루어진 혁명가극에서 판소리와 유사한 점을 찾을 수 있었다.

혁명가극도 판소리와 마찬가지로 첫째, 개인의 문제가 아닌 공동의 문제를 다루고 있었으며, 둘째, 긍정적 인물과 부정적 인물의 대립적 구성이 그 바탕을 이루고 있었으며, 셋째, 절가와 방창으로 구성되어 있다는 것이었다.[25) 작품의 주제나 구조, 이념을 전달하기 위한 방법 등에서 유사성을 보이고 있는 것이다. 이 말은 판소리 본래의 창법과 연행 모습은 아니지만, 북한에서 연행되는 유사 장르의 실현에서 판소리가 일정 역할을 하고 있음을 의미하는 것이다.

그런가하면, 판소리가 문학적으로, 음악적으로, 이념적으로 비판의 대상이 된다고 했는데, 텍스트 내용을 사회주의 이념으로 형상화하는 방향으로 재구성함으로써 문학적, 이념적 문제점을 극복하고 있었다. 예를 들어, <춘향전>은 탐관오리로서의 변사또 모습을, 계급투쟁자로서의 춘향 모습을 구체적이고 사실적으로 묘사하고 있었으며, 뿐만 아니라 그 부분을 길게 확장하고도 있었다. 그리고 <토끼전>은 토끼에게 당한 자라가 도인의 도움으로 약을 구해 용왕을 낫게 했다는 후반부의 이야기를 없애고, 육지로 돌아온 토끼가 "용왕은 악한 일을 많이 해서 병들었어"라고 외치며 "딴생각 하지 않고 아름다운 동산에서 잘 살겠다고 다짐"하는 것으로 종반부를 마무리하고 있었다. <춘향전>은 양반 계층에 대한 저항의식을 드러내는 것으로, <토끼전>은 현재 살고 있는 육지는 지상낙원인 사회주의 국가이고, 그래서 행복하다는 점을 드러낸 것이다.[26)

이처럼 북한에서는 판소리 텍스트 자체에 대한 재해석을 시도하고 있다. 양반계층에 대한 저항의식을 드러내는 장면을 극대화시키고, 봉건 지배계급에게 충성을 다하는 장면을 삭제함으로써 사회주의 이념에 적합한 주제로 내용을 다듬었던 것이다.27) 그리고 음악적으로는 예술적 미감에 맞지 않는 판소리 창법 대신 "민요와 가요를 바탕으로 하는 창극 음악극작술을 개척"하는가 하면, "소리를 없애고 남녀성부를 구분하는 문제를 완전히 해결하는 창극의 현대화" 방향에서 극복되었다.28)

뿐만 아니라, 민요나 가요를 바탕으로 노래가 구성이 되었다고 하더라도 출연자들의 대화를 대화창으로 구성하게 되면 무슨 말을 하는지 파악이 되지 않아 작품 내용을 "리해하기도 힘들고 부르고 싶어도 따라 부를수 없는 노래가 되어 인민들이 받아들이지 않는다"29)고 하면서, 서로 대화를 할 때는 노래, 즉 창을 하지 않도록 지침도 만들었다.

북한에서는 판소리 본래의 창법과 연행 모습을 찾을 수는 없었다. 당이 추구하는 이념에 맞지 않다는 이유에서, 혹은 예술적 미감에 맞지 않다는 이유에서 배격되었던 것이다. 그러나 판소리적 요소를 모두 버린 것은 아니었다. 북한식으로 나름대로 활용하고 있었다. 판소리 작품은 내용이 부분적으로 각색되어서 존재하고 있었다. 또 유사한 연행 방식을 가지고 있는 다른 장르 — 혁명가극에서 판소리의 특성을 찾을 수도 있었다. 사회주의 국가가 추구하는 방향과 맞지 않은 부분은 다듬어서 활용하고, 사회주의 국가가 추구하는 방향과 맞는 부분은 적극적으로 활용함으로써 북한식으로 판소리를 실현하고 있는 것이다.

북한에서는 판소리 텍스트 자체에 대해 재해석을 시도하고 있다고 했다. 양반계층에 대한 저항의식을 드러내는 장면을 극대화시키고, 봉건 지배계급에게 충성을 다하는 장면을 삭제함으로써 사회주의 이념에 적합한 주제로 내용을 다듬었다고 했는데, 판소리처럼 주제를 위해 장면을 극대화하는 방법으로 장르를 실현시키는 것이 있었다. 바로, 가면극이다.

조선과학교육영화촬영소에서 촬영하고 대중과학영화제작단의 이름
으로 제작한 것으로 되어있는 영상자료 『조선의 민속』(가무놀이편)에
봉산탈춤을 소개한 것이 있는데, 여기에서 소개하고 있는 봉산탈춤은
일반적으로 알려져 있는 각 과장과 인물구성, 대사와 춤과 노래의 양식
으로 구성되어 있지 않았다. 앞면에는 평민의 모습을 한 탈을, 뒷면에는
양반의 모습을 한 탈을 쓰고 1인2역을 하는 여러 명의 인물과 한복을
입은 서민의 모습을 한 여러 명의 여성들이 나와서 춤동작을 중심으로
구성되어 있었다. 내용도 양반계층의 행태를 풍자하거나, 일반 백성의
저항성을 보여주는 것이었다. 봉산탈춤 중 제6과장 양반춤만을 극대화
한 것인데, 이처럼 양반과장만을 선택해서 연희로 꾸민 것은 지배계급
에 대한 풍자에 주제의 초점을 맞춘 까닭이 아닌가 한다.[30]

가면극은 1950년대에 북한민속학자 김일출에 의해서 연구된 이후,
그의 이론을 바탕으로 가면극을 설명하고 있다. 그의 가면극 이론 중
특히 눈여겨봐야 할 것은 북한에서는 서울 경기지역에서 연행되었던 산
대놀이와 황해도 가면극을 구별하고 있는 것이다. 서울 경기도의 산대
놀이와 황해도의 봉산탈춤을 모두 본산대놀이 계통 가면극으로 보고 있
는 남한의 연구시각과는 다른 것이다. 그런데 이 두 지역의 가면극을
서로 다른 것으로 보는 이유에서 사회주의적 시각을 엿볼 수 있다. 산대
놀이는 궁중 혹은 사찰의 비호하에서 봉건 귀족들의 취미에 영합한 장
엄한 형식을 갖추어서 연행된 것이고, 황해도의 탈춤은 두레와 같은 농
촌의 공동 노동과 결합되어 농악과 함께 농민의 생활속에서 연행하며
전승되었다고 했다.[31] 봉산탈춤이 산대놀이의 영향을 받은 부분도 있으
나, 봉산 탈놀이에서 가장 중요한 위치를 차지하고 있는 팔목춤은 탈의
모습과 춤과 무대의 소박함, 그리고 주제부분이 산대극에서 찾아볼 수
없는 독자적인 것이라는 점[32]을 들어 팔목춤은 산대놀이의 잔여가 아닌
근로 대중의 민속오락의 한 부분이었다고 제시하고 있다.

북한에서는 그 무엇보다도 인민성을 강조한다. 그런데 조선후기 성균관 소속의 반인들에 의해 민간연희로 연행되었다고 하더라도, 산대놀이는 지배계급과 직·간접적으로 관련이 있는 연희물이었다. 북한으로서는 봉산탈춤과 연관시킬 수 없는 것이다. 산대놀이의 한 갈래로 보게되면, 그들이 주장하는 인민에 의해 향유되어야 한다는 기준에서 벗어나기 때문이다. 서로 분류함으로써 황해도 탈춤의 인민성을 확실하게 강조할 수 있을 뿐만 아니라, 봉산탈춤의 우수성도 확보하고자 했던 것이 아닌가 한다.

이처럼 봉산탈춤의 우수성을 강조하면서도 관중의 비속한 흥미에 영합하기 위하여 외설적 재담과 불합리한 장면들, 주인공들의 행동의 불철저성 등은 결함이라고 했다. 그리고 계급선이 뚜렷하지 않거나, 내용이 권선징악 고진감래식으로 진행되고, 민속신앙적인 것 등이 섞여 있는 것은 시대적으로 맞지 않는다고도 했다. 그렇기 때문에 계승발전이라는 차원에서 세밀히 검토 비판하여 "고상한 수준"에 올려 세워야 하며 또 "인민이 가지고 있는 허다한 예술 형식에 적당한 새로운 내용을 담아" 새로운 현실이 요구하는 방향에서 개조해야 한다고도 하였다.[33]

개조 방향에 대한 논의는 1950년대 김일출의 연구물에서부터 언급되고 있다. 일찍이 봉산탈춤은 재구성될 소지를 안고 있었던 것이다. 인민성을 확보하고 있다는 점에서는 우수성을 인정하지만, 소재, 재담, 구성이 북한식—사회주의식이 아니었던 것이다. 현재 본래의 봉산탈춤의 구성을 찾아볼 수 없는 것은 바로 이와 같은 연유에서 비롯된 것으로 볼 수 있다. 그래서 북한 당국이 봉산탈춤의 문제점을 개선하여, 현대적 미감에 맞게 재구성하여 내 놓은 것이 현재의 봉산탈춤이며, 그 결과 지배계급을 풍자하는 주제에 초점을 맞춘 작품으로 실현되었던 것이다. 노골적으로 거부하여 구조 자체를 해부, 완전히 다른 형태로 실현하고 있는 판소리와는 차이가 있지만, 본래의 장르적 특징을 찾기가 쉽지 않다는 점에서는 판소리와 크게 다르지 않은 모습이다.

이처럼 장르를 해체하여 새로운 형태로 실현하는 장르가 있는가 하면, 적극적으로 활용했던 장르가 있는데, 설화와 민요이다.

북한에서는 민요를 일러 "시대와 인민의 목소리이며 민족적 심리의 대변자"[34]라고 했다. 김정일의 민요에 대한 다음 언급은 민요에 대한 관심과 애착을 알게 해 주는 것이다.

> 민요는 생활의 친근한 길동무가 되어 언제 어디서나 불리워지고 전해지면서 사람들의 심장을 끝없이 격동시키며 그들을 새생활을 창조하기 위한 투쟁에로 힘있게 불러일으킨다. 사람들에게 미치는 노래의 사상정서적영향은 이처럼 큰 것이다.[35]

이 말은 민요는 언제 어디에서나 쉽게 부를 수 있기 때문에 지도이념을 전달하기 쉬운 장르라는 것이다. 곧 사상의 고무와 선동에 가장 합당한 장르라는 것이다. 실제로 김일성이 "빨치산 투쟁을 할 때 혁명적인 노래를 지으면 농민들은 말할 것도 없고 위만 군인들까지도 다 불렀는데, 우리는 작곡을 할 줄 모르기 때문에 가사만 지어 가지고 옛날 곡조로 불렀다"[36]고도 한다. 이처럼 민중들이 쉽게 따라할 수 있어 지도이념을 전달하는 것 또한 쉬운 장르라는 판단 때문에 민요는 당에 의해 적극적으로 활용되었던 것으로 여겨진다.

북한에서 민요가 어떤 방법으로 활용되고 있었는가는 북한에서 발간된 출판물과, 북한에서 제작한 음원을 통해서 확인할 수 있다. 북한에서는 민요자료집 출판이 꾸준히 행해지고 있다. 1950년대에 『조선민요곡집』 시리즈가 출판된 이후, 2000년대의 『조선민족음악전집』 시리즈에 이르기까지 꾸준히 민요자료집을 출판하고 있다. 그런데 이들 민요자료집에는 악보와 노랫말이 반드시 함께 실려 있다. 남한에서도 음악을 전공하는 연구자가 자료집을 낼 때는 악보를 함께 수록하는 경우가 있다.

하지만 노랫말을 중심으로 보고서를 출판하는 게 일반적이다. 그런데 북한에서는 악보를 중요하게 여기고 싣고 있는 것이다. 이 말은 소개하는 노래를 어떻게 부르느냐에 관심을 두고 있다는 뜻이기도 하다. 그렇다면, 북한의 민요 자료집은 노래를 부르기 위한 목적으로 출판된 것으로 볼 수 있을 것이다. 앞에서도 언급했지만, 북한에서는 예술보급사업의 일환으로 인민 개개인에게 노래수첩을 지참하도록 하고 있는데, 같은 맥락에서 이해할 수 있을 것이다. 요컨대 민요의 보급을 위해 민요자료집을 출판하고 있다는 것이다.

가수들의 음반을 통해서도 북한 당국의 민요 보급을 위한 노력을 엿볼 수 있다. 북한 가수 조금화, 전혜영, 김정녀 등의 개인 음반에는 <토장의 노래>, <풍년을 노래하네>, <배나무집에 경사났네>, <버섯따는 처녀>, <경치도 좋지만 살기도 좋네>, <능수버들>, <도천리의 5월 단오> 등의 민요풍의 노래가 다수 수록되어 있다.[37] 조금화, 전혜영, 김정녀는 북한에서 활발하게 활동하고 있는 대중가수인데, 개인 음반에 다수의 노래의 민요를 싣고 있는 것이다. 이들 뿐만이 아니다. 노래방의 화면으로 사용할 목적으로 만들어진 까닭에 여러 가수들의 노래를 모아 놓은 『화면노래반주곡 조선가요』[38]에도 <노래하자 금강산>, <우리의 동해는 좋기도 하지>, <사랑사랑 내사랑>등의 민요가 실려 있다.[39] 새롭게 만들어진 민요뿐만 아니라, <양산도>, <풍년가>, <신고산타령> 등 전통민요도 대중가수들이 부르는 것으로 소개되어 있다. 남한의 국악가수나 민요가수가 부르는 것과를 다른 것이다. 대중가수가 명절을 맞아 특별한 의미로 부르는 것과도 다른 것이다. 앞에서 문화예술가들은 인민의 노동 현장에서 예술계몽사업을 한다고 했는데, 대중가수도 예외는 아닐 것이다. 그렇다면 북한에서는 가수들을 통해 인민들이 민요를 따라 부를 수 있도록 독려하고 있는 것이라고 할 수 있을 것이다.

북한 당국에 의해 민요자료집이 출판되고, 가수들에 의해 반복적으로 불리어짐으로써 민요가 널리 유통될 수 있도록 하는 북한의 시스템은 민요가 인민들 가까이에서 쉽게 접할 수 있는 장르로 실현되고 있음을 의미하는 것이다. 그리고 민요가 이처럼 좋은 환경에서 실현될 수 있는 것은 북한 당국의 민요에 대한 선호도가 높음에서 비롯된 것이다.

민요에 대한 선호도만큼 높은 관심을 받고 있는 장르가 있는데, 설화이다. 다음은 김일성의 설화에 대한 언급이다.

> 설화에는 생활의 진실이 담겨져있고 인민의 념원이 반영되여있습니다.[40]
>
> 수령님께서는 전설집을 많이 출판할 데 대하여 여러번 교시하시였습니다. …
>
> 앞으로 설화집, 야화집, 일화집을 비롯한 여러 가지 상식적인 이야기책을 많이 출판하여 우리 인민들의 상식도 높여주고 문화정서교양에도 이바지하도록 하여야 하겠습니다.[41]

사회주의 국가에서 중요하게 여기는 것 중의 하나가 인민성이다. 인민을 계급의 중심에 놓고, 모든 제반사항들은 인민을 중심으로 전개되도록 하고 있다. 그렇기 때문에 인민에 의해 구연되는 구비문학에 관심이 높은 것이다. 설화는 바로, 그런 인민들의 이야기다. "력사적으로 인민들속에서 창조되여 전해내려오는 이야기들은 시대력사적인 사실과 사건, 인물과 지물, 풍물에 기초하여 설화창조의 연원이 열리고 구전화 과정에 인민들의 지향과 념원을 반영하면서 예술적으로 가공되고 문학적으로 완성"[42]된 이야기인 것이다. 호의적으로 설화를 활용할 수밖에 없는 것이다.

두 번째의 인용문에서 확인할 수 있는 것처럼 김일성은 이야기책을 많이 출판하도록 지침을 내리고 있다. 그런 까닭에 북한에서는 설화집 출판이 활발하다. 통일부의 북한자료센터나 국가정보원의 자료실을 통해서 구할 수 있는 설화자료집만도 수 십 권에 이른다. 이 말은 민요와 마찬가지로 자료집을 통해서 설화를 보급하고 있다는 것이다.

　민요와 설화가 적극적으로 활용되고 있음을 확인했다. 그런데 구비문학 개론서에는 이들　두 장르 외에 속담과 수수께끼에 대한 논의도 기술되어 있다. 현재까지 파악된 자료집이 많지 않으며, 구비문학 개론서에서 속담과 수수께끼가 차지하는 비중이 크지 않아, 북한에서 이들 장르를 어떻게 활용하고 있는가의 문제를 구체적으로 논의를 하기에는 다소 미흡한 점이 있으나, 속담과 수수께끼에 대한 관심도 적지 아니 있는 것으로 보인다. 먼저 북한에서는 속담을 일러, 일상 언어생활의 한 부분으로 창조되고 존재하기에 교제의 수단으로 창조되고 존재한다고 했다.[43] 따라서 속담은 "말과 글의 형상력을 높여주는 중요한 표현수단"[44]이므로 익혀서 생활에서 많이 사용하자고도 했다. 인민의 언어교양으로 속담을 제시하고 있는 것이다. 실제로 정순기・최완호의 『조선속담집』의 일러두기에는 "독자들이 리용하기 편리하도록 문제별로 속담들을 배렬편집"하였다는 항목이 있다. 속담자료집이 자료보고서로 작성된 것이 아니라, 언어교양서로서 작성된 것임을 알 수 있다.[45]

　수수께끼 또한 인민들의 교양을 다지기 위한 방향에서 다루어지고 있는 것으로 보인다. 구비문학 개론서에 의하면　수수께끼 작품들은 사람들에게 탐구적인 정신과 관찰자의 태도를 가지고 사물이나 대상을 대할 수 있도록 만든다고 했다. 그래서 계급사회에서 불합리한 사회적 현상 등의 문제점을 인식하고 바르게 이해할 수 있도록 방향을 잡아주는 역할도 했다고 한다. 인식교양적 기능을 가지고 있는 것이다.[46] 북한에서 발간된 박용순의 『수수께끼집』의 머리글에 "근로자들과 청년학생들의 사고력, 지혜를 계발시키는데 도움"[47]을 주기 위해 출판한다는 내용으로 보아, 이 또한 속담과 마찬가지로 교양서로서 편찬된 것이라고 할 수 있다. 속담이 인민들의 언어교양을 위해 활용되었다면 수수께끼는 인민들의 인식교양을 위해 활용되고 있는 것이다.

판소리와 가면극은 소극적으로, 민요 · 설화 · 속담 · 수수께끼, 특히 민요와 설화는 보다 적극적으로 활용하고 있음을 확인했다. 인민들이 향유했던 장르이지만, 북한 나름대로의 이유에 의해 적극적으로 수용하기도 하고, 개조하여 수용하기도 했음도 확인했다. 그렇다면, 북한이 적극적으로 선택하여 활용한 민요와 설화를 통해서 얻고자 했던 것은 무엇일까? 본 장에서는 북한 당국의 구비문학의 선별적 수용의 문제와 그 이유를 다루었다면, 이어지는 다음 장에서는 장르의 실현을 통해서 북한 당국이 구체적으로 구하고자 한 것은 무엇이었는지의 문제를 해결하고자 한다.

4. 결 론

북한의 문예이론과 구비문학 수용 태도의 문제를 다루었다.

북한에서는 문예물을 '생활의 교과서'가 되어야 하며, 인민들은 이렇게 만들어진 문예물을 통해서 의식화, 조직화되어야 하는 것으로 다루고 있었다. 문화예술의 기능에 대한 이론적 지침을 마련한 이후, 북한에서는 인위적인 통제, 즉 문예정책을 폈다. 이러한 정책의 일환으로 작가나 예술가들을 관리하기 위해 당의 산하기관으로 문예총을 두고, 이 단체의 구성원으로 하여금 당의 지침을 문화예술분야에 적용하는 실제적인 일을 하도록 했다. 그리고 당이 마련한 지침에 의해 창작된 문예물이 실제로 생활의 지침을 담은 교과서로서의 역할을 제대로 해 낼 수 있도록 하기 위해, 일명 '예술보급사업'을 펼치고 있었다. 바꾸어 말하면 예술보급사업은 다름 아닌, 당사업의 방향과 요구에 맞게 작품을 이해 · 보급시킴으로써 당의 이념에 부합하도록 인민을 교양시키는 것이라고 할 수 있다.

한편, 북한에서는 반제국주의, 반부르조아 분위기를 조성하기 위해 민족의 자주성 확보와 인민중심의 체제를 내세웠으며 이러한 이데올로기의 근간으로 '주체사상'을 역설하였다.

알고 있는 바와 같이 주체사상이라는 것은 모든 것을 사람을 위하여 복무하도록 하기 위해 사람을 중심으로 생각해야 하는 인간 중심의 사상이다. 그리고 마르크스-레닌주의를 우리 식으로 받아들여 민족의 주체를 세우자는 것인데, 북한의 집권자는 민족의 주체를 확립하기 위해서는 인민중심의 체제와 민족주체성을 확보해야 한다고 했다. 민족의 유산과 전통을 계승하고, 전통 중에서도 특히 인민적인 내용과 형식을 이어받아야 한다고도 했다. 이런 의식을 가지고 있었던 탓에 북한에서는 인민에 의해 구술되고 인민에 의해 전승된 구비문학에 관심을 가지고 적극 활용하였다. 전통문예물에서 인민성을 부각시킬 수 있는 것이 바로, 구비문학이기 때문이 아닌가 한다.

※ 이 글은 한정미의 "북한의 문예정책과 구비문학의 활용 양상 연구"(숙명여자대학교 박사학위논문, 2004) 중 일부분을 발췌·정리한 것이다.

주註

1) 황장엽, 『나는 역사의 진리를 보았다』 (서울: 한울, 1999), 129쪽. 1950년대 중・소간의 이데올로기 논쟁과 북한의 주체사상의 탄생에 대한 논의도 이 책을 바탕으로 하고 있음을 밝힌다.

2) 앙리 아르봉 저, 오병남・이창환 공역, 『마르크스주의와 예술－역사적 전개와 그 한계』 (서울: 서광, 1981).

3) 북한에서는 남한에서의 문화예술이라 불리는 개념을 문학예술이라는 용어로 사용한다. 그러나 북에서의 문학예술이라는 개념은 남한에서 말하는 문학과 예술이 아니라 문화예술이라는 개념으로 쓰이는 것이다. 이에 여기에서는 인용문일 경우를 제외하고는 모두 문화예술 또는 문예라는 용어로 바꾸어 기술하기로 한다.

4) 사회과학출판사편, 『주체사상에 기초한 문예리론』 (평양: 사회과학출판사, 1975), 5～6쪽.

5) 이것은 곧 주체사상에 기초한 문예이론을 말하는 것이다.

6) 김일성, 『우리 혁명에서의 문학예술의 임무』 (평양: 조선로동당출판사, 1965), 1～33쪽.

7) 한중모・정성무, 『주체의 문예리론 연구』 (평양: 사회과학출판사, 1983), 10쪽.

8) 한중모・정성무, 위의 책, 10쪽.

9) 인민의 교양 개조와 문예물의 관계에 대해서는 김일성, "천리마 시대에 상응한 문학예술을 창조하자(1960년 작가, 예술인들과의 담화)" 『김일성저작집』 14 (평양: 조선로동당출판사, 1981)와 김일성, 『우리 혁명에서의 문학예술의 임무』, 27～29쪽 참고.

10) 위의 "천리마 시대에 상응한 문학예술을 창조하자," 27～29쪽 참고.

11) 문예정책이 추구하는 바는 시대별로 조금씩 다른 것 같다. 다만 문예정책의 초창기인 1950년대에는 주민들에게 사회주의 이념을 내면화시키는 게 문화정책의 근본목표였음을 알 수 있는 글이 있어 여기에 인용한다. 조선민주주의인민공화국 문화건설의 기본과업은 인민교육과 문학예술 분야에서 일제사상잔재를 완전히 뿌리 빼고 민족문화를 빨리 발전시키며 전체인민의 지식수준을 높이며 인민경제와 국가기관에 필요한 능력 있고 민주주의정신으로 교양 받은 민족간부들을 많이 준비하는데 있습니다("민주주의조선림시정부를 세우는 것과 관련하여 모든 정당, 사회단체들은 무엇을 요구할 것인가(1947년 6월 14일)") 위의 글은 『김일성저작집 3』 (평양: 조선로동당 출판사, 1979), 313쪽에서 인용한 것이다.

12) 김일성, 『우리 혁명에서의 문학예술의 임무』, 15쪽.

13) 김정일, 『주체문학론』(평양: 조선로동당출판사, 1992), 39~40쪽에 사상성과
    예술성에 대한 이론을 문학의 경우를 들어 설명한 것이 있어 제시한다.
    문학에서 사상성은 주로 작품의 내용과 관련되어 있다. 내용의 경향성은 사상
    성을 규정하며 형식의 꾸밈새는 예술성을 규정한다. 사상성과 예술성이 높은
    경지에서 결합된 훌륭한 문학작품의 특징은 시대의 요구와 인민의 지향에 맞
    는 고상한 내용과 세련된 형식의 완벽한 통일에 있다.

14) 작가, 예술가들의 임무에 대한 글은 김정웅, 『주체적 문예리론의 기본 2』(평
    양: 문예출판사, 1992), 8쪽과 사회과학원 문학예술연구소, 『주체사상에 기초
    한 문예이론』(평양: 사회과학출판사, 1975), 13~6쪽에도 각각 기술되어 있다.

15) 문예총에 소속되기 위해서는 성분 좋은 집안의 사람이 3년 이상의 훈련과정을
    통과해야 후보맹원의 자격을 얻을 수 있으며 후보맹원이 되었어도, 문예총이
    정원제인 까닭에, 정맹원의 결원이 있을 때까지 몇 년이고 기다려야 하는데,
    일단 정맹원이 되면 공무를 집행하는 공무원으로서의 대우를 받았다고 한다.
    문예총에 소속된 북한의 작가 및 예술가에 대한 이해는 통일원, "북한문학의
    실태," 『통일정책』 제4권 2호 (1978), 85~86쪽 참조.

16) 창작가들의 사상성과 예술성을 높일 수 있는 기초이며 핵이 되는 것은 '종자'
    라고 일컫는 사상의 알맹이이며, 창작가들은 무엇보다도 당정책의 요구에 맞는
    '종자'로서 작품활동을 해야 한다. 이는 곧 종자론이란 사회주의적 사실주의
    문학에 있어 실천적 방법론임을 말하는 것이다. 종자론에 대한 이론은 김정웅,
    『주체적문예이론의 기본 2』, 10~45쪽과 홍기삼, 『북한의 문예이론』(서울: 평
    민사, 1981), 48~52쪽 등을 참고한 것이다.

17) 예술보급사업 관련 내용은 김정일, 『음악예술론』(평양: 조선로동당출판사,
    1992), 48~49쪽과 전영선, 『북한의 문학예술 운영체계와 문예이론』(서울: 역
    락, 2002), 51~52쪽 참고.

18) 김정일, 『주체문학론』(평양: 조선로동당출판사, 1992), 57쪽.

19) 최근, 구전문학이라는 용어보다는 구비문학이라는 용어를 더 많이 사용하는
    남한의 분위기와는 달리 북한에서는 구전문학, 인민문학이라는 용어를 사용한
    다. 그러나 여기에서는 남한에서 더 많이 통용되고 있는 구비문학이라는 용어
    로 사용하기로 한다. 한편 장권표의 『조선구전문학개요(고대 중세편)』(평양:
    사회과학출판사, 1990), 19~20쪽에 의하면 구비문학에 대한 과학적 연구는
    "주체사상에 기초하고 근로인민대중이 주권의 주인으로 된 새로운 우리나라
    사회주의제도하에서만 비로서 그 자체의 본성과 특성에 맞게 체계화할 수 있
    다."고 했다.

20) 구비문학을 정치적으로 도구화하는 것은 이미 구소련 레닌시대부터 있었던 현
    상이었다. 1918년 레닌은 예술과 민속을 수단으로 사회주의를 위한 선전-선

동의 프로그램에 착수한 바가 있다. 그러다가 1932년 소비에트 러시아 작가
동맹이 결성이 되면서 문학과 민속은 정부에 의해 철저한 통제 하에 놓이게
되었으며, 1934년 막심 고리끼가 제1차 작가동맹대회에서의 기조연설에서 '신
화학의 입장과 민속자료, 인민의 구비문학'의 중요성을 언급하였다고 한다. 이
후 고리끼는 민속 수집과 분석으로 구체화되었다고 한다. 일찍이 김일성이 구
비문학에 관심을 갖게 된 것은 이와 같은 러시아의 영향도 적지 아니 있었던
것으로 보인다. 러시아의 민속에 대한 태도는 김상현의 "민속 자료의 발굴에서
민속 산업으로: 혁명기 러시아의 민속문화에 대한 하나의 해석," 한국인문사회
과학원, 『현상과 인식』 70호 (1996) 참고.

21) 고정옥, 『조선구전문학연구』 (평양: 과학원출판사, 1962), 274~295쪽.

22) 조선의민속전통편찬위원회, 『조선의 민속전통 6 - 민족음악과 무용』 (평양: 과
학백과사전종합출판사, 1995), 198~205쪽. 고정옥의 개론서에는 판소리를 부
정적으로 비판하는 언급이 없었으나, 『조선의 민속전통』에서는 판소리의 음
조와 발성법이 민족성악발전에 부정적인 영향을 주었다는 등 부정적인 평가를
하고 있었다. 북한에서 말하는 판소리의 문제점은 이어지는 본문에서 자세하게
다룰 것이다.

23) 판소리뿐만 아니라 양반들의 무위도식한 사상정서를 담고 있는 시조, 가곡, 가
사, 산조는 우리 시대의 정서에는 맞지 않는다고 했다. 북한에서의 판소리에
대한 논의는 『조선의 민속전통 6』 (민속음악과 무용) (평양: 과학백과사전종합
출판사, 1995), 201~203쪽과 남영일, 『민족음악의 계승발전』 (평양: 문예출판
사, 1991), 14~15쪽을 참고하였다.

24) 연극적인 측면에서의 판소리 평가는 권택무의 『조선민간극 - 역사적 고찰 및
사료집』 (평양: 조선문학예술 총동맹출판사, 1966), 101~109쪽 참고.

25) 혁명가극과 판소리의 공통점 등 북한에서의 판소리 존재 양상에 대한 부분은
정병헌의 "남·북한 극예술의 판소리 수용과 창극의 진로" 참고.

26) 북한에서의 문학작품 주제는 대개 ① 사회주의 국가에서의 행복한 생활, ②
애국 및 충성심 ③ 김일성 일가 예찬 ④ 봉건사회 지배계급에 대한 저항의식으
로 구성되는 것 같다. 위의 네 가지 주제는 북한에서 주로 활용하는 민요를
대상으로 점검한 것이나, 서사구조의 작품도 위의 범주에서 크게 벗어나지 않
는 것으로 파악된다. <춘향전>을 ④로, <토끼전>을 ①의 주제로 재구성한
것도 그 한 예라고 할 수 있다. 북한 민요의 주제는 이어지는 3장에서 보다
구체적으로 다룰 것이다. 한정미, "북한의 문예정책과 민요의 실현양상"에서도
확인할 수 있다.

27) 북한에서는 판소리 텍스트 <춘향전>, <토끼전>, <심청전>을 활용하여 민
족가극, 영화, 만화영화를 만들기도 하였다. 이는 옛 것을 수용하되 현대적 미

감에 맞는 형식으로 새롭게 구성해야 한다는 방침을 따른 것이다. 그러나 현재 남쪽에서 확인 가능한 작품은 <춘향전>과 <토끼전> 뿐이다. 초기에 민족가극 <심청전>이 만들어졌다고 하지만, 현재로서는 확인하기 어렵다. 그리고 북한에서 발간된 극 관련 문헌에 더 이상의 작품 소개가 없는 것으로 보아, 이들 작품 이외의 것은 재창조되지 않은 것으로 보인다.

28) 북한에서의 창극의 현대화에 대해서는 앞의 『<피바다>식 혁명가극』, 15∼16 쪽.

29) 대화창에 대해서는 앞의 『<피바다>식 혁명가극』, 8·30∼31쪽 등 여기저기.

30) 북한에서의 문학작품의 주제 중 ④ 봉건사회 지배계급에 대한 저항의식에 해당하는 것이다. <주 27> 참고.

31) 김일출, "황해도 탈놀이와 그 인민성,"『문화유산』1957년 1호.

32) 산대놀이에서는 완보 이하 8명의 중과 미녀 1명, 의원 1명이 등장하나 봉산탈놀이에서는 8명의 중뿐이며, 산대놀이의 팔목중은 크게 파계승이 되는 장면, 침놀이 장면, 북놀이장면으로 나누어지는 데 봉산탈놀이는 8명의 중이 차례로 무대에 나와 춤을 추고 복숭아나무나 버드나무 가지로 때려 쫓는 장면이 계속된다고 하였다. 그리고 황해도 탈춤의 독자적인 유래를 첫째, 매우 그로테스크한 귀면을 표시하여 벽사진경의 힘을 나타내고 있으며 둘째, 목중의 얼굴을 복숭아나무가지 또는 버드나무 가지로 쫓는 동작 또한 귀신을 쫓는 동작으로 나례 및 나희의 일면을 전승하고 있으며 셋째, 팔목의 복식은 산대놀이의 복식과는 다른 것으로 오히려 민간행사인 고구려 무악의 복식과 유사한 점이며 넷째, 팔목중의 춤 또한 우리나라 민간에서 오랫동안 전승되어 온 민족무용의 다채로운 일면들을 보존한 것이라고 하였다.

33) 봉산탈춤의 문제점과 개선 방향에 대해서는 김일출, "황해도 탈놀이와 그 인민성"과 리동원, 『조선구전문학연구 1』제3장 참고.

34) 남영일, 『민족음악의 계승발전』, 42쪽.

35) 남영일, 위의 책, 43쪽.

36) 김일성, "혁명적 문학예술을 창작할 데 대하여" (문학예술부문 일군들 앞에서 한 연설, 1964년 11월7일)"『김일성저작집』18 (평양: 조선로동당출판사, 1982)와 『우리 혁명에서의 문학예술의 임무』, 47쪽.

37) 「조금화 독창곡집」, 「전혜영 독창곡집」, 「김정녀 독창곡집」은 각각 테이프로 만들어진 개인 음반집으로 조선 목란비디오에서 제공한 음원을 길림민족록음록화출판사에서 제작한 것이다. 이 외에도 필자가 소장하고 있는 음원 중에는 일명 최신가요집으로 보여지는 테이프가 여러 개 있는데, 모든 테이프에는 반드시 민요곡이 몇 곡씩 수록되어 있다.

38) VCD로 제작된 이 음반은 총련영화제작소에서 1993년부터 1995년에 걸쳐 제

작된 것이다.

39) 여기에서 소개하고 있는 노래들은 모두 북한에서 만든 '창작민요'이다. 창작민
   요에 대한 보다 자세한 논의는 이어지는 3장에서 구체적으로 언급할 것이다.
40) 리동원, 『조선구전문학연구 1』 (평양: 문학예술종합출판사, 1999), 90쪽.
41) 리용준, 『금강산전설』 (평양: 사회과학출판사, 1991), 머리말.
42) 리동원, 『조선구전문학연구 1』, 90쪽.
43) 장권표의 『조선구전문학개요(고대 · 중세편)』와 리동원의 『조선구전문학연구
   1』 참고.
44) 정순기 · 최완호, 『조선속담집』 (평양: 과학백과사전출판사, 1986)의 서문에 해
   당하는 <편집부로부터> 1쪽.
45) 남한에서는 조사보고서 혹은 사전적 차원에서 속담집이 편찬되는 경향이 있다.
   그래서 남한의 속담집은 가나다순으로 자료가 소개되는 것이 일반적이다.
46) 장권표의 『조선구전문학개요(고대 · 중세편)』과 리동원의 『조선구전문학연구
   1』 참고. 인식교양적 기능이란, '세상에서 제일 험한 고개가 무엇이냐?'라는
   질문의 답이 '보리고개'라는 것을 확인하게 되면, 한해 농사지은 것을 지주에
   게 빼앗기고 다음 해 햇곡식을 수확할 때까지 풀죽을 먹으려 어렵게 사는 생활
   을 생각하게 된다는 것이다(장권표의 책, 300쪽).
47) 박용순 편, 『수수께끼집』 (평양: 과학백과사전출판사, 1986), 머리글.

〈참고문헌〉

1. 북한문헌

고정옥,『조선구전문학연구』(평양: 과학원출판사, 1962).

권택무,『조선민간극 – 역사적 고찰 및 사료집』(평양: 조선문학예술 총동맹출판사, 1966).

김일성,『우리 혁명에서의 문학예술의 임무』(평양: 조선로동당출판사, 1965).

김일성, "민주주의조선림시정부를 세우는 것과 관련하여 모든 정당, 사회단체들은 무엇을 요구할 것인가(1947. 6. 14),"『김일성저작집』3(평양: 조선로동당 출판사, 1979).

김일성, "천리마 시대에 상응한 문학예술을 창조하자(1960년 작가, 예술인들과의 담화)"『김일성저작집』14 (평양: 조선로동당출판사, 1981).

김일성, "혁명적 문학예술을 창작할 데 대하여」(문학예술부문 일군들 앞에서 한 연설, 1964년 11월7일)"『김일성저작집』18 (평양: 조선로동당출판사, 1982).

김정웅,『주체적 문예리론의 기본 2』(평양: 문예출판사, 1992).

김정일,『음악예술론』(평양: 조선로동당출판사, 1992).

김정일,『주체문학론』(평양: 조선로동당출판사, 1992).

남영일,『민족음악의 계승발전』(평양: 문예출판사, 1991).

리동원,『조선구전문학연구 1』(평양: 문학예술종합출판사, 1999).

리용준,『금강산전설』(평양: 사회과학출판사, 1991).

박용순 편,『수수께끼집』(평양: 과학백과사전출판사, 1986).

사회과학출판사편,『주체사상에 기초한 문예리론』(평양: 사회과학출판사, 1975).

장권표,『조선구전문학개요(고대 중세편)』(평양: 사회과학출판사, 1990).

정순기・최완호,『조선속담집』(평양: 과학백과사전출판사, 1986).

조선의민속전통편찬위원회,『조선의 민속전통 6 – 민족음악과 무용』(평양: 과학백 과사전종합출판사, 1995).

통일원, "북한문학의 실태,"『통일정책』제4권 2호(1978).

한중모・정성무,『주체의 문예리론 연구』(평양: 사회과학출판사, 1983).

2. 남한문헌

김상현, "민속 자료의 발굴에서 민속 산업으로: 혁명기 러시아의 민속문화에 대한 하나의 해석," 한국인문사회과학원『현상과 인식』70호 (1996).

김일출, "황해도 탈놀이와 그 인민성,"『문화유산』1957년 1호.

전영선, 『북한의 문학예술 운영체계와 문예이론』(서울: 역락, 2002).
홍기삼, 『북한의 문예이론』(서울: 평민사, 1981).

남북한 근현대문학사의 비교와 통합방안

김 성 수

1. 머리말

한국문학의 실상을 객관적으로 인식하고 이를 역사적으로 체계화하려는 노력은 연구사의 매 시기마다 계속되었다. 더구나 분단시대 남북한 문학이 통일문학사를 지향하는 오늘날 문학연구자에게 문학사란 무엇이며 그 구체적 통합기술방향은 무엇인지 하는 문제가 심각하게 제기되고 있다. 문학사의 전개과정을 역사 발전과정의 일환으로 파악하고 그 과정에서 바람직한 모델을 규명하는 일은 남북한 문학을 통합적으로 이해하는 데 반드시 필요한 부분이라고 할 수 있다. 문학의 경우 다른 문화예술 분야와 같은 가시적인 교류도 없는데, 성급한 통합논리를 펴는 것은 무리라고 할 수 있다. 왜냐하면 통합은 일반적으로 교류 이후의 단계로나 생각되기 쉽고 그나마 정치적 결정력에 종속된다고 통념화되어 있기 때문이다. 이 경우 정치적 영향력이 결정적인 영향을 미치는 남북관계에서도 예술단 교차 공연이나 협연, 체육 단일팀 구성 등의 문화적 통합논리를 먼저 제시하는 것이 오히려 교착상태에 빠진 남북 교류 전반을 앞당길 수 있었던 선례를 통해 볼 때 굳이 교류-통합 단계론이나 정치적 타결 우선론을 고집할 필요는 없다고 본다.

남북한의 문학사 연구를 돌이켜볼 때 그동안 남한 문학사는 민족문학론과 문학 중심적 경향을 보였으며 북한 문학사는 계급문학론과 이념 중심적 성향을 띠었다고 할 수 있다. 문학관과 문예이론의 차이가 적지 않다는 것은 널리 알려진 사실이다.[1] 더구나 1970년대 이후의 북한 문학사는 김일성 유일사상체계에 따른 '주체문예론'의 산물로 알려져 쉽게 통합하기 어려운 것으로 생각된다. 따라서 문학사를 비교하고 통합 기술할 방안을 검토하는 작업은 남북한 통일운동의 문화적 기획과 맞물려 있으며 그 자체가 통일을 위한 기반 조성에 일정하게 기여할 수 있을 것이다. 그러기 위해서는 남북한 학계의 문학사론이 구체적인 논의 대상이 되어야 통일된 민족문학사의 정립을 기할 수 있을 것이다. 남북한 문학사 통합기술의 방향을 찾기 위해서는 먼저 이론적 실증적 차원의 비교와 공통분모 찾기를 통한 통합 가능성부터 검토하는 것이 중요하다고 생각된다.

이 글에서는 이러한 문제의식 아래 남북한 문학사의 통합기술을 위해 각각의 미학적 원리를 비교하고 실제 서술 대상을 대비하기로 한다. 이 논의를 통해 남북한 문예학과 문학사 연구가 거둔 성과를 평가하는 통합된 문학사의 방향이 마련될 것을 기대한다.

2. 남북한 근현대문학사의 미학적 원리 비교

1) 남한 문학사의 미학적 원리

먼저 남북한에서 문학사를 서술하는 기초이론이 어떻게 다른지 알아보기로 한다.

남한의 문학사는 그 이념이 매우 다양하다. 문학사를 서술하는 미학적 원리로서 대체로 두 가지 방향이 있는데, 하나는 왕조사나 정치사, 사회사 및 사회경제사의 흐름을 중시하는 것이며, 다른 하나는 문화사 내지 문예사조사 등을 바탕으로 한다고 할 수 있다. 모든 문학사 서술이 두 가지 방향을 아우르려는 노력을 보이지만 북한 문학사와의 비교를 통해보면 상대적이긴 하지만 문학작품 중심의 사적 서술이 주류를 이룬다고 할 수 있다. 문화사적 시대구분은 정치사나 사회사의 논리를 문학사에 그대로 관철시킬 수 없다고 하면서 가능하면 문학을 중심으로 하여 문화적 사조, 문예사조 경향의 변화를 중시하는 방법이다. 또한 문화사적 시대구분은 문화사조, 문예사조 경향의 변화뿐만 아니라 정신사나 의식사도 포함되는 방법이다.

일찍이 국문학계의 태두 조윤제는 『한국문학사』에서 민족정신의 흐름을 기준으로 하여 민족문학의 발전을 유기체적 모델로 설명하였다.[2] 문학사를 생물체의 성장과정에 비유하여 생성 발전 소멸을 거듭한다는 유기체 사관으로 문학사를 서술하는 것은, 문학의 역동성을 민족정신과 결부시켜 이해하는 데 의의가 있었다.

근대문학의 흐름에 대한 기존 문학사의 시대구분은 어떻게 되어 있는가 보자. 근대문학사 연구의 초석을 놓은 임화는 1940년의 『신문학사』에서 1894년 갑오경장 이후 이루어진 서양 근대문학의 이식과 모방을 우리 근대문학의 성격이라 규정하였다. 토대와 상부구조의 관계를 반영론적으로 이해하긴 했으나, 우리 나름의 내재적 자생적인 문학사 흐름에는 눈을 돌리지 못한 한계가 있다.[3] 그런데 그 뒤에 나온 백철, 조연현의 문학사도 서구문학의 이식론에는 동의한 듯 보인다.

백철, 조연현에 의하면, 근대문학은 서구의 사실주의, 낭만주의, 프로문학이 수입되어 발전하였고 현대문학은 서구의 초현실주의, 심리주의, 주지주의가 수입되어 성립하였다는 것이다.[4] 이는 우리 문학사의 특수성을 후진성으로 이해하는 서구 중심적 세계관이 개입될 여지가 있고, 문예사조 유입사 및 문단사를 그대로 문학사로 환치하는 한계가 없지 않았다.

김윤식, 김현은 '근대의식의 성장'을 축으로 18,9세기 이후 한국문학사를 서술하고 있다.[5] 영정조 시기에 조선사회의 구조적 모순을 문자로 표현하고 그 극복의 체계적 노력을 보였기에 근대문학의 기점으로 삼을 수 있다고 하였으나, 이는 자생적 자본주의 맹아론을 지나치게 확대해석한 결과이다. 근대 기점만 끌어올린다고 문제가 해결되는 것은 아니다. 토대와의 정확한 관련 하에서 문학사의 독자적인 발전법칙을 해명하지 못하고 비평사적인 유형과 정신사적 방법에 의존했기 때문에 근대민족문학의 성격과 담당층을 명확히 파악하진 못한 듯하다.

이들의 방법론은 우리 문학사의 내재적인 발전과정을 역사와의 합법칙적 대응과정 속에서 보기보다는 독자적인 언어구조의 축적으로만 파악하고자 하여, 문학이 자리하는 사회 역사적 조건에 대한 안목을 결여하게 된 공통적인 한계를 보인다고 하겠다. 이에 역사 발전의 토대와 장르체계라는 문학 실상에 대한 통일적 이해가 필요하다. 바로 조동일의 『한국문학통사』가 그 예이다.[6]

조동일은 『한국문학통사』에서 역사의 시대구분에는 어느 한 가지 기준이 있어서 이것으로 어느 국면, 어느 현상이라도 두루 설명할 수 있다는 일원론적 시대구분론을 비판하였다. 고대 중세 근대라는 전통적인 3분법을 큰 틀로 하고 장르체계의 변모와 담당층의 변모를 작은 틀로 하는 통합적인 시대구분론을 내세워 방대하고 체계적인 문학사를 서술하였다. 이는 기존 시대구분론의 한계를 극복하고 문학사의 실상을 가능한대로 모두 담으려는 실증적 노력의 소산이라 하겠다. 그러나 문학사적 가치평가의 엄정함이 보이지 않아 우리 문학의 주된 흐름이 무엇인지 불분명하게 되고, 중세에서 근대로의 이행기를 너무 길게 별개 시기로 잡아 시대구분의 한계를 보인다.

김재용 외, 『한국근대민족문학사』도 장르체계와 사회사의 변모를 통합적으로 서술한 예가 될 것이다.[7] 이는 근대문학의 실상을 세계사의 3분법과 사회경제사관, 그리고 장르사의 틀에서 이해한 것이다. 문학의 합법칙적 발전의 추구를 통한 현재의 점검과 미래의 예측이라는 역사주의원칙에 충실하긴 하지만 자국어에 의한 근대민족문학의 출발이 어디쯤인지 문학 중심으로는 명쾌하게 밝히지 못하고 있다. 개화기문학의 경우 외세의존적 근대화론을 비판하는 사회경제사관에 지나치게 기대고 있는 것이다.

지금까지 정리한대로 남한의 문학사는 다양한 미학적 원리를 보여주는 가운데 문학작품 중심의 실증적 서술이 주류를 이룬다고 할 수 있다. 그 이념적 내용은 자유민주주의와 민족우선주의라 할 수 있다.

2) 북한 문학사의 미학적 원리

다음으로 계급문학론과 정치주의적 성향을 띠는 북한 문학사의 미학적 원리를 보다 구체적으로 밝혀보자. 먼저 문학사의 기초가 되는 미학 개념의 시대적 변화를 보면 다음과 같은 문예원론서의 해당 항목 비교에서 잘 드러난다.

(1) 박종식·현종호·리상태, 『문학개론』 (평양: 교육도서출판사, 1961)
(2) 대학용, 『문학개론』 (평양: 교육도서출판사, 1970)
(3) 사회과학원 문학연구소, 『주체사상에 기초한 문예리론』 (평양: 사
회과학출판사,1975)
(4) 한중모·정성무, 『주체의 문예리론 연구』 (평양: 사회과학출판사,
1983)[8]

(1)이 주체사상 이전의 원론, (2)가 과도기적 이론, (3)이 주체사상에
기초한 문예론의 출발, (4)가 주체문예론의 완성이라고 할 수 있다. 이는
온 주민의 노동계급화를 꾀한 북한의 당대적 사회상태가 "로동계급의
문학의 사회주의적 성격을 옳게 리해하고 그를 더욱 로동자, 농민의 계
급적 리익에 맞는 혁명적인 문학"을 요구했다고 판단할 수 있게 되는
것이다.[9]

먼저 각 문예이론서에서 문학사(문학발전과정)론을 어떻게 서술하고
있는지 1961, 1970년판 문학개론, 1975년판 주체문예이론 중 '문학사,
창작방법' 항목의 서술편차를 대비해 보기로 한다.

1961년판 『문학개론』
3.1 문학예술 발전의 합법칙성 ; 문예 발전에서 노동의 역할 및 문예
의 발전, 문학 발전과정에서의 계승과 혁신
3.2 창작방법과 사조 ; 창작방법과 사조, 창작방법으로서의 사실주의
와 낭만주의
3.3 우리나라 사실주의 문학의 발생과 발전 ; 사실주의 창작방법 이
전의 문학 발전과정, 우리나라에서 사실주의 문학의 발생과 발전, 우리
나라에서 비판적 사실주의의 시원, 발전
3.4 우리나라 사회주의적 사실주의 문학의 발생과 발전 ; 사회주의적
사실주의의 개념과 그 세계사적 의의, 우리나라에서 사회주의적 사실주
의 문학의 발생 발전, 사회주의적 사실주의 문학의 기본특징, 사회주의

적 사실주의와 현대성

1970년판 『문학개론』

3.1 작가와 혁명화 ; 3.1.1 작품 창작과 작가의 세계관

4.2.1 선행문학의 비판적 계승과 혁신 ; 문학 발전의 계승성, 유산 계
승의 원칙

4.2.2 민족적 특성의 계승 발전 ; 민족적 특성의 개념, 계승 발전

4.3.1 현대의 유일하게 옳은 창작방법으로서의 사회주의적 사실주의 -
사회주의적 사실주의 창작방법의 혁신성 ; 창작방법의 개념과 특성, 사
회주의적 사실주의의 혁신성

4.3.2 사회주의적 사실주의 창작방법의 미학적 요구 ; 사상혁명의 무
기로서의 기능, 현실반영의 진실성

1975년판 『주체사상에 기초한 문예이론』

7장. 문학예술작품의 종자 ; 7.1 종자는 문학예술작품의 기본핵, 7.2
종자의 파악과 예술적 가공

9장. 사회주의적 문학예술 창작에서의 속도전 ; 9.1 속도전은 창작의
높은 속도와 질을 다같이 보장하는 주체적인 창작원칙, 9.2 속도전은
사회주의 공산주의 건설시기의 혁명적인 창작원칙

세 자료의 비교를 통해 가장 먼저 확인할 수 있는 것은 문예원론 전
체 편차에서 '문학사, 창작방법' 항목의 비중 자체가 감소하는 점을 들
수 있다. 대신 창작 주체 또는 문예담당층 문제의 비중이 강화됨으로써,
창작방법론에 대한 이론적 고찰 자체보다 담당층 내지 사회주의문예의
유일한 담당층이라 하는 인민대중의 역할에 초점을 맞추고 있는 것으로
보인다. 이는 주체문예이론이 기반을 두고 있는 주체사상 일반의 특징

인 사람 중심의 사관에서 나온 결과로 생각된다.

원론서의 서술방식에 있어서도 학문적 저술 대신 대중을 위한 인식 교양적 기능을 강화한 결과, 풍부한 작품 예문과 각주, 선행 이론과의 비교 논평이 없어져 버렸다. 이는 논리적 서술과 풍부한 실례 대신 선언적 일반명제와 그에 대한 자기완결적 논리 및 동어반복적 해설이 늘어났음을 의미한다. 동어반복적 해설은 처음 책을 대하는 비전문가, 보통 독자에게 책을 차츰 읽어나갈수록 자연스럽게 내용을 이해하게 만드는 장점도 없지 않지만 그에 따른 정보량의 부족 등 결점도 늘어난 것으로 평가된다. 결론적으로 주체문예이론 체계 밖의 독자에게는 대단히 불친절한 자기완결의 논리를 가졌기 때문에 그 이론체계가 변증법적 사유의 소산이 아니라 구조적으로 폐쇄된 비변증법적 논리의 산물로까지 생각된다.

원래 추상적 개념과 역사적 개념의 통일적 사고하에 인식되던 리얼리즘의 '역사화'10) 개념이 사라지고, 대신 '리얼리즘 / 사회주의 리얼리즘으로의 혁신성 − 현재적 요구와 정치적 기능 강화'로 귀결됨에 따라 문학사를 바라보는 인식틀로서의 기능을 잃었다는 점도 주체문예론의 주요한 특징이다. 마치 1956년 무렵의 스탈린주의적 사회주의 리얼리즘론에서 벗어나려는 노력이 다시 그 이전으로 돌아가 '리얼리즘 / 반리얼리즘'의 대립구도로 문예학이 퇴행해간 것처럼 보이는 것이다. 따라서 전통의 '계승과 혁신' 중 '계승'의 측면이 약화 부재하고 '혁신'의 측면이 계속 강화됨에 따라 과거와의 단절에 가까운 비역사주의적 사고의 틀에 수렴되는 편향이 보이게 된다. 그 예로 근대 부르조아문학 내지 초기 프로문학의 미적 특질을 규정해주던 '비판적 리얼리즘'의 인식틀이 상실되었다는 점을 들 수 있다.

리얼리즘의 역사적 발전이라는 문학사 이해가 갈수록 약화되어 나중에는 사회주의 리얼리즘의 역사적 필연성에 대한 서술 자체가 필요 없는 당연한 전제로 바뀌는 것도 문제이다. 이런 방식으로 사회주의 리얼리즘 창작방법의 초역사적 배타적 강조를 하게 되면 문학사의 합법칙적 발전 모델에 대한 비역사주의화, 고정화가 초래된다고 생각한다. 사회주의 리얼리즘을 비판적 리얼리즘의 역사적 발전형태, 또는 자본주의사회의 비판적 리얼리즘보다 우월한 창작방법으로서가 아니라 '현대의 유일하게 옳은 창작방법'이라는 선언적 규정만으로 규정한다면 비교 우위 아닌 절대 우위에 빠져 변증법적 역사인식 대신 신비주의화, 도식주의적 사고의 고착화에 귀결될 위험이 크지 않나 생각된다.

1970년판 문학개론은 1961년판과는 달리 문학의 '사회적 기능'항목의 강화가 두드러져 당대적 필요성에 급급한 느낌을 주며, '현대성'원칙의 불균형한 강조가 초래한 실용주의 편의주의 편향의 결과로 생각된다. 예를 들어, 모든 과학적 논리적 개연성에 대한 사유의 원천봉쇄로 사용되는 '부르조아미학, 부르조아 사상 잔재, 수정주의미학' 규정의 남용은 문제가 아닐 수 없다.

문학사 서술과 문예이론서 서술의 문제는 서로 상호 영향관계에 놓여있으므로 변모의 함수관계는 필연적이다. 문학사 서술이 주체사상 전후에 크게 바뀌었다면 그 근거가 되는 문학이론 자체의 변모가 바탕에 깔려 있으리라는 추정이 가능하다. 그런데 주체사상 이후의 문학이론서는 실제 문학사와의 구체적 유기적 관련을 맺고 있지 않는 것처럼 보인다. 이런 이유 때문에 주체문예이론 체계가 우리에게 추상적, 관념적, 공허한 해설서처럼 보이는 것이다.

3) 남북 문학사의 미학적 거리

다음으로 문예이론서에서 이론과 실제 작품 예증의 관계를 살펴보기로 한다.

원론서의 특징은 고도로 추상화된 용어 개념을 대중화된 평이한 용어로 쉽게 해설해낼 필요도 있지만 대중이 쉽게 이해할 수 있는 풍부한 예를 들어주는 것도 원론의 포괄성을 제고하는 방법일 것이다. 그런데 북한의 문예이론서들은 시대가 갈수록 그 예증이 사라지는 특징을 보이고 있다. 1961년판에서 우리 고전 및 근현대문학의 풍부한 유산에 대한 구체적인 예증을 보이던 것이 1970년판에서 항일혁명문학 위주의 당대 문학만으로 전반적인 개념을 예증함으로써 원론의 포괄범위가 상대적으로 협소화되었다. 그러던 것이 1975년판에서는 아예 문학 유산의 예문이 없어지고 김일성, 김정일의 문예 교시만 예증됨으로써 문제가 된다.

남한 학계에 처음 북한 문학의 성과물이 소개될 때 대부분은 주체문예 관련 이론서들이었다. 우리 연구자들에게는 1970-80년대의 북한사회의 소산인 주체문예이론서들이 보여준 "위대하신 수령님 …" 운운하는 생경한 문체와 독특한 서술방식 때문에 문제의식을 공유할 연구성과로는 쉽게 받아들여지지 않았다. 나아가 이것이 북한 학계의 성과를 모두 대표하는 것으로 오해되어 북한 문예학의 역사적 성과를 축소하고 우리 학계와의 이질감을 강화하는 데 기여한 역기능도 없지 않았다.

그런데 1967년 전후의 주체사상 정립기를 기점으로 북한 문학의 전개과정을 2분하여 봄으로써, 이전까지 북한 문예학의 전개과정을 한 덩어리로 보는 비역사적 태도를 본격적으로 극복할 수 있었다.[11] 그 결과 북한 문학의 미학적 원리가 주체사상 이전과 이후에 크게 바뀌는 사실을 확인할 수 있었던 것이다. 이전에는 '인민성, 계급성, 당파성' 중심의 마르크스레닌주의 문예론이 등장하여 소련이나 동독에서 보이는 사회주의 리얼리즘론과 비슷하였다. 다음과 같이 1959년에 나온 『조선문학통사』 상 (원시~19세기)을 인용하면 사회주의문학권의 일반적인 리얼리즘 미학원칙과 크게 다르지 않음을 알 수 있다.

우리는 이 책을 서술함에 있어 역사주의 원칙에 입각하여 우리의 진보적 문학을 관류하고 있는 열렬한 애국주의, 풍부한 인민성, 높은 인도주의의 전통을 밝히며, 특히 해방후에 조선로동당의 정확한 문예정책에 의하여 찬란히 개화 발전하고 있는 사회주의적 사실주의 문학의 새로운 성과와 그의 특성을 명확히 천명하려는 지향으로 일관했다.12)

그런데 주체사상 정립 이후에는 '인민성, 로동계급성, 당성' 중심의 주체문예이론이 주된 이론이었다. 특히 자기 집단에 대한 사상적 충실성 정도에 불과하던 당파성 개념이 직접적으로 조선 노동당에 대한 충성심 내지 나아가 수령에 대한 충성심으로 내용이 바뀐 것은 중요하다. 북한 문학사의 미학 기준이 이렇게 개인 숭배로 바뀐 과정과 이유는 무엇인가?

1970년판 『문학개론』을 보면 마르크스레닌주의 일반원칙에 입각한 문학원론의 체제에다 김일성의 문예 관련 교시를 적절하게 삽입·부기하는 방식으로 서술이 이루어지고 있는 것을 볼 수 있다. 이는 문예이론의 전체 체제는 보편성에 입각하되 그 구체적 항목에는 당 최고지도부의 견해를 삽입하는 식으로 서술되어, 이 시기 문예이론이 마르크스레닌주의와 주체사상의 절충 및 과도기형태임을 알려주고 있다. 1975년판 『주체사상에 기초한 문예이론』을 보면 김일성의 '주체사상을 구현하고 있는 가장 혁명적이며 과학적인 문예이론'이라 하여 마르크스레닌주의 미학의 일반원칙은 사라지고 보편적인 체제와는 전혀 다른 독특한 서술방식과 내용으로 되어있다. 이를 통해 볼 때 북한 문학사이론은, 마르크스레닌주의미학이론에 입각한 보편적 원론에 우리 작품을 예시했던 1단계, 마르크스레닌주의미학이론에 입각한 보편적 원론체제에 김일성의 문예사상이 병행 서술되었던 2단계를 거쳐 보편적 원론체제를 완전히 새롭게 재구성한 김일성만의 유일사상체계이론을 확립한 3단계로 변화 발전한 것으로 생각된다. 이는 김일성의 권력 강화과정과 일치하며 주체사상의 유일화과정이기도 하다. 주체문학론의 '사회정치적 생명체론'이나 '주체사실주의론'에 의하면 이제는 거의 신격화된 김일성-김정일의 존재에 도덕적 신념이 덧붙여진 차원이 되어 객관적 비판이 가능한 과학적 학술적 논의대상을 벗어났음을 의미한다.

결국 북한 문학사의 이념은 일반적인 마르크스-레닌주의에서 북한 특유의 주체사상으로 변모했으며(물론 그 중간단계에 '마르크스-레닌주의의 주체적 수용'이라는 과도적 이념이 있었다), 창작방법론으로는 '사회주의적 사실주의'라는 개념이 그 내용을 바꾸어가면서 지속되어왔다.

결론적으로 볼 때, 남한의 자유민주주의적 민족주의적 문학이념은 북한의 마르크스-레닌주의에 기초한 계급문학의 이념이나 유일사상체계에 기반을 둔 주체문예의 이념과 뚜렷한 거리를 두고 있다고 하겠다. 남한의 리얼리즘과 낭만주의적 창작방법론도, 사실상 주체문학론에 수렴되어버린 북한의 사회주의적 사실주의론과는 적지 않은 차이를 보이고 있다. 그 결과 문학관이나 문학사의 지평 자체가 달라져버리게 된 점도 외면할 순 없다.

3. 남북한 근대문학사의 서술내용 비교

1) 남북 근대문학사 서술체계 비교

그러면 남북한에서 나온 실제 근현대문학사[13] 서술에서는 이상과 같은 리얼리즘 미학 및 문학사 개념이 어떻게 구체적으로 반영되었는지 분석해보기로 한다.

근대문학의 경우 남북한 문학사 사이에 적잖은 차이를 보이고 있다. 남북한 문학사의 실제서술을 비교하기 위해 먼저 개화기문학의 경우를

살펴보기로 한다. 남한에서는 대체적으로 19세기 말의 애국계몽운동의
결과 나온 최남선의 <해에게서 소년에게>와 이인직의 <혈의 누>·
이광수의 <무정> 등을 중심으로 한 반중세적 근대지향 문학에 큰 비중
을 두고 있다. 근대문학의 출발을 갑오경장을 전후로 한 근대적 제도개
혁에 두었으며, 현대문학의 출발을 1930년대 이상·김기림 등의 모더
니즘·초현실주의·심리주의·주지주의 문학에서 찾거나 1945년 8·15
광복에서 찾았다.[14] 이는 문학사 서술에서 시대적 배경보다 실제 작품
성과를 중시한 경우이다.

북한에서는 1967년의 주체사상 확립 이후 1860년대 제국주의 외세
침략에 대항한 인민대중의 자주적 투쟁을 근대 기점으로, 1926년 '타도
제국주의동맹' 결성을 현대의 기점으로 삼는 것이 공식화되자 문학사
또한 그에 맞춰 시대구분을 다시 하고 문학사의 전체상을 바꾸었다. 근
대문학의 경우 김일성 유일사상체계에 맞추어 김형직, 강반석의 문학이
주류를 점하는 것으로 현대문학(해방전)은 김일성 자신의 '항일혁명문
학'이 주도적이고 모든 여타 문학이 그 영향하에 있는 것으로 서술되었
다. 이것은 남한 문학사와 현격한 차이를 보이는 부분이다.

주체사상 확립 이후 1971,2년에 나온 『조선문학사』는 자연인에 불과
한 김일성 집안사람이 역사담당층이자 문학담당층으로 당당하게 등장
하는 것이다. 제1권의 서문을 보면, 뒷권의 예고로서 "제3권에서는 혁명
의 위대한 수령 김일성 동지의 령도 밑에 개화발전한 혁명문학예술과
불요불굴의 혁명투사이시며 조선 민족해방운동의 탁월한 지도자이신
김형직 선생님과 탁월한 녀성 혁명활동가이신 강반석 녀사의 문학을 취
급하였다"고 되어 있다.[15]

김일성대 조선문학강좌에서 나온 6권짜리 문학사의 제3권은 위에서
보다시피 오늘날 우리가 '항일혁명문학'이라 알고 있는 문학을 별도의
한 권으로 기획하고 있다. 개화기 및 일제시대 문학이 김일성의 항일무

장투쟁과정에서 창조된 혁명문학예술과 그의 부모인 김형직, 강반석의 문학이 주를 이루기 시작하는 것이다. 그래서 현재 우리가 흔하게 볼 수 있는 1977∼81년판 5권짜리 문학사의 제2·3권은 항일혁명문학이 주류이고 기존의 문학사상이 종속된 형국을 띠고 있는 등 전혀 달라진 모습을 보인다. 박종원 류만 최탁호 공저, 『조선문학사』(19세기말∼1925, 과학백과사전출판사 1980 ; 열사람 1988)와, 김하명 류만 최탁호 김영필 공저, 『조선문학사』(1926∼1945, 과학백과사전출판사 1981 ; 열사람 1988)에서는 근현대문학의 주류를 김일성 가계家系에서 찾고 있는 것이다. 이는 이데올로기적 정치적 동인이 문학의 변모에 강하게 작용한 증거가 된다.

민족문학론의 관점에서 볼 때 비판될 점은 다음과 같은 것이다. 즉, 1967년 이전의 문학사에서는 비교적 온당하게 배치되었던 부르조아문학과 프로문학의 유산이 1970년대 이후에는 유일사상체계의 강화라는 이데올로기적 요인에 의해 비학문적으로 왜곡된 점이다. '김형직, 강반석의 문학'과 항일혁명문학이 부당하게 문학사에 편입되고 주류를 차지하는 과정에서 우리 근대문학의 풍부한 유산이 배타적 자의적으로 축소 왜곡되어버린 점은 비판되어야 할 것이다. 민족문학의 소중한 유산인 19세기말∼1920년대초 및 1930년대 후반의 부르조아 순수문학, 1920년대 중반부터 1930년대 후반까지의 프로문학이 배출한 비판적 사실주의문학의 성과가 지나치게 축소되어버린 것은 되살려야 할 것이다.

또한 남한의 민족주의문학론의 입장에서 볼 때 주체사상 이후 북한 문예학의 근대문학 개념 자체에도 문제가 많은 것으로 생각된다. 근대문학에 대한 개념적 인식이 결여된 결과 반침략반봉건 애국주의사상이란 잣대 하나만으로 모든 문학사 사실을 무리하게 재단하다 보니 문학적 완성도는 물론, 중세문학인 한시나 전근대문학인 구비문학을 무차별적으로 부각시킨 측면이 없지 않았다. 일제하이긴 하지만 많은 양심적인 지식인 작가들이 문단을 중심으로 민족문학을 쌓아왔는데도 외면한 점도 문제이다. 한때 이광수·김동인·염상섭·이효석 등의 문학을 무조건 부르조아 자연주의 성향이라 해서 배제하고 게다가 임화·김남천·이태준 등의 진보적인 문학까지 김일성 항일 빨치산 문학과 연계가 없다 하여 뺀다면 잘못인 것이다.16) 이는 북한 문학사의 대표적인 오류라 할 것이다. 이 점에서 근대문학이 모국어에 의한 민족문학이어야 한다는 전제 하에 부르조아문학이건 프로문학이건 좌우성향을 통합하여 서술하고 있는 조동일의 『한국문학통사』 5권이나 김재용 외, 『한국근대민족문학사』의 예가 타당하다고 생각된다.

따라서 우리 학계의 앞으로의 방향을 설정할 때 주체사상 이후 최근의 북한 문학사와 비교하여 이질감을 따질 것이 아니라, 주체사상 이전 우리 문학사와 공통점이 많았던 1950~60년대 연구성과를 적극적으로 받아들여야 하겠다. 이를 통해 통일된 민족문학사의 앞날을 가늠할 수 있기 때문이다.

2) 남북 근대문학사 대상 작가 비교

남북한 문학사에서 실제 서술대상으로 삼은 작가들을 비교해보면 공통점보다는 차이점이 두드러진다는 사실을 알 수 있다. 오히려 현재와 거리가 먼 고대·중세 문학의 경우는 그렇지 않은데 정치적 입김이 작용한 탓인지 근현대문학의 경우에는 서로 내세우고 배제하는 작가가 유별나다. 그러나 통일된 민족문학사를 서술하기 위해서는 양쪽에서 높이 평가하는 작가부터 논의를 출발해야 할 것이다. 여기서는 이 문제를 1910년대 작가, 1920년대 시인, 1930년대 작가 순으로 간략하게 짚어보기로 한다.

1910년대 문학에 대해서는 남한의 연구서들이 최남선, 이광수를 대표적인 작가로 꼽은 반면 북한 연구자들은 신채호, 양건식, 현상윤 등을 내세웠다. 본격적인 신문학이 출발하는 시기로서 심지어 '2인 문단시대'(조연현)라는 호칭까지 나온 이 시기를 객관적으로 조명하는 것은 중요하다. 부르조아 계몽문학으로 성격을 규정지을 수 있는 최남선, 이광수의 문학에 대하여 남한에서는 찬반이 엇갈린 반면 북한에서는 아예 문학사의 반열에 올려놓기를 꺼려할 정도였다. 북한에서는 이들의 부르조아 계몽문학 대신 신채호, 박은식 등의 <꿈하늘> <을지문덕전> 등을 진보적 낭만주의 내지 혁명적 낭만주의로 양건식, 현상윤, 백대진 등의 <슬픈 모순> <한의 일생> <핍박> 등을 비판적 사실주의로 개념화하여 이 시기 문학의 주류로 제시하였다.

최남선, 이광수의 문학이 친일적이거나 외세의존적 개화론에 연계된 것은 사실이라 하더라도 반중세적인 성향의 근대문학을 온전한 예술적 완성도를 가지고 출발시킨 공 또한 적지 않으므로 무조건적인 배제는 옳지 않다고 할 수 있다. 부르조아 계몽문학은 꼭 친일로 간다기보다 근대화의 한 방법이었으므로 원천적인 부정은 금물인 셈이다. 북한 문학사의 경우에도 이러한 점이 인정되었는지 『조선문학개관』1(원시~1925)에서는 이들 작가의 신문학을 일정하게 평가하고 있다.[17] 마찬가지로 남한의 최근 문학사에서는 최남선, 이광수 문학 일변도에서 벗어나 신채호, 양건식, 현상윤 등을 적극적으로 평가하는 경향이 우세해지고 있다.[18]

다음으로 1920년대 시문학의 경우를 보자. 남한의 경우 『창조』, 『폐허』, 『백조』, 『장미촌』 등의 동인지나 문단 또는 문예사조 중심으로 낭만주의니 상징주의니 하는 성향으로 이 시기 시문학을 성격 규정하였다.[19] 박영희, 박종화, 이상화, 홍사용 등의 동인지 활동과 시작품에 대해서는 병적 감상주의에 물든 퇴폐적 성향이라는 평가가 있긴 했지만 3·1운동의 실패 때문에 어쩔 수 없었다는 식으로 옹호되기도 하였다.

이는 신문학을 출발시킨 동인지활동을 중시한 문단 중심의 사고에서 나온 것이다.

반면 북한에서는 일제하 억압받는 가난한 사람들의 비참한 생활을 동정하고 현실에 대한 그들의 울분 및 미래에 대한 낙관적인 지향을 노래한 개별 작가들을 중시하였다. 강영균의 <나의 애원>, 이병각의 <봄의 예포>, 조운의 <사향>, 김석송의 <단장 구제> 등은 현실의 불합리를 폭로한 사실적인 묘사를 보여준 비판적 사실주의 시문학으로 평가되었다.

1920년대 시문학의 경우 남북한에서 높이 평가하는 시인은 한용운, 이상화, 김소월이다. 한용운은 남한에서 일찍부터 높이 평가되어왔다. 3·1운동에 참가한 민족독립운동을 상징하는 『님의 침묵』의 시인으로서, 그리고 불교적 변증법을 시로 승화한 동양적 구도정신을 지닌 불교 개혁론자로서 인도의 시성 타고르와 비견되기도 하였다. 반면 북한에서는 오랫동안 불교라는 종교적 외피로 인하여 한용운의 문학적 위상이 외면당해왔다. 그러다가 1980년대 후반에 들어서서 비판적 사실주의 시문학의 일환으로 한용운 문학이 재평가되면서 『조선문학개관』 등에서 새롭게 부각되고 있는 실정이다. 이상화의 경우를 보면, 남한에서는 초기의 <나의 침실로> 같은 병적 감상주의 작품이나 후기의 <빼앗긴 들에도 봄은 오는가> 같은 항일 저항시를 다같이 높이 평가하고 있으나, 북한에서는 초기 시는 무시하고 후기 저항시를 사실주의 시각에서 평가하고 있다.

김소월의 경우 남북한 문학사 모두 높이 평가하면서도 평가 기준이나 대상 작품 면에서는 차이를 보이고 있다. 남한에서는 향토성 짙은 서정성과 민요풍 가락에 기준을 두고 <진달래꽃>, <산유화>, <접동새> 등을 국민적 애송시 차원에서 고평하고 있다. 반면 북한에서는 농민의 생활에 근거를 두고 인도주의 정신이 빛나는 <바라건대는 우리에

게 우리의 보습 대일 땅이 있었더면>, <밭고랑 우에서>를 비판적 사
실주의라 하여 높이 평가하고 있어 차이가 있다. 특히 <초혼> 같은
작품에 대한 해석은 남북한 학자 사이에 중요한 차이를 보인다. 즉, 남
한에서는 격렬한 사랑의 감정을 담은 이별의 주제를 담은 것으로 보는
데 반해, 북한에서는 빼앗긴 나라에 대한 애국주의적 열망이 담긴 비애
와 울분의 부제를 담은 것으로 보고 있다.20) 이는 김소월을 보는 시각차
를 보여주는 것이겠지만, 그래도 통일 문학사의 주요 작가가 될 수 있는
근거로 작용할 수 있는 김소월 시의 다양성과 민족적 특성을 보여주는
예가 될 것이다. 앞으로 문학사 통합서술작업은 바로 이러한 예를 늘리
는 데서 출발할 수 있을 것이다.

　다음으로 1930년대 작가의 경우를 대비해보도록 한다. 남한에서는
이 시기의 대표적인 작가로 채만식, 김유정, 이효석, 유진오, 이상, 김동
리, 황순원 등을 들고 있다. 이들 작가를 중시하는 이유는, 1925년부터
10여년간 문단을 제패한 카프 중심의 프로문학이 한차례 지나간 다음
나타난 예술성 짙은 순수문학에 많은 비중을 둔 결과일 것이다. 그 결과
채만식, 이효석, 유진오의 경우 그들의 초기 문학이 지닌 사회적 관심과
동반자적 성격은 묻어두고 후기의 순수문학적 성격에 주된 관심이 두어
져 이 시기 문학을 문단 중심으로 파악하고 있다.

　반면 북한에서는 이기영, 한설야, 이북명 등의 카프 작가와, 강경애,
홍명희 등 진보적인 작가들을 대표작가로 들고 있다. 그리고 비판적 사
실주의 작가로 채만식, 심훈, 이효석 등도 보완적으로 언급하고 있다.
이는 카프의 사회주의적 사실주의문학과 그 동반자적 성격을 띤 비판적
사실주의문학으로 이 시기 문학사를 설정하는 구도를 보인 것이다. 이
는 한때 김동인, 염상섭, 김유정, 이상 등을 부르조아 자연주의, 심리주
의라 배제하고 오히려 김일성의 항일혁명문학을 중시하는 극단으로 나
아가게 되는 근거로 작용한 적도 있었다. 1990년대 이후 최근 간행되는

15권짜리 문학사에서는 이러한 배제 원칙 대신 새롭게 전통과 유산을 되살리는 포용책을 펴고 있는 것으로 보인다.

1930년대야말로 우리 근대문학의 성과를 집대성한 성숙한 문학이 나온 시기임은 아무도 부정할 수 없을 것이다. 그렇다면 남북한 문학사의 성과를 통합하는 시각은 어떻게 마련할 수 있을지 생각해볼 필요가 있다. 이 시기 문학을 종래 남북한 문학사처럼 프로문학과 순수문학의 대립으로 파악하는 것이 아니라 다른 시각, 통합적 시각이 필요할 터이다. 즉, 민족주의문학이념에 기반을 둔 부르조아문학과 마르크스레닌주의 문학이념에 기반을 둔 프롤레타리아문학의 대립적·상호보완적 총체로서 이 시기 문학을 이해해야 할 것이다. 이렇게 되면 이태준, 박태원 등 월북작가지만 민족주의계열의 성향을 띠는 작가라든지 북한에서 숙청되었지만 훌륭한 프로문학작품을 창작했던 김남천, 이원조 등도 1930년대 문학사의 반열에 오를 수 있게 될 것이다. 이들을 아우르는 창작방법도 비판적 사실주의이건 사회주의적 사실주의이건 상관없이, 생활 현실을 있는 그대로 그린다는 사실주의방법으로 주류를 삼을 수 있다.

더구나 1930년대 문학사를 문단이나 작가 중심이 아니라 작품 중심으로 파악한다 하더라도 이 시기를 달리 볼 수 있다. 식민지 현실에 대한 총체적 표현을 위해 많은 장편소설이 씌어진 것이 이 시기 소설의 중요한 특징인 것이다. 중산층의 시각에서 일제시대의 총체적인 사회상을 그린 염상섭의 <삼대>, 민중적 지식인의 입장에서 식민지 농촌을 그린 이기영의 <고향>, 농촌 출신 노동자 처녀의 일생을 통해 식민지 자본주의 하 민중생활상을 그린 강경애의 <인간문제>, 농촌 계몽활동을 그린 심훈의 <상록수>, 도시 서민의 일상생활을 그린 박태원의 <천변풍경>, 근대사의 흐름을 가족사에 담은 채만식의 <태평천하>, 김남천의 <대하>, 노동자의 인간적 성장을 그린 한설야의 <황혼>, 명종 때 의적의 활동과 민중생활상을 그린 홍명희의 <임꺽정> 등에서 이 시기 장편소설의 수준을 엿볼 수 있다. 이들은 일제시대 근대 민족문학의 자랑스런 재산으로서, 남북한 문학사를 통합하는 통일 문학사의 반열에 오를 수 있을 만하다 할 것이다.

4. 남북 현대문학사 통합 서술의 문제

남북 문학사에서 해방 전 문학, 즉 개화기(계몽기)와 식민지시대 문제는 어떤 방식으로든 공통항이 존재하고 통합가능성이 높다고 할 수 있다. 문제는 1945년 이후 남북한 현대문학사의 통합 서술 문제이다. 이 경우 1990년대 이후 우리 학계가 취했던 관행대로 남한 민족문학을 전면에 놓고 북한문학을 부차적으로 기술하는 방식은 지양되어야 한다고 생각한다. 권영민의『한국 현대문학사』이후 최동호 편『남북한 현대문학사』에 이르기까지 남북문학사 통합론에 대한 원론적 해명이나 시대구분론에 대한 고민이 생략된 채 구색 맞추기식 서술이나 단순하게 분리 서술하는 것은 바람직하지 않다는 것이다. 왜냐하면 남한 중심의 북한 문학사 통합론은 그 자체가 분단구조를 고착화시키는 자국 중심주의[21]의 '흡수통일론을 그대로 반영'한 것으로 생각되기 때문이다.

이 경우 민족문학과 리얼리즘을 문학사 통합의 한 기준으로 설정하되 남북 문학사에 각기 정당한 몫을 부여하는 방식이 갈등해소론적 시각에서 하나의 대안으로 제시될 수 있다. 둘을 통합한다는 것은 단순히 반씩 나누자는 분리 후 통합이 아니라 예전의 청소년 축구 대표팀처럼 수비가 강한 남측은 수비 선수를 공격이 강한 북측은 공격선수를 위주로 선발한 후 둘을 화학적으로 결합시켜 플러스 알파의 최고 기량이 나올 수 있게 전술 전략을 짜는 상호상승식 통합(윈 윈 전략)이 가장 바람직하다는 것이다.[22] 남북한의 문화적 통합논리는 종래의 정치우위적 관점을 중시하는 전통적 방식처럼 상대를 용납하지 않는 적대적 관계를 당연히 전제하고 승패를 이분하는 영합零合(제로섬)게임이론에 근거할 것이 아니라고 본다. 국제정치학에서 파이의 크기를 크게 키워 나눠먹자는 협상전략이 부각되듯이, 문화에 관한 한 통합 후 서로 나눠 가질 수 있는 성과를 대폭 늘임으로써 서로에게 이득이 되는 비영합非零合게임이 되도록 해야 한다. 이를 문화적 갈등해소론이라 할 것이다.23)

남북 문학사의 상호상승식 통합이란 무엇인가? 민족문학과 리얼리즘의 대의에 따라 문학사의 어느 시기에는 북측 성과를 강조하고 어느 국면에선 남측 성과를 부각시키면서 가능하면 화학적 통합 서술로 남북한 문학사를 보자는 것이 한 예이다. 이를테면 민중사적 대하역사소설의 문학사를 통시적으로 기술할 때, 그 근대적 원천으로 1930년대의 홍명희 <임꺽정>을 정점에 놓고 그 문학사적 지류가 북에서는 1950~1960년대 <두만강>, <대하는 흐른다>, <고난의 역사>(「갑오농민전쟁」)로, 남에서는 1970~1980년대 <토지>, <장길산>, <태백산맥>(「아리랑」)으로 흘러갔다고 보는 관점이다. 전형적 상황 하에서 전형적 성격을 재현하되 현실의 본질을 꿰뚫고 역사의 흐름을 포착하며 생동감 넘치는 사실적 묘사에 기초한 것이 리얼리즘문학이라면 사회경제적 토대와 조응하여 통일된 민족문학사의 반열에 오를 만한 문학적 성과를 정리한다면 1950~1960년대에는 북한문학 쪽에 무게 중심이 가고 1970~1980년대에는 남한문학의 비중이 크다고 할 수 있기 때문이다.24) 이렇게 되면 반쪽 문학사를 단순하게 산술적으로 합해놓았다는 수준이 아니라 플러스 알파 효과로써 세계문학사에 주목받을 성과를 내게 되고 민족문학의 세계화까지도 이룩할 수 있을 것이다.

시대구분 문제도 남북의 자기중심주의에서 벗어나야 통합논리를 모색할 수 있다. 북한처럼 사회주의 건설과정 및 주체사상에 입각한 문예 형성과정으로 보거나 남한식으로 10년대 단위의 문단사적 과정으로 보는 것은 둘 다 문제가 있다.[25] 분단을 극복하는 통일운동의 기준에서 볼 때 화해와 적대의 길항작용을 거듭했던 남북관계의 역사적 전개를 내재적 흐름 속에서 합법칙적으로 포착하는 역사주의적 시각이 문학사 시대구분에도 필요하다는 말이다. 물론 이런 가설은 문학사를 지나치게 정치사적 변화에 기댄 것이라는 비판이 가능하다.[26] 통일 논의의 경우 문학을 포함한 문화예술의 통합은 정치 군사 부문과는 달리 영합게임이 아닌 비영합게임의 속성을 지니는 것이 일반적인 특징이라고 알려져 있기 때문이다. 하지만 남북한 경우에는 정치적 · 이념적 견해 차이가 엄존하는 한, 일반적인 통합 사례의 범주에서 벗어날 수밖에 없고 궁극적으로 정치적 이념적 속성을 탈피하기 어려운 것이 현실이다. 따라서 남북간에 문화적 통합이 논의된다면 정치 군사적 통일방식의 기본 전제와 맞물려 거론될 수밖에 없으며, 상대방의 문화를 인정하고 문화적 차이를 수용하려는 상대주의적 관점의 제고가 필연적이다.

통일문학사를 위한 사전작업의 의미를 띤 기존문학사 통합은 남한 중심주의에 의한 흡수통합도 바람직하지 않고 북한을 별도 서술하는 형식적 통합도 무의미하다고 본다. 따라서 남북한 문학사의 시기를 남북관계의 역동적 흐름에 맞춰 구분하고 민족문학이나 리얼리즘의 대의에 따라 어느 시기에는 북한문학 성과를 강조하고 어느 국면에선 남한문학 성과를 부각시키면서 가능하면 섞어쓰자는 식으로 발상의 전환을 해야 한다는 점이다. 화해와 적대가 교차 반복했던 남북의 역관계를 문학사 시대구분의 한 잣대로 기준 삼는 것은 남북한의 특수성을 고려한 문화적 갈등해소론과 상대주의적 관점에서 나온 고육책이지만 한계도 적지 않다는 점을 인정한다. 사회과학 분야나 사학계의 남한 현대사 시대구분론조차 제대로 정립되지 않은 상태에서 성급하게 나온 논란거리라 할 수 있다. 좀더 폭넓은 논거와 정치한 분석 및 다양한 토론을 거쳐야 하겠지만 기존방식의 문학사 시대구분론을 되풀이해서는 통합론의 실마리가 풀리지 않는다는 점은 분명히 해두는 바이다.

5. 마무리

한국 근현대문학은 19세기말 이후 오늘날까지 전개된 문학으로서, 시민문학과 민중문학의 상호 연대와 충돌에 의한 문학사의 흐름을 보이고 있다. 근대문학의 출발은 19세기 말 중세 청산의 자생적 노력과 외세 침략에 반대하는 민족운동의 와중에서 찾을 수 있을 것이며, 동시대문학이라 할 현대문학은 1945년 식민지로부터의 민족해방 직후부터 분단 극복의 노력이 중심에 놓인 오늘날까지의 시기가 될 것이다. 따라서 앞으로의 문학은 통일운동에 기여하는 근대 극복의 문학이 될 것이라 전망할 수 있다. 그러기 위해서는 남북한 문학의 통합된 시야를 확보해야 할 터이다. 특히 50년간의 북한 문학사 연구성과를 이해하기 위해서는 흡수통일론에 기반을 둔 남북중심주의나 분리 후 통합론보다는 주체사상 이후의 북한 공식문학까지도 포용하는 상호상승식 통합론을 마련하는 것이 시급한 일이 될 것이다. 이러한 원칙을 관철하기 위해서도 자료를 폭넓게 수집하는 사전 정지작업이 밑받침되어야 하겠다. 몇 종의 문학사류에 의한 피상적 접근에서 벗어나 문예지, 학술지, 논저 등에 대한 폭넓고 심층적인 접근이 필요한 것은 말할 것도 없다.

이때 특히 주의해야 할 것은 남북한문학을 포용하는 통합원리로서의 민족문학이나 리얼리즘을 너무 편협하게 적용하거나 배타적으로 생각해선 곤란하다는 점이다. 통일문학이 단순한 비평적 슬로건이 아니라면 리얼리즘문학 이외의 근현대문학의 자산까지도 포용할 수 있는 포괄적인 미학 원리를 학문적으로 계속 모색해야 할 것이다. 이를테면 '미적 근대성'을 중심으로 리얼리즘과 반리얼리즘(모더니즘)의 이분법을 지양하는 새로운 문학이론의 시각이 필요하다. 이는 앞으로의 과제로 남긴다.

지난해의 남북 정상회담과 공동선언 이후에 벌어진 남북관계의 변화를 통해볼 때 북한, 통일에 대한 일반 학자, 비평가들의 관심이 의외로 부족하고 북한 전문가조차 북한에 대한 정보 분석을 제대로 하지 못하는 안타까움이 적지 않았다. 이에 관련 전공자들의 연구성과를 널리 공개하고 북한(특수)자료실의 폭넓은 개방적 운용과 북한 관련 웹사이트 등 사이버공간의 활용을 다각화하는 등의 노력이 필요함을 절감할 수 있었다. 늘 하는 제안이지만 북한문학, 통일문학 연구성과의 실질적 교류와 정보 공유 시스템의 구축이 시급하다 점을 다시 한번 환기하고자 한다.[27]

※ 이 글은 "남북한 근현대문학사의 비교와 통합방안," 임형택 외 8인, 『한국문학사 어떻게 쓸 것인가』 (서울: 한길사, 2001)에 수록된 글을 정리한 것이다.

주註

1) 김성수, "남북한 문예이론의 통합방안에 대한 예비적 고찰,"『기곡 강신항 박사 정년퇴직 기념 국어국문학논총』(서울: 태학사, 1995) ; 김성수, "북한의 문학관 고찰," 구중서 외편, 『한국 근대문학 연구』(서울: 태학사, 1997) 참조.

2) 조윤제, 『한국문학사』(서울: 동국문화사, 1963).

3) 임화, 『신문학사』(1940) (서울: 한길사, 1993).

4) 백철, 『조선신문학사조사』(서울: 수선사, 1949) ; 조연현, 『한국현대문학사』(서울: 성문각, 1969).

5) 김윤식 · 김현, 『한국문학사』(서울: 민음사, 1973).

6) 조동일, 『한국문학통사』 1-5 (서울: 지식산업사, 1982-1988). 1994년 이후 제3판 개정판이 나와 있으나 해방 이후 문학사 서술 계획은 마련되어 있지 않다.

7) 김재용 외, 『한국근대민족문학사』(서울: 한길사, 1993).

8) 김정일, 『주체문학론』(평양: 조선로동당출판사, 1992)이 1990년대 북한의 대표적인 문예이론서인데 문학사에 관련된 직접적인 개념 규정이나 설명이 없어 부득이 본 논의에서 제외한다. 다만 제2장 '전통과 유산'에서 새로운 문학사적 전망을 보여준다는 점을 부기한다. 종래 주체문예이론에서 무조건 배제했던 중세 귀족문학이나 근대 부르조아문학, 숙청했던 일부 작가의 복권 등이 이루어져 유연한 문학사적 재평가가 이루어지고 있음을 알 수 있다. 이에 대해서는 김성주, "김정일 시대의 주체문학론 비판," 대륙연구소, 『북한연구』 18호 (1994.12) 참조.

9) 다음과 같은 김일성의 말에서도 우리는 그것을 다시 한 번 실감하게 된다. "문제는 그들[작가와 예술인---인용자]을 혁명화하는데 있습니다. 작품을 쓰는 사람들이 당정책을 몰라서도 안되며 혁명적 원리를 몰라도 안됩니다.사람들을 철저히 혁명화하여야 혁명적 작품을 쓸 수 있습니다." 대학용『문학개론』, 14쪽에서 재인용.

10) 문학사 발전과정을 중세문학에서의 리얼리즘, 비판적 리얼리즘, 사회주의 리얼리즘 등 역사적 발전의 3단계 구도로 파악하는 규정이다. 이에 대해서는 김성수, "우리 문학에서 사회주의적 리얼리즘의 발생,"『창작과비평』 1990년 봄호 ; 김성수, "북한 학계 리얼리즘논쟁의 검토,"『실천문학』 1990년 가을호 참조. 한편, 이 논문 전체에서 일반적 명칭으로는 '리얼리즘' '사회주의 리얼리즘'을 사용했지만 북한 학계의 동향을 주로 논의할 때는 '사실주의' '사회주의적 사실주의'를 적절하게 섞어 썼음을 밝힌다.

11) 북한의 문학사가 1967년 주체사상 정립을 전후로 크게 달라진다는 사실을 본격적으로 정리한 연구업적은 신두원 외 공저, 『북한의 우리 문학사 인식』(서

울: 창작과비평사, 1991)에서 이루어졌다.

12) 북한 과학원 언어문학연구소 문학연구실,『조선문학통사』상 (원시-19세기) (평양: 과학원출판사, 1959. 5 ; 서울: 인동출판사, 1988 재간행)의 머리말 참조.

13) 이 논문에서 우리 근현대문학사에서 현대의 기점을 1945년의 8·15 광복으로 잡았다. 한편, 논문 부록으로 북한의 주요 문학사 서지를 밝힌다. 이에 대한 분석은 김성수, "북한 학계의 우리 문학사 연구 개관," 신두원 외,『북한의 우리 문학사 인식』(서울: 창작과비평사, 1991) 참조.

14) 근현대문학의 성격과 시대구분에 관한 남한 학계의 통설은 백철,『조선신문학사조사』(서울: 수선사, 1949) ; 조연현,『한국현대문학사』(서울: 성문각, 1969) ; 이병기·백철,『국문학전사』(서울: 신구문화사, 1957) ; 조윤제,『한국문학사』(서울: 동국문화사, 1963) 등으로 대표된다. 이에 대한 반론과 대안은 18,9세기 영정조 근대기점론을 주창한 김윤식·김현,『한국문학사』(서울: 민음사, 1973)와 중세에서 근대로의 이행기를 설정하여 1920년대 근대 확립설을 편 조동일,『한국문학통사』1-5 (서울: 지식산업사, 1988)을 들 수 있다.

15) 김일성종합대학 조선문학 강좌,『조선문학사(1)』(평양: 김일성종합대학출판사, 1971.7), 10쪽.

16) 특히 북한 문학 초창기에 공이 많은 카프 및 조선문학가동맹 출신 작가인 임화·김남천·이태준 등의 진보적인 문학까지 박헌영의 남로당계 숙청과 연계된 정치적 이유로 인해 무차별적인 비판과 매도의 대상이 된 것은 문제라 아니할 수 없다.

17) 정홍교·박종원,『조선문학개관』1, 원시-1925 (평양: 사회과학출판사, 1986), 355쪽. 최남선, 이광수 문학에 대하여 "부르조아적인 계몽사상이 더욱 심화 발전되고 그 형식에서도 근대적인 성격이 강화된 반면에 반침략 애국주의 사상이 상대적으로 약화되었다"고 평가하였다.

18) 조동일의『한국문학통사』5권이나 김재용 외,『한국근대민족문학사』의 예가 그렇다.

19) 이 부분의 서술에서 남한 문학사의 대표적인 예는 백철,『조선신문학사조사』; 조연현,『한국현대문학사』; 이병기·백철,『국문학전사』; 김윤식·김현,『한국문학사』등을 주로 근거로 한 것이다. 조동일의『한국문학통사』(5)나 김재용 외『한국근대민족문학사』는 남북한 문학사의 양 편향을 극복하고 통합적인 시각을 보여 좌우성향 양편 성향의 작가 작품을 모두 담으려 했기에 남한만의 특수성을 상대적으로 덜 보인다고 할 수 있다.

20) 「초혼」을 일제 치하의 애국주의 감정 표현으로 보고 이를 근거로 소월 시를 자본주의적 인간관계를 비판 폭로하는 비판적 사실주의로 보는 북한 학계의 주장에 쉽게 동의하기는 어렵다. 다만 「바라선대는 우리에게 우리의 보습 대일

땅이 있더면」 같은 사실주의적 작품을 부각시킨 점은 인정할 만하다 하겠다.

21) 문학부문에서 자기중심적 통일주의의 분단고착적 성격에 대한 비판은 김재용의 다음 글에서 그 구체적 논의를 볼 수 있다. 김재용, "분단구조 하의 남북 중심주의와 민족문학의 과제," 『분단구조와 북한문학』(서울: 소명출판사, 2000) 참조.

22) 김성수, "북한문학 연구의 현황과 과제," 『한국예술종합학교 논문집』 3집 (한국예술종합학교, 2000.12), 59쪽 참조.

23) 문학을 비롯한 문화예술은 남북 협상관계에서 정치적 영합게임이 되면 안된다는 가장 최근의 주장은 오양열 외, 『남북한 문화 교류협력의 현황과 과제』(서울: 한국문화정책개발원, 2000)에 실린 10편의 관련 논문이 일관되게 주장하는 바이다. 이 보고서에는 안타깝게도 문학 분야가 빠졌다. 문화 이외의 정치분야 남북 관계조차 '도 아니면 모' 식의 영합게임으로 풀어가는 종래의 적대적 현실주의 협상전략에서 벗어나 '윈 윈 전략'이 가능하다는 최근의 협상이론을 잘 보여주는 것으로 다음 논문이 있다. 조윤영, "현실주의와 국제 갈등해소론: 국제협상을 중심으로," 『2001년도 춘계학술회의 : 남북한 화해협력의 과제와 전망』(서울: 한국국제정치학회 학술회의 발표문, 2001) 참조.

24) 이상의 논의는 김성수, "북한문학사 통합기술의 문제," 『제2회 한국문학사 연구 심포지움 자료집』(서울: 토지문학관, 2000.8) 참조.

25) 이 점에서 최근 중국 연변에서 나온 남북 통합문학사가 주목할 만하다. 연변대 부총장인 김 병민 교수 등 4인 공저인 『조선 – 한국 당대문학사』를 보면, 남한을 '한국'으로, 북한을 '조선'으로 표기한 후 매 10년마다 장르별로 1절에선 북한문학을 다루고 2절에선 남한을 다루는 방식으로 해방 후 문학사를 서술하고 있다. 현재 처지에선 최선을 다해 분단 모국 양쪽을 포용하려는 재중동포 학자의 배려와 노력을 인정한다고 해도 변증법적 통합논리를 세우지 않고 10년 단위 시대구분과 남북의 기계적 병립에 불과한 형식적 통합서술에 머물고 만 것이 안타깝다. 하지만 진정한 의미의 남북 통합문학사 서술이 부재한 현단계에선 통일된 민족문학사로 가기 위한 중요한 중간 이정표로 평가된다. 김병민, 최웅권 외, 『조선 – 한국 당대문학사』(연길 : 연변대학출판부, 2000. 5) 참조.

26) 어설픈 가설이 허용된다면, 한국전쟁 이후만 보더라도 북한의 주체사상 확립 (유일사상체계화)부터 남북관계가 극도로 경색되었던 1967~68년, 7·4 남북성명과 유신체제, 사회주의헌법 공포가 이루어진 1972년, 6·29선언과 남북교류가 재개되었던 1980년대 중후반, 김일성 사망과 남북합의서가 채택되었던 1994년 등이 각기 시대 구분의 한 이정표로 작용할 것으로 생각된다. 하지만 보다 정치한 이론적 실증적 논거를 필요로 하는 모험적 시론이라고 아니할 수 없다. 이런 맥락에서 토지문화재단의 제2차 한국문학사 편찬연구 심포지엄 (2000.8.18)에서, 남북 문학사 시대구분의 통합논리를 무리하게 펴는 경우 문학

의 정치 종속성이 우려된다고 적절하게 지적해준 이명재, 이선영 교수님께 감사드린다.

27) 북한문학예술 관련 인터넷 사이트를 통해 누구나 북한 자료를 공유하는 것이 바람직하다고 생각한다. 북한 자료가 특수자료로 묶여 관계 전문가만의 특권이 관철되는 내부소통용 자료에 한정되지 않고 대중들에게 널리 개방되어 자료를 공유케 하는 방식이 통일 전후 문화적 통합을 위해 현실적인 방안이며 절실한 과제이기도 하다. 통일부, 국가정보원, 통일연구원, 한국문화정책개발원 등 기존의 전문가용 북한 사이트 말고도 ≪조선일보≫, ≪중앙일보≫ 등의 북한문화 관련 사이트는 일반인들에게 접근하기 좋은 예라 하겠다. 개인의 북한문학 전문 사이트로 추천할 만한 것으로 nkmunhak.jinju.or.kr를 들 수 있다. 이와 관련해서 북한문학예술 접근방법과 현황 정보를 북한(특수)자료실, 인터넷, 신문방송 등 전 영역에 걸쳐 방대하게 다룬 최근의 다음 보고서가 참조할 만하다. 김성수, 박영정 외, "우리나라 북한문화 접촉창구 실태 조사 연구," 한국문화정책개발원 2000년도 연구 보고서 (2001.2).

<참고문헌>

남한문헌

김윤식 · 김현, 『한국문학사』 (서울: 민음사, 1973).

김재용 · 하정일 외, 『한국근대민족문학사』 (서울: 한길사, 1993).

백철, 『조선신문학사조사』 (서울: 수선사, 1949).

신두원 외 공저, 『북한의 우리 문학사 인식』 (서울: 창작과비평사, 1991).

이명선, 『조선문학사』 (평양: 조선문학사, 1948).

이병기 · 백철, 『국문학전사』 (서울: 신구문화사, 1957).

임 화, 『신문학사』(1940) (서울: 한길사, 1993).

조동일, 『한국문학통사』 1-5 (서울: 지식산업사, 1982-1988).

조연현, 『한국현대문학사』 (서울; 성문각, 1969).

조윤제, 『한국문학사』 (서울: 동국문화사, 1963).

김병민, 최웅권 외, 『조선 – 한국 당대문학사』 (중국 연길: 연변대학출판부, 2000).

최원식 외 공저, 『민족문학사 강좌』 (서울: 창작과비평사, 1995).

<부록> 북한의 문학사 서지(시대순)

① 리응수, 『조선문학사』(1-14세기), 평양: (이하 출판장소 생략) 교육도서출판사, 1956.

　　윤세평, 『조선문학사』(15-19세기) (교육도서출판사, 1956).

　　안함광, 『조선문학사』(1900-) (교육도서출판사, 1956).

② 과학원 언어문학연구소 문학연구실, 『조선문학통사』 상 (원시-19세기) (과학원출판사, 1959.5) ; (서울: 인동, 1988).

　　과학원 언어문학연구소 문학연구실, 『조선문학통사』 하 (1900-전후시기) (과학원출판사, 1959.11) ; (인동, 1988).

③ 필자 미상, 『조선문학사』 (교육도서출판사 1960) ; (동경: 학우서방, 1964).

④ 한룡옥, 대학용 『조선문학사』 1 (기원전-14세기) (조선문학출판사, 1961.12).

　　김하명, 대학용 『조선문학사』 2 (15-19세기) (조선문학출판사, 1962).

　　안함광, 대학용 『조선문학사』 3 (20세기-) (조선문학출판사, 1962).

⑤ 신구현, 『조선문학사(1)』(기원전-7세기 전반기) (고등교육도서출판사, 1964).

　　리응수, 『조선문학사(2)』(7세기 후반기-9세기) (고등교육도서출판사, 1964).

　　한룡옥, 『조선문학사(3)』(10세기-13세기).

　　한룡옥, 『조선문학사(4)』(14세기).

　　최시학, 『조선문학사(5)』(15세기-16세기).

　　김하명, 『조선문학사(6)』(17세기).

　　김하명, 『조선문학사(7,8)』(18세기-19세기 60년대) (고등교육도서출판사, 1964).

　　안함광, 『조선문학사(9)』(19세기 말- 1919년) (고등교육도서출판사, 1964.11).

　　안함광, 『조선문학사(10)』(1920년대) (고등교육도서출판사, 1964).

　　연장렬 안함광 방연승, 『조선문학사(11,12)』(1930년대-1945년).

　　현종호, 『조선문학사(13)』(1945-50년).

　　연장렬, 『조선문학사(14)』(1950-53년).

　　엄호석, 『조선문학사(15)』(1953-58년).

　　리상태, 『조선문학사(16)』(1958-)   (* 3-6, 11-16권은 간행사실 미확인).

⑥ 김일성대학 조선문학강좌, 『조선문학사(1)』 (김일성종합대학출판사, 1971.7).

　　김일성대학 조선문학강좌, 『조선문학사(2)』(19세기 말-1945).

　　김일성대학 조선문학강좌, 『조선문학사(3)』(혁명문예, 김형직·강반석 문학)

　　김일성대학 조선문학강좌, 『조선문학사(4)』(1945-1953).

　　김일성대학 조선문학강좌, 『조선문학사(5)』(1953-1966).

　　김일성대학 조선문학강좌, 『조선문학사(6)』(1967-1970).

⑦ 사회과학원 문학연구소, 『조선문학사』(고대중세편) (과학백과사전출판사, 1977).
　박종원·류만·최탁호, 『조선문학사』(19세기말-1925) (과학백과사전출판사, 1980) ; (서울: 열사람, 1988).
　김하명·류만·최탁호·김영필, 『조선문학사』(1926-1945) (과학백과사전출판사, 1981) ; (열사람, 1988).
　사회과학원 문학연구소, 『조선문학사』(1945-1958) (과학백과사전출판사, 1978).
　사회과학원 문학연구소, 『조선문학사』(1959-1975) (과학백과사전출판사, 1977).
⑧ 김춘택, 『조선문학사』 1 (김일성종합대학출판사, 1982).
　　　 ? 『조선문학사』 2-5 (김일성종합대학출판사, 1982-830).
⑨ 정홍교 박종원, 『조선문학개관』 1(원시-1925) (사회과학출판사, 1986).
　박종원·류만, 『조선문학개관』 2(1926-) (사회과학출판사, 1986).
⑩ 정홍교, 『조선문학사(1)』 (사회과학출판사, 1991).
　정홍교, 『조선문학사(2)』 (과학백과사전종합출판사, 1994).
　김하명, 『조선문학사(3)』 (사회과학출판사, 1991).
　김하명, 『조선문학사(4)』 (사회과학출판사, 1992).
　김하명, 『조선문학사(5)』 (과학백과사전종합출판사, 1994).
　류　만, 『조선문학사(8)』 (사회과학출판사, 1992).
　류　만, 『조선문학사(9)』 (과학백과사전종합출판, 1995).
　오정애, 『조선문학사(10)』 (사회과학출판사, 1994).
　김선려, 『조선문학사(11)』 (사회과학출판사, 1994).
　리기주, 『조선문학사(12)』 (사회과학출판사, 1999).
　최형식, 『조선문학사(13)』 (사회과학출판사, 1999).
　천재규, 『조선문학사(14)』 (사회과학출판사, 1996).

찾아보기

필자 약력

▫ 유임하

　한국체육대학 교양교직학부 전임강사

　동국대학교 문학 박사

　주요 저서 및 논문:『한국소설의 분단이야기』,『북한소설의 역사적 이해』,
　　『분단현실과 서사적 상상력』

▫ 최용기

　국립국어연구원 국어진흥팀장

　단국대학교 문학 박사

　주요 저서 및 논문: "남북한 국어 정책 변천사 연구", "띄어쓰기 편람",
　　"이런 말 실수 저런 글 실수"

▫ 전미영

　동국대학교 연구교수

　한국학중앙연구원 정치학 박사

　주요 저서 및 논문:『김일성의 말, 그 대중설득의 전략』, "북한지배담론의
　　형성과 전개", "통일담론에 나타난 남북한 민족주의 비교연구: 통일
　　이념의 모색"

▫ 김석향

　이화여자대학교 북한학협동과정 교수

　미국 조지아 대학교(University of Georgia) 사회학 박사

　주요 저서 및 논문:『북한이탈주민의 언어생활에 나타나는 북한언어정책
　　의 영향』, "'남녀평등'과 '여성의 권리'에 대한 북한당국의 공식담론
　　변화－1950년 이전과 1979년 이후『조선녀성』기사를 중심으로",
　　"남북한 언어 이질화 정도에 대한 집단별 인식의 차이 고찰－남북
　　관계 전문가 집단과 새터민(북한이탈주민) 비교를 중심으로"

▫ 김재용

　　원광대학교 한국어문학부 교수

　　연세대학교 문학 박사

　　주요 저서 및 논문:『민족문학의 역사와 이론 1, 2』,『북한문학의 역사적
　　　　이해』,『분단구조와 북한문학』

▫ 이상숙

　　하버드대학교 박사후 과정 연구원

　　고려대학교 문학 박사

　　주요 저서 및 논문: "북한 문학의 '민족어'와 수사법에 대한 인식", "토지
　　　　개혁과『응향』을 통해 본 북한 시", "1950-60년대 북한 문학의『춘
　　　　향전』에 대한 인식"

▫ 김은정

　　한국외국어대학교 강사

　　한국외국어대학교 문학 박사

　　주요 저서 및 논문: "천세봉 장편소설 연구-인물유형의 변화과정을 중심
　　　　으로", "≪불멸의 향도≫에 나타난 '고난의 행군' 묘사방식과 <적
　　　　기가>의 수용양상", "전통과 근대의 재구성을 통한 아버지의 재생
　　　　산 양상－총서 ≪불멸의 향도≫『총검을 들고』를 중심으로"

▫ 노귀남

　　경남대학교 극동문제연구소 객원연구위원

　　경희대학교 문학 박사

　　주요 저서 및 논문:『북한의 사회문화』(공저),『북한의 경제』, "체제위기
　　　　속의 북한문학의 대응과 변화"

▫ 임옥규

　　홍익대학교 국어국문학과 강사

　　홍익대학교 문학 박사

　　주요 저서 및 논문 : "북한 역사소설 연구", "영상텍스트에 나타난 '욕망'
　　　　의 문제－라캉 이론을 중심으로", "북한 역사소설의 역사적 변모"

▫ 전영선

　한양대학교 아태지역연구센터 연구교수

　한양대학교 문학 박사

　주요 저서 및 논문:『북한의 문학예술운영체계와 문예이론』,『북한의 문
　　학과 예술』,『북한 민족문화정책의 이론과 현장』

▫ 한정미

　통일부 하나원 교육훈련1팀 교육담당

　숙명여자대학교 문학 박사

　주요 저서 및 논문: "북한의 문예정책과 구비문학의 활용 양상연구", "북
　　한의 민요수용시각과 통속민요의 문제", "북한의 설화인식과 전설의
　　도구화"

▫ 김성수

　성균관대학교 교수, 문학평론가

　성균관대학교 문학 박사

　주요 저서 및 논문:『우리 문학과 사회주의 리얼리즘 논쟁』,『북한 ≪문
　　학신문≫ 기사 목록─사실주의 비평사 자료집』,『통일의 문학, 비평
　　의 논리』

북한학총서 북한의 새인식

▫ 발간위원회
　발간위원장: 전현준(북한연구학회 회장)
　발 간 위 원: 고유환(북한연구학회 부회장, 동국대학교 교수)
　　　　　　　정규섭(북한연구학회 부회장, 관동대학교 교수)
　　　　　　　이기동(북한연구학회 총무이사, 국제문제조사연구소 연구위원)

▫ 편집위원회
　책임편집: 정영철(북한연구학회 연구이사, 서울대학교 국제대학원 책임연
　　　　　　구원)
　편집위원: 고재홍(북한연구학회 편집위원, 국제문제조사연구소 연구위원)
　　　　　　신효숙(북한연구학회 편집위원, 북한대학원 대학교 연구교수)
　　　　　　이무철(북한연구학회 연구위원회 간사, 북한대학원 대학교 연구
　　　　　　교수)
　　　　　　전영선(북한연구학회 문화분과위원장, 한양대학교 연구교수)

북한의 언어와 문학　　　　　　정가 : 22,000원

2006년 11월 20일　　초판 인쇄
2006년 11월 25일　　초판 발행

　　　　　　　편　　　저 : 북한연구학회
　　　　　　　발 행 인 : 한 정 희
　　　　　　　발 행 처 : 경인문화사
　　　　　　　　　　　　서울특별시 마포구 마포동 324-3
　　　　　　　　　　　　전화 : 718-4831~2, 팩스 : 703-9711
　　　　　　　　　　　　http://www.kyunginp.co.kr 한국학서적.kr
　　　　　　　　　　　　E-mail : kyunginp@chol.com
　　　　　　　등록번호 : 제10-18호(1973.11.8)

ISBN : 89-499-0441-1 93800
ⓒ 2006, Kyung-in Publishing Co, Printed in Korea